I GRANDI TASCABILI
MANUALI
243

COME VIVERE IN ARMONIA CON SE STESSI E GLI ALTRI

Thomas Patrick Malone
Patrick Thomas Malone

BOMPIANI

Titolo originale
THE ART OF INTIMACY

Traduzione di
FRANCESCO SABA SARDI

ISBN 88-452-1952-6

III edizione "I Grandi Tascabili" gennaio 1994

RINGRAZIAMENTI

Cominciamo col ringraziare i nostri colleghi della Clinica Psichiatrica di Atlanta per la pazienza con la quale si sono rassegnati allo sfrenato entusiasmo con cui abbiamo esposto le nostre idee: un entusiasmo che non hanno mai smorzato, pur esponendo chiaramente le loro idee in accordo o in disaccordo con le nostre. E ringraziamo anche i nostri pazienti: le nostre idee sono frutto delle esperienze che abbiamo fatto con loro.

Siamo molto grati a un figlio e rispettivamente fratello, egli stesso scrittore, Michael Malone, il quale ha provveduto alla revisione definitiva del volume, che non sarebbe stato certo quel che è senza il suo talento e il suo amore. E Michael Malone ci ha anche guidato attraverso le prove e i pericoli della pubblicazione.

Desideriamo ringraziare anche il nostro curatore, Phil Pochoda, per il suo illuminato entusiasmo e per averci sgombrato tanto spesso il terreno dagli ostacoli.

Grande è stato l'aiuto fornitoci dai nostri familiari, di cui abbiamo avuto modo di apprezzare la tolleranza mentre facevamo le ore piccole scrivendo o passavamo i fine-settimana a lavorare. Un particolare grazie a Elaine Malone e a Tom Malone II, per i loro amorevoli sforzi intesi a far sì che il libro diventasse realtà.

E un grazie anche a Joan Hussey per aver preparato il manoscritto per la pubblicazione; grazie al suo amore e alla sua conoscenza della lingua inglese, ha dato modo a due scrittori, mai in disaccordo tra loro, di fondere due stili differentissimi in qualcosa che somiglia a una prosa coerente.

PROLOGO

So bene ciò da cui fuggo ma non ciò di cui sono in cerca.
Michel de Montaigne

Perché credete che Archimede sia balzato fuori del bagno gridando "Eureka!"? E perché mai in Galileo si è verificato un così profondo mutamento quando ha scoperto le quattro maggiori lune di Giove e i crateri lunari? E come si sentiva Shakespeare quando ha "trovato" Falstaff, o Madame Curie quando ha scoperto il radio, o Michelangelo quando ha cavato il Davide dalla pietra? Indubbiamente hanno tratto soddisfazione dalla loro abilità e dal loro talento, ma non possono non aver anche provato il sentimento eccitante, euforizzante che proviene dal vedere e sentire un nesso concreto, dall'essere in contatto con questo o quell'aspetto di quella integrale verità che è l'universo.

Potremmo dire che erano persone particolari, le cui esperienze sono state altrettanto particolari; ma commetteremmo l'errore dell'"uomo civilizzato", consistente nel credere che essere in connessione con l'universo e con l'universalità della verità sia alcunché di "particolare" e che solo pochi abbiano abbastanza talento o forza, bellezza o ricchezza, titoli sociali o virtù – a seconda della gerarchia di valori dell'epoca – per sentirsi al centro delle cose.

Allo stesso modo, commetteremmo l'errore di ritenere che questa particolare esperienza la possiamo avere soltanto tramite qualcun altro: un sacerdote, un prete, uno sciamano, un guru, uno psicoterapeuta, oppure solo con l'intermediario di droghe o sesso. Ma la verità è che tutti noi *siamo* una parte del tutto, a esso connessi anche se lo ignoriamo. In quanto *sé*, noi partecipiamo della natura: una partecipazione che trascende la nostra possibilità di controllo. E anzi, se tentiamo di sottoporla a controllo, ecco che molto spesso ci accade di fare fiasco.

Come si spiega il duraturo fascino che esercitano su di noi i "grandi amanti": Sansone e Dalila, Antonio e Cleopatra, Tristano e Isotta, Lancillotto e Ginevra, Enrico VIII e Anna Bolena, e più di recente Richard Burton ed Elizabeth Taylor? La drammaticità e l'eccitazione della passione sono senza dubbio attraenti; ma, a un livello più profondo, quelle celebri relazioni amorose sono altrettante finestre che si affacciano su quello stesso tipo di connessione che avvertiamo nella natura. Gli amanti sono, a livello umano, un'immagine della verità della natura.

A chi passeggi lungo una spiaggia, soprattutto in una zona naturalistica protetta, capita di fare l'esperienza di un diverso ecosistema costituito dal volto non deturpato della natura. Ciò che allora si scorge è diverso, nuovo, strano; esalta il nostro modo di vedere, si avverte un maggior sentimento di connessione con quanto ci circonda. E se ci si trova di notte su quella spiaggia, alzando gli occhi si vedrà una vasta striscia di luci che si estende nel cielo: è la Via Lattea, e può persino accadere di vedere satelliti che transitano sulle nostre teste, e si noteranno ammassi stellari e galassie. In una parola, si *vede* il cielo notturno quale magari non si riuscirà più a vederlo vita natural durante, e all'improvviso si capisce perché gli antichi si occupassero tanto dei cieli, perché dessero nomi alle costellazioni, perché tracciassero mappe dei pianeti, insomma perché scrutassero tanto il cielo. E ci si rende conto allora di come potessero sentirsi connessi e che esperienza poderosa sia codesta connessione. Così facendo, noi stessi ci mettiamo in connessione, nello spazio con le nostre stelle e il nostro cielo, nel tempo con i nostri antenati e discendenti.

L'arte dell'intimità riguarda l'esperienza di nessi del genere, di questa energia, di questo modo di vedere. La connessione è la forma più diretta di relazione, di rapporto. Che si parli di nazioni e di guerre, di matrimoni e di divorzi, di famiglie e di criminalità, di salute e inquinamento, oppure della terra e del resto dell'universo, si parla pur sempre di rapporti. La relazione è alcunché di universale, a tutti i livelli dell'esistenza e tra essi: non si può non essere in relazione. La connessione non è altro che la nostra personale partecipazione alla verità. D'ora in avanti, l'esperienza del mettersi in connessione la chiameremo *intimità*.

È nostra profonda convinzione che la chiave di volta di tutti i rapporti conoscibili dagli esseri umani, il prototipo da cui derivano tutti i nostri modelli relazionali, siano essi familiari, sociali o culturali, è il rapporto tra i singoli esseri umani. Affermandolo, vogliamo forse dire che il nostro prototipo sia particolare o unico? No, vogliamo dire soltanto che è perfettamente conoscibile da tutti noi. Le stelle comprenderebbero il rapporto tra due esseri umani nei termini del loro rapporto con altre stelle. Ciascuno di noi è in grado di conoscere solo ciò che siamo, con chi siamo; forse dovremmo dire che ciascuno di noi è in grado di conoscere solo *tramite* ciò che siamo. Leonardo da Vinci ha sintetizzato questa fondamentale verità affermando che ogni nostra conoscenza ha origine nelle nostre percezioni. La nostra esperienza interiore, noi la proiettiamo all'esterno. Per noi quali esseri percipienti, viventi nella nostra realtà di mezzo, nel senso che non siamo né stelle né atomi, la connessione tra gli esseri umani costituisce il prototipo di tutti i rapporti.

Dobbiamo imparare a comprendere la natura dell'intimità e del sé intimo, perché contemplando quella connessione abbiamo sott'occhio la fonte centrale di energia vitale, non semplicemente un aspetto della natura umana. Quella che chiamiamo *intimità* ha avuto molti altri nomi nel corso della storia: via, creatore, fonte, nirvana, principio spirituale, persino "forza". Nella stragrande maggioranza dei casi, la si definisce come alcunché di trascendentale e inesprimibile; noi, al contrario, siamo persuasi che sia insieme esperibile e descrivibile.

Connessioni sistemiche e connessioni diadiche

Gli esseri umani si sono smarriti nel loro interesse per i sistemi, l'organizzazione gerarchica e fissa dei rapporti, dai grandi sistemi di governo, economia, società, religione o lavoro, ai piccoli sistemi di famiglia, matrimonio o semplicemente di me e te. In sé e per sé, i sistemi non sono sempre negativi e neppure inutili; sono anzi molto utili: la società non potrebbe funzionare senza di essi. Il problema è che, troppo impegnati a riguadagnare il tempo perduto nei nostri sistemi, abbiamo un po' alla volta smarrito la consapevolezza dell'esperienza della connessione, non siamo più in grado di *vedere* davvero le fondamentali interazioni connettive che costituiscono i mattoni dei sistemi: di accoppiamenti, matrimoni, famiglie, nazioni, o della stessa ecologia. Ignorando questo, ci sfugge la fondamentale connessione diadica che chiamiamo l'*io-altro*, si tratti di quella tra fiore e suolo, tra acqua e pesce, tra amante e amante, tra sole e terra, tra marito e moglie, tra te e me. È questa l'*intimità*. Quanto al termine *diadico*, esso semplicemente significa *di due parti*, due parti che interagiscono in uno stato di equilibrio.

Quando ci lasciamo imprigionare dai nostri sistemi, perdiamo la connessione quale *io-altro* e ci lasciamo coinvolgere nella vicinanza: nei sistemi cristallizzati. In questa condizione, cessiamo di essere *io-altro*, ma siamo al contrario una "parte di" qualcosa, un matrimonio, un'ufficio, un'azienda, un paese. Il nostro desiderio di sistemi riflette la nostra preoccupazione per la conservazione e la familiarità, e il nostro trascurare la creatività e le connessioni fonti di energia. La vicinanza è certamente importante e necessaria, ma nelle attuali società umane è diventata una preoccupazione nevrotica e ossessiva, un interesse eccessivo e distruttivo. Il pendolo che, con l'esordio dell'agricoltura e dell'urbanesimo, ha cominciato a oscillare allontanandosi dall'equilibrio naturale dell'esistenza, si è spinto troppo in là verso la conservazione di questi sistemi familiari. Ciclico come tutto in natura, il pendolo deve adesso tornare indietro, oscillando in senso opposto. I modi con cui siamo prigionieri dei nostri sistemi rivelano la nostra mancanza di comprensione dei sistemi stessi, l'attuale incapacità di muoverci liberamente da una posizione all'altra e la *nostra* sminuita facoltà di scegliere liberamente dove e quando vogliamo muoverci, chi e come vogliamo essere.

Sistemi e rapporti diadici non si escludono a vicenda né sono antitetici, ma al contrario si spiegano gli uni con gli altri. In questo testo, l'accento cade sulla connessione diadica, onde mettere in risalto la necessità di reinstaurare un equilibrio, di aiutare il pendolo a invertire la direzione di oscillazione. Ma l'intimità non costituisce l'unità più fondamentale: sistema e intimità sono una coppia. Noi tuttavia siamo persuasi che l'enfatizzazione del sistema ha diminuito il nostro interesse per l'intimità, le connessioni diadiche fonti di energia, limitando in tal modo la nostra capacità di comprendere sia il sistema sia il sé.

Come psichiatri, questo squilibrio noi lo constatiamo ogni giorno nei nostri rapporti con i pazienti. Alle prese con le diverse esperienze di terapia familiare, terapia di coppia e terapia individuale, ci troviamo a che fare sia con sistemi che con diadi. Ci è accaduto di trattare, e nei capitoli successivi ne discuteremo, vuoi con la potenza e la sofferenza della vicinanza (sistemi), vuoi con la creatività e i rischi dell'intimità (la diade *io-altro*) e riteniamo che la posizione *umana* quale prototipo della relazione possa costituire la chiave a nuove comprensioni solo a patto di non perdere i contatti con l'esistenza complementare di vicinanza e intimità.

Molte sono le parole di cui ci serviamo nel tentativo di descrivere il rapporto umano funzionale (utile), la diade sana, accrescitiva, prototipica. Le più comuni sono *amore, apertura, impegno, vicinanza autentica, solidarietà, consapevolezza affermativa, rapporto maturo.* Parliamo di essere noi stessi con altri, parliamo di sincerità di rapporti: tutti termini che hanno uno specifico significato e che comportano sottili differenze l'uno dall'altro. Ciascuno di essi descrive un particolare aspetto del rapporto. Di norma, tuttavia, ce ne serviamo non in senso specifico ma in maniera intercambiabile: essere aperti equivale a essere consapevoli; ed essere consapevoli significa essere maturi, sinceri, impegnati davvero in un rapporto; ed essere tutte queste cose equivale ad essere genuinamente vicini. Ma è sbagliato. Questi diversi aspetti del rapporto sono ciascuno importante a modo suo, ma molti di essi non sono affatto ciò che intendiamo con l'aggettivo *intimo.*

Sarah ha ventinove anni, sposata da nove, è madre di due figli e in preda a depressione cronica. Viene in terapia da sola, perché non crede che suo marito accondiscenderebbe a sottoporvisi con lei; anzi, non gliel'ha neppure chiesto. Teme che lui non la comprenda, che possa arrabbiarsi oppure pensare che lei tradisce il loro rapporto. Parla di se stessa: la sua storia personale, i suoi problemi, i figli – di tutto fuorché del matrimonio. Per quale ragione vera è qui? Probabilmente lo ignora. Dopo una delicata indagine sul suo matrimonio, notiamo un cambiamento nel suo atteggiamento, nel tono di voce, nella presenza personale. Lei e suo marito sono vicini? Sinceri? Maturi? Autentici? Impegnati? Aperti? Non ne è certa. Non sa con precisione quel che sono o non sono. Sa soltanto che manca qualcosa, qualcosa di molto importante.

AMORE, VICINANZA E INTIMITÀ

Di tutti questi termini e frasi significanti, così capienti, usati per descrivere la relazione "buona, sana", soddisfacentemente accrescitiva, i più comuni e importanti sono *amore, vicinanza* e *intimità.* La nostra esperienza clinica ci ha convinto che questi tre concetti designano le più fondamentali dimensioni dell'umano rapportarsi, e quindi del rapportarsi in tutte le sue forme. Ciascuno di essi costituisce un'esperienza separata della realtà; ciascuno di essi è valido, diverso, importante, e ciascuno dà il proprio contributo alla relazione.

Sarah è certa che suo marito la "ama" e che lei lo "ama". Al pari di moltissime persone, non sa esattamente che cosa vuol dire affermandolo. L'amore è difficilmente definibile, e quando se ne vuol dare una descrizione specifica spesso si cade nella confusione. Altre persone contesterebbero quasi ogni definizione che si possa darne. Ciò non toglie che è l'"amore", non solo a rendere i rapporti operativi, ma anche a fare di essi altrettanti sistemi accrescitivi. Quando le relazioni *io-altro* funzionano quale amore (l'esempio più elementare è una coppia primaria, quella che per tradizione si definisce *matrimonio*), ecco che le famiglie funzionano. E quando le famiglie funzionano, funzionano anche le società; e quando le società funzionano, funzionano anche le nazioni; e quando le nazioni funzionano, i mondi funzionano; e quando i mondi funzionano, funziona la natura; e quando la natura funziona, funziona anche l'universo. È così che gli esseri umani in quanto percipienti di queste realtà vivono nel mondo. Ma, a ben guardare, quest'elenco può senz'altro essere letto al contrario: le nazioni possono funzionare, aiutando le società a funzionare e aiutando a funzionare le famiglie, se siamo capaci di vivere nel mondo quali sé intimi. E non si tratta di un assunto teleologico: vogliamo semplicemente dire che quali connessioni diadiche, questi accoppiamenti sono tutti equivalenti. L'amore è insieme immanente e trascendente: è la forza che crea la tela sulla quale noi esseri umani dipingiamo. Insieme con i concetti di *verità* e *bellezza*, il nostro modo di denominare questa tela è definita la sostanza fondamentale dell'esistenza. A formarla è un livello superiore a queste cose: la vicinanza e l'intimità. L'amore non può essere capito se non comprendiamo la sua duplice composizione, e se non afferriamo la differenza tra intimità e vicinanza. Né può essere compreso se non ci rendiamo conto che il potere dell'amore dipende appunto dall'interazione *equilibrata* tra essere vicini ed essere intimi nei nostri rapporti.

Quest'amore è ciò che Sarah avverte mancante nella sua vita. Sarah ha bisogno di cominciare a comprendere la differenza tra essere vicini ed essere intimi. Essa è sufficientemente *vicina* a suo marito per "sapere" che lui non verrebbe con lei alla seduta terapeutica, per sapere che non deve dirgli ciò che lui non vuole sentire (che lei, Sarah, è angosciata e bisognosa di aiuto), per sapere che lui la ama. Di rado, le capita di essere *intima* tanto da essere se stessa con lui.

Saperne di più sulla vicinanza (sull'essere "parte di") è facile. Basta studiare i sistemi: grandi, piccoli, indipendenti, dipendenti, funzionali, non funzionali, reali, immaginari. Esiste una miriade di sistemi ben strutturati, particolareggiati. La letteratura specialistica sulla consulenza, il *management*, la religione, l'amicizia, la guerra, la supervisione, l'adattamento, l'adeguamento, la fissazione, il mantenimento, gli stratagemmi psicologici e così via *ad infinitum*, sono tutti discorsi sulla vicinanza. Gran parte dei molti concetti di relazione dianzi menzionati (solidarietà, impegno ecc.) sono parimenti aspetti della vicinanza. La nostra letteratura è altrettanto priva di equilibrio della nostra esistenza. Si dia un'occhiata ai trattati accademici di psichiatria e psicologia, e si constaterà che nella stragrande maggioranza dei casi vi si trova interesse per l'io (l'artefice della vicinanza) e ignoranza dell'inconscio (la fonte dell'intimità). Si frughi nella sezione "Psicologia popolare" di una libreria, e si resterà stupefatti dal numero di libri in cui si insegna come essere vicini.

Questo squilibrio culturale è un elemento della confusione di cui Sarah è preda. Ha letto molti di questi libri, ma non vi ha trovato ciò che le manca. Vi trova invece il modo di essere una moglie, una donna, una madre, una comunicatrice o quel che è, migliore di quanto non sia adesso, ma non il sistema di essere gioiosamente se stessa con suo marito. Con questo, non vogliamo dire che tutti i libri in questione, gli spettacoli televisivi, le discussioni con gli amici su come essere "migliori" non valgano niente, non siano importanti. Semplicemente, essi contribuiscono a rafforzare quell'aspetto dei rapporti che è già fin troppo presente.

Avere una conoscenza maggiore dell'*intimità* è assai più difficile. Sotto il profilo culturale, abbiamo scarsa penetrazione dell'intimità, e persino ben poca letteratura in merito. Ci sono, sì, le opere di esistenzialisti come William James, Husserl, Dilthey, Maritain, Camus, Sartre e Simone de Beauvoir; oppure opere di teologi come Sant'Agostino, Kierkegaard, Tillich e Gabriel Marcel. Ma pochi sono gli autori di testi di psicologia che si occupino dell'intimità; tra essi, Carl Gustav Jung, Rollo May, Ronald David Laing, Harry Stack Sullivan, Erich Fromm, Medard Boss, Ludwig Binswanger e alcuni scrittori meno noti come Georg Groddeck (*Il libro dell'Es*). La stragrande maggioranza degli altri si occupano soltanto, trattando di relazione, della vicinanza: il pendolo si è spostato troppo da quella parte. La capacità di affondare lo sguardo nell'intimità, cosa che forse non sorprende, risulta più manifesta nell'immediatezza di lirici come John Keats oppure Edwar Estlin Cummings o di novellieri come Stephen Crane o William Trevor, che non in trattazioni astratte o anche in generi letterari di maggior respiro, come per esempio il romanzo, in cui i sistemi di vicinanza siano elaborati ed esplorati. Certi lettori si sono rivolti anche alla letteratura popolare e ai testi narrativi orali e scritti di culture come quella degli indiani d'America, il cui punto di vista (come nelle opere di Hyemeyohsts Storm) ha radici nella particolarità della connettibilità. Come afferma lo scrittore cecoslovacco Milan Kundera, "la verità sta nel particolare". Il particolare di un momento può essere intimo; centinaia di pagine di verbalizzazione possono seppellire il lettore nella vicinanza dell'"essere parte di".

Una volta chiarito che essere vicini e essere intimi sono esperienze diverse naturalmente in equilibrio tra loro, il problema urgente diviene quello di chiarire e descrivere le specifiche qualità e le dinamiche dell'esperienza intima, la componente dimenticata e trascurata del rapporto.

INTIMITÀ

Gran parte degli scrittori hanno definito l'intimità in termini di sentimentalismo o di romanticismo. Ma farlo equivale a falsificarla. La nostra capacità, la nostra esperienza di intimità, fa parte della natura. Una delle bellezze dell'esigua letteratura scritta degli indigeni americani di cui disponiamo, è la sua chiarezza in proposito. Così, per esempio, il termine hopi *koyaanisqatsi*, "vita squilibrata", riassume in maniera succintamente esplicita le conseguenze della nostra perdita esperienziale. Il termine, che designa una vita pazza, una vita perturbata, in fase di disgregazione o, cosa forse assai più significativa, una condizione esistenziale che invoca un altro modo di vivere, esprime in maniera pregnante il nostro attuale squilibrio. Ciò di cui abbiamo bisogno è una vita *in* equilibrio. *Verità, bellezza* e *amore* sono i nomi che la nostra cultura dà a questa "vita in equilibrio", un equilibrio tra intimità e vicinanza, e li sentiamo pronunciare sia dagli antichi che dagli scrittori contemporanei. Zenone affermava che "il fine della vita è di vivere in accordo con la natura", e migliaia d'anni più tardi Buckminster Fuller diceva, sempre a tale proposito: "Quando lavoro a un problema, non penso mai alla bellezza. Penso solo a come risolvere il problema. Ma una volta che ho finito, se la soluzione non è bella so che è sbagliata." La "vita in equilibrio" è esperibile.

In primo luogo, l'essere intimi è naturale. I rapporti non umani sono organicamente intimi. Studiosi di astronomia, botanica, zoologia, fisica, chimica, geologia o qualsivoglia altra disciplina che non si occupi direttamente degli esseri umani, sono in grado di avvertire le "connessioni" e di descriverle. Chiedete all'astronomo di parlarvi delle comete, e lo sentirete dilungarsi sulla correlazione tra gravità, ellissi, massa, ghiaccio, chioma, sole e venti solari. Se amano il loro lavoro, è stata proprio questa connettibilità ad averli attratti verso i rispettivi campi. Nei loro settori di studi, sono in grado di sentire l'intimità perché questa è una qualità fondamentale della natura – una qualità o una dimensione, non già una costruzione intellettuale o sociale. Ed è una differenza di importanza cruciale. L'intimità rappresenta una dimensione della realtà, non già una posizione sociale.

Il carattere naturale dell'intimità a livello non umano, noi l'abbiamo sott'occhio per tutto il tempo. Creature viventi e oggetti inanimati rimangono *come* e *ciò* che sono in presenza di apparenti dissonanze nelle loro selezioni. Tra animali selvatici, la morte di uno può causare tristezza (secondo il significato che gli umani attribuiscono alla tristezza) in un altro, non può però causare depressione. Questa la noterete solo negli animali domestici, quelli che hanno imparato a essere troppo coinvolti nella vicinanza. Si può restare se stessi e tuttavia essere tristi; si può conservare la propria *natura*. Ma non si può farlo se si è depressi. La tristezza è un sentimento naturale; la depressione è un volgersi contro il proprio *sé*. In natura, le creature e gli oggetti non umani persistono a essere chi sono o ciò che sono nella relazione, si tratti di stelle, di lupi, di alberi o di montagne.

Affermarlo, non significa imporre uno schema filosofico alla natura. La natura non è filosofica: è pragmatica. Le specie non umane conservano la propria natura perché farlo è a loro totale vantaggio evoluzionistico. Sono cioè più sane, più forti, più piene di energia, più correlate al loro ambiente, e pertanto più sicure in esso. Crescono e cambiano a partire da esperienze naturali come la tristezza anziché restare stagnanti, muovendo dalle innaturali tribolazioni della depressione. L'importanza fondamentale e insostituibile della diade intima consiste nel suo essere il luogo operativo e la dimensione in cui avvengono la crescita, il cambiamento, l'evoluzione e la trasmissione di energia. La diade intima è l'esperienza radicale: radicale non nell'accezione politica del termine quanto in quella chimica. In chimica, i radicali sono i componenti "relazionalmente" attivi. La diade intima è la posizione interattiva. Non è meno né più importante dell'esperienza conservatrice della vicinanza. Conservazione invece di interazione, sicurezza invece di cambiamento (correndo rischi) sono "lati" della stessa sfera. Ma, essendo la sicurezza divenuta un'ossessiva preoccupazione di esseri umani che vivono in un mondo sempre più stressante e incerto, di sempre maggiore interesse si fa oggetto la vicinanza e sempre più se ne scrive. Di sempre minore attenzione è tema l'intimità, sebbene sia l'intimità a energetizzare e promuovere il cambiamento, a offrire la prospettiva di accelerare e guidare la nostra evoluzione, sia a livello personale che biologico, e che in tal modo contiene la nostra speranza di futuro.

In questo senso, capire l'intimità è d'importanza cruciale ai fini della nostra comprensione di rapporti, matrimoni, famiglia e atteggiamento e relazioni tra genitori e figli. Ma è altrettanto rilevante per la nostra preparazione alla (e per la nostra capacità di) intimità e vicinanza societarie, intimità e vicinanza umane e non umane; è di importanza vitale per la nostra comprensione di biologia, botanica, ecologia, e persino per il nostro rapporto con lo spazio infinito, compresi gli eventuali "altri" che vi si trovino, si tratti di "persone" o stelle.

Perché Sarah sia gioiosamente Sarah, dovrà essere in grado di stabilire connessioni, non solo con suo marito, ma anche con i suoi figli, i suoi amici, la sua comunità, i suoi alberi, le sue stelle, il suo universo. In una parola, deve *sperimentare* la dimensione della sua stessa universalità.

L'arte dell'intimità tratta non solo di un distacco, alquanto radicale, dal tradizionale paradigma sviluppo-causalità della psicologia umana (nella quale le cause infantili di problemi adulti sono diligentemente rintracciate secondo il principio della causa-effetto), ma dell'intera questione del come ciascuno di "noi" – persone, stelle, lupi, alberi o montagne – può continuare a essere e a crescere in questo mondo, a "essere in questo mondo in buona fede". Se la questione non è di interesse per l'ecologo quanto lo è per lo psicologo, vuol dire che la nostra opera è stata vana.

1
SPAZI PERSONALI
AMORE, INTIMITÀ E VICINANZA

Sei libero ed è per questo che sei perduto.
Franz Kafka

Dicendo che Sarah non sapeva che cosa fosse esattamente l'amore, e aggiungendo che la stragrande maggioranza di noi condivide la sua stessa confusione, volevamo esortare a non tentare di definire l'amore con parole. Ma siccome dobbiamo pur possedere dei parametri descrittivi per studiare l'unione di intimità e vicinanza che insieme formano l'amore, non ci resterà che ignorare il nostro stesso ammonimento. Possedere un terreno *concordato* relativamente a ciò che è l'amore, può risultare più importante che non ritenere che lo si possa davvero definire. Nel 1970, io (*Thomas*) ho pubblicato il breve saggio qui di seguito riportato, e le reazioni che ha provocato sono state, ai miei occhi, assai illuminanti. Da un lato ho ricevuto molte attestazioni di assenso e molte richieste di ristamparlo; ma ho ricevuto anche moltissime lamentele circa l'impossibilità, per gli esseri umani, di attingere a questo livello di amore. Ho interpretato questa disparità di pareri quale riprova che avevo toccato la corda giusta. Se infatti tutti sono d'accordo con ciò che dite, con ogni probabilità quello che avete detto ha obnubilato qualsiasi effettiva sostanza.

AMORE

L'esperienza dell'amare è unilaterale. Non chiede risposta né chiede all'altro di essere meritevole. Qualsiasi essere umano merita amore. Il quale non viene guadagnato: lo si merita. Sicché, ogni essere umano ci offre l'opportunità di amarlo. Rimunera l'amare, non l'essere amato. Essendo fatto a immagine e somiglianza di Dio, ciascuno di noi merita

17

amore. Il nostro amare è il nostro aspirare alla divinità. È nostro privilegio, non nostro dovere. L'amore non ha ricompensa al di là dell'esperienza di esso, né richiede ricompensa di sorta.

"Ti amo" è, al livello più profondo, un sentimento, poi un'attività, e meno di tutto parole. In quanto parole, spesso è usato per fermare l'amore, per riassicurare o per respingere. Quando il sentimento forma le parole, queste non sono udite, ma solo viste e toccate. In quanto sentimento, l'amore porta l'amato a essere e l'amante all'esperienza di un altro essere. Da solo, ciascuno è bello; esperiti insieme, essi creano.

Il sentimento di amore sorge dalla tua persona, irragionevolmente e meravigliosamente riponendo fiducia nell'altro e evocando nell'altro una risposta. Quando sia sentito senza riserve, senza esitazione, vergogna o paura, l'amato non ha altra scelta se non quella di amare. La minima esitazione o la più piccola riserva in amore può essere distruttiva. Se il sentimento d'amore in te non genera una risposta amorosa, non prendertela con l'altro, ma guarda in cuor tuo per scoprire dov'è che il tuo amare manca di pienezza o è paralizzato dalla tua esitazione.

Molti sentimenti, sia buoni che cattivi, sono scambiati per amore. Essere solleciti verso qualcuno, perdonare, tollerare, essere infatuati, dipendere da, sentirsi vicini a, essere amici di, andare verso, accettare da, sacrificare a, sentirsi eccitati da, comprendere, e innumerevoli altri: ecco sentimenti che non solo *non* sono amore, ma ben di rado fanno parte dell'amore. Sono parte del vivere con, non già dell'amare.

"Io ti amo" significa qualcosa di molto particolare e molto concreto. Significa che io ti circondo del sentimento che ti permette – forse addirittura esige da te – di essere qualsiasi cosa tu sei realmente quale essere umano in quel momento. Quando il mio amore è al suo pieno, tu sei più pienamente tu. Puoi essere cattivo o buono, o l'una o l'altra cosa; tenero o irato, o entrambe le cose; ma tu sei tu, e non posso né chiedere né aspettarmi più di questo. E così io ti esperisco in tutta la tua bellezza e in tutta la tua bruttezza. Ma esperisco *te*, non ciò che aspetto o voglio, o ciò che tu senti che dovresti essere, o sei stato abituato a essere, ma realmente *te*. Io non ti amo per ciò che sei. È il mio amore per te che ti permette di essere ciò che sei. L'amore infrange i ruoli e illumina le persone. Le maschere acquisite sono gettate, e ci troviamo l'uno di fronte all'altro, realmente e meravigliosamente usuali. Poiché essere amato permette all'altro di essere ciò che lui o lei è in realtà, è assai più facile sapere quando sei amato che sapere quando ami. La conferma del tuo amore è nell'essere dell'altra persona; la conferma dell'essere amato risiede nella tua esperienza di essere te stesso, e questo lo puoi sapere con la massima facilità e affidabilità. Siccome è più facile sapere quando sei amato che non quando ami, le più gravi deformazioni personali dell'umana esperienza risiedono nell'esperienza dell'amare, non dell'essere amato. Gran parte dei problemi d'ordine psichiatrico derivano dalla confusione dell'amare; gli errori circa l'essere amato sono rari, posto che davvero si verifichino.

Quali sono i prerequisiti del nostro amare? Io sono convinto che se qualcuno è davvero se stesso, quel qualcuno ama, non fosse che perché amare è così naturale, così pratico e così rimunerativo. I motivi per non amare devono essere per forza di cose innaturali, formidabili e possenti, e sospetto che questi esorbitanti motivi derivino dalla paura di essere solo o separato, dal momento che il bisogno di appartenere è il secondo sentimento in ordine di possanza a me noto: secondo solo all'amore. Ma amare significa essere solo, per lo meno inizialmente e momentaneamente, poiché è unilaterale e indipendente dalla risposta dell'amato. E poiché la paura di essere separato ci induce a preoccuparci della risposta dell'altro, e pertanto ci trattiene dall'amare, la paura della solitudine e della separazione abbastanza stranamente si traduce nella nostra spaventosa solitudine e mortale separazione.

Ci si può predisporre ad amare? Amare per natura è involontario quando abbia davvero un senso. Sicché, devo starmene lì e attendere l'amore? No, sebbene moltissimi di noi lo facciano. Posso produrlo, non però tentando di amare. Una delle esperienze più bizzarre e frustranti che mi siano capitate è quella di amare mia moglie quando non sono con lei. Ci ritroviamo, e qualcosa va storto; mi sento ferito e confuso. Vado a lavorare, e nella mia pratica interiore sento il mio amore e sono deciso a comunicarglielo non appena ci rivedremo. La rivedo, e provo gli stessi, spaventosi turbamenti, e adesso sono più convinto che mai che lei non apprezzi quel meraviglioso essere amante che io sono: non ho umiltà, e per tale motivo non amo davvero. Sono solo, e così mi metto a riflettere. Rifletto su me stesso. Questa riflessione è un sentimento, non è pensiero. L'autoriflessione che sorge dalla solitudine tranquillizza e placa. Gradatamente essa illumina quanto mi circonda. Me ne sto al sole d'autunno e mi sento tranquillo, e so per certo che c'è un universo più vasto, incomprensibilmente bello, del quale sono solamente una parte, ma una parte mobile. E alla fine, questo sentimento includerà anche mia moglie. Vado da lei, e vedo lei e me come qualcosa di più meraviglioso e più grande che non me solo. La mia autoriflessione illumina lei per me. E allora partecipo di noi, e conosco davvero la sua meritorietà, e amo senza esigere risposta. Ci conosciamo l'un l'altro. La mia umiltà nell'esperienza del nostro rapporto ha reso all'improvviso possibile, per me, amare ed essere amato. La mia umiltà non è l'esperienza della mia insignificanza, bensì l'esperienza del mio essere parte di, del mio appartenere e del fatto che mi è toccato il privilegio di amare ciò di cui sono una parte tanto significativa. E così l'umiltà genera amore. Cosa forse altrettanto importante, siffatta umiltà dà modo a me di esperire l'identità che ho con lei. Ci sentiamo come due simili, e l'amore di lei diviene amore di me.

Per quanto complicato possa sembrare, assicuro il lettore che è semplice. Senza questo, io sono vuoto, e con questo io sono. Senza questo so che tu ti senti vuoto, e con questo so che potrei amarti. Sicché l'importanza dell'"io ti amo" è la sua importanza per me.

Prendiamo questa descrizione come una definizione di carattere operativo, come un punto di partenza. Il concetto di amore è di grande forza quando sia usato in maniera coerente, ma di solito è usato in maniera errata, casuale. Il vero amore fa sì che le relazioni divengano un'esperienza reale più grande. L'amore irreale, che può variare dal costruttivo al distruttivo, può creare rapporti elastici, può essere usato per manipolare altri, può avere effetti dannosi sulla persona dell'altro. *Amore*, infatti, può significare cose assai diverse, ambigue e a volte persino negative. L'intimità è una dimensione del vero amore, non già della moltitudine di altre cose che vengono così etichettate. Si ricordi che Sarah era lucidissima a proposito del reciproco amore tra lei e suo marito; era la loro mancanza di intimità che rendeva doloroso quell'amore.

CIÒ CHE L'AMORE NON È

Amore è spesso l'etichetta impropria usata per descrivere sentimenti buoni e validi, sentimenti che possono persino incrementare la vicinanza nell'ambito dei rapporti. Rispetto, entusiasmo, ammirazione e cameratismo sono tutti sentimenti positivi, ma non sono amore. Possono essere importantissimi ai fini della vicinanza, e pertanto fanno parte della matrice dell'amore, ma non sono di per sé amore. Confondiamo i rapporti dicendo "ti amo" quando vogliamo dire "mi interesso a te" o "mi dispiace per te". Noi siamo solleciti verso altri in molte guise, e ci preoccupiamo dei nostri simili in altri modi ancora. Questi sentimenti sono utili, spiritualmente preziosi, importanti ai fini del rapporto; ma non sono amore.

Si può persino essere "innamorati" senza davvero amare l'altro, esperienza particolare che probabilmente è causa di sofferenze e confusioni relazionali più di ogni altra emozione scambiata per amore. A volte, essere "innamorati" è foriero di un vero amore, nel quale possiamo poi crescere e imparare. Troppo spesso, tuttavia, rende più difficile l'amare. Non desideriamo rinunciare alla nostra fantasia e accettare la realtà, consistente nell'amare effettivamente l'altro qual è, anziché quale desideriamo che sia. Il genitore adottivo che coltiva fantasie di un rapporto così "perfetto" con il figlio da non essere in grado di esperire la realtà del figlio stesso, è pertanto concretamente impedito dall'amarlo.

L'esempio più comune di questo amore di fantasia è l'infatuazione, quel primo "amore" da cui si è colpiti nell'adolescenza. Purtroppo, non è un'esperienza limitata a quell'età. Quando siamo infatuati, non vediamo l'altro amato come una persona reale: siamo innamorati della nostra idealizzazione. Le espressioni cui facciamo ricorso a proposito dell'essere "innamorati" rivelano questa irrealtà: siamo "cotti", "accecati", abbiamo "perso la testa", talmente "pazzi" di qualcuno che "non riusciamo a dormire". Che cosa sono questi se non sogni? Forse abbiamo la necessità di questa meravigliosa esperienza onirica dell'essere innanzitutto innamorati dell'amore. Forse che i bambini non crescono alla realtà grazie alla libertà di avere le loro fantasie? Sicché, essere "innamorati" può prepararci all'amare, ma non è amore. Rinunciare al sogno ci intristisce, ma ci permette di andare avanti.

Evan è a tal punto "innamorato" da non rendersi conto della capacità di manipolarlo della sua amata. I suoi amici se ne accorgono invece benissimo: s'avvedono che lei lo usa, e non riescono a capire come mai anche lui non lo percepisca. Abbiamo un bel parlarne a Evan: per il momento, lui ha il suo particolare modo di vedere la "realtà". Evan scorge ciò che sta cercando dentro di sé, non quello che c'è effettivamente nell'altro. Se la sua amata lo lasciasse, Evan, come accadrebbe alla maggior parte di noi, avrebbe l'impressione di avere "perduto una parte di se stesso", e in un certo senso è vero: la sua "realtà" ha subito una trasformazione. Senza intimità, la "realtà" è individualistica, dal momento che non c'è *vera* connessione. Essere "innamorati" non è un'esperienza intima.

Di solito, l'essere "innamorati" è una condizione passeggera, ed è a questo punto che l'amore diventa una possibilità. Sopravvivere al disincanto e alle depressioni che tutti subiamo da adolescenti, ci permette di passare al vero amarci a vicenda. Come gli attori di una *pièce* teatrale, passiamo dall'amare i personaggi all'amare effettivamente i nostri coattori.

L'amore viene anche confuso con la tolleranza. Questa favorisce la vita comunitaria ed è preziosa alla società, ma non è amore: le manca la capacità di accettazione dell'amore. La tolleranza è indulgenza, condiscendenza sociale, laddove l'accettazione, come vedremo più avanti, è parte integrante dell'amore. A volte la tolleranza ci aiuta a passare all'accettazione e all'amore, ma purtroppo è assai più spesso esperita come una razionalizzazione ipocrita della non accettazione in amore di ciò che tolleriamo. Tolleriamo coloro con i quali non sentiamo nessuna connessione, nei confronti dei quali di solito ci sentiamo anzi superiori. L'individuo "religioso" che tollera la spiritualità di un altro, dovrebbe interrogare seriamente il proprio spirito. La persona "religiosa" che neppure tollera la spiritualità di un altro, non è né tollerante né amante: è semplicemente un virtuoso.

Il perdono è a volte sentito come amore, ma non lo è. Qualcuno chiederà: "Ma il perdono non è parte integrante dell'amore?" La nostra risposta è: no. Quando mi sento perdonato, subito torno a sentirmi parte della mia comunità: un sentimento meraviglioso, ma diverso dall'essere amato. Non migliore né peggiore, semplicemente diverso. Il perdono può spianare la strada al mio essere amato ma, per quanto arricchente, non è amore. "Colui che non sa perdonare gli altri", ha detto l'ecclesiastico e scrittore inglese Thomas Fuller, "distrugge il ponte sul quale lui stesso deve passare, perché ogni essere umano ha bisogno di venire perdonato." Ma ogni essere umano ha anche bisogno di essere amato.

Il sentimento che viene più spesso confuso con l'amore è "il prendersi cura di" qualcuno che da noi dipende. Ecco una nuova coppia che si presenta per la prima visita terapeutica comune. Sono abbastanza tranquilli, e molto protettivi nei confronti dei sentimenti reciproci. Mentre la storia del loro rapporto viene gradatamente alla luce, risulta chiaro che si sono "presi cura di" l'uno dell'altra, allo stesso modo fin dall'inizio del loro rapporto. Hanno due figli e sono molto occupati a "prendersi cura" anche di loro. È difficile capire perché, ma sta di fatto che entrambi si sentono, più o meno vagamente, insoddisfatti. Non vogliono e non possono "ferirsi" a vicenda anche quando ciò sia necessario. Non riescono a dire "Vorrei che tu crescessi", o "Mi sono sentito ferito dal tuo comportamento dell'altra sera", oppure "Penso che dovresti stare un po' più attento a come fai l'amore". Stanno già cominciando ad avere le stesse difficoltà con i loro figli. Si prendono cura di loro, erroneamente persuasi che questo significhi essere solleciti nei loro riguardi.

Avanzare l'ipotesi che essere genitori preoccupati non è tutt'uno con amare, vuol dire cercarsi guai, ma noi siamo convinti che non sia la stessa cosa. Nel primo caso è cura parentale e, nonostante l'enorme ed effettiva importanza e il ruolo fondamentale nelle relazioni umane, non va scambiato per amore. Ciò non significa che l'amore non faccia parte integrante delle cure parentali, ma è una componente di tipo assai speciale. Si possono amare i propri figli oltre che averne cura; occuparsi semplicemente di loro non basta. Accudirli, li prepara a vivere nel mondo; amarli, significa dar loro modo di vivere relazioni emozionalmente positive e di trovare una tranquilla gioia nel semplice fatto di essere, anche quando siano soli. Noi ci dedichiamo a cure parentali quando insegniamo; amiamo quando la vista dei nostri figli allieta i nostri cuori semplicemente perché essi esistono.

Phillis ha trentatré anni ed è madre di due figli, rispettivamente di nove e cinque anni. Durante il giorno lavora come programmatrice, la sera fa la genitrice. Dopo il divorzio, il padre dei bambini si è trasferito sulla costa occidentale e non li ha visti per tre anni. Phillis parla della difficoltà implicita nel tentare di essere entrambi i genitori, della stanchezza che gliene deriva, dell'energia che le manca. È alle prese con il senso di colpa che avverte quando i suoi figli provocano in lei risentimento, e allora si rende conto che qualcosa non è come dovrebbe essere. Quando riesce a sentire la gioia di amarli, diviene più che mai consapevole della troppo frequente assenza di questo sentimento, e della stizza e del dolore che gliene proviene.

Brian ha un'esperienza di vita assai diversa. Da quando ha divorziato, vede i suoi figli ogni secondo fine-settimana, e sono giornate per lo più piene di attività concrete: andare al cinema o a pattinare, andare a trovare amici, mangiare al ristorante. Brian sente di avere scarse connessioni con i figli o con la loro esistenza effettiva, a parte il dolore che gli causa il profondo amore che prova per loro, e non sa come fare a cambiare questa situazione. Esattamente come non era riuscito a trovare quel che cercava con la loro madre, non ce la fa neppure con i figli. Non sa bene neppure in che direzione rivolgere la sua ricerca.

Oggi sono più numerosi i figli che soffrono di una carenza di amore di quanto non accadeva in passato in seno alle vaste famiglie allargate. Oggi ce ne sono troppo poche, e troppe sono invece le famiglie monoparentali. Si tratta di genitori che possono essere premurosi e responsabili, ma molto spesso a tal punto preoccupati di apparire "buoni" genitori e così logorati dalla necessità di reggere da soli il pesante fardello, da perdere la capacità di essere genitori gioiosi. In seno a queste famiglie, ai figli può accadere di essere oggetto di cure parentali extra ma di insufficiente amore. Com'è ovvio, questa deficienza si verifica anche in famiglie dove sono presenti entrambi i genitori, i quali però o si mostrano troppo zelanti nel preparare i loro figli ad avere "successo nel mondo" e non vivono invece sufficientemente una gioiosa intimità con essi, o sono a tal punto stressati dalla lotta con la quotidianità, che non resta loro più niente da dare ai figli. Genitori del genere non hanno imparato a essere se stessi, e pertanto non possono condividere questo sé con i loro figli.

Frances e Tim sono in terapia da circa un anno. Hanno un figlio di cinque anni. Ci raccontano una storia che illustra la differenza tra amore e cure parentali. Un giorno, mentre viaggiavano tutti insieme, si sono fermati a mangiare. La cameriera ha preso l'ordinazione dei genitori, quindi ha chiesto al bambino che cosa desiderava. Risposta: voleva un *hot-dog* con qualcosa sopra e una coca-cola grande. È intervenuta Francis che con tono divertito ed educato ha detto: "Gli porti del pollo, della purea di patate e dei piselli." La cameriera è tornata, deponendo di fronte ai genitori i rispettivi piatti, e davanti al bambino "un *hot-dog* con qualcosa sopra" e una coca-cola. Se n'è andata, e c'è stato un momento di silenzio, poi il ragazzino ha commentato: "Quella deve avere pensato che sono un vero essere umano." In quel momento, il bambino si sentiva amato, non perché aveva avuto quel che voleva, ma perché era stato accettato in sé e per sé. Francis e Tim, il loro amore lo hanno espresso con il silenzio. Avevano imparato qualcosa: cure parentali e amore non sono la stessa cosa.

Noi amiamo quando non soltanto permettiamo, ma favoriamo, promuoviamo la "alterità" di nostro figlio, coniuge o amante, e ne gioiamo. Ed è un'esperienza particolare, perché gran parte del nostro tempo lo dedichiamo invece a prenderci cura o a preoccuparci di altri tollerando, perdonando od offrendo molte altre risposte che non sono amore ma aspetti della vicinanza, una parte della matrice dell'amore. Sono elementi essenziali della vicinanza, e senza dubbio non si tratta di non-amore, ma la vicinanza da sola non è amore. La simpatia non è amore, non lo è la comprensione, non lo è l'amicizia. Sono, sì, esperienze relazionali umane importantissime, non però amore. Possiamo amare un amico, ma l'esperienza d'amore non è tutt'uno con l'esperienza di amicizia. Quel che intendiamo per amore è quella connessione sentita in totale pienezza, descritta da John Donne in *A Lecture upon the Shadow* ("Una lezione sull'ombra"):

> Amore o cresce, o è piena e ferma luce.
> Il primo attimo d'ombra è la sua notte.

Molte relazioni sono turbate dalla confusione relativa ad amore e simpatia, ma laddove le definizioni di amore sono sfuggenti, è abbastanza chiaro invece ciò che intendiamo per *simpatia*. Gli altri ci piacciono quando proviamo piacere del modo con cui ci amano. È una differenza che comporta una sorprendente implicazione, e cioè che altri possono amarci in modi che non ci piacciono. E riteniamo che sia una verità incontrovertibile. Essere amati, essere indotti, dall'accettazione altrui, a conoscere noi stessi quali siamo in realtà, è qualcosa di estremamente godibile, e questa cognizione può portarci a una consapevolezza di noi stessi che osteggia e mina la nostra mitologia preconfezionata. E i risultati possono essere dolorosi. Dal momento che la nuova consapevolezza ci viene tramite l'amore, e ha tutta l'aria di essere autentica – non è un giudizio né un'accusa, ma una partecipazione dell'altro che non può essere razionalmente spiegata – essa ci permette di crescere. Ma non sempre coloro che ci portano a una simile sincerità sono per noi fonte di vera gioia. Possiamo anzi trovarli addirittura antipatici. Quando altri, amando, ci fanno essere quali siamo in modi che ci piacciono, ecco che allora li troviamo simpatici.

Conoscere Henry e Gail è perlomeno assai scomodo, e quando ci si mettono entrambi riescono a fare andare fuori dei gangheri i loro amici più cari. Durante la seduta terapeutica, assumono l'uno nei confronti dell'altro un atteggiamento decisamente spiacevole. Il loro atteggiamento abituale consiste in un'ininterrotta serie di punzecchiamenti, litigi e lamentele che rende difficile ad altri sentirsi a proprio agio con Henry e Gail: "Non ne combini mai una giusta." "Come amante non vali niente." "Ogni volta che dobbiamo fare qualcosa, tu scompari." "Perché non ti trovi un lavoro come si deve?" "Perché permetti a quel tale di calpestarti?" "Sei una pittima." "Ma non riesci mai a dire la verità?" È così che esprimono il loro affetto. Sembra evidente, a gran parte di coloro che li conoscono, che i due non si piacciono, e il fatto che tuttavia continuino a stare insieme sembrerebbe indicare che evidentemente si amano. Tra loro c'è una qualche connessione. Ci sono coppie che restano insieme sebbene i componenti non si piacciono né si amano. In quelle coppie non c'è connessione di sorta: c'è solo l'impegno a morire lentamente l'uno con l'altro.

Accade spesso, nelle relazioni e nei matrimoni, che simpatia e amore non siano esperiti assieme. Sembra più facile trovare piacevole un amante più o meno occasionale, il cui modo di amare corrisponda alla nostra mitologia personale: in fin dei conti, è per questo motivo che l'abbiamo scelto, o scelta. Ma la lotta per la relazione primaria ha effettiva, grande importanza. Tutti noi abbiamo bisogno di imparare a essere amati in modo che prima non volevamo o di cui non eravamo capaci, ed è a livello di questo bisogno che l'importanza fondamentale dell'intimità diviene evidente. L'amore ci obbliga a crescere, e gli esseri umani si sviluppano con estrema riluttanza. Non di rado proviamo risentimento nei confronti di coloro il cui amore ci obbliga a crescere. L'esperienza intima è l'unica occasione che abbiamo per risolvere questo dilemma, ed essa è disponibile in tutte le nostre relazioni diadiche. Possiamo crescere a partire dall'intimità con il fiore, con la montagna, con il dipinto, ma è nel rapporto con l'altro essere umano che impariamo, dimentichiamo e torniamo a imparare più immediatamente. È nell'ambito della relazione primaria che ci è dato di ri-imparare con la massima profondità.

È assai sconcertante il fatto che molto spesso non scegliamo coloro che ci piacciono, coloro con i quali sarebbe comodo e confortevole vivere. Due amici di rado si accoppiano. E molto spesso lo fanno tra loro persone "incompatibili". Nel caso specifico, non intendiamo riferirci a partner che si maltrattano a vicenda e neppure a quelli che litigano di continuo in maniera infantile. Ciò di cui parliamo è la nostra predilezione a far coppia con una persona con la quale veniamo poi ai ferri corti, la nostra preferenza a scegliere coloro il cui modo di amarci non ci piace. La nostra scelta è dovuta ad aspetti o motivi che ben presto si trasformano per noi in gioghi. Il giogo di ogni rapporto primario è la sua verità. Il rapporto, se effettivo, ci costringe a questa lotta. In ogni relazione effettiva si ha l'emergere di un dolce dolore. Provare antipatia per qualcuno può essere l'inizio dell'amore, lo sa perfino l'industria cinematografica e ne fa testo, per esempio, un film come *La regina d'Africa* con Humphrey Bogart e Katharine Hepburn. Un accoppiamento primario che si formi sulla base di un rapporto del genere spesso viene definito matrimonio, ma si tratta in realtà di una posizione esistenziale, non già di una costruzione legale. È un concetto spirituale, non religioso.

Non tutti i sentimenti che nei rapporti si mascherano da amore sono in sé e per sé buoni: rettitudine, controllo, virtù o dipendenza programmata e inesorabile dall'altro certamente non sono amore. Gratitudine, lealtà, deferenza e tranquillità possono essere utili e positivi a volte, ma non sono amore; psicopatia, passività depressiva, sottile rapimento e manipolazione sono alcune delle numerosissime deformazioni che vengono definite amore. Alcuni di questi atteggiamenti sono negativi in sé e per sé, altri lo sono soltanto qualora si mascherino da amore.

Molto spesso la difficoltà di conoscere ciò che è e che non è l'amore, in realtà consiste nella nostra incapacità di cogliere le differenze tra intimità e vicinanza, o di percepire lo squilibrio tra l'una e l'altra. Che cos'è l'intimità a livello personale? Come possiamo comprendere la depressione di Sarah, il fatto che si senta ferita dal suo matrimonio, la sua ricerca di quella persona che è lei, Sarah? Dentro ciascuno di noi alligna il nostro *intimo*, il nocciolo più profondo della nostra persona. Esso è la parte più interna di noi stessi, sono i nostri più profondi sentimenti, le nostre costanti motivazioni, il nostro sentimento del giusto e dell'ingiusto, le nostre più radicate convinzioni riguardo alla verità e alla bellezza. Il nostro *intimo* include anche quel comportamento che coerentemente esprime questi aspetti interiori della nostra persona.

Siamo in grado di reggere la disapprovazione, l'antipatia, la mancanza di rispetto nei nostri riguardi, e avvertire questo sentimento può isolarci dolorosamente, ma non è nulla a paragone della sensazione devastante che avvertiamo quando disapproviamo, nutriamo antipatia o disprezzo per noi stessi. L'alienazione dal nostro *intimo* può paralizzarci. Per vivere nel mondo in buona fede, devo aver cura di me stesso, piacermi e rispettarmi. Se sento disprezzo nei confronti di altri, posso sentirmi in preda ai tormenti; ma se lo provo nei miei stessi confronti, ho scarse probabilità di sopravvivere. Allo stesso modo, posso sopportare l'antipatia altrui nei miei confronti, ma il mio benessere personale non regge alla mia avversione per me stesso.

Che cos'è questo *intimo* che devo conoscere, amare e rispettare in me stesso? Che cos'è questo qualcosa con il quale devo essere in armonia per vivere gioiosamente in questo mondo? L'*intimo* non è tutt'uno con l'anima. L'*intimo* è la *nostra partecipazione* all'esperienza dell'anima. E l'anima è laddove non c'è nessun bisogno di vicinanza, sistema o adattamento, perché tutto è connesso. L'anima è del tutto inconscia. Il nostro *intimo* è un ponte verso l'anima, ma non di per sé l'anima.

Kaye viene in terapia ogni settimana. È in preda a una dolorosa ossessione per la sicurezza dei suoi tre figli. Pretende che quando sono fuori di casa le telefonino pressoché ogni ora. Se fanno un viaggio, devono chiamarla regolarmente per rassicurarla. E Kaye sa benissimo quanto distruttiva sia, per lei, questa ossessione, e quanto lo sia per suo marito, che ne è irritato e in silenzio la disapprova, e anche per i suoi figli, pazienti ma risentiti, che esteriormente si mostrano quasi sempre di buon umore, ma sotto sotto sentono che la loro fiducia in se stessi ne viene minata. (Inoltre, si sentono molto imbarazzati nei confronti dei loro amici.)

Un giorno, Kaye se ne esce a dire disinvoltamente che aveva pensato di non venire perché aveva il raffreddore e non voleva contagiare il terapeuta. Replica il terapeuta: "Non credo alla teoria dei germi", cosa questa che fa arrabbiare Kaye, la quale insorge: "Accidenti, e che succede se vado per la strada e una domestica distratta lascia cadere un vaso di fiori dal davanzale di un dodicesimo piano, facendomelo piombare in testa? Lei mi chiederebbe forse perché mi trovavo per la strada?" E il terapeuta: "Ma certo che glielo chiederei. Vuole forse trascorrere tutta l'esistenza a preoccuparsi di domestiche distratte, di ogni virus o del fatto che in ogni istante, quando uno dei suoi figli è lontano, può succedergli qualcosa di terribile? Lei non può far altro che provvedere a se stessa."

Al pari di Kaye, ciascuno di noi ha nel naso e nella gola abbastanza germi da infettare mezza città. E, al pari di Kaye, ciascuno di noi non può far altro che contare su se stesso, sulla sua salute, sul proprio spirito, sul proprio sistema immunitario, sulla propria volontà di vivere, sul proprio *intimo*. Non possiamo condurre una vita di risposta agli imprevisti, alle ire dell'amante, alle paranoie del vicino, all'incomprensione dei colleghi. Costoro ci sono, abbiamo a che fare con loro e dobbiamo esserne consapevoli. Ma, in realtà, possiamo provvedere soltanto a noi stessi.

Ciascuno di noi si fa carico della propria esistenza. Quel che ci accade può essere solo lo 0,1% di quanto è di nostra spettanza, frutto della nostra azione, oppure può essere il 90%. Ma non fa differenza: è comunque l'unica parte a proposito della quale possiamo fare qualcosa. Ha scritto Sartre: "Non facciamo ciò che vogliamo, eppure siamo responsabili di quel che siamo, e questo è un fatto." E la responsabilità in questione è verso il nostro *intimo*.

L'*intimo* è il nostro modo di valutare e stimare noi stessi, e ne fa parte il nostro continuo sentimento di chi siamo, di come siamo e dell'importanza che ha il nostro essere con altri. E ha poco a che fare con ciò che gli altri pensano di noi o dei loro sentimenti nei nostri riguardi. Conosciamo alcuni dei modi con cui queste autovalutazioni si formano durante l'infanzia e l'adolescenza; includono prese di contatto, apprezzamenti incondizionatamente positivi, la libertà di esperire l'autoresponsabilità. Ciò che i terapeuti non sanno far bene è porre rimedio alla carenza di autostima che constatiamo negli adulti. Perché le persone insistono nell'autosvalutazione pur avendo ripetute esperienze di essere apprezzate e amate da altri, si tratti di loro amici, amanti, coniugi o terapeuti? Perché resistono con tanta tenacia all'amore e al rispetto di altri che ai loro occhi hanno importanza? Non di rado, noi terapeuti proviamo maggior rispetto e ammirazione per i nostri pazienti di quanto non ne abbiano essi per loro stessi. E come si spiega che questo non cambi niente in loro?

Se nulla cambia, è perché esiste un'assenza di intimità. L'intimità è la dimensione necessaria all'attuazione dell'amore per sé e della stima di se stessi. I nostri pazienti sono spesso più preoccupati e consapevoli dei nostri sentimenti che dei loro stessi, e non nel senso che cerchino di evitare di urtare i nostri sentimenti, sebbene anche questo non di rado accada, ma nel senso che sono più preoccupati di ciò che *noi* pensiamo o sentiamo che non di ciò che *essi* pensano o sentono. Siamo convinti che soltanto se vivono questi forti sentimenti nei nostri riguardi, però avendo contemporaneamente anche piena consapevolezza di se stessi, possono cambiare. Se il cambiamento si verifica così di rado nei confronti di coniugi, amanti, amici o terapeuti, è perché dev'esserci un'esperienza di intimità, non soltanto di partecipe vicinanza. La nostra incapacità di scegliere liberamente di essere i nostri sé intimi è la ragione per la quale dobbiamo tentare di afferrare l'anatomia dell'intimità. Dobbiamo ricuperare il nostro equilibrio.

PER UNA DEFINIZIONE DI INTIMITÀ

Intimità deriva dal latino *intimus*, che designa appunto l'interiorità, la parte più interna di noi stessi, il nostro vero noi, quello che soltanto noi possiamo conoscere. Il guaio è che lo possiamo conoscere solo a patto di essere intimi con qualcosa o qualcuno al di fuori di noi stessi. Intimo è di per sé rivelatore già come termine. Come aggettivo significa "personale", "privato", "particolare", "profondo", "interiore". Come sostantivo, designa un amico o sodale appunto intimi. Il verbo inglese *to intimate* significa "far capire, lasciare intendere o sottintendere, suggerire", nel senso di toccare il nostro nucleo più segreto, ed è questa l'essenza dell'intimità, parola che contiene tutte le accezioni implicite in queste definizioni.

Melinda viene in terapia perché negli ultimi sette anni ha avuto due relazioni finite male. Ogni volta ha cominciato pensando che questa l'avrebbe resa felice, che era una risposta alla sua solitudine. Dopo la prima, ha dato la colpa al suo amante; dopo la seconda, si è messa a interrogare se stessa. Valuta erroneamente l'altro, o non si tratta piuttosto della sua incapacità di essere gioiosa? Non è in pace con se stessa. "Vorrei sapere che cosa mi è accaduto. Pensavo di sapere chi sono, che cosa voglio. Ma adesso non ne sono più così sicura."

William è in terapia da un anno. Si sente più a suo agio, se la cava bene con gli studi (frequenta un corso di specializzazione post-universitario), ma in realtà non è molto diverso. Continua a sentirsi ferito nel suo sé più segreto dalla disarmonia con il proprio *intimo*. In William, questa disarmonia si rivela nella sua incapacità di essere spontaneo, giocoso e rilassato, ma lui la vive come una mancanza di gioia di vivere. William non riesce a capire davvero il terapeuta che gli suggerisce di "andare a giocare" oppure di "fare un giro di corsa attorno a casa sua". Educatamente, interpreta questi suggerimenti come espressione di una volontà di essergli d'aiuto, sorride persino, a indicare che sa che hanno un significato scherzoso, ma non riesce a cogliere il nesso tra le esortazioni stesse e la sua disarmonia. Vuole un certo "lavoro" per stare meglio, ma non riesce a "vedere" come farlo. In effetti, William ha bisogno di esperienze che gli permettano di essere in contatto con la propria interiorità in modo da poter "vedere", trovandosi in un luogo nel quale possa far uso dell'esperienza per cambiare se stesso. E l'unico luogo o esperienza del genere a noi nota, è l'intimità.

La qualità fondamentale dell'esperienza intima è la sensazione di *essere in contatto* con il nostro vero sé. Questo ci conferisce una nuova consapevolezza del chi, del che cosa e del come siamo e differisce dall'introspezione o dalla meditazione che sono modi di *guardare* noi stessi, modi che si collocano tra noi e noi stessi, esperienze "solitarie" e che, pur essendo positive, non sono fonte di energia, non promuovono, non sono accrescitive, come invece l'intimità. Nell'esperienza di intimità, il nostro "vedere" ha luogo in presenza dell'altro. E non richiede il guardare o il pensare, ma si verifica spontaneamente; è un'esperienza diretta. In questo senso possiamo essere intimi con fiori, animali, alberi e stelle ed essere nutriti da quest'esperienza. Ma la più efficace e profonda consapevolezza di noi stessi si verifica con il nostro simultaneo aprirci a un altro essere umano. È questo il modo più profondo e diretto di cui noi esseri umani siamo capaci quanto a sperimentare il nostro vero sé nel mondo. È la più significativa e coraggiosa delle umane esperienze.

Sarah, Kaye, Melinda e William avvertono tutti l'assenza di questa esperienza nelle loro vite. La mancanza non ha attinenza con qualcosa che i loro coniugi, amanti, figli o terapeuti non fanno: al contrario, sono alienati da un modo d'essere nel mondo in buona fede. Interessante il fatto che gran parte di noi non avverta l'intimità come alcunché di coraggioso e importante nel momento in cui la sperimentiamo. La percepiamo semplicemente come un sentirci bene, un essere reali. La bramiamo, e ne andiamo in cerca, la desideriamo, eppure di rado ne facciamo l'esperienza, perché siamo troppo consunti dalla nostra vicinanza, dai nostri radicati sistemi di interazione. Di conseguenza, sia la pienezza di significato che il coraggio nelle nostre esistenze sono mal nutriti. E questa cattiva nutrizione è ciò con cui Sarah, Kaye, Melinda e tanti altri hanno a che fare: "Non sono gioiosamente me stesso, e ignoro perché non lo sono. Perché mi succede, e che cosa potrei fare per cambiare questa situazione?"

Chi ti conosce? Il tuo amante, il tuo coniuge, il tuo genitore, tuo fratello, tuo figlio, il tuo capo, l'amico ti conosce? Pensa a tutte le volte che ci hai riflettuto a lungo, ammettendo con riluttanza che non ti conoscono. Conoscono parti di te, ti conoscono in una certa guisa, ma non ti *conoscono*. Ma tu, a tua volta, ti *conosci*? Purtroppo, per la maggior parte di noi la risposta è ancora una volta no. Ed è qui che la deficienza di esperienza intima si manifesta con la massima evidenza, perché l'esperienza è l'unica via per conoscere e nutrire noi stessi. Come definire quest'esperienza in modo che ci sia d'aiuto? Come possono Sarah, Kaye, Melinda, William, tu e io, ritrovare l'equilibrio?

LO SPAZIO PERSONALE

Dick ha programmato il suo sabato per gran parte della settimana. Vuole lavorare ai suoi modelli navali, controllare se ha tutta l'attrezzatura necessaria. Ha perfino escogitato una maniera piacevole di far ordine e pulizia nel suo ripostiglio, ben sapendo che sarebbe proprio necessario, e intende riflettere sul modo di trasformarlo in un piccolo laboratorio. Ma la sera di venerdì Toni gli chiede di accompagnarla al cinema proprio il giorno dopo. Dick non vorrebbe farlo, ma ciò gli procura un senso di colpa. Al termine di una conversazione piuttosto formale decidono che lei andrà al cinema e lui non abbandonerà i suoi programmi. Ma ar-

riva il sabato, e Dick non prova nessun piacere per i suoi model-
lini, si mette a far ordine e pulizia nello sgabuzzino senza però
fantasticare sulla sua trasformazione in laboratorio; a dire il vero,
questa giornata non gli piace per niente. Che cosa gli è accaduto?
Toni gli ha fatto qualcosa? Analizzando questa situazione, possiamo cominciare a definire l'esperienza intima.

Tutti gli esseri umani dispongono di spazi. Noi esistiamo in
modi diversi con noi stessi, e possiamo vedere ciascuno di questi
modi come uno "spazio". Quando vi capita di passeggiare da
soli, meditabondi, vi trovate nel vostro spazio personale. Questa
era l'esperienza del programma di Dick per il suo sabato. Disporre di quello spazio e avere la capacità di mettercisi, è della
massima importanza ai fini della nostra salute fisica e mentale.
Noi tutti questo lo sappiamo intuitivamente: sappiamo quando
abbiamo bisogno di andarcene, di concederci una pausa, di metterci a riposo. Se siamo saggi, questi sentimenti li terremo nel de-
bito conto, e quando invece ce lo neghiamo spesso finiamo per
"ammalarci" fisicamente, emozionalmente, spiritualmente o al livello dei rapporti con i nostri simili.

D'altro canto, di sicuro vi è capitato di fare l'esperienza di essere soli ma senza disporre, liberamente e piacevolmente, di
quello spazio per voi stessi; al contrario, la vostra mente è tutta
presa da altri, fisicamente assenti eppure quanto mai presenti. E
questo non è affatto quel sentimento caldo, piacevole, di ricordare o avvertire l'appartenenza, di cui discuteremo più avanti,
ma è invece l'intrusione di qualcun altro nel vostro spazio personale. Ed è così che Dick ha trascorso il suo sabato. L'invasione di
altri nel nostro spazio personale è l'essenza della nevrosi; in altre
parole, siamo noi che la procuriamo a noi stessi. Quando siamo
ossessionati, costretti, ansiosi, depressi o siamo in uno qualsiasi
dei molti stati che abbiamo inventato per diminuire le nostre
qualità umane, non siamo soli nel nostro spazio personale, ma ci
troviamo a doverlo infelicemente condividere con l'altro. Non è
stata Toni a rovinare la giornata di Dick: a sciupargliela è stato il
sentimento di colpa di Dick stesso, e poi il risentimento, e poi la
stizza nei confronti di Toni e del suo desiderio di trascorrere la
giornata con lui. A Dick non è piaciuto essere Dick a quel modo.
La maggior parte di noi non prova piacere di se stesso quando si
trova a combattere con fantasmi che hanno fatto irruzione nel
nostro spazio.

Questo spazio personale è una parte di noi unica e preziosa.
Quando ci siamo dentro in modo salubre, siamo soli in un modo
che ci ristora e ci vivifica; ci sentiamo bene con noi stessi senza

che ci sia bisogno di scuse o di spiegazioni: non c'è nessun altro che presti orecchio, riferisca, intervenga ad alterarci. Ciò che altri pensano di noi non è né rilevante né importante. Lì, nel nostro spazio, siamo semplicemente ciò che siamo, senza imbarazzi né scuse. Gran parte di noi trascorre troppo poco tempo nello spazio in questione, sia a causa delle effettive costrizioni delle nostre esistenze esterne (ancora una volta, tutte quelle vicinanze), sia perché vi accogliamo altri e lasciamo che vi si aggirino sotto specie di fantasmi (un'altra forma di vicinanza).

Certe mattine capita di svegliarsi, di mettersi a sedere sul letto e di cominciare a riflettere all'incontro che avremo oggi con il nostro capo, oppure a un compito difficile o a un conflitto con un collega di lavoro. Non siamo soli, tranquilli, in pace con noi stessi. Se riuscissimo a trovare il modo di riflettere su queste cose senza alterare o cambiare noi stessi o il nostro spazio personale, potremmo preservare la nostra pace e la nostra tranquillità. Imparare a farlo, ecco il vero problema dei rapporti sani.

Gli esseri umani sono creature complicate. Si tende a elaborare teorie sempre più complicate per spiegare comportamenti ed emozioni. La teoria comportamentistica genera la teoria dell'apprendimento; la psicologia semplice cede il posto alla teoria analitica o alla teoria psicologica dell'io, e le astrazioni in questione hanno sempre meno connessioni dirette con il processo vitale. Sotteso a tutte le teorizzazioni resta un problema assolutamente fondamentale: *come possiamo essere noi stessi quando siamo in rapporto con un'altra persona?* Sembra un interrogativo semplice ma, come nel caso di Dick e di Toni, nella vita concreta si rivela quanto mai complesso. Comprendere che cosa rende sano, creativo, capace di buone relazioni con gli altri l'essere umano, ecco ciò che dovrebbe costituire il centro di ogni tentativo teorico di spiegazione del comportamento. La risposta può suonare semplicemente che la persona sana, la persona matura, è quella in grado di fare proprio questo: rimanere se stessa pur essendo in rapporto con un altro. Se, come hanno proposto certi antropologi ed etnologi, il rapporto è una delle forze propulsive dell'evoluzione umana, allora questo concetto non è semplicemente una costruzione psicologica, ma è un problema biologico, fondamentale, per noi in quanto persone. Scrive Robin Fox in *Encounter with Anthropology*:

L'effettivo quadro dell'evoluzione del cervello è assai più complesso. Ma, nei suoi tratti essenziali corrisponde al vero, e, per scopi immediati, è sufficiente a chiarire che l'unicità dell'uomo è un'unicità biologica e che la cultura non costituisce, in qualche modo misterioso, una frattura con la biologia. L'attuale struttura biologica umana è conseguenza, tra l'altro, di pressioni culturali selettive. L'uomo pertanto è biologicamente formato per produrre cultura, non semplicemente perché, per chissà quale caso, ha avuto un cervello in grado di produrre cose culturali, ma perché le stesse realtà culturali lo hanno costretto a munirsi di un cervello più grande.

E questo cervello conscio permette rapporti più efficaci, ma nel contempo ci rende vulnerabili alla cattura da parte di quegli stessi sistemi che hanno contribuito a promuoverne l'evoluzione.

Se la nostra premessa, quella cioè che la salute psichica consiste nella capacità di mantenere il sé in rapporto con altri, ha qualche verità, vuol dire che il nevrotico è un individuo che deve adeguare, alterare chi è o scendere a compromessi per mantenersi in rapporto, sia pure scomodo, con un'altra persona. E lo psicotico è, più in là ancora, un individuo incapace di scoprire il modo di essere chi è nel rapporto con un altro. Questo concetto, pur eccessivamente semplificato, è sufficiente a comprovare la realtà operativa della teoria dello spazio personale.

Quando accade che un altro fa irruzione nel nostro spazio personale, ne assumiamo istantanea consapevolezza. Se l'intrusione è amorosa, ci sentiamo amati, ne proviamo gioia, ne siamo vivificati, dilatati. Al contrario, se l'intrusione è non voluta, se l'altro non è stato invitato, ci sentiamo sminuiti, turbati, non amati, aggrediti. Il nostro spazio personale è sensibilissimo alle motivazioni dell'altro, e ciò vale sia nel caso che l'altro sia presente fisicamente o soltanto "nelle nostre teste". Siamo *sensibili* a queste intrusioni; abbiamo un'immediata risposta emozionale, senza che ci occorra pensarci su. Ci sentiamo affermati o turbati e, nell'uno come nell'altro caso, noi definiamo quell'altro.

SPAZIO CONDIVISO

Wilbur e Christie sono insieme da sei anni. Si sono creati un gruppo di amici solidali che si riuniscono durante i fine-settimana per andare a sciare, giocare a tennis, fare gite in montagna, o semplicemente per stare insieme a chiacchierare. È un gruppo nell'ambito del quale i vicendevoli rapporti emozionali sono agevoli e spontanei. Oggi, alcuni di loro sono andati in gita sul lago, e se ne stanno lì, a rilassarsi, quand'ecco arrivare un altro componente del gruppo. Non c'è bisogno di spostamenti o riordinamenti emozionali: il nuovo arrivato è uno accettato, al quale si concede immediatamente spazio. Ma poco dopo, ecco arrivare Jim e Louis. Sono conoscenti, ma non amici intimi, e a questo punto si verifica uno spostamento, è necessario creare un nuovo spazio, ed è una sensazione concreta, un cambiamento tangibile. Può trattarsi di un vero e proprio spostamento fisico destinato a istituire una distanza "confortevole", o anche solo del suo equivalente psicologico all'interno di ogni singolo. Se il gruppo non riesce a scoprire il modo di far sì che Jim e Louis vi si integrino, questa sensazione di imbarazzo e di sconnessione continuerà a sussistere.

Abbiamo un altro spazio in quanto esseri umani, uno spazio che condividiamo con pochi altri che ci sono vicini. Molto spesso si tratta di un'unica persona alla volta, ma può trattarsi di un gruppo (soprattutto un gruppo familiare) qualora ci sia vicinanza tra noi e tutti i membri del gruppo stesso. Al livello dei nostri sentimenti, questo spazio lo conosciamo altrettanto bene e con la stessa chiarezza con cui conosciamo il nostro spazio personale. Wilbur o Christie o qualsiasi altro componente del gruppo è in grado di avvertire immediatamente la differenza dell'arrivo di Jim e Louis. Anche questo nuovo spazio è immediatamente avvertito e conosciuto. Sappiamo con esattezza quando ci troviamo nell'uno o nell'altro, nello spazio personale o nello spazio condiviso. I due costituiscono il fondamento esperienziale delle nostre esistenze. Nella misura in cui siamo in grado di essere pienamente noi stessi in questi due spazi, siamo in grado di essere pienamente in questo mondo.

Prima, parlando dell'infelice sabato di Dick, dicevamo che comprendere questi spazi ci aiuterebbe a cominciare a comprendere l'intimità. In che senso? Dick quel sabato non era in grado di essere se stesso perché è passato da un insalubre spazio condiviso a un insalubre spazio personale. La misura in cui ciascuno di noi è in grado di *combinare questi due spazi in maniera salubre*, determina la misura in cui ciascuno di noi è capace di intimità. Per dirla in parole povere, se siete in grado di essere nel vostro spazio personale, pur essendo anche nello spazio che condividete con un altro, eccovi in intimità.

Tutti noi sperimentiamo il nostro spazio personale soprattutto quando siamo soli. Possiamo starcene sul terrazzo a seguire i nostri pensieri, oppure intenti a giocare a golf, a lavorare in giardino, a dormire e a sognare o può magari capitarci di seguire la fuga dei nostri pensieri pur lavorando. Ciò che stiamo facendo non ha nessuna importanza, a patto che non sia di attualità il problema del rapporto con un altro. La nostra consapevolezza non è focalizzata sull'altro. Possiamo essere nel nostro spazio personale pur essendo con altri, ma è difficile, e il nostro comportamento spesso viene frainteso, scambiato per indifferenza od ostilità. Al contrario, molto sovente il nostro spazio condiviso lo sperimentiamo quando ci troviamo con qualcuno al quale siamo profondamente legati, con quest'altro chiacchierando, mangiando, lavorando insieme in giardino, o anche solo standocene vicini in silenzio. Ancora una volta, l'attività non ha nessuna importanza, ma ne ha il fatto che il rapporto con un altro riempie la nostra coscienza e che siamo consapevoli dell'altro come lo siamo di noi stessi. Inoltre, è possibile essere in questo spazio condiviso pur essendo soli. L'altro allora è presente nei nostri pensieri e sentimenti, e ancora una volta ciò che conta è la consapevolezza di lui come di noi stessi.

Se adesso torniamo a Sarah, la prima persona di cui ci siamo occupati, constatiamo che senza dubbio essa sperimentava lo spazio condiviso con suo marito. Sarah si adeguava a lui, lo teneva nella giusta considerazione, era consapevole della sua presenza. Ed è ovvio che poteva anche entrare nel suo spazio personale. Ma era stato un sentimento di insoddisfazione che provava in questo spazio a indurla a entrare in terapia e a informarla che era depressa. Poiché entrambi questi spazi sono esperiti abitualmente e frequentemente dalla gran parte di noi, esattamente come lo sono da Sarah, come si spiega che tanto raramente ci capiti quest'esperienza intima e bramata di sentirli insieme? Soprattutto dal momento che gran parte di noi siamo, in misura maggiore o minore, come Sarah, avvertiamo sia l'assenza dell'esperienza che il bisogno di andarne alla ricerca.

Nei nostri ambulatori, la lamentela più comune, il disagio, il dolore avvertito per lo più da persone che si sottopongono a terapia, è la loro sensazione di alienazione da se stesse quando si trovino con altri: la mancanza di intimità, l'assenza dell'intera gamma di qualità, sentimenti, emozioni e comportamenti che costituiscono il regno dell'intimità. E la frequenza della problematica semplicemente riflette la difficoltà che osta al nostro essere simultaneamente in questi due spazi, al nostro esperirli entrambi contemporaneamente senza che l'uno cambi l'altro.

Harry esce ogni mattina a comprare il giornale. Deve percorrere non più di un centinaio di metri, ma cammina lentamente e si serve della passeggiata come di un momento di tranquillità per restare in pace con se stesso. Ritorna col giornale, e, durante la colazione, tenta di restare in quel luogo con se stesso. Molto spesso, che ci riesca o meno dipende dai suoi rapporti con altri membri della sua famiglia, ma il suo andare a comprare il giornale è un intervallo che naturalmente e confortevolmente usa per se stesso. Oggi, quando Harry esce di casa, ecco che il suo vicino gli fa cenno e gli viene incontro, dicendo che ha bisogno di parlargli. Harry ha perduto il suo spazio personale; si trova adesso in uno spazio condiviso, e nel passaggio dall'uno all'altro è immediatamente divenuto meno Harry. La sua consapevolezza è ora focalizzata sul conoscènte, e la piacevolezza dell'esperienza dipenderà, com'è ovvio, dalla qualità del rapporto di Harry con lui, ma comunque il cambiamento di spazi si verifica. "Io lo conosco e lui conosce me; dunque, abbiamo un rapporto, e con quel rapporto devo vedermela": ecco, questa è la risposta inesplicita di Harry. E quanti non sono i modi sottili ma concreti con cui ciascuno di noi, al pari di Harry, si trova a dover andare avanti e indietro tra questi spazi nei luoghi di lavoro, in casa, in situazioni sociali, persino compiendo la semplice azione consistente nell'uscire per comprare il giornale?

L'EQUILIBRIO TRA VICINANZA E INTIMITÀ

Da un certo punto di vista è paradossale che sia meno probabile che si rinunci al proprio spazio personale o se ne esca quando incontriamo un estraneo. Dal punto di vista logico, dovremmo essere noi stessi soprattutto con coloro che ci sono più vicini, ma nella vita reale possiamo essere sinceri, in maniera assai rivelatrice, con un individuo che è seduto sul seggiolino accanto al nostro a bordo di un aereo, sorprendentemente capaci di istituire rapporti personali con il benzinaio con cui abbiamo a che fare sull'autostrada. Non è necessario che le nostre conversazioni siano lunghe, a volte bastano un paio di frasi per rivelare una realtà di noi che di rado esterniamo. Restare chi siamo diventa più difficile quanto più aumenta il coinvolgimento con l'altro individuo. Il nostro spazio personale è tanto più minacciato quanto più stretto è il nostro rapporto con l'altro. La difficoltà è maggiore con i parenti che con gli estranei, con la famiglia di origine che con i parenti acquisiti, e le difficoltà crescono allo stesso modo con la "famiglia" della nostra attività lavorativa, i nostri colleghi, i nostri amici di più vecchia data. La massima difficoltà si ha con coloro con i quali siamo di solito più vicini: i nostri genitori, i nostri partner, i nostri figli. È con essi che incontreremo la massima difficoltà a restare facilmente e naturalmente noi stessi. È questo che indendevamo, dicendo che Sarah non era abbastanza intima con se stessa stando con il marito.

Il che non significa assolutamente che questi rapporti più significativi non siano sentimenti profondi. Al contrario: sono anzi i rapporti più stretti, quelli più profondamente sentiti, quelli di più lunga durata. In essi siamo amanti e amati, assai maggiormente che con estranei, conoscenti casuali, colleghi di lavoro. Con persone con cui siamo particolarmente legati, sperimentiamo nella maniera più profonda lo spazio condiviso. Ma quella che sperimentiamo è vicinanza, profonda vicinanza, non è però intimità. Non meno importante o meno significativa, ma diversa. Disporne, è essenziale ai fini del nostro benessere, ma non è sufficiente. L'*intimità* nutre il nostro essere in modi nei quali la vicinanza non è capace.

Uno dei metodi per capire Kaye consiste nello scoprire che cosa fa per creare un cerchio senza fine di crescente vicinanza. Kaye lega a sé i suoi figli, la preoccupa l'idea di essere tanto vicina da trasmettere i propri germi, ed è turbata dall'idea di ciò che può fare ad altri o altri a lei. E il suo atteggiamento è tale benché sappia che non è questo che vuole, che comportandosi così fa "diventar matti i suoi figli", che allontana da lei suo marito. Kaye non è pazza. Non desidera affatto situazioni del genere. Al pari di Dick e Sarah, desidera qualcosa che deve ancora definire, che deve ancora identificare. L'errore di Kaye consiste nel ritenere che ciò cui aspira sia una maggior vicinanza. Come Sarah, che legge tanti libri in cui si insegna ad "aiutare se stessi", Kaye "lavora" sul suo problema. Ma il problema vero è che, con quel "lavoro", non fa altro che peggiorarlo perché non si rende conto che vicinanza e intimità sono esperienze diverse nella cornice di un rapporto. In ambito terapeutico, cogliere questa differenza è di enorme aiuto quando si abbia a che fare con coppie o con singoli individui.

Betty ha cinquantatré anni, è una donna giovanile, una persona piena di energia e dalla parlantina assai sciolta. Nativa del Sud, dove è cresciuta da signorina di buona famiglia, negli anni quaranta ha fondato una piccola azienda e ha imparato a ricavare gioia e soddisfazioni dal mondo degli affari. Si è sottoposta a parecchie sedute terapeutiche con suo marito, Charles, un gentiluomo del Sud cinquantaduenne, un concretissimo agente immobiliare, altrettanto intelligente, ma dalla parlantina meno sciolta e dotato di minore energia. Perlomeno, è così che i due appaiono al mondo esterno. Ma in ambito terapeutico, noi non abbiamo a che fare con dame e gentiluomini del Sud. Betty afferma che è sempre irritata con Charles perché lui non vuole parlare con lei. Da terapeuti con la testa sulle spalle, chiediamo a Charles: "Perché non parla a sua moglie?" E Charles risponde che non ha voglia di parlarle perché è sempre arrabbiata con lui. Avanziamo l'ipotesi che potrebbe rivelarsi utile se le rivolgesse la parola indipendentemente dal fatto che lei sia irritata con lui. Charles alza le spalle. Ci rivolgiamo allora a Betty e le suggeriamo di parlare al marito abbandonando le sue stizze. Anche lei alza le spalle. Non è che recitino la commedia a nostro beneficio: si comportano allo stesso modo in famiglia, e non solo a proposito delle loro conversazioni, ma anche nel modo di trattare i figli, i vicini, la casa, il gatto, e quant'altro costituisce la loro vita in comune. Ricordano un viaggio in Messico fatto nove anni fa: per dieci giorni le cose tra loro sono andate in maniera diversa, non si comportavano come fanno adesso, ma è da un pezzo che questo non si verifica più.

È fuori discussione che i due sono tra loro vicini. La loro consapevolezza prima è, nel caso di ciascuno, dell'altro; né lei né lui, invece, ne hanno molta di se stessi. Il nostro compito terapeutico consiste nel facilitare la loro intimità, la loro consapevolezza di se stessi *mentre* sono consapevoli dell'altro. Ci si presentano diverse opzioni: possiamo ricevere separatamente Charles e Betty e, facendo in modo che condividano il loro spazio personale con noi, venirne a sapere di più sui loro sé; ma questo non cambierebbe il rapporto. L'unica via percorribile per addivenire al cambiamento è quella dell'esperienza intima. Possiamo rendere note le nostre conclusioni di terapeuti: "Be', sembra una follia. Voi due a quanto pare volete star bene insieme, ma entrambi insistete a fare proprio quelle cose che di sicuro vi impediranno di riuscirci. Perché?" Dicendo questo, ci limitiamo semplicemente a esprimere ciò che è presente nel nostro spazio personale, nel contesto della nostra presenza in uno spazio condiviso con loro. Abbiamo istituito un rapporto di intimità. Ricordiamoci di Henry e Gail, i due membri di una coppia che si "smontavano" a vicenda di continuo: nessuno, al di fuori di loro, è probabile che tenti di istituire con essi una condizione di intimità. Persino in presenza di un buon terapeuta, può darsi che ci voglia molto tempo perché i due riescano a prestare orecchio a qualcuno che non sia loro stessi. Per il momento, Henry e Gail non sono consapevoli della loro particolare interazione, della loro "danza". Betty e Charles sono più consapevoli, più pronti a prestare orecchio. Almeno una volta, durante quel viaggio in Messico, hanno vissuto qualcosa di diverso.

Non abbiamo dubbi riguardo al fatto che la maggior parte delle *impasse* interattive constatabili in seno alle coppie derivano dalla confusione tra vicinanza e intimità, quest'ultima carente. Ciascuno dei due ha consapevolezza dell'altro, non però di se stesso; e quando acquistano la consapevolezza di se stessi, ecco che il pendolo oscilla verso l'estremo opposto: perdono il rapporto con l'altro, tornano nel loro spazio personale, escono da quello condiviso. Nella loro "danza", non c'è contatto e tanto meno connessione degli spazi o dei sé. Nulla può cambiare a causa appunto dell'assenza di intimità. E correggere lo squilibrio non è semplicemente un problema che riguardi la terapia di singoli o di coppie con problemi: è un bisogno insostituibile, fondamentale in ciascuno di noi, in quanto individui, coniugi, amanti, genitori, figli o amici. Lo stesso squilibrio esiste nella gran parte di noi.

La vicinanza, che è ciò che si sente e si sperimenta con l'altro nello spazio condiviso, è una consapevolezza individuale molto intensa del rapporto che si ha con l'altro. In quest'esperienza (ovvero dimensione della realtà) si è consapevoli dell'altra persona quanto lo si è di se stessi e più sensibili ai suoi pensieri, emozioni, bisogni, difese o sogni di quanto non lo si sia dei propri. In quel momento, l'altro è leggermente più importante, ai tuoi occhi, di quanto tu non lo sia a te stesso; se l'altro è enormemente più importante, vuol dire che la tua non è una vicinanza sana, e che hai un problema. La persona che dà troppo di se stessa nella vicinanza è altrettanto squilibrata di colui che non sa dare nulla. Nello spazio condiviso della vicinanza sana, si modulano e si modificano i propri sentimenti, pensieri e comportamenti per adeguarli all'altro. Si ascoltano con accondiscendenza le lamentele di un amico a proposito di un comune conoscente, anche se non si è completamente d'accordo, e il modo con cui ciò avviene è indicativo della sensibilità e dell'amorevolezza con cui si esperisce l'essere dell'altro. Per la maggioranza di noi, la nostra capacità in questo senso varia grandemente persino con il coniuge o l'amante: al pari di Dick con i suoi programmi per il sabato, non di rado ci capita di vederci "invasi" da coloro che amiamo più di ogni altro.

Vi è mai capitato di ballare con qualcuno che sembrava proprio perfettamente "adatto", come se voi due conosceste entrambi quello che stavate facendo senza doverci pensare? Una vicinanza sana somiglia a un ballo del genere: una danza in cui due persone hanno cura davvero ciascuno dell'altra e si completano a vicenda. In questa danza psichica, capita più sovente di rinunciare allegramente a significative porzioni del proprio spazio personale onde conoscere più a fondo l'altro, per essere più altruisticamente amante. Somiglia assai da vicino a un concedere spazio aggiuntivo al proprio compagno di ballo, mentre anche tu sei catturato nei suoi movimenti. Ma la danza continuerà a essere bella solo a patto che sia equilibrata dall'altra dimensione della realtà. La vicinanza e il suo parallelo, l'intimità, sono parti diverse della matrice dell'amore, e capire le loro differenze può cambiare il nostro modo di vedere genitori, coniugi, amici, figli, amanti e noi stessi. Quanto più vicini si è a qualcuno, tanto più intimi si può essere, sebbene proprio la vicinanza renda più difficile l'intimità. E vale anche il contrario: quanto più intimi si è con qualcuno, tanto maggiore è la possibilità di vicinanza. Allo stesso modo, se l'equilibrio è troppo spostato verso l'intimità (ma nella nostra cultura capita a poche persone), l'intimità renderà più difficile una maggior possibilità di vicinanza; le due sono il tiramolla del rapporto, esperienze diverse della realtà che, in stato di equilibrio, costituiscono una matrice di amore gioioso.

Una sana vicinanza significa rinunciare a parti significative di se stessi per approfondire la propria consapevolezza dell'altro. E non è affatto tutt'uno con l'essere dipendente. Non ci si adegua per pacificare, compiacere o manipolare l'altro, ma lo si fa per aumentare la propria esperienza nell'ambito del rapporto. Possiamo essere sulla difensiva l'uno con l'altro, come erano Betty e Charles, o rabbiosi come Henry e Gail, tutti quanti pieni di paura di fronte alla loro dipendenza l'uno dall'altro. E allora, al pari di essi, non siamo né sanamente vicini né intimi. Ci troviamo nel nostro spazio personale con persone fantasmatiche, in stato di nevrosi al cospetto l'uno dell'altro. Niente accade, niente cambia, nessuno cresce.

Nevrosi è sinonimo di *non esperienza*, di non essere nel mondo quale esso è, laddove vicinanza e intimità sono innalzatori di esperienza. Se scegliamo di cedere il nostro spazio personale, la cessione non reca traccia del risentimento e dell'ira che sempre accompagna la dipendenza nevrotica, la quale si verifica quando, in rispondenza di nostri bisogni, modifichiamo la nostra individualità per "prenderci cura" dell'altro.

A John riesce sempre più difficile restare con sua moglie. Ha deciso di sottoporsi a terapia quando ormai da tempo stava pensando al divorzio. Sarebbe però più esatto dire che *divorzierebbe* se non si sentisse tanto colpevole. Per quale ragione? Se indica i moventi del perché vuole andarsene, gli sembra di essere ingrato, di voler rinunciare a un rapporto "ideale". Sua moglie fa di tutto per lui: lo serve, cede ai suoi desideri, anticipa i suoi bisogni, si accerta che sia sempre a suo agio, vuole solo renderlo felice. John non riesce più a sopportare il fardello dell'essere responsabile della "personalità" di lei. Perché è questo l'accordo che hanno concluso: "Io farò ogni cosa per te a patto che tu semplicemente mi ami, che solo mi dica che sono perfetta, che hai bisogno di me"; "Io avrò bisogno di te se tu sarai ciò che voglio". John vuole cambiare il loro contratto. Avverte l'ira celata di lei; sente il suo essere bisognosa. E questo non gli sembra amore, non sente più il "bisogno" di dirle come deve essere. Vuole essere libero. E anche lei lo vuole, solo che ancora non lo sa.

"Prendersi cura" di altri, è quasi sempre l'esatto opposto dell'essere solleciti. La sollecitudine accresce e vivifica entrambi; il "prendersi cura di" sminuisce entrambi. Com'è ovvio, questo è meno vero nel caso che ci si prenda cura di coloro che sono effettivamente dipendenti: i figli, gli anziani, i malati. Ma soltanto se sappiamo che è una *scelta* il "prenderci cura di", possiamo evitare la collera e la sminuizione. Si può essere tanto solleciti da scegliere di "prendersi cura di" bambini, anziani o malati, e gli oggetti delle nostre cure sanno quanto sottile sia questa corda, e quanto difficile camminarvi sopra *in equilibrio precario*. Il Buddha un giorno rispose a un postulante: "Perché sei così arrabbiato con me? Mica mi sto prendendo cura di te." Bambini e anziani non desiderati, genitori infermi sono sovente maltrattati e/o trascurati, e questo occuparsene in maniera ostile è una delle più tristi carenze della nostra società. Moltissimi tra noi, rivolgendo lo sguardo al passato, noteranno che i momenti con i figli che fortemente vorrebbero cancellare sono quelli in cui ci siamo presi cura di loro con riluttanza e risentimento: l'obbligatorio aiuto prestato loro per fare il compito a casa, anziché la partecipazione all'apprendimento, il bagno costrittivo al posto dello svago nell'acqua. Ne avvertiamo l'erroneità, ci rendiamo conto che ce ne viene un messaggio sbagliato. "Prendersi cura di" dev'essere scelto e mai può sostituirsi alla sollecitudine.

Io (*Thomas*) ricordo un'esperienza quanto mai istruttiva che mi ha portato a riconoscere in maniera indimenticabile una verità personale. Una mia figlioletta ancora molto piccola non riusciva a dormire. Non faceva che piangere. Mia moglie, rimasta alzata per ore, era sfinita. Ho preso il suo posto. Ricordo che stavo seduto in soggiorno, tenendo la piccola tra le braccia. Lei piangeva e io tentavo di calmarla e confortarla. In realtà, tentavo di farla smettere di piangere perché si addormentasse. Ma lei continuava, e sembrava che il mio prendermi cura di lei non avesse alcun peso. Verso le cinque del mattino finalmente ho capito una cosa, e cioè che aveva *bisogno* di piangere. Ignoravo perché, ma ho smesso di tentare di acquietarla. Ho rinunciato a "prendermi cura di" lei, e ho cominciato invece a essere sollecito nei suoi confronti: nel giro di pochi minuti ha smesso di piangere e si è addormentata. Ho fatto così l'esperienza di essere nel contempo vicino e intimo, ed evidentemente anche la mia piccola ha avuto la medesima consapevolezza.

"Prendersi cura di" è vicinanza, non intimità; è come fornire un servizio. È una parte indispensabile della vita, e quando sia scelta la si può fare in maniera salubre (può cioè essere un "servizio" nell'accezione vera del termine), ma non costruisce né cambia il rapporto. La vicinanza conferma e sostiene il rapporto. L'intimità cambia i rapporti.

Mentre crea più vicinanza, l'intimità ci fornisce insegnamenti su noi stessi e rende la relazione diversa permettendoci di diventare diversi. Pochi di noi potrebbero starsene chiusi in uno spazio angusto con un'altra persona per qualche tempo senza imparare molto sul conto di quella persona, e tanto più inevitabile questo sarebbe se vi ci trovassimo con qualcuno per il quale proviamo sollecitudine e che abbia scelto di starsene rinchiuso con noi. Nello sgabuzzino, la nostra consapevolezza è focalizzata sull'altro finché siamo reclusi. Ma in certi rari momenti, in quello spazio condiviso nello stanzino e in presenza dell'altro, può capitarci di sperimentare noi stessi in maniera nuova, diversa e più profonda. Questa è *intimità*. Quando sono vicino, ti conosco; quando sono intimo, conosco me stesso. Quando sono vicino, ti conosco nella tua presenza; quando sono intimo, conosco me stesso in tua presenza. L'intimità è un'esperienza straordinaria. Di solito, conosco me stesso soltanto nella solitudine, nei sogni, nel mio spazio personale. Ma sentire e conoscere me stesso in presenza di un altro è alcunché di vitalizzante, illuminante, gioioso, e, soprattutto, liberatorio. Posso essere chi sono liberamente e pienamente in presenza di un altro, ed è l'unica vera libertà che abbiamo come esseri umani. Posso essere me stesso senza impedire agli altri di essere ciò che sono. Le due libertà procedono di pari passo. Posso essere me stesso come una parte di qualsiasi altra cosa nell'universo, finalmente appartenendo ed essendo pienamente. Posso essere il mio intimo sé.

È facile capire perché bramiamo tanto l'intimità. Meno facile è comprendere perché l'abbiamo così raramente.

2

FORME PERSONALI
ME, ME STESSO E IO

Che ci siano spazi nella nostra solidarietà.
Halil Gibran

Io (*Patrick*) com'è ovvio sono cresciuto con un padre che faceva lo psicoterapeuta. Allora, la cosa mi riusciva indifferente; il mio babbo andava a lavorare ogni giorno, esattamente come ogni altro papà. Tuttavia, la sua attività mi ha procurato il mio migliore amico. All'epoca, papà apparteneva a quella stessa Atlanta Psychiatric Clinic dove adesso entrambi esercitiamo, e del personale di allora faceva parte anche il dottor Carl Whitaker, il ben noto esperto di terapia familiare; suo figlio aveva la mia stessa età, e insieme abbiamo cessato di essere marmocchi e siamo divenuti giovanotti, in continuo contatto tra noi.

Col passare degli anni, tra noi quattro, i due padri e i due figli, si è creata una tradizione, quella di trascorrere insieme lunghi fine-settimana, compiendo escursioni in montagna, percorrendo un fiume in canoa o pescando su un lago: non importava quel che si faceva, si trattava semplicemente di occasioni che fornivano un pretesto per stare insieme. Quando abbiamo cominciato le nostre escursioni, queste erano divertenti ma rientravano nella norma; in altre parole, il ruolo di ciascuno di noi continuava a essere all'incirca quello di casa: i padri tentavano di insegnare ai figli, e i figli fingevano di stare ad ascoltare.

Ma c'è stata una particolare escursione tra i monti della Georgia settentrionale che ha cambiato completamente la situazione. Quel fine-settimana fu contrassegnato da una serie di fallimenti. Carl mise a riscaldare sul fuoco barattoli di fagioli non aperti e i contenitori scoppiarono. Io andai a pescare, e lasciai cadere in acqua canna e mulinello. Bruce tentò di ripescarli con la sua lenza, e anche lui scivolò nel lago. Carl si mise a dormire sulla sua brandina ma s'era dimenticato di mettere i fermi e il lettino gli si chiuse addosso. Mio padre quella notte si coricò nel sacco a pelo solo per svegliarsi da un incubo in cui indiani ostili ci venivano addosso calando nel burrone dove eravamo accampati, e lui si mise a correre e si buttò nel lago.

La felice conseguenza di tutti quei disastri fu che ci liberarono dalle nostre convenzioni. E lo avvertimmo in maniera fortissima, tutti noi ci trovammo nella possibilità di essere noi stessi in quanto persone, anziché nei tradizionali ruoli di padre e figlio. Vedere tuo padre come una persona, non come un padre, è una rivelazione illuminante. Vedere il tuo migliore amico come una persona e come un sé, ti mette in condizione di conoscere il tuo *sé* in modi che prima ignoravi. Un'esperienza del genere è *intimità*, e non è un caso che l'intimità si manifesti nel pieno di carenze ed errori, perché allora siamo molto umani: come possiamo esserlo nel mezzo di disastri, quali inondazioni o guerre. Quella gita fu un successo tale che, a partire da quel momento, tutte le nostre escursioni furono costellate da fiaschi: cadute, stupidaggini e persino incidenti entrarono a far parte delle leggende di famiglia. Il nostro comportamento era inconsapevole ma quanto mai reale. La spinta all'esperienza del *sé* universale; essa ci può rendere sciocchi e giocherelloni, e d'altra parte può anche indurci a rischiare molto di più – a rischiare le nostre carriere, i nostri rapporti, i nostri matrimoni, le nostre famiglie.

Esaminare da vicino questo concetto del *sé* ci aiuterà a fornire una risposta al perché siamo in condizioni di squilibrio ed esperiamo l'intimità così poche volte, e ciò è dovuto al fatto che l'intimità delinea e illumina il *sé*.

Sebbene ampiamente usato nel linguaggio professionale e popolare della psicologia, il concetto di *sé* è sempre vago e mal definito. È privo di una chiara connessione con qualsivoglia esperienza umana concreta alla quale il lettore possa fare riferimento. Carl Gustav Jung, che ha scritto interi volumi sull'argomento, ha parlato del *sé* come di qualcosa di sostanzialmente indescrivibile. Ma noi crediamo che, se siamo in grado di descrivere l'esperienza intima, riusciremo anche a definire, esperienzialmente, il *sé*.

Io (*Thomas*) ricordo un'espressione corrente che usavo spesso da bambino, riservandola alle volte in cui mi sentivo particolarmente soddisfatto di qualcosa che mi permetteva di esprimere me stesso in maniera molto intensa. In quinta, avevo un'insegnante alquanto straordinaria. Un mio compagno di classe, uno con il quale non mi sentivo particolarmente vicino, un giorno ha alzato la mano per andare al gabinetto. L'insegnante, che non voleva saperne di interruzioni quando spiegava qualcosa, ne ignorò i contorcimenti, il bisogno evidente e pressante. Alla fine mi sono alzato, mi sono avvicinato a lui, l'ho preso per mano, l'ho accompagnato fuori della classe. Quando siamo rientrati, la maestra ci ha spediti dal direttore, il quale ci ha sospesi. La mamma mi chiese che cosa mi avesse indotto a comportarmi in quel modo, e la mia risposta suonò: "Me, me stesso e io." Una risposta che non soddisfece molto mia madre, ma anni dopo, quando mi capitò di leggere l'espressione di Sartre: "Essere nel mondo in buona fede", mi tornò immediatamente alla mente quell'esperienza infantile. Giusto o sbagliato che fosse, ero stato me stesso in buona fede. E molte volte, dopo quell'episodio, mentre crescevo e diventavo adolescente, se qualcuno mi chiedeva che cosa mi avesse indotto a fare, a dire o a essere qualcosa da cui mi sentivo profondamente attratto, la mia risposta suonava: "Me, me stesso e io."

L'IO E IL ME

Quest'espressione, "Me, me stesso e io", implica l'esistenza di significative differenze tra i tre termini, e la nostra ipotesi è che si tratti di differenze davvero significative. Gerard Manley Hopkins, sacerdote e poeta, queste differenze le ha colte con estrema chiarezza: "Il mio essere me stesso, la consapevolezza e il sentimento di me stesso, quel sapore di me stesso, di io e *me*, soprattutto e in tutte le cose..." Se dici o pensi "io", lo sentirai ben diverso da quando dici o pensi "me". Come del resto lo sono le parole, insegna la grammatica: i due termini comportano connotazioni naturali diverse. *Io* sono il soggetto, e *me* è l'oggetto. Sono forse null'altro che diversi pronomi per parlare della stessa persona? Noi pensiamo che non sia così. *Io* sono l'iniziatore, *io* sono l'invadente, *io* sono l'attore, *io* mi metto sempre in relazione con il mondo circostante in un modo o nell'altro, *io* sono quello che esercita il controllo, che decide, che rifiuta, che chiarisce, che manipola, che pone termine e che esprime innumerevoli altri comportamenti mirati al mio essere nel mondo circostante, al mio adeguarmi a esso, al mio avere a che fare con gli effetti che ha su di me. Non è un puro caso se l'equivalente inglese di *io, I* (che si pronuncia "ai") e l'equivalente inglese di occhio, *eye* (che parimenti si pronuncia "ai"), siano omonimi. *Io* è la persona all'interno che guarda *fuori*, l'operatore, non già un essere passato o un essere futuro, bensì un essere presente.

Invece, delle cose accadono a *me*. Altri "me le procurano", "apprezzano me", "fanno assegnamento su di me" o "fanno l'amore con me". In effetti, sarebbe più esatto dire che le cose accadono dentro di *me*. *Io* agisce. *Me* sente il dolore o la felicità. *Me* è nel contempo storicamente consapevole e con lo sguardo rivolto in avanti; *me*, quale somma di passato e proiezione nel futuro, costituisce il fondamento sul quale *io* mi levo, volgendo lo sguardo all'esterno. *Me* è psicologicamente intento a progettare, a decidere, a ordinare valori *interni*, a esperire la mia autostima, è alle prese con le mie motivazioni rispetto al mondo circostante. *Io* guardo fuori; *me* guarda dentro. *Me* decide che cosa si dovrebbe o si deve fare; *io* decide come farlo. *Me* è il mio carattere, *io* la mia personalità.

Me, *me stesso* e *io* non sono tutt'uno con super io, es e io. Io, super io ed es sono componenti *strutturali* della psiche dell'individuo. *Io*, *me* e *sé* sono componenti *funzionali* del rapporto. Ci sono aspetti dell'*io*, del *me* e del *sé* in tutte le componenti strutturali della psiche.

Carlos ha compiuto quarantatré anni. Ha superato la sua "crisi della mezza età" e, adesso, è più soddisfatto del suo lavoro di ingegnere e leggermente più prossimo a sua moglie, Jan, e ai loro due figli. Sta tornando a casa in macchina e ascolta una cassetta di musica elettronica che la figlia gli ha regalato per il suo compleanno. La figlia, come tendono a fare i nostri rampolli, ritiene che lui, Carlos, sia ancora in grado di cambiare e imparare a godere nuove cose, come per esempio una musica che gli è estranea, e infatti Carlos è quasi giunto alla conclusione che i sintetizzatori hanno un'ottima resa musicale, che sono addirittura piacevoli, quand'ecco che, giunto a circa tre isolati da casa, all'improvviso spegne il mangianastri. Perché? Perché ha cominciato a riflettere sul fatto che Jan gli ha detto che questa sera voleva parlare con lui a proposito della ritinteggiatura della casa. Carlos è passato dal *me* all'*io*. Non è in posizione conflittuale riguardo al problema; sa che la decisione dev'essere presa e non si sente violentato. Ha scelto di spegnere il mangianastri. Il suo *io* sta elaborando i come e i perché della discussione sulla riverniciatura. Parcheggia l'auto, si avvia verso casa, sempre immerso nelle sue riflessioni. S'avvede che il loro gatto è rimasto imprigionato nella staccionata, e lo aiuta a liberarsi. In realtà, non si arresta nella sua attività fisica, consistente nel camminare, o nella sua attività mentale, data dal pensare alla riverniciatura della casa. Presta aiuto al gatto senza pensarci. Questo è il suo *me*.

Io e *me* in generale risultano molto più descrivibili e identificabili quando ne scriviamo o ne parliamo prendendoli in considerazione nei particolari. Non si tratta di concetti assoluti. Possiamo sostantivarli scoprendo in noi stessi, come in Carlos, il carattere ricorrente dei due stati e i modi secondo i quali passiamo dall'uno all'altro. Più misterioso e difficile da descrivere è invece il *sé*.

LA "SÉ-ITÀ"

Jeremy ha diciassette anni. Ogni quindici giorni viene in terapia con i familiari. Tammy, la primogenita, ne ha venti, e ci viene durante l'estate, quando torna a casa per le vacanze scolastiche. Albert ne ha tredici, è il più giovane e il buffone del gruppo. Ed e Katherine, i genitori, entrambi sui quarantacinque, sono insieme da ventitré anni. Il loro non è stato un matrimonio facile. Ci sono stati conflitti. I genitori si sono resi conto di avere coinvolto i figli in questi conflitti, per cui hanno deciso di sottoporsi a terapia come gruppo familiare. Oggi, ciascuno di loro è di umore abbastanza buono, ma Ed sembra assente e preoccupato. Gli diciamo: "Ed, oggi non sembri il solito te stesso." Subito Albert, il bimbo più piccolo, interloquisce: "Già, le cose non vanno molto bene." Come ha fatto per anni, Tammy si schiera subito in difesa del padre: "Penso che papà si senta ancora molto giù perché Digby è morto." Sappiamo che Digby era il loro gatto e che da qualche tempo era ammalato, e siamo anche a conoscenza che Ed ha sempre sostenuto che a lui i gatti non piacciono. "E voialtri?" chiediamo. Ma loro, zitti. "Sicché, papà è l'unico che non è se stesso?" domandiamo, e Katherine: "Be', eravamo tutti molto sconvolti quando Digby è morto, ma era vecchio e molto malato, e dunque è stato meglio così." Poi, silenzio. La questione sembra sul punto di essere abbandonata, quando Jeremy se ne esce a dire a mezza voce: "Papà era l'unico che conosceva Digby come lui stesso." Come si spiega che i bambini sappiano cose del genere? Chiediamo: "Che cosa intendi dire, Jeremy?" E lui chiarisce: "Per tutti gli altri, Digby era il nostro cocco, il nostro amico, ma per papà era un gatto." Jeremy ha capito, in qualche modo, che suo padre vedeva Digby come un *sé*.

Perché diciamo "Ero fuori di me", e che cosa significa? Quali implicazioni ha l'affermazione: "A volte non riesco a capire me stesso"? Espressioni del genere suggeriscono che sia *io* sia *me* sono esperiti come distinti dal *sé*. Non è *me* a essere fuori di *me* (stesso). L'espressione del *me* suona: "Quello non è realmente me." E non si tratta di semplici usi grammaticali, bensì di espressioni pertinenti e significative dell'umana esperienza.[1]

È *io* a essere fuori del mio *sé*. La persona "vedente" che io sono riconosce il *sé* come un'esperienza altrettanto reale e forte dell'*io* o del *me*. La difficoltà consiste in ciò, che il *sé* è lasciato nel vago, che è assai indescrivibile, assai mistico. Indubbiamente, le descrizioni del *sé* sono più spirituali di quelle dell'*io*, la personalità, o del *me*, il carattere. La letteratura psicologica, soprattutto in America, abbonda di materiali descriventi l'*io*. All'inizio, Anna Freud e Heinz Hartmann in Europa, e Franz Alexander, Alfred Adler e altri negli Stati Uniti, hanno cominciato a spostare la psicologia dal mondo dell'inconscio allo studio dell'ego. Esempi di tale orientamento sono reperibili nelle opere di John Watson, Burrhus Frederic Skinner, Karen Horney, Eric Berne, Ernest Beck, Elliott Aronson e William Glasser, solo per citarne alcuni. Gran parte degli analisti, psichiatri, psicologi, psicoterapisti e behavioristi americani, la cui attenzione è volta all'*io* – una tendenza naturale e prevedibile, nel contesto della nostra cultura attivistica – hanno esplorato, in migliaia di indagini, le esperienze dell'*io* con descrizioni particolareggiate di comportamenti *io*-orientati. La loro opera ha enormemente esteso la nostra comprensione dell'*io*, della personalità, del processo con-

---

[1] Linguaggio e grammatica in qualche modo conoscono più elementi sul conto degli esseri umani di quanto non ne sappiano questi. L'esperto di semantica Alfred Korzybski ha scritto a proposito di "mappe" e "territorio" e al rapporto tra le une e l'altro, esaminando inoltre come la struttura del linguaggio definisca relazioni del genere. Ferdinand de Saussure e Roman Jakobson hanno trasformato la linguistica, in precedenza orientata in senso storico, facendone una ricognizione strutturali-descrittiva dei profondi significati impliciti nella struttura del linguaggio. Il linguista Noam Chomsky e altri hanno portato la scienza della semantica al transformazionalismo e alla grammatica generativa, dimostrando che abbiamo regole innate che ci permettono di acquisire un linguaggio, di produrre frasi per conto nostro, e via dicendo. La ricerca linguistica sul significato profondo, il significato strutturale e il significato polisemico (la molteplicità di significati assegnabili alle nostre parole) è continuata con l'antropologo strutturalista Claude Lévi-Strauss, con lo psicanalista strutturalista Jacques Lacan e con il critico psicanalitico Paul Ricoeur. Recentissimamente, il filosofo francese Jacques Derrida ci ha apportato il deconstruzionismo, contestazione dei concetti di "certezza", significati fissi e significati assegnati, nonché dei tentativi di scindere i presupposti filosofici intessuti nel linguaggio dal "testo" stesso. Da tutta quest'opera innovativa, è risultato sempre più evidente che il nostro linguaggio contiene assai di più che non semplici "significati rappresentati", ma comporta significati sia strutturali che spirituali relativi a noi stessi in quanto persone. C'è comunicazione e c'è metacomunicazione; c'è significato e "significato" dentro il significato. E non è neppure escluso che oggi ci si renda conto che ci sono significati "tra" significati. *Io*, *me* e *sé*, sono insieme prodotti e produttori di tali significati, ovunque li si reperisca.

scio. Al contrario, le loro controparti europee, come per esempio Wilhelm Reich, Melanie Klein, Max Wertheimer, Wolfgang Kohler, Kurt Koffka e Jean Piaget, hanno fornito valide chiarificazioni del *me*, del carattere, del processo interiore. Quest'opera è continuata con Lévi-Strauss, Ei, Lacan, Ricoeur e altri, il cui orientamento è essenzialmente fenomenologico. In America sono stati gli umanisti, gli strutturalisti, i gestaltisti e altri, come Fritz Perls, Mary Henle, Leo Alexander, Abraham Maslow, William Schutz, Richard Bander, John Grinder e Nancy Chodorow che, parallelamente ai loro colleghi europei, hanno identificato il *me* come il centro del nostro essere nel mondo.

Sicché, la psicoterapia corrente nella nostra cultura, quando non sia a orientamento behavioristico o egoico, incentrata cioè sull'*io*, ruota attorno all'interesse opposto: è cioè a orientamento interiore, verte sul *me*. Purtroppo, gran parte della psicoterapia, al pari di tutte le aspirazioni umane, entro certi limiti almeno rispecchia le mode effimere della nostra cultura: l'attuale infatuazione con l'"io devo essere me" o "io devo farmi gli affari miei" trova un rispecchiamento nell'enfatizzazione terapeutica del "me". Questa accezione del "me" (in quanto opposta al *me* caratteriologico) molto spesso, ahimè, si interessa meno della condizione interiore e del carattere che non dell'idea che "essere in grado di fare o avere qualsiasi cosa io voglia" sia in qualche modo sinonimo dell'essere sani. È un orientamento che si dovrebbe più esattamente definire puntato allo pseudo-*me*.

Gli scritti psicologici sul *sé* sono rari e ambigui. Nonostante l'opera di studiosi come Jung, Erwin Strauss, Eugene Minkowsky e altri teorici dianzi menzionati, i contributi hanno carattere perlopiù filosofico, simbolico, metaforico, spirituale e orientaleggiante: e in parte si deve a questo se la struttura del *sé* sembra tanto oscura a quelli tra noi che siano cresciuti entro la cultura occidentale. Noi apprendiamo la realtà del *sé* come esperienza, ma incontriamo ancora difficoltà a "vederne" il volto.

Dal momento che il *sé* è assai più vicino alla natura dell'*io* o del *me* (può darsi anzi che *sia* natura), sarebbe logico aspettarsi definizioni mistiche, spirituali, vaghe e piene di quella "imperscrutabilità" che il folclore ha sempre attribuito alla natura. Il *sé* è, per la letteratura psicologica, ciò che la nozione dell'"imperscrutabile volto della natura" è per la filosofia naturale e per la teologia. Le esperienze implicanti *io* e *me* sono concrete e descrivibili: è assai più facile osservarle, raccoglierle, commentarle o metterle behavioristicamente in discussione. Si prestano assai meglio all'analisi clinica e statistica. Ciò che una persona ha fatto, o anche come sentiva o pensava, è più chiaro di come il comportamento è stato influenzato, e a sua volta ha influito, da e sull'esperienza dell'*altro* fatta da quella persona.

Il *sé* è questo sfuggente rapporto tra *io-me* e l'*altro*: la relazione, il nesso tra Ed e il gatto Digby, tra te e me, tra la nostra amica Sarah e il suo universo. (Questo *io-me/altro* è dunque sinonimo della diade *io-altro* di cui abbiamo parlato nel *Prologo*). *Sé* è letteralmente natura, e per sua natura in grandissima parte non parafrasabile. Ne constatiamo l'imperscrutabilità nei sogni, nella comunicazione non verbale, negli stati di coscienza veramente alterata, i quali sono tutti esperienze inclusive del *sé*.

Dov'è il *sé*? L'imperscrutabilità si traduce forse in invisibilità? Jung affermava che il *sé* è indescrivibile, e tuttavia era consapevole della sua importanza fondamentale, e per anni ha lavorato a integrarlo nella teoria e nella terapia. In *L'io e l'inconscio* ha espresso il suo interesse per la riluttanza umana a sviluppare la propria consapevolezza:

La sottovalutazione del fattore psicologico è probabile che si vendichi crudelmente. È pertanto giunta l'ora di metterci al passo con noi stessi in questo campo. Al momento presente questo non può che restare un pio desiderio, perché la conoscenza di sé, oltre a essere quanto mai impopolare, sembra costituire un obiettivo deprecabilmente idealistico, puzza di moralismo, ed è adduggiata dall'ombra psicologica, che di norma si ricusa ovunque sia possibile o di cui perlomeno non si parla. Il compito con cui la nostra epoca si trova alle prese è invero di quasi insuperabile difficoltà.

Molti autori usano il concetto di *sé* in termini idiomatici o metafisici, come un sinonimo di *anima*, parola questa particolarmente bella ma priva di significato operativo e che è lasciata nell'indefinito: lasciata, come ha scritto Gregory Bateson in *Steps to an Ecology of Mind*, "a tal punto imprecisatamente derivata e mutamente irrilevante che essi [sé e anima] si mescolano insieme a dar vita a una sorta di nebbia concettuale che contribuisce in larga misura a rallentare il progresso della scienza".

I poeti si mostrano molto meno esitanti nel proclamare e descrivere il valore del *sé*. In *Moby Dick*, Herman Melville scrive che "una delizia – una delizia remotissima, elevatissima e interiore – è quella di chi contro agli orgogliosi dèi e commodori di questa terra, oppone il suo inesorabile sé". In *Starting form Paumanok*, Walt Whitman scrive: "Ho detto che l'anima non è più del corpo, / E ho detto che il corpo non è più dell'anima, / E nulla, neppure Dio, è più grande per un uomo di quanto sia il suo sé." William Butler Yeats ha celebrato il sé e l'anima nel suo *A Dialogue of Self and Soul* ("Un dialogo tra Sé e Anima"):

> Mi piace seguire fino alla fonte
> Ogni evento in azione o in pensiero;
> Misurare la sorte; perdonare a me stesso il mio destino.

E Yeats conclude con queste parole il suo *Among School Children* ("Tra scolaretti"): "Come possiamo distinguere il danzatore dalla danza?" Yeats considerava il sé individuale come parte integrante di un processo più ampio, quello che Emerson ha definito la "super-anima". Noi diremo che il *sé* è un ponte verso l'anima.

Nonostante le difficoltà che ostano all'identificazione e alla descrizione del processo del *sé*, oseremmo avanzare l'ipotesi che la persistente e universale preoccupazione degli esseri umani per il cosiddetto *sé*, ci rivela che si tratta di una componente nucleare di quel che significa essere umani. In altre parole, il *sé* definisce una dimensione della realtà e non è una struttura sociale; è quella stessa dimensione della realtà di cui abbiamo parlato descrivendo l'esperienza intima. *Sé* è altrettanto reale di *io* o di *me*; può essere genericamente definito quale dimensione ecologica della psiche umana. Sicché, per noi, non senza un tocco di ironia, il *sé* è proprio ciò che Bateson si è sforzato di descrivere, per gran parte della sua esistenza creativa. Il suo interesse per l'ecologia e soprattutto per la psicoecologia (lo studio dei *rapporti* tra gli organismi e il loro ambiente, ivi compresi altri organismi) è, sotto molti aspetti, lo studio dell'*intimità*.

E che cos'è esattamente la psicoecologia? I Baker si sottopongono a terapia di gruppo familiare. Hal, il padre e marito, "pretende che ogni cosa funzioni a dovere", in accordo con la sua agenda interiore. È una persona attenta e premurosa, come del resto Jennifer, sua moglie, la quale è emozionalmente volubile e ha una forte partecipazione sentimentale per tutto ciò che accade in seno alla famiglia, ma si tratta di sentimenti suscettibili di mutamento nel giro di poche ore. Stando a Hal e a Jennifer, Suzanne, la loro figlia diciannovenne, è esemplare, mentre la loro secondogenita, Pam, che ha diciassette anni, è "incorreggibile" ed è stato il "problema" di Pam che ha "portato la famiglia in terapia". Oggi i genitori appaiono frustrati e turbati dal fatto che Pam continui a rincasare alle tre o alle quattro del mattino nonostante il "coprifuoco" domestico della mezzanotte. Lo fa ben sapendo che la punizione in cui incorre è stata predeterminata da un pezzo, e consiste nell'essere confinata in casa per due settimane. In qualità di terapeuti, abbiamo assistito più volte a questo scontro. Pam subisce la punizione, quindi ancora una volta viola le norme ripetute e chiaramente statuite dai suoi genitori. Che cosa possiamo fare? Potremmo affrontare la questione in modo egoico, cioè nel senso dell'*io*, suggerendo ai genitori alcuni stratagemmi per mutare il comportamento di Pam: per esempio che, finché essi impongono limiti solo in una situazione di crisi, non otterranno alcunché e devono invece cominciare a stabilire confini al modo di vivere quotidiano, acritico, della figlia. Questo approccio nel senso dell'*io* sarebbe perfettamente legittimo e spesso si rivela utile. Oppure, potremmo far ricorso a un metodo mirante al *me*, mettendo Pam di fronte al fatto che il suo modo di comportarsi sembra essere la garanzia che non riuscirà ad avere quello che desidera o perlomeno non ciò che dice di volere. Pam afferma di volere più libertà, di essere in grado di prendere più decisioni per proprio conto, ma il suo comportamento sembra fatto apposta per assicurarle minore libertà e per delegare sempre più ai genitori il controllo della sua esistenza. Possiamo farle notare che, con ogni evidenza, questo modulo lo ha plasmato lei stessa, seppure inconsciamente, e proporle di riesaminare le sue motivazioni sarebbe appunto l'approccio incentrato sul *me*.

Ma c'è anche una terza via, quella che chiameremo approccio secondo il *sé*. Molti terapeuti che vi fanno ricorso la chiamano "terapia familiare", sebbene non tutta la terapia familiare sia orientata sul *sé*, e non occorre che ci sia una famiglia fisicamente presente perché essa abbia luogo. La terapia in questione si basa sul concetto che le persone che abbiano tra di loro rapporti significativi sono tutte quante intimamente connesse. Come genitori, Hal e Jennifer possono fare tutto quel che occorre nella dimensione dell'*io*; la loro azione può essere di aiuto. Pam può riesaminare le sue motivazioni secondo la modalità del *me*, e può certo esser d'aiuto. Supponiamo tuttavia di suggerire loro che in questa situazione si trovano tutti quanti insieme ma che, pur essendo correlati l'uno all'altro, non sono sinceramente se stessi nell'ambito dei loro rapporti. Stanno fabbricando una famiglia artificiale. C'è un modo per loro di rimanere in vicendevole rapporto e di restare quelli che sono in realtà? Possono esistere quali realmente sono in presenza di *altri* che facciano lo stesso? È in grado il padre represso e controllato, Hal, di accettare il fatto che in realtà gli piace la libertà, per quanto ribelle, che sua figlia Pam si è scelta? E Jennifer può ammettere che le piacerebbe che Hal la aiutasse a imporre limiti ai propri imprevedibili, volubili sentimenti e azioni? Può Suzanne smetterla di essere buona con chiunque e riuscire a essere in qualche modo se stessa? E Pam è in grado di sopportare l'idea di sentire un profondo bisogno di aiutare i genitori per quanto attiene ai loro rapporti, e che questa necessità sta soppiantando quelli che sono stati finora i suoi incentivi esistenziali? L'ecologia psicologica è un approccio che mira a far sì che la famiglia o la persona *familiare* sia in grado di apportare questi cambiamenti al proprio essere nel mondo. E siccome, facendolo, siamo alle prese con il problema, se questi individui sono in grado di essere nei loro spazi personali pur essendo nello spazio condiviso, ecco che avremo a che fare con l'*intimità*. Da terapeuti, ci accosteremo al problema, non già nella prospettiva dell'*io* o del *me*, bensì in quella creativa, fonte di energia, del *sé*. Proveremo quindi a risolvere il dilemma descritto dallo psicologo Sydney Joudard in *The Transparent Self*, e cioè che "l'uomo, forse solo tra tutte le forme viventi, è capace di *essere* una cosa e di *sembrarne* un'altra stando alle sue azioni e discorsi".

Considerato in questa luce, il *sé* non è poi tanto indescrivibile. È un concetto concreto, bellamente pragmatico. Un senso di sé è probabilmente la più significativa e incisiva percezione che possiamo avere: è quanto più vicino l'uomo può giungere a esperire consapevolmente l'anima. Il *sé* è ciò che si esperisce quando siamo intimi. È quell'unione degli spazi di cui parlavamo dianzi. L'*io* è esperito quando siamo nello spazio condiviso, il *me* quando siamo nel nostro spazio personale e il *sé* quando siamo in grado di portare lo spazio che è il nostro proprio nello spazio che condividiamo con *altri*, esperendoli entrambi contemporaneamente. *Io* e *me* sentiti insieme sono *sé*. Insieme, *io* e *me* formano la matrice di *sé*, esattamente come vicinanza e intimità formano la matrice dell'amore.

L'ESPERIENZA DELL'*IO*

Poiché stiamo definendo l'esperienza del *sé-intimità*, sarà utile tentare di chiarire l'uso che facciamo di *io* e *me* a un livello più profondo. Troppo spesso, le dinamiche dell'*io* sono concepite come un semplice ausilio interiore, o addirittura come narcisistiche: "Penso solo a ciò che voglio." Ma è una deformazione. L'*io* non fa che delineare la nostra esperienza nello spazio condiviso, l'esperienza della vicinanza. Il che, fondamentalmente significa che facciamo oggetto l'*altro* di altrettanta attenzione di quella che dedichiamo al nostro *me*. L'*altro* non occorre che sia una persona o più persone: di altrettanta attenzione possiamo fare oggetto un semaforo, un'organizzazione, una cultura. Uno dei modi più chiari di cogliere in che modo sia percepita la distinzione tra *io* e *me* consiste nel chiedere al figlio di genitori che lavorano se padre e madre sono diversi nel luogo di lavoro e in casa. Posto che il figlio sia abbastanza adulto da riuscire a esprimerlo in maniera coerente, vi informerà che il genitore viene effettivamente esperito come una persona diversa quando lavora, percezione che riflette il fatto che il genitore è in un diverso spazio-*io* rispetto a quello al quale il figlio è abituato. Il cambiamento nulla ha a che fare con atteggiamenti, sentimenti, ubicazione o comportamento: è una diversa realtà. L'*io* impara a vivere con la realtà dell'*altro*, a essere quell'altro come persona, un semaforo, un'etica aziendale, un sistema culturale. Imparare a vivere con la realtà dell'*altro* è ciò che abbiamo definito *vicinanza*. Ci si può sentire più vicini al proprio coniuge o al proprio amante ma, come si è detto dianzi, si ha una vicinanza ugualmente unica e incomparabile anche con il proprio lavoro e le proprie costumanze culturali. Basta interrogare in merito i propri figli o amici. La vicinanza può darsi che non sia altrettanto profonda, ma è parimenti unica e incomparabile. L'*io* è ciò che è vicino: *io* sono vicino a te, *io* sono vicino ai pregiudizi del capo della mia azienda, *io* sono vicino alla simbologia dei semafori. L'*io* risponde in un modo che, al suo meglio, non soltanto massimalizza il nostro ingrandirci ma, cosa ben più importante, alimenta il nostro rapporto, sicché possiamo continuare a divenire più reali, più mutualmente apportatori di benefici al *sé*. Perlomeno, non saremo multati per aver "bruciato" un semaforo rosso né saremo licenziati dal manager se desideriamo davvero tenerci quel lavoro. Abbiamo effettivamente bisogno di essere consapevoli dell'*altro*.

Tra i vari conflitti di Phil e Carrie, ce n'è uno in particolare che si evidenzia di continuo e sempre nella stessa forma. Quando Phil si ammala, si chiude in camera da letto e vuole che lo si lasci assolutamente solo. Quando Carrie non sta bene, ama che le si vada a darle un'occhiata, che la si aiuti, vuole avere la certezza che ci sia qualcuno a portata di mano. Com'è ovvio, ciascuno dei due affronta la vita in maniera diversa per ragioni del *me* individuale, ma non è questo che conta nel caso specifico. Il problema si colloca nel loro spazio condiviso, nel loro *io*. Carrie si sente esclusa quando Phil non vuole che lei lo aiuti: lo avverte come egoista. A sua volta, lui ha l'impressione che lei lo stia manipolando e controllando quando vuole attirare la sua attenzione. Non hanno imparato a essere in maniera salubre nello spazio dell'*io*. È un problema abbastanza diffuso.

Dal momento che l'esperienza dell'*io* è fortemente orientata all'azione, in larga misura parte della cultura della vicinanza, tendiamo a dimenticare che in sostanza non si tratta semplicemente del tuo essere tu, del tuo diritto a essere tu, *indipendentemente* dall'*altro*. È una supposizione che costituisce un triste malinteso. La vera esperienza dell'*io* è quasi esattamente l'opposto, nel senso che io sono desideroso e persino lieto di modificare i miei bisogni narcisistici allo scopo di aumentare e favorire la mia esperienza globale in rapporto con l'*altro*, sia che questo incremento si verifichi immediatamente, domani o l'anno prossimo. È una motivazione, questa, nient'affatto manipolativa o sociopatica. Se, per esempio, l'*altro* è un amico, io mi adatto sinceramente ai suoi sentimenti e bisogni, non per tranquillizzarlo ma per aumentarne l'accettazione di me quale realmente sono e la capacità e propensione a essere se stesso con me. Un'accettazione del genere mi dà modo di essere maggiormente me stesso, cosa che a sua volta non soltanto facilita la nostra vicinanza ma, aspetto ben più importante, aumenta la probabilità del nostro essere intimi. È un progresso che può avere inizio con l'*io* che adatta i propri bisogni ai sentimenti dell'altro, un adattamento che non è passività né dipendenza, narcisismo, manipolazione o sociopatia, tutti aspetti che costituiscono un fondamentale squilibrio nell'*io*, me e *sé* e che non sono stati naturali. Se ti manipolo per indurti a prenderti cura di me, finirò non solo per minare il rispetto che ho per me stesso, per il *sé*, ma anche la tua eventuale disposizione a prenderti cura di me.

Siamo in una seduta terapeutica con una coppia. Leonard è un avvocato, bello, capace, sicuro di sé e ottimo parlatore, che ha la tendenza a mantenere costantemente un atteggiamento professionale. Amanda è un'attraente, competente, intelligente ed energica analista di mercato; meno pronta di parola ma più sensibile di Leonard, che vive più di lui nel mondo dei sentimenti. Di solito, lui è assai aggressivo, persino offensivo, durante le sedute, e dedica gran parte del suo tempo a dire ad Amanda che cosa non va in lei. In generale, lei è più accondiscendente ma in maniera leggermente riservata, e tuttavia, com'è inevitabile, insorge con stizza e si mette sulla difensiva quando lui attacca con l'esposizione dei suoi "difetti". L'offensiva di lui e la difensiva di lei costituiscono la normale condizione di crisi reciproca. Si preoccupano l'uno dell'altro, ce la mettono tutta per stare insieme, ma entrambi confessano di sentirsi sperduti e sfiduciati per quanto riguarda un cambiamento del loro rapporto. La mancanza di speranza deriva dalla convinzione, da entrambi condivisa, che nulla muterà finché l'altro non cambierà. Sono incappati nella trappola di uno dei più distruttivi miti in cui ci sia dato di imbatterci nella nostra attività di terapeuti, il mito che il mutamento deve essere bilaterale: "A meno che tu non cambi, non c'è modo di cambiare il nostro rapporto." Il mito della "bilateralità" spesso viene esposto nella sua forma corollaria: "Se cambi per primo, allora anch'io cambierò e la nostra relazione potrà a sua volta cambiare." Questa coppia, al pari di tante altre, ha perduto di vista il potere unilaterale che ciascuno ha in un rapporto, il potere e l'efficacia dell'esperienza dell'*io* e l'importanza di farsi carico del proprio *sé* nell'ambito del rapporto. Per dirla, in forma succinta, con Erich Fromm: "L'uomo deve accettare la responsabilità di se stesso... La vita è priva di significato a parte quello che l'uomo può conferire alla propria vita con la manifestazione dei propri poteri?" Questa responsabilità di *sé* costituisce l'unico fondamento di un rapporto salubre.

Oggi, Leonard se la prende di nuovo con Amanda, la quale una volta ancora difende rabbiosamente se stessa. A un tratto la smette, lo guarda dritto negli occhi, cosa che non fa di solito, e chiede: "Non ti rendi conto di quanta paura io abbia di te?" Lui se ne sta zitto per un istante – anche questo è un cambiamento – e poi, con tono alquanto sottomesso e sinceramente sorpreso, replica: "Non me n'ero mai accorto prima, e non desidero certo che tu ti senta così." Entrambi hanno avuto un'esplicita esperienza sull'*io*. La vicinanza che ne deriva e, con l'andar del tempo, le intermittenti esperienze dell'intimità che scaturiranno da questo inizio, daranno loro modo di cambiare.

L'*io* diviene pertanto il principale fautore di vicinanza anziché essere un veicolo di separatezza, come tanto spesso è implicito nell'uso quotidiano del termine. *Io* è una "fonte di doni", concetto questo che è troppo poco compreso nella nostra cultura. Disgrazia vuole che *io* abbia finito per essere confuso con una *persona* in senso latino, cioè "maschera"; è invece preferibile definirlo quale la nostra capacità di vicinanza al mondo che ci circonda. È la nostra abilità di essere vicini ad altri in maniera utile, di interagire al di fuori di noi stessi. La nostra personalità include la nostra sensibilità per l'*altro*, la nostra capacità appresa di modificare i nostri comportamenti e sentimenti senza essere dipendenti, manipolativi o distruttivi. Essa modifica in maniera sana le nostre azioni ed emozioni in base alla nostra effettiva consapevolezza dell'*altro*.

Il "culto della personalità" che tanta parte ha negli approcci dilettantistici al comportamento (psicologia popolare, libri sul fai-da-te), e non di rado è abituale anche tra professionisti, da alcuni decenni a questa parte non ha concepito la personalità come quella parte di noi stessi che rispetta e opera ai fini della vicinanza con altri. Al contrario, presenta la personalità come uno *strumento* di manipolazione di altri. Noi non respingiamo nel modo più assoluto la validità o l'utilità di un simile atteggiamento. Il vero *io* vuole essere consapevole di quanto l'*altro* sente, pensa e desidera, e questo perché ciò che trovo nella vita e nel rapporto dipende in larga misura dalla mia capacità di fare appunto questo. Questo *io* è o può essere il valido promotore della vicinanza, dell'esperienza che consiste nell'essere pienamente nello spazio che condividiamo con *altri*. La personalità privata della funzionalità umana è un ruolo, e come tale appartiene all'ambito dei "disordini della personalità". Posso "essere assertivo", saper "dire di no", vestirmi "come si deve", essere "pronto a tutto", ma può darsi benissimo che non sia *me stesso* con l'*altro*, e in tal caso ho fatto fiasco. Un'evoluzione valida mira alla funzionalità, non già a ruoli.

Com'è ovvio, stiamo descrivendo l'*io* ideale. Ma nessuno di noi possiede, disponibile in ogni istante, l'ideale: possiamo solo sperare di crescere in quella direzione. Noi riteniamo che la modalità fondamentale di questa crescita sia il gioco. Il gioco è il regno del *sé*, dell'intimità, e il *sé-intimo* è la dimensione in cui il cambiamento può aver luogo. Come avremo modo di vedere *io* e *me* possono crescere solo attraverso questa esperienza.

L'ESPERIENZA DEL *ME*

Io (*Patrick*) ho imparato a leggere solo in seconda elementare. Non so bene perché, dal momento che a partire dalla quinta sono diventato un lettore vorace, ma deve ben esserci stata una ragione precisa. Purtroppo, gli insegnanti non se ne rendevano conto e a metà del primo anno di scuola i miei genitori sono stati invitati ad andare a parlare con loro. Ho chiesto a mio padre di che cosa avessero parlato; com'è ovvio, ero sulle spine perché nessuno mi aveva detto quale fosse il motivo dell'incontro né mi aveva invitato a parteciparvi. La risposta di mio padre fu: "Gli insegnanti pensano che tu sia ritardato." E io: "Cosa vuol dire?" Lui mi sorrise e disse: "Pensano che tu sia stupido, ma io ho detto che non lo sei affatto." La questione non è tornata in ballo fino agli anni della scuola secondaria, quando un altro insegnante ha constatato che non riuscivo a pronunciare bene le parole, e la direzione scolastica mi ha spedito da uno psicologo che per due giorni mi ha sottoposto a ogni sorta di test. Inutile dire che anche questa volta ero nervoso. Ignoravo che cosa misurassero i test, anche se questa volta, per lo meno, non ero escluso dall'incontro. Per avere il risultato, sono dovuto tornare dallo psicologo, e pensavo che la maniera più semplice per sapere come erano andate le cose consistesse nel chiederglielo direttamente, e così ho fatto. Lui mi ha guardato e si è messo a ridere. "Dai test risulta, caro Pat, che non sei in grado di pronunciare bene le parole." La ragione per cui riferisco questo episodio è che, mentre ero ansioso di sapere ciò che l'*altro* (l'insegnante, i test, lo psicologo) pensavano di me, l'idea di essere stupido non mi preoccupava minimamente. In altre parole, ero interessato all'esperienza dell'*io* (la mia personalità), ma il mio *me* era stato plasmato in misura notevole ben in precedenza rispetto al primo episodio, e non era nel mio *carattere* di concepirmi quale mentalmente deficiente. Il carattere, come ha scritto Paul Ricoeur nella *Filosofia della volontà*, "è pertanto non un destino che governa la mia vita dall'esterno, bensì la maniera inimitabile con cui esercito la mia libertà in quanto uomo. Non lo si scorge mai in sé e per sé, così come l'origine della percezione mai diviene l'oggetto della percezione. Il carattere è implicito nell'umanità della mia stessa esistenza, come lo zero originario del mio campo motivazionale. Se lo discerno, è solo per allusione nel sentimento di differenza che mi fa altro da ogni altro".

La *io*-personalità è la parte della nostra persona che ha le maggiori probabilità di essere nevrotizzata, e la stragrande maggioranza di noi è più o meno nevrotizzata. Ciascuno di noi ha insicurezze, ansie, preoccupazioni improduttive. Non siamo venuti al mondo con le nostre personalità. Il carattere è assai più vicino alla genetica. I genitori possono insegnare al figlio ad assumere un atteggiamento manipolativo (per esempio, di tipo isterico) con il mondo, a farsi strada assumendo atteggiamenti seduttivi o concilianti, a essere carino o carina, a compartimentalizzare il mondo reale in modo che non ci si debba mai correlare con la realtà dell'*altro*. È un tipo di comportamento che può essere facilmente insegnato a un bambino o a una bambina di cinque o sei anni che sia sensibile. Riesce molto più difficile, e del resto è assai più greve di conseguenze negative, insegnare a un bambino di nove mesi che è spregevole o che il mondo è un luogo pericolosissimo per viverci. Queste deformazioni sono faccende del *me*, non già dell'*io*. Il *me* è assai più basilare dell'*io*, è un'esperienza ben più fondamentale. La natura produce in larga misura figli "naturali"; in altre parole, se osserviamo i figli alle prese con il mondo delle relazioni (l'incontro con i loro genitori), noteremo che invariabilmente fanno ricorso, di fronte a problemi relazionali, innanzitutto a rimedi naturali: se babbo o mamma sono depressi, il figlio riderà, canterà, ballerà, offrirà amore, ed è solo dopo molti, moltissimi fallimenti, che deciderà che il loro amore non è "abbastanza buono", e passerà a questa o quella deformazione, per esempio l'atteggiamento conciliatorio o negatorio del *sé*. La natura non crea gli individui in questo modo, ma purtroppo sia il *me* che l'*io* possono essere assaliti da una moltitudine di nevrotismi e aggrediti dalla psicosi. Le deformazioni del *me*, come esemplificativamente la paura dei rapporti, la paura dell'esperienza, sono di norma quelle che comportano gli effetti negativi peggiori e più duraturi nella vita di una persona, in primo luogo perché onnipresenti. Dal momento che le esperienze del *me* hanno meno a che fare col mondo circostante e più con il modo con cui ci si autopercepisce, è impossibile sfuggire a esse o perlomeno non è facile; e senza dubbio è più difficile cambiarle nella situazione psicoterapeutica.

Me è più germinale di *io* in quanto proviene da recessi più profondi della nostra persona, più prossimi alle nostre radici biologiche, culturali e psicologiche; *me* è più integrato, e pertanto assai meno modificabile e adattabile. È sempre più coerente dell'*io*. Il *me* se ne sta nel pozzo al fondo di ogni persona, e costantemente spinge la persona stessa verso quei comportamenti espliciti che rispondono a fondamentalissimi bisogni emozionali, come sentirsi accettato, essere amato o sentirsi degno. Quanto a numero questi bisogni sono di norma pochi e derivano dalle nostre necessità biologiche modificate dalle nostre primissime e primitivissime esperienze. I bisogni primari sono stati descritti, dallo psicologo Abraham Maslow, come benessere fisiologico, certezza di sicurezza, appartenenza sociale, stima e autorealizzazione. E questi bisogni *naturali* possono essere deformati dalle prime esperienze, e quindi manifestarsi per vie indirette. Il carattere, che è *me*, è assai diverso dalla personalità, dall'*io*. Da queste profonde e precoci memorie rampolla la nostra persona: coerente, difficile da cambiare e alimentata dalla forza della volontà. *Me* è distaccato e spesso arrogantemente intransigente con la realtà, attivato com'è da quegli affetti e motivazioni primitivi che persistono durante tutta la nostra vita e danno modo ad altri di riconoscersi in luoghi diversi e tempi successivi. *Carattere* designava in origine "incidere, scolpire, grattare, intagliare, tracciare solchi, stampare o marchiare", e l'etimologia riflette le qualità che vediamo nel *me*, ivi compresi i più profondi *imprints* delle nostre persone, quelli che generano i pochi ma possenti e persistenti sistemi motivazionali che ci identificano quali persone uniche, indipendentemente dalle variazioni che nel corso degli anni subiscono le nostre personalità.

Beverly ha poco meno di quarant'anni. È una donna intelligente e attraente, sebbene lei non lo pensi. In effetti, non dovremmo neppure dire che non lo "pensa": lei "sa" di essere poco intelligente e niente affatto attraente, e le realtà esterne non riescono a convincerla del contrario. Le sue qualità attraenti non devono certo essere indovinate dal terapeuta, perché saltano agli occhi: Beverly è una donna attiva, nel suo lavoro, come cittadina, come membro di una comunità, nella sua chiesa e in tutte le altre aree della sua esistenza. I suoi talenti e la sua competenza fanno sì che amici e colleghi la ricerchino; pure, anche quando è intenta a queste molteplici attività, lei "sa" di non essere una persona di successo, popolare, e questo suo disconoscimento non proviene dall'*io* manipolativo che organizza giochi per ottenere qualcosa; Beverly è davvero in uno stato di sofferenza, una condizione che influenza negativamente i suoi rapporti, la sua carriera, i suoi modi di aver cura di se stessa. È facile constatare che questa deformazione si è determinata in lei assai precocemente, tant'è che ha effetti negativi anche sulla sua sessualità. In fase di sviluppo, Beverly si è convinta di essere una persona "separata", poi però ha subito gravissime deformazioni circa il chi e il che cosa questa persona era. Il suo *me*, ovvero il carattere, è in stato sofferente.

Il *me* è ciò che esperisco quando sono nel mio spazio personale, intento a sognare, a meditare, a camminare o a correre, semplicemente essendo nel mondo senza la distrazione del fare attenzione a qualcuno o a qualcosa. Il *me* è veicolo della mia storia passata e la proietta nel futuro, è il portatore dei miei valori, sia positivi che negativi. L'esperienza che l'*io* fa del mondo circostante, tempo atmosferico, fiori, il bottegaio, una persona che amo, l'*io* che emerge e cresce in queste esperienze, dilatando vicinanza e consapevolezza, può rafforzare l'esperienza solitaria del *me*. A patto che siano sani, si nutrono a vicenda.

Il fatto che il *me* lo esperiamo da soli, anche quando ci troviamo tra gli altri, porta a una comunissima confusione, evidente nelle persone che si sottopongono a terapia. Costoro confondono la solitudine esistenziale del *me*, uno stato naturale e necessario, con il penoso sentimento di solitudine e di privazione dell'esperienza dell'*io*. Forse in nessun'altra sede la necessità dell'esperienza intima può essere vista con altrettanta chiarezza. Nell'intimità, il *sé* impara a conoscere la differenza tra essere solo ed essere solitario. Ne consegue che la persona può cambiare.

Vivere esclusivamente nel proprio spazio personale equivale a essere psicotici, e non occorre essere un medico per diagnosticarlo. È questo che mette a disagio la persona media nei confronti degli psicotici, la sensazione cioè di non esistere ai loro occhi. Per lo psicotico, non c'è nessun *io-altro*. Al contrario, vivere esclusivamente nello spazio condiviso, significa essere nevrotici. Per il nevrotico completamente tale, non c'è alcun *me*, e anche questo tutti lo riconosciamo in forme quanto mai palesi. I nevrotici sono quelli che incessantemente sondano *altri*: "Che cosa pensi di me?", "Che cosa pensa Antonio di me?", "Che cosa dice Maria di me?", "Qual è l'atteggiamento del cane nei miei confronti?" Non vivere né nello spazio condiviso né in quello personale, non avere a disposizione né l'*io* né il *me*, equivale a essere psicotici. Il leader idolatrato, tipo Manson,[2] l'umano "inumano", coloro con i quali non possiamo stabilire rapporti di sorta, non sono né nell'uno né nell'altro spazio. Ignoriamo dove queste persone siano, da dove provengano, dove vadano, dal momento che non partecipano alle nostre stesse realtà. Sotto il profilo terapeutico, sono i più difficili da aiutare, e molti affermano anzi che non si prestano a nessun trattamento.

La maggior parte degli individui non rientrano in nessuno degli estremi testé indicati. Più sovente, si hanno miscugli generatori di posizioni esistenziali intermedie. Così per esempio, certuni vivono soprattutto nello spazio personale del *me*, con intermittenti incursioni nello spazio condiviso dell'*io*, ma questi loro tentativi sono fin troppo spesso inefficaci, irrealistici e fonti di difficoltà quando non di aperti fallimenti. Inoltre, questi tipi primariamente *me* si rintanano nel loro mondo, riluttanti a farne capolino. I terapeuti etichettano un comportamento del genere

---

[2] Charles Manson aveva costituito un gruppo di suoi fanatici "adoratori", con i quali si dedicava a pratiche "misteriche" che comprendevano sacrifici umani. Ne restò vittima l'attrice Sharon Tate, allora moglie di Roman Polanski [*N.d.T.*].

con il termine di stati *border-line*, "marginali". Sul versante opposto si colloca il gruppo assai più ampio di coloro che permangono troppo a lungo nello spazio condiviso dell'*io*, e costoro vengono variamente descritti come dipendenti, potenzialmente drogati, isterici, coattivi; in generale, evidenziano quelli che vengono detti disordini della personalità e nevrotici. Ben di rado accade loro di sperimentare il proprio personale spazio del *me* se non in sogni, speranze e fantasie. Molto spesso s'avvicinano al massimo al loro spazio separato nei loro comportamenti autodistruttivi. In altre parole, la loro patologia è un tentativo innaturale di riequilibrare se stessi, di sfuggire all'*io*. Basta dare un'occhiata a quello che in realtà fanno: l'alcolista o il cocainomane si sottraggono alla consapevolezza dell'*io*, rifugiandosi in un qualche spazio personale interno, ancorché deformato; il depresso si ritira, per quanto senza gratificazioni di sorta, nel proprio spazio, isolandosi dagli altri con il suo disinteresse, la sua apatia, la sua irritabilità e la preoccupazione per la sua interiorità; il fobico letteralmente inibisce gli accessi a significativi settori dello spazio dell'*io*, e l'agorafobico formalmente si isola nel proprio spazio del *me* evitando ogni *alterità*.

Len ha quarantadue anni, tre figli e una moglie esasperata. La moglie non è presente a riferircelo ma, stando a Len, "ne ha proprio piene le scatole di me". Perché? Len ha reazioni di panico ogniqualvolta si trova tra la gente, e ai suoi occhi una folla è più di due o tre persone oltre ai suoi familiari. Ne consegue che, in quanto coppia o gruppo familiare, non possono andare in molti luoghi né fare tante cose, e questa limitazione spiega perché lei ne abbia "piene le scatole" di lui. Len sa che la moglie si sforza di essere comprensiva e che si interessa a lui, ma è anche a conoscenza del fatto che è stanca del suo panico, mediante il quale Len riesce a ridurre "efficacemente" il proprio spazio dell'*io*. Il prezzo che paga è altissimo.

Dieter sembra incapace di stare tra amici senza essere "su di giri". Lentamente, ma inevitabilmente, li allontana da sé. Se ne "dispiace" e persino se ne offende, ma lo rifarà. Perché? Al pari di Len, ha ridotto il suo spazio dell'*io*, e lo può fare solo in forma autodistruttiva. La sua esperienza degli *altri*, quando è meno egoico nel suo stato di ebbrezza, è che gli altri sono irrilevanti, che non hanno nessuna importanza.

È un processo che vediamo manifestarsi nelle somatizzazioni (il rendersi malati), nel comportamento antisociale, nelle ossessioni, compulsioni, disordini panici e in un gran numero di altre situazioni nevrotiche. Il nevrotico si sforza di ritrarsi nel *me*;

prova il bisogno di ridurre il suo sfibrante, incessante coinvolgimento con l'*altro*. Si tratta di individui che hanno scarsa capacità di entrare e uscire nel proprio spazio del *me* a loro scelta, ragion per cui perdono la capacità di essere spontaneamente se stessi. Sono personalmente incarcerati dal loro incessante bisogno di essere consapevoli dell'*altro* e di rispondere all'*altro*, e non meraviglia certo che compiano così disperati tentativi di tornare al *me*: sforzi che di norma sono inefficaci, che comportano un alto costo personale, e molto spesso producono gravi danni a livello relazionale. Come sovente capita di constatare negli adolescenti, il ribelle è altrettanto dipendente del conformista. La ribellione ha senso negli adolescenti che si sforzano di apprendere un equilibrio tra *io*, *me* e *sé*. Gli adolescenti *devono* ribellarsi per crescere e imparare. Al pari del giovane ciclista del film *All American Boys*, che crea un *sé* estraneo ai suoi precedenti familiari, essi sono impegnati a *divenire*. Ma la "ribellione" adulta, consistente nello stare alla larga dall'*altro*, lascia la persona sostanzialmente nella stessa condizione nevrotica dell'adulto che *deve* essere presente all'*altro*. Non c'è *divenire* in nessuno di questi due atteggiamenti. Nei nostri nevrotismi, non guadagniamo nulla e perdiamo molto, e in questi luoghi distorti troppi di noi hanno finito per perdersi. L'esperienza intima, la cognizione del *sé*, l'essere contemporaneamente nei due spazi, è l'unica realtà in cui possiamo trovare noi stessi. Il Corano afferma che "Dio non cambia ciò che è nelle persone finché esse non cambiano ciò che hanno in se stesse". E un cambiamento del genere ha luogo solo tramite il *sé intimo*.

La maggior parte delle persone non sono né psicotiche né psicopatiche né alle prese con gravi nevrosi. Nella stragrande maggioranza degli esseri umani, spazi personali e spazi condivisi si intersecano. Possiamo muoverci, abbiamo una gamma di scelte. La nostra esperienza in ciascuno degli spazi accresce la nostra capacità di esperienza nell'altro. Trascorriamo da soli qualche buona ora, e siamo in grado di tornare a rapporti di vicinanza con maggior calore ed energia. Abbiamo un'esperienza di vicinanza con una persona amata, e i nostri sogni sono più creativi, il tempo che trascorriamo nel nostro spazio è più pacifico. Quando l'*io* se la cava egregiamente, anche il *me* si comporta in modo uguale. Ma che ne è del *sé*? Ora che abbiamo esposto quello che supponiamo essere il *sé*, e come e perché è in quel certo modo, come possiamo essere più disponibili a quella modalità dell'essere?

3

PROCESSO PERSONALE
ESSERE NEL MONDO IN BUONA FEDE

La non-mente non-pensa nessun pensiero circa non-cose.
Buddha

Come può accadere di essere contemporaneamente se stessi e vicini a un'altra persona? Come si può essere nel proprio spazio e nel contempo in uno spazio condiviso? Come si può essere simultaneamente vicini e personali? La frequenza con cui si è capaci di entrambe le situazioni determinerà la qualità dei rapporti. E la capacità di attuarle entrambe è generata dal proprio *sé intimo*.

La misura in cui la nostra esperienza di essere in uno spazio vitalizza e incrementa la nostra esperienza di essere nell'altro, è subordinata all'esperienza di intimità. In una calda giornata soleggiata, da bambino, te ne stai disteso sull'erba. Giochi con un dente di leone e per un istante ti rendi conto di essere simile al fiore e che il fiore è simile a te. Questa è un'esperienza del *sé-intimità*. In essa divieni consapevole, in maniera quanto mai concreta, della tua partecipazione al grande insieme delle cose, un nesso che è facile da scoprire da bambini, soprattutto nel mondo naturale non sociale; molto più difficile riesce, per gli adulti, riconoscere e descrivere simili esperienze intime, vuoi con denti di leone, vuoi con altre persone.

Larry è un uomo d'affari di successo, sicuro di sé, paziente, dalla parlantina sciolta e che sul lavoro sa prendere le giuste decisioni. Con sua moglie Liz, invece, è timido ed esitante. Ciò non toglie che sia consapevole e sensibile nei suoi confronti, e in maniere assai sottili. Liz è legata a lui, leale, coattiva e molto reattiva. Lo mette a disagio.

Dice Larry: "Tua madre ha telefonato martedì." E lei: "No, era mercoledì." A rigor di termini, di solito ha ragione lei. Larry si sente confuso, si stizzisce senza saperlo e si sente alternativamente castigato e protetto. Lei si rende conto della sua rabbia, diventa conciliante. È secondo questa dialettica che convivono, e la situazione si presenta identica nella dimensione terapeutica alla quale si sottopongono assieme. Nell'uno come nell'altro caso, non riescono a uscirne.

E la sequela si instaura anche durante la sessione odierna. Lei rimbecca, accusa, rivela una realtà di fatto: "T'ho detto che ero molto sconvolta. Il medico ha telefonato poco fa per dirmi che la mamma potrebbe morire. E tu te ne sei rimasto lì, e alla fine te ne sei uscito a dire: 'Be', ormai ha una certa età.' Che diavolo significa? Avevo bisogno di te, e tu mi parli come se io fossi un tuo cliente che vuole comprare una casa. Non capisci quello che voglio da te?" Lui se ne sta zitto per un istante, senza reagire, poi replica: "So quello che vuoi da me, ma non sono certo di poter-telo dare. Mi sento così insufficiente e sciocco, spaventato e gio-vane. Ho la netta sensazione di non avere la forza e la sicurezza che tu vuoi e di cui hai bisogno. Sono anzi sorpreso che tu ti aspetti da me che io sia ciò che hai bisogno che io sia. Io voglio esserlo, e se non fossi così spaventato forse ce la farei. Mi di-spiace davvero di non essere mai stato ciò che tu volevi." Ecco che, una volta tanto, Larry ha gettato a mare la sua stizza e la sua confusione, e ha risposto in termini concreti.

E lei si alza, si china su di lui, lo abbraccia. Larry se la tira sulle ginocchia e la tiene stretta. Lei piange, lui le accarezza i ca-pelli e le dice: "Mi dispiace per tua madre." Per un istante sono intimi. Larry ha scoperto qualcosa in se stesso, e cioè che può davvero essere come lei ha bisogno che sia. E quest'intimità la condivide con abbracci e carezze, e con l'esplicita accettazione della paura e del dolore di lei per sua madre. Lei la condivide of-frendosi al suo abbraccio e piangendo. Scoprono insieme qual-cosa di se stessi, non già da soli, in cognitiva solitudine. È stata un'esperienza intima. Entrambi hanno saputo ciò che erano e ciò che potrebbero essere l'uno per l'altra. Entrambi hanno scoperto qualcosa di nuovo sul conto di se stessi; entrambi hanno svelato all'altro qualcosa di nuovo riguardo a se stessi. La frequenza con cui esperisco il mio *io* (i miei rapporti) e il mio *me* (la mia pro-pria persona) insieme, è pari alla frequenza con cui esperisco il mio *sé*. Il mio *sé* vien fuori dal mio esperire simultaneamente *io* e *me*. Larry ha avvertito qualcosa di nuovo riguardo a se stesso quando si è sentito vicino a Liz, e ha condiviso la scoperta. Liz ha avvertito qualcosa di nuovo riguardo a se stessa quando si è sentita vicina a Larry, e lo ha condiviso. Ciascuna di queste nuove consapevolezze, di queste esperienze di spazio personale, sono state vissute quando erano vicini l'uno all'altro, in quanto erano nello spazio condiviso. Questa simultanea consapevolezza è intimità.

Spesso accade, in natura, che due diverse qualità si uniscano per formare una terza cosa, completamente diversa. Non è forse il sale, tanto necessario alla vita, il legame tra un metallo caustico e un gas velenoso? Non è forse l'acqua, fondamentale per la vita, il combinarsi di due gas inodori e incolori, ossigeno e idrogeno? Quando questa connessione si verifica negli esseri umani, siamo in grado di esperire noi stessi simultaneamente nel nostro spazio personale e nello spazio che condividiamo con un altro. Liz e Larry hanno esperito il *sé* che trascende il loro *io* e il loro *me*, hanno elevato il loro rapportarsi l'uno all'altro a una dimensione superiore, quella che conferisce energia e dilata il rapporto. La vicinanza assicura la stabilità della relazione reiterandone di continuo gli aspetti familiari; l'intimità rende disponibili nuove esperienze e in tal modo allarga la nostra misura di familiarità. Poiché non c'è nulla di vivente che non muti e non cresca, l'intimità è un ingrediente essenziale e vitale dei rapporti. Senza la vicinanza subirebbe, e accade effettivamente, un insidioso deterioramento, scadendo a impersonazione di ruoli e noia. Se avete in casa una pianta che vi piace così com'è, e tentate di mantenerla tale, essa morirà. La pianticella deve crescere, mutare, diventare diversa per restare in vita. E lo stesso accade con me e con te.

Il *sé* lo si esperisce solo nell'intimità, la quale non sempre è interpersonale. In realtà, anzi, gran parte delle nostre esperienze intime non hanno luogo con altri. L'essenza dell'intimità consiste nel sentirmi più vicino a me stesso mentre sono in rapporto con qualcos'altro da me. Il *sé* posso più facilmente esperirlo con un fiore, un fiume, una musica o una composizione poetica che non con una persona; mi riesce più facile con un estraneo che non con qualcuno cui sono vicino. La disgrazia degli esseri umani è che possiamo essere noi stessi più facilmente con oggetti inanimati e vite non umane piuttosto che con le persone che ci importano; ci riesce più facile essere noi stessi con coloro che non sono tanto importanti per noi che non con quanti abbiamo cari. La conoscenza personale sembra interferire con l'intimità.

Dovremmo anzi dire che la conoscenza rende meno probabile il raggiungimento dell'intimità. Ci rendiamo meno disponibili all'intimità servendoci della nostra conoscenza per incrementare la vicinanza. Se "conosci" la strada di casa, non vedi più il mondo attraverso il quale passi. Ci mettiamo in uno stato di squilibrio. È quel fenomeno che definiamo *essere catturati dal sistema*. In effetti, non è tanto la conoscenza quanto ciò che con essa facciamo a determinare lo squilibrio. Si può avere conoscenza nell'intimità – anzi, come s'è già detto, la nuova scoperta è una delle principali funzioni dell'intimità –, ma la conoscenza intima è conoscenza della connessione (della diade); la conoscenza tramite la quale i sistemi ci catturano, è conoscenza dell'assimilazione (del sistema). Possiamo trattare il concetto come un sistema, dal momento che i "sistemi" hanno caratteristiche in comune. Negli anni cinquanta, il biologo Ludwig von Bertalanffy ha cominciato a elaborare una teoria generale dei sistemi, tentando di considerarli come entità operanti secondo regole diverse da quelle delle componenti dei sistemi stessi, in altre parole partendo dal presupposto che i sistemi siano comparabili indipendentemente dalla diversa natura dei loro componenti. Le sue ricerche sull'intelligenza artificiale effettuate in collaborazione con Alan Turing, sulla teoria delle comunicazioni con Claude Shannon e nel campo della cibernetica con Norbert Wiener, hanno portato a una nuova comprensione dei sistemi quali "complessi operativi" con regole descrivibili. Una caratteristica di tutti i sistemi in quanto tali è la loro capacità di imprigionare, di catturare.

Di ciò ci si avvede con la massima facilità nelle esperienze non interpersonali dell'esistenza. L'adagio "Concediti il tempo di annusare le rose", non è che il riconoscimento del fatto che di norma non lo facciamo. Partendo dal presupposto che conosciamo le rose, cessiamo di odorarle. Allo stesso modo, smettiamo di essere intimi o, come dice E. E. Cummings:

> ma per quanto l'umanità persuada
> se stessa che ogni erbaccia è
> una rosa, le rose (e tu ne sei
> certo) non faranno che sorridere.

È un microcosmico esempio di cattura da parte del sistema. Molto spesso, le difficoltà che gli esseri umani incontrano nell'esperire la loro vicinanza al mondo in ambiti diversi dal rapporto con altri esseri umani, va ricercata nel fatto che essi non esistono "quali sono" nel mondo "qual è", e pertanto non trovano connessioni e non crescono a partire da esse. Una delle migliori espressioni popolari di questa realtà è data dal film *Tutti pazzi meno io*, in cui la definitiva futilità e tristezza del nostro essere catturati dai nostri sistemi sono significativamente raffigurate nell'esperienza del protagonista che i "pazzi" sono maggiormente in contatto con la realtà che non coloro che vivono nel mondo "normale".

Abbiamo perduto molto in seguito a questa cattura. L'artista, il compositore, lo scultore, l'inventore, il poeta che è in tutti noi, è inaridito dal fatto di essere privo di connessioni con il proprio sostrato creativo. Gli esseri umani si sforzano di riguadagnare quelle esperienze con il lavoro, gli hobby o le attività ricreative, e la cosa funzionerebbe se vi ci dedicassimo intimamente, perché allora troveremmo il *sé*. Ma gran parte di noi non lo fa. Siamo catturati sul posto di lavoro, facendo jogging o giocando a tennis, collezionando francobolli o cucendo, e finiamo per impegnarci in attività proprie dell'*io* o del *me*. Le quali, in qualche modo, possono pur sempre essere sane e utili a noi quali persone, ma non sono intime, e pertanto non illuminano il *sé*, che può essere esperito in *ogni* e in *tutte* le connessioni dell'esistenza. La diade uomo-uomo è il nostro prototipo, ma in natura non è alcunché di speciale. È solo la nostra metafora.

Siamo troppo abituati a pensare al *sé* come *io*. Non lo è come non è il *me*. La differenza è questione di consapevolezza. Quando la mia consapevolezza è quella del mio *sé*, io sono consapevole contemporaneamente sia del *me*, la mia esperienza interiore, sia dell'*io*, il mondo attorno a me. Il vicendevole esperire di queste due consapevolezze origina l'esperienza più significativa e rivitalizzante di cui un essere umano sia capace. Come s'è detto in precedenza, il *sé* esperito è ciò che Sartre intendeva parlando di "essere nel mondo in buona fede". Nell'ultimo caso descritto, Larry (*me*) sa di essere stizzito, ferito, frustrato e ormai anche impaurito. Larry (*io*) sa che Liz è chiusa in se stessa, impaurita e arrabbiata con lui. Larry (*sé*) è consapevole che i suoi sentimenti non sono diversi da quelli della moglie. Ciascuno dei due dipende dall'altro. Lei non ha maggior desiderio di ferirlo di quanto ne abbia lui di ferire lei. Lei è in preda alla sua stessa frustrante confusione riguardo al che fare. Vorrebbe superare lo iato esistente tra loro, esattamente come vorrebbe farlo lui. Nessuna di queste consapevolezze è cognitiva: essi lo sentono, e il loro sentire è accompagnato da una triste gentilezza e una compassionevole tenerezza l'uno per l'altra.

Larry sa anche, in maniera non riflessa, non pensata, che questa esperienza gli è familiare. L'ha già avuta con altri, già nel passato: si è verificata persino con una falciatrice con cui si è trovato alle prese e che riluttava a farsi "aggiustare", proprio come sua moglie. Non appena se ne è reso conto, Larry (*sé*), ha esperito se stesso come "essente nel mondo in buona fede". Ha esperito il *sé* nell'intimità, nella simultanea consapevolezza di *io* e *me*. Nell'essere intimo con un altro essere umano, soprattutto con uno cui è vicino, Larry sperimenta il *sé* al suo livello prototipico, quello che a lui, essere umano, permette di sentire se stesso qual è.

L'esperienza del *sé* derivante dall'intimità presenta tre caratteristiche unificanti: connettività, animazione e creatività. Questi valori, simili a quelli reperibili nella "riverenza per la vita" di Albert Schweitzer, nel "sé universale" indiano, e in altre filosofie, non di rado sono meglio descritti da poeti che non da teorici. Così per esempio, John Keats in una lettera a George e Thomas Keats ha scritto che "all'improvviso mi ha colpito il pensiero delle qualità che ci vogliono per formare un uomo in grado di realizzazioni, soprattutto in letteratura, e che Shakespeare possedeva in così enorme quantità – intendo riferirmi alla *capacità negativa*, quella cioè di un uomo che possa essere preda di incertezze, misteri e dubbi, senza nessuna irritante ricerca di fatti e ragioni". È un'affermazione che descrive perfettamente il prerequisito dell'intimità. In questa, sentiamo connessione, animazione e creazione tramite *capacità negative*; in altre parole, evitando "l'irritabile ricerca di fatti e ragioni" restiamo disponibili alla connessione, all'animazione e alla creazione.

Nella sua momentanea consapevolezza intima, Larry si sente immediatamente più vicino a Liz, e quasi altrettanto subitaneamente avverte di essere più vicino esistenzialmente ad altri, e persino al suo passato e al suo futuro. Il suo sentimento di connessione allora lo vivifica. Larry è animato dalla consapevolezza che non è sua moglie a frustrarlo, ma che sono lui e lei insieme – il modo generale con cui lui e lei vivono nel mondo – a causare la frustrazione. Dalla connessione e dalla conseguente animazione deriva, ancora una volta quasi immediatamente, la sensazione di poter fare qualcosa in merito. Larry si sente pieno di forza e di energia, meno impotente. Si sente creativo. Da questa meravigliosa ancorché momentanea consapevolezza della sua connettibilità, e dall'animazione che la accompagna, emerge la certezza di essere capace di integrare senza attriti questa nuova esperienza nella sua vita. Larry sente di poter fare, nel suo rapporto con lei, qualcosa di nuovo e di diverso. Non più chiuso nel suo mondo definito in termini privati, ma ormai partecipe, grazie a questo momento in fin dei conti ordinario, del tempo e dello spazio unificati dalla natura di tutte le cose, Larry esperisce il suo *sé intimo*.

Connessione, animazione e creazione sono i doni dell'esperienza del *sé*, ciò che l'intimità produce. E ognuno di essi sembra precedere l'altro, quale che sia il primo a verificarsi: si sente la connettibilità e questa rianima, oppure ci si sente rianimati e immediatamente più connessi. L'animazione rende creativi, ovvero la sensazione di essere creativi fa sentire più connessi.

CONNETTIBILITÀ

Bevo latte per favorire la guarigione della frattura che mi sono procurato a un piede. Oppure, sono allergico al latte. Guardo un'oscura foresta e scrivo una poesia su di essa, oppure la dipingo in un quadro. Ma può anche capitarmi di guardare la foresta e sentirmi depresso.

La differenza consiste, per esempio, nella connessione che esperisco quando il latte che bevo rinforza l'osso sul quale cammino. Sono parte dell'universo naturale, organico, unico, che è coerente; sono parte del sole, della vitamina D e del camminare sulla terra. Sono connesso in modo positivo con il mondo animale e vegetale, con quello fisico e chimico, con la mia infanzia oltre che con la vecchiaia alla quale devo pervenire. Sono parte del *continuum* della realtà naturale. Tutte queste connessioni sono profondamente reali e intime. Il senso armonioso, in continuo fluttuare, della connessione con l'intero universo, può essere affatto inconscio, ma ciò non toglie che sia quanto mai reale, che dilati l'esistenza, che costituisca l'essenza dell'intimità.

È quel senso di connessione che il romanziere D. H. Lawrence ha celebrato in questo passo della sua *Apocalisse*: "Io sono parte del sole come il mio occhio è parte di me. Che sono parte della terra, i miei piedi lo sanno perfettamente, e il mio sangue è parte del mare. La mia anima sa che sono parte della razza umana, la mia anima è una parte organica della grande specie umana, così come il mio spirito è parte della mia nazione. Nel sé propriamente mio, io sono parte della mia famiglia."

Confrontiamo questo passo con la risposta di chi sia allergico al latte. Evidentemente, in questo caso sono vicino al latte, sono senza dubbio connesso al latte, ma si tratta di una singolare e idiosincrasica associazione, nella quale non c'è un fluire continuo. Non vengo introdotto nell'universo naturale, organico, degli infiniti legami. In effetti, anzi, la mia allergia può separarmi nettamente dal sole e rendermi più difficile camminare senza difficoltà su questa terra, e probabilmente essa mi separa un po' anche dal mio passato e dal mio futuro. È un'esperienza di disparità, quanto mai individualistica e isolante. Può darsi che la mia allergia sia il riflesso di uno stretto rapporto tra me e il latte, ma non è un rapporto intimo. Per insignificante che sia, la mia allergia mi esclude dalla globalità di tutte le cose.

Seppur meno concreta, la mia esperienza nell'oscura foresta che mi stimola a scrivere una poesia o a dipingere un quadro, produce questa stessa sensazione di fluttuante consapevolezza della mia intima connessione con l'intero universo. Il mio sentimento di appartenenza è psicologicamente ecologico. Conosco più cose sui monti, sugli oceani, sulle città, sulle stelle e perfino sui sistemi politici, quando scrivo quella poesia. Sono connesso, sono stato intimo. Al contrario, se la vista dell'oscura foresta mi fa sentire depresso, questa sensazione comporta per me un'esperienza assai idiosincrasica, individuale e separante. Non sono coinvolto nell'esperienza di appartenere all'intero universo. Mi sento, e sono, isolato. Non sono stimolato, ragion per cui non posso neppure essere energicamente creativo. Indubbiamente ho un rapporto di vicinanza con la foresta, sia esso negativamente simbolico o nostalgico (forse una volta mi sono sperduto in un'oscura foresta), ma non è un'esperienza intima. Non mi espando tramite la mia connessione con la foresta, ma anzi isolo me stesso. L'isolamento è a volte più confortevole o sicuro, ma non è accrescitivo. Al contrario, anzi, costituisce il nucleo dell'esperienza nevrotica.

Nathan è iscritto all'università della sua città natale. Viene nel nostro studio saltuariamente, quando è alle prese, come di tanto in tanto gli capita, con un'insoddisfazione di lunga durata nei confronti di se stesso. Riferisce delle difficoltà che incontra a convincere una ragazza a dargli un appuntamento, il suo senso di disagio quando si trova solo con lei, la difficoltà che incontra a riconoscere quanto avverte dopo l'appuntamento, e fa un elenco di altri ostacoli nei rapporti che lo rendono consapevole della mancanza, nella sua esistenza, di gioia relazionale. Ogni qualvolta ne abbia l'occasione, va tra i monti in tenda, oppure si reca in una delle isole lungo la costa per farsi delle lunghe camminate e dormire all'aperto sotto le stelle. Gli chiediamo perché lo faccia e risponde: "Per trovare me stesso." Crediamo che esprima una verità letterale, che non si tratti di una risposta metaforica. È la sua alienazione dal *sé* che gli impedisce di trovare il modo di essere gioiosamente se stesso nel rapporto. Ha raggiunto la consapevolezza di essere in grado di stabilire queste connessioni in un'intimità non umana. Le esperienze lo sostengono mentre continua a lottare per apprendere come fare ad averle anche con gli esseri umani. Può esperire e servirsi della sua intimità con l'oceano, i monti, le isole, per mutare, dal momento che l'intimità è universale e che ogni connettibilità è in fin dei conti la stessa. Ma l'esperienza è più intensa, e quindi più possente come fattore di cambiamento, quando siamo intimi con altri esseri umani. Nel suo romanzo *Howards End*, E. M. Forster scrive: "Solo se connessi, la belva e l'eremita, privati dell'isolamento che per entrambi è vita, moriranno". Cambiamo soltanto nella connessione, nell'intimità.

Il *sé intimo*, con la sua connettibilità, l'animazione e la creatività che lo accompagnano, non è solo una locuzione metaforica. Il *sé* si connette con il sole a produrre la vitamina D, e senza di essa noi saremmo innaturalmente deformi o non saremmo affatto. Respiriamo aria o moriamo. Fumiamo e inquiniamo l'aria, e così facendo scindiamo le nostre connessioni e mettiamo a repentaglio la nostra animazione in modi quanto mai concreti. Non sono metafore, bensì esperienze di vita reale, concrete connessioni chimiche e fisiche. E quanto reali siano anche le connessioni psicologiche e personali, per quello che ci è dato sapere dobbiamo ancora comprenderlo appieno. Persino a paragone con gli orrendi disastri che abbiamo provocato nell'ecologia fisica, chimica e biologica, il caos che immettiamo nella nostra ecologia psicologica, socioculturale e spirituale è ben più orripilante e ha conseguenze ancora più immediate: nel Vietnam è stata defogliata ben più che la vegetazione. L'incidenza delle piogge acide o della possibile estinzione delle balene, consiste proprio nella loro intima connessione con il decesso della famiglia, con la violenza sessuale perpetrata sui bambini, con il razzismo, con il rabbioso nazionalismo e con la guerra e la sua psicosi nucleare. È una spaventosa ecologia. L'inverno nucleare sarebbe freddo in tutte le accezioni dell'aggettivo. Con ogni evidenza, l'efficacia con cui affronteremo l'insalubrità del nostro ambiente fisico dipenderà in primo luogo dalla capacità che avremo di attualizzare la nostra connettibilità con altri esseri umani, con la comunità, oltre che con l'universo: l'universo non come esperito nelle esperienze astratte, bensì in quelle *concrete* come bere latte per favorire la guarigione di una frattura e addentrarsi in una foresta e scrivere una poesia. Non stiamo facendo del romanticismo. L'ecologia psicologica costituisce la nostra reale salvezza. La salute del *sé*, promanante dall'esperienza intima, con ogni probabilità determinerà, non soltanto la salubrità ambientale, ma anche la nostra sopravvivenza come specie.

Truman e Natalie si sono finalmente "sistemati" nel loro novennale matrimonio. Hanno instaurato molte delle *routines* esistenziali che le coppie creano dopo molti anni di vicinanza. Alcune di esse sono salubri: i due sono in grado di condividere i doveri finanziari, parentali e attinenti al sostentamento. Ma alcune di queste consuetudini bloccano l'intimità in un modo che può sembrare strano finché non ci si renda conto di quale sia in effetti l'oggetto della discordia. Per esempio, litigano di continuo a proposito dei fatti che lei fuma e lui rincasa tardi dal lavoro. L'affetto che nutrono l'uno per l'altro ci dice che il litigio ha un significato, anche se le sue cause immediate possono sembrare ridicole. Che cosa stanno facendo in realtà? Stanno lottando l'uno contro l'altro a proposito del *sé*, a proposito della mancanza di intimità che entrambi avvertono, ma di cui non riescono a parlare esplicitamente. Ciascuno dei due domanda che l'altro ami se stesso nella speranza che in tal modo l'altro diventi un *sé* inserito in un rapporto. Alla fine, entrambi dovranno imparare per *se stessi* come esperire l'intimità.

Abbiamo già detto che l'esperienza del *sé* nell'intimità ci connette psicologicamente, interpersonalmente e spiritualmente. In altre parole, universalmente. Le connessioni psicologiche risultano sia spaziali che temporali, ci provvedono di legami di enorme importanza con il nostro passato e il nostro futuro. L'*io* e il *me* nei loro stati di squilibrio e di fraintendimento dianzi descritti, operano nell'isolamento del presente, in una condizione di isolamento che costituisce la tragedia da cui derivano gli eccessi di quelle che potremmo chiamare le generazioni dell'*io* e del *me* degli ultimi decenni. Sia la generazione del *me* degli anni sessanta ("rifiuta le convenzioni e fai di testa tua"), sia la generazione dell'*io* degli anni ottanta ("mettiti in fila e fatti strada verso la cima") costituiscono soltanto gli ultimissimi esempi del tentativo di trovare "ciò che manca". Sia l'uno che l'altro errano nelle formulazioni delle risposte all'aspirazione interiore, perché rivelano una mancanza di esperienza del *sé*: una mancanza di connessione, sia con il passato che con il futuro. È senza dubbio necessaria la consapevolezza di tutt'e tre, simultaneamente, perché si raggiunga l'*equilibrio* nei rapporti con *noi stessi* e con gli *altri*. Il *sé* si rapporta al passato e al futuro pur ricavando le proprie energie dall'esperienza presente di intimità. Il *sé* esperito nell'intimità connette l'intera persona all'utero, alla nascita, agli antenati, alla memoria, alla vita familiare primaria, alla continua esperienza dell'esistenza, a rapporti stretti e costanti con amici, figli, genitori, amanti, coniugi, nonché con l'esperienza della notte precedente, compreso un sogno ricordato a metà. Il *sé* è connesso a tutte queste cose senza essere legato o imprigionato da nessuna di esse a patto che sia nutrito da un'intimità in progresso. Questa connessione del *sé* con il passato e il futuro può essere fonte di enorme nutrimento, aumentando la nostra "vitalità" nel presente.

È facile rendersi conto del nutrimento che traiamo dal passato, è facile constatare quanta importanza abbia il ricordo nel plasmare le nostre vite. Ma, se non sono trasformati dall'attuale presenza del *sé* nell'intimità, quei ricordi finiscono per deformarsi nel *me* e rischiano di distruggere le nostre vite. Si parla, per esempio, di una persona che vive nel ricordo di un amore perduto e che non riesce ad amare nell'*hinc et nunc*. Purtroppo, il ricordo costituisce spesso la preoccupazione di troppi psicoterapeuti contemporanei, persuasi che tutto sia focalizzato nel passato e che il presente abbia scarso interesse, per tacere del futuro. Terapeuti simili lasciano il *sé* fuori della loro terapia. Il *sé*, però, è l'elemento agglutinante del tempo. La prevista esperienza del domani può essere altrettanto vitalizzante del ricordo dell'esperienza dello ieri o del sogno della notte scorsa. Il *sé* comprende la connessione, la elabora. Il *sé* è un esperto in fatto di esperienza delle connessioni. Il *sé* è in grado di comprendere la morte come parte della vita, la separazione come parte del rapporto, il fallimento come parte del successo, la fine come parte dell'inizio. Il *sé* è all'opera quando sogniamo. L'*io* conosce soltanto la realtà immediata, non le sue fluttuanti connessioni con stelle di mare e astri. Il *me* conosce solo l'esperienza interna di un individuo. Di conseguenza, *io* e *me* sanno ben poco dell'importanza universale, paradossale, che la morte ha per la vita, il fallimento per il successo, la fine per l'inizio. Ma quando il *sé* è esperito nell'intimità, esso illumina l'*io* e il *me*. Grazie all'esperienza del *sé*, *io* è più consapevole e *me* più sensibile. Altrettanto vale per il contrario: quando *io* è più consapevole e *me* più sensibile, ecco che il *sé* può essere meglio connesso. L'equilibrio è essenziale, come in tutta quanta la natura. Avere un *io* consapevole, un *me* sensibile e un *sé* connesso è di importanza fondamentale ai fini della propria capacità di "essere nel mondo in buona fede", facoltà che dipende dalla nostra capacità di essere intimi.

Lila è in terapia da ventiquattro mesi, e gradatamente srotola il vasto arazzo che è andata tessendo durante gli anni della sua vita. Accettandola, dobbiamo accogliere anche la sua storia quale verità della sua esperienza: una vicenda da cui risulta chiarissimo che Lila vive nel proprio passato. I suoi amanti sono fantasmi; e attualmente non ce n'è nessuno. Al pari dell'avvocato del film *Amore tra le rovine*, noi possiamo trascorrere le nostre esistenze in rimembranze del passato. Pochi tra di noi sono talmente fortunati, che il libro delle loro storie abbia un lieto fine. Le chiediamo: "Lila, perché non esci e non conosci gente nuova, perché non ti diverti un po'? Non è necessario che tu sposi una di queste persone." La sua risposta è sempre la stessa: "Non mi sono ancora liberata di John (o di Bill, di Jack o di Joe). Devo ancora capire che cosa mi è accaduto, e non voglio rischiare altre ferite." Lila, per quanto perfettamente sana di mente, non vive nel mondo reale: vive in un mondo passato, definito dal *me*. E se non troviamo il modo di indurla a esperire se stessa, continuerà, al pari di Penelope, a tessere e disfare di continuo la stessa tela. Soltanto l'esperienza del *sé-intimo* può permetterle di cambiare, di rinnovarsi finché è in tempo.

Connettibilità spaziale

È più difficile descrivere la connettibilità spaziale che non quella temporale del *sé*, perché di rado riteniamo che le cose non materiali abbiano una spazialità. Si rammenti ciò che abbiamo detto a proposito degli *spazi* personali e condivisi e del *sé* quale unione spaziale dei due. Una buona metafora può essere la struttura di uno stagno. La superficie, il volume, le dimensioni, la maniera con cui le cose si riflettono nello stagno, sono gli aspetti dell'*io*; le onde che lo increspano e la chimica delle sue acque sono gli aspetti del *me*. L'essere dello stagno una parte del ciclo idrico della natura è il suo "*sé*". Spazialmente, lo spazio "conosce" tutte le sue componenti (gli *altri*) e tutte le sue intime connessioni (il *divenire*). Il *sé* è un'esperienza spazio-temporale. Spazio e tempo sono inseparabili nell'esperienza del *sé*, ed è così che esistiamo quando siamo intimi.

L'equilibrio tra *io*, *me* e *sé* è di importanza cruciale per una vita sana. Apprendere dove risieda lo squilibrio servirebbe assai meglio a illuminare quello che non va nelle persone di una qualsivoglia analisi esoterica, complicata e spesso debilitante, della dinamica dei loro sviluppi infantili. L'*io* è sano? Il *me* è sincero nelle sue introspezioni? Il *sé* è funzionante? Esperiamo le nostre connessioni? Sono domande assai più concrete che non il tanto ironizzato: "Amavi od odiavi tua madre?" E, cosa più importante, quali sono gli equilibri in queste esperienze? Sono quanto più *io* è possibile senza rendermi meno di ciò che il *me* è in realtà, e sono pienamente il mio *sé*? Le mie connessioni sono meno vitalizzanti del solito? Sono tutte in intimo equilibrio? Se l'equilibrio sussiste, se *io, me* e *sé* sono ugualmente presenti, vuol dire che si è al massimo delle proprie possibilità, che "si vive nel mondo in buona fede". Avere questa consapevolezza non ti dice *chi* sei, dal momento che ciascuno di noi è unico: ti dice soltanto che sei il massimo che puoi essere. Sono problematiche che possono sembrare esoteriche se descritte sulla carta, ma diventano estremamente reali nel momento in cui ci si trova di fronte a una persona in preda a terribili sofferenze emozionali.

Il sé in squilibrio

Sally è una donna di mezza età assai attraente. Dice che vorrebbe avere un'attività sessuale ma che non ci riesce perché l'uomo che ama non si decide a farlo. In altri termini, Sally vuole che lui la desideri più di quanto lei desideri essere il proprio *sé*, vuole che senta quel che lei sente o che faccia ciò che lei vorrebbe.

La figlia maggiore di Jack e di Anne è partita per il college quest'anno: è la prima volta che se ne va da casa. Anne è stata iperprotettiva con i figli. Dice a Jack di scrivere alla ragazza, Jack si arrabbia e finisce per reagire in malo modo: "Sai benissimo che dirmi di scriverle diminuisce le probabilità che io lo faccia." Anne ne è ferita e adirata, replica che lui "non capisce". Ribatte Jack: "Sai bene quel che provi quando gli uomini ti chiamano 'tesoro'. Anche se affermano di non essere maschilisti, sai perfettamente che mentono. Non rinuncerebbero per nessuna ragione al mondo a quest'ultima briciola di predominio." Lei capisce l'analogia e glielo dice, ed entrambi si rilassano e trascorrono una piacevole serata insieme.

Sono due esempi che illustrano ciò che intendiamo per squilibrio. Sally è un *sé* squilibrato. Il suo *me* è talmente schiacciante, che il suo *io* si è ridotto a essere quasi inesistente. C'è soltanto il suo desiderio interiore di essere desiderata. Rifiuta ogni consapevolezza o responsabilità in fatto di iniziativa nel suo rapporto con l'amante. Vuole essere desiderata da lui, vuole che sia lui ad assumersi la responsabilità del loro rapporto sessuale più di quanto non voglia sperimentare la propria sessualità. A causa di questo squilibrio, la sua esperienza del *sé* non può verificarsi. Jack e Annie invece sono riusciti a ricreare un equilibrio. Jack ha sufficiente investimento nella loro vicinanza per condividere se stesso, e Anne ne ha a sufficienza per ascoltare e capire. In tale equilibrio, tra loro, di *me* e *io* l'intimità si è momentaneamente verificata.

La chiave dell'equilibrio è il *sé*, che dipende dall'esperienza di essere intimi. Senza quest'esperienza, il *sé* si fa vuoto e di conseguenza svuota *me* e *io*. Gravemente sminuito in fatto di energia, l'*io* si separa dal *me* e comincia a prendere in considerazione solo l'ambiente che lo circonda. Il *me* funzionale va perduto: contiene troppo *io*. Il nevrotico incallito si interessa solo di ciò che accade attorno all'*io*, solo di ciò che gli altri pensano, e dice: "*Io* vivrò la mia vita a seconda delle risposte che mi daranno gli altri. *Io* sono una risposta esistenziale. Essere ciò che realmente sono mi è impossibile dal momento che come *io* sono dipende da come gli altri s'aspettano che io sia." L'*io* squilibrato può rivelarsi in forma isterica ("Ho bisogno di essere amato"), coattiva ("Devo assolutamente farlo"), di dipendenza ("Ho bisogno che ci si prenda cura di me"), ossessiva ("Penserò a qualcos'altro") o psicopatologica ("Non penserò né sentirò") in numerose nevrosi e turbe della personalità correnti.

Io eccessivo. Terry è un accompagnatore "perfetto". È sempre puntuale, non guarda mai altre donne, non beve mai troppo. Va ovunque voglia andare lei e fa qualsiasi cosa lei gli chieda di fare. Si sottopone a terapia perché non riesce a capire per quale motivo nessuna donna voglia uscire con lui due volte di seguito.

La persona *io*, priva dell'equilibrio del *me* e del *sé*, è il *nevrotico*. La sua malattia consiste nella mancanza di *me* e *sé*. I nevrotici hanno un eccesso di *io*, ma ciò non equivale a dire che siano troppo egocentrici; anzi, in realtà è vero il contrario. I nevrotici sono troppo interessati e preoccupati dell'*altro*, e l'*altro* può essere ciò che la società pensa, ciò che pensano i membri del loro circolo sportivo, ciò che il capo ha detto loro che gli sembrava importante, che siano al lavoro o in casa, che abbiano ventisei anni o quarantasei e si preoccupino di quel che ci si aspetta dal ventiseienne in contrasto al quarantaseienne, e che indossino i calzoncini da tennis o un elegante completo. Inoltre, la loro opinione in merito è spesso errata. Di conseguenza, quasi sempre si comportano come pensano che l'*altro* voglia che siano, solo per scoprire che si sono sbagliati. L'*altro* non apprezza affatto la loro tendenza all'adattamento; al contrario, di solito se ne disinteressa oppure assume un atteggiamento di ripulsa. Di conseguenza, la persona *io* si sente per lo più incompresa, non amata e confusa. La confusione, come accade a gran parte dei nevrotici, riguarda il motivo della loro dedizione a comportamenti concilianti e accomodanti, qualora questa non provochi risposte positive, o ne ottenga ben poche, da parte dell'*altro*. L'*altro*, sia che si tratti della società in generale o di singoli individui, continua a trattarli (tale è la loro impressione) in maniera crudele o perlomeno insensibile. Quale che sia il comportamento di cui vanno alla ricerca per accattivarsi l'*altro*, quasi sempre ottengono il risultato opposto. Terry si sforza di piacere senza mezzi termini, e finisce per non piacere affatto. Persone del genere sono sempre sorprese di essere sinceramente amate, di essere confermate quali *sé* nonostante i loro pseudo sé. Terry resterebbe sconvolto se una donna gli telefonasse: non saprebbe come *essere*. Per dirla con il filosofo Meister Eckhart (vissuto nel XIII secolo) in *Quaestiones de esse*: "Non devi sempre pensare tanto a ciò che dovresti fare, ma piuttosto a ciò che dovresti essere. Le nostre opere non ci nobilitano, ma siamo noi a dover nobilitare le nostre opere." La persona *io* non "nobilita" il *sé* mediante un'eccessiva preoccupazione per l'*altro*.

Il me eccessivo. Abbiamo testé descritto il *nevrotico*, la persona *io*, quella troppo preoccupata dell'*altro*. Com'è ovvio, una persona del genere ha bisogno di più *me*. Abbiamo definito prima il *me*, ma forse lo si comprenderà meglio se, come si è fatto con l'*io*, lo descriveremo nei suoi eccessi. Il *me* è consapevolezza della mia esperienza interiore. Quando io sono dentro il *me*, l'*altro* scompare: non ha importanza alcuna, predomina nettamente ciò che accade all'interno della mia persona. L'esperienza del *me* è totalmente personale, non sociale e non *altra*. L'eccesso del *me* è psicosi.

Byron ha fatto ritorno al reparto degenti interni. Entra ed esce dalla clinica di frequente. Un tempo, probabilmente era un ospite permanente di un vasto istituto psichiatrico di stato. Oggi, quando io (*Patrick*) arrivo, lo trovo accoccolato in un angolo, chino su certe piante. Sta parlando e ascoltando qualcuno, solo che non c'è nessuno. Mi avvicino, mi siedo accanto a lui, ma non appena lo faccio ecco che Byron si accoccola vieppiù, si serra a riccio. Lo invito a uscire da sé, a parlare con me, a toccare qualcosa di esterno, ma per il momento non è in grado di farlo. Insistendo, non faccio che minacciare vieppiù il suo già atroce mondo del *me*. Con pazienza, dolcezza e tempo (e spesso col ricorso a psicofarmaci), Byron gradatamente mostrerà più *io*. Comincerà a rispondere ad altri, al mondo intorno a lui, alle nostre cure. Il progresso sarà lento – dovremo continuare a mostrarci gentili e pazienti – ma almeno per qualche tempo tornerà a recuperare un certo equilibrio. Se, dopo aver lasciato il reparto, verrà in terapia per gli esterni (e qui va posto un grosso punto interrogativo), ciò su cui dovremo lavorare è il tentativo di impedirgli di ripiombare completamente nel suo *me*.

Un'esperienza continua e disordinata del *me* genera psicosi. L'*altro* è completamente "subordinato al" e "definito dal" *me*. Quando il *me* predomina nell'esperienza, persino la realtà di stelle o di sussurri appena uditi viene percepita, e frequentissimamamente erroneamente recepita, soltanto in modi conformi con l'esperienza *interna*. Siffatte false percezioni consone possono andare da sottili inclinazioni sociali a clamorose illusioni, e non è di nessun aiuto dire alla persona che nutra pregiudizi che non tutte le minoranze sono formate da lazzaroni, delinquenti o mantenuti dalla pubblica carità. Parimenti non serve dire allo psicotico paranoide che il suo vicino è davvero suo amico e non un agente comunista che intercetta le sue telefonate. I fatti che gli mettete sott'occhio non cambiano assolutamente nulla. Impossibile, ecco tutto, aggiungere l'esperienza dell'*io* a una persona con un *me* eccessivo, condividendo la vostra realtà, la vostra propria esperienza dell'*io*. Gran parte delle persone con un eccesso di *me*, com'è ovvio, non sono psicotiche: sono, semplicemente, individui con turbe caratteriali, e con ciò intendiamo dire che i loro modi di essere nel mondo sono determinati perlopiù dalla loro realtà interna.

Jack si sottopone a terapia perché gli insegnanti della scuola secondaria che frequenta hanno detto ai suoi genitori che lui ne ha bisogno. Non gli piace farlo, e generalmente non esita a renderlo evidente. Arrivano i suoi genitori, dicono: "Per noi sta bene. Ci basta che Jack venga un po' sistemato, e tutto andrà a gonfie vele." In altre parole: "Dategli un'aggiustatina." Ma che cosa ha bisogno di essere "aggiustato"? Perché gli insegnanti hanno affermato che Jack necessita di questo sostegno? Chiederlo a lui non ci porta a niente: "Io non ho nessun problema, semplicemente loro mi hanno sulle corna. Io non ho fatto proprio nulla." A scuola ci dicono che Jack non mostra empatia, simpatia o rispetto per i sentimenti di altri, e del resto il comportamento che ha tenuto a scuola per anni lo ha reso evidente. Jack si impossessa di oggetti altrui, fa il prepotente con i ragazzi più giovani, non sa partecipare alle attività di gruppo, non riesce a mantenere rapporti di amicizia. Vive di troppo *me*, e non riesce a superarlo. Come abbiamo detto in precedenza, i problemi del *me* sono più primitivi e più difficili da correggere e, a peggiorare il quadro, Jack non si rende neppure conto di aver bisogno di cambiamenti. Se la famiglia non affronterà la questione dei suoi rapporti con Jack, ci sarà ben poco che noi possiamo fare. Programmi come l'Outward Bound e simili possono a volte aiutare i Jack di questo mondo, favorendo l'inizio dei piccoli *ricollegamenti* con *altri*; in un primo momento, possono essere "altri" inanimati, come i monti o la foresta, ma possono estendersi fino a comprendere esseri umani.

L'equilibrio tra *io* e *me* è essenziale ai fini della salute mentale ed emozionale, del nostro "essere nel mondo in buona fede": un equilibrio che può venire ristabilito e mantenuto soltanto se vi si aggiunge l'esperienza del *sé*. Il *sé* fornisce un valido senso di connessione che a sua volta costituisce la base esperienziale del necessario equilibrio. Prendiamo per esempio una persona piena di pregiudizi razziali: un certo equilibrio si potrà instaurare se essa avrà un'esperienza intima con un individuo di un'altra razza. E quanto semplice un'esperienza del genere possa essere, io (*Thomas*) l'ho intuito mentre ero a New York per un congresso. In metropolitana, mi sono trovato seduto vicino a un nero all'incirca della mia età, intento a leggere un libro di uno dei miei autori preferiti. Ho cominciato a parlare con lui dell'importanza che le idee di quello scrittore avevano avuto per me. Nel rapporto con quello sconosciuto, ho fatto un'esperienza nella quale io ero *me*. Ero consapevole del *me* mentre *io* era consapevole di lui. È stata un'esperienza intima, un'esperienza del *sé*. Mi sono sentito in connessione, non soltanto con lui, ma con tutti gli altri "lui". L'esperienza del *sé* restituisce l'equilibrio all'*io* e al *me*. Potrà sembrare, questo, un aneddoto presuntuoso e borioso, ma l'esperienza non lo era di sicuro. È stato semplice, un incontro passeggero che ho dimenticato ben presto anche se, in un senso profondo, non l'ho scordato affatto, e che ha cambiato qualcosa in me. A essere significativo non è il fatto che un bianco con pregiudizi razziali, quando il nero gli si è seduto accanto, si sarebbe alzato e spostato altrove o che, se fosse rimasto al suo posto, non avrebbe rivolto la parola al nero; il semplice fatto che notasse, a livello interiore, che il nero stava leggendo uno dei suoi autori preferiti, sarebbe bastato a instaurare una connessione, una minuscola esperienza del *sé* che avrebbe avuto un effetto seppure a livello inconscio. Il bianco avrebbe compiuto un'associazione, e persino in quella microscopica intimità avrebbe stabilito maggiori connessioni con il mondo in cui vivono sia lui sia i neri l'unico mondo che effettivamente *esiste*. E cosí che agisce l'esperienza del *sé-intimita*, ed é qui che risiedono sia la sua bellezza che la sua importanza.

Abbiamo parlato di squilibri nell'esperienza dell'*io* e del *me*, e abbiamo cercato di descrivere brevemente le deformazioni personali che si verificano quando l'uno o l'altro predominano nella vita di qualcuno. Abbiamo fatto rilevare che l'esperienza equilibrante è quella intima. Si danno eccessi dell'esperienza del *sé*? Può verificarsi il caso di una persona troppo connessa, secondo le modalità delle connessioni intime che abbiamo descritto? Noi pensiamo di no. Certo è comunque che non l'abbiamo mai constatato in nessuno degli individui da noi sottoposti a terapia, forse perché l'esperienza del *sé-intimità* automaticamente e naturalmente incrementa l'esperienza dell'*io* e del *me*. Avere esperienze eccessive di *sé-intimità* equivarrebbe a possedere un eccesso di equilibrio ecologico o un eccesso di amore e comprensione. Se l'esperienza in questione è reale e autentica, non ci possono essere eccedenze, come non ce ne possono essere in fatto di giustizia o di bellezza.

ANIMAZIONE

Le esperienze del *sé-intimità* rafforzano le connessioni con il resto dell'universo, e in primo luogo quelle con altri esseri umani. Ma di per sé la connessione non completa il nostro "essere nel mondo in buona fede". Se essa non anima, si sarà semplicemente più consapevoli, ma non più vivi. Noi non riteniamo che la vitalità derivi dall'importanza che un'altra persona ha per te; siamo convinti che l'immediatezza del vostro sentimento di connessione e rapporto nei confronti di un bicchiere di plastica gettato in cui vi imbattiate per caso nel parcheggio di un autogrill possa essere altrettanto importante, dal punto di vista psicologico, della vostra esperienza intima con un'altra persona: entrambi possono portarvi all'esperienza del *sé*, alla consapevolezza della connettibilità, a rendervi conto che *io* e *me* vivono in un contesto più ampio delle sciocche, orgogliose idiosincrasie del nostro mondo particolare e individualistico. Ma questo naturale senso di connettibilità fa molto di più: ci colloca immediatamente nell'esperienza del *sé-intimità*, e così anima e conferisce vigore. L'essere parte del grande tutto ci ingrandisce.

Mel e Kristy hanno dei fine-settimana "magici", come essi stessi li definiscono. A turno, programmano gite a sorpresa. Ciascuno pianifica ciò che lui o lei vorrebbe fare, e il compito dell'altro consiste nel seguire e partecipare al divertimento del "capo". Questo assicura a ognuno di loro un'esperienza, consistente nel vedere l'altro in maniera diversa, nell'essere diversi dai loro soliti ruoli vicendevoli. Il "programma week-end" ha funzionato benissimo per quattro anni. Il mese scorso, Kristy ha pianificato una gita in montagna per andare a sciare, e l'annuncio che ne ha dato a Mel è stato esilarante, non soltanto perché mai prima erano andati a sciare, ma per il fatto che a Mel non era mai passato per la mente che Kristy amasse gli sport. Ora vede una nuova parte di lei, stabilisce una nuova connessione e questo gli dà vigore.

Per usare un termine oggi entrato nell'uso, l'esperienza dell'essere connessi *energizza* la persona. *Energia* è un termine che ha connotazioni fisiche e personali – effettivamente utile perché assai descrittivo –, ma noi preferiamo ricorrere a un termine più classico, *anima*. Essere più animato significa essere più vivificato, ed è quindi più spirituale. L'energia è spirito: animazione significa una maggior capacità di "essere nel mondo in buona fede". Quando le persone esperiscono la connettibilità del momento del *sé-intimità*, ecco che hanno subito a disposizione l'energia, l'animazione e lo spirito per essere diverse. Hanno l'energia che inerisce alla struttura dello spazio-tempo, sono divenute parte integrante di essa. Il male, secondo la definizione che ne dà il teologo H. A. Williams, è "disintegrazione, mancanza di sintesi". E la *disintegrazione* è la nostra separazione dalla struttura.

Che cosa intendiamo per divenire "diversi?" Essere diversi significa semplicemente che si è in grado di vincere l'inerzia; si esperisce la connessione, e pertanto ci si sente più energici ovvero animati. E l'energia in questione è allora disponibile per vincere l'inerzia. L'inerzia psicologica non è diversa dall'inerzia fisica: negli esseri umani c'è una concretissima e possente tendenza a continuare a pensare, sentire e agire come hanno sempre pensato, sentito e agito, e il loro attaccamento a quanto è familiare è tale da causarne, a volte, l'annullamento o addirittura la morte. Indagini sul funzionamento del nostro cervello suggeriscono che è all'opera una tendenza a preferire ciò che il cervello stesso già conosce: esso cerca informazioni a conferma di cognizioni precedenti. L'intimità è quanto ci dà modo di evadere da questo cerchio vizioso, di evitare il pericolo di mirare alla perfezione della familiarità.

La perfezione è attraente e quanto mai seducente. La morte, che è quasi sinonimo di identità e familiarità, sotto questo profilo appare affascinante. Come ha detto il poeta Paul Dunbar in *Compensation*: "Il Signore, nella sua infinita pietà, offre il beneficio della morte." Nella nostra prassi terapeutica, restiamo sempre sbalorditi dall'ingenuità di gran parte delle persone nei confronti della morte. Di rado questi individui sembrano avere consapevolezza dell'attrazione che la morte esercita su di essi; al pari di gran parte di noi, nutrono la credenza, fallace e ingannevole, che la morte debba essere evitata a ogni costo. Ma dietro questa copertura si cela anzi la nostra più spaventosa affinità con la morte. Riposo, pace e tranquillità, certezza, permanenza, prevedibilità e l'assoluta certezza di una continua perfezione, ecco gli allettamenti della morte. Vero è che, quando siamo morti, siamo perfettamente morti. La morte, in questo senso di perfezione, è incredibilmente attraente per noi tutti, e il fatto che la sua seduttività così di rado venga prematuramente attualizzata, rappresenta uno straordinario tributo all'animazione e alla vita.

Viene da noi una coppia di anziani. Ambedue hanno quasi settant'anni; hanno avuto una vita piena: quattro figli che sono diventati adulti e hanno fatto strada, e finora dieci nipoti. Ma da qualche anno a questa parte lui è malato, e alla fine è caduto in stato di depressione e il medico di famiglia lo ha indirizzato a noi. È un uomo tranquillo e appartato, che non parla molto. In compenso, lei è loquace e spigliata per entrambi. È lei che lo trascina e lo sprona. Dice: "Oh, non puoi gettare le armi proprio adesso. Non puoi startene semplicemente a giacere, non puoi abbandonare il gioco a metà."

Nell'anziano, la seduzione del decesso si fa manifesta, e bisogna occuparsene seriamente. È qualcosa che supera il semplice sentirsi stanchi: ha a che fare col desiderio di non dover più lottare, di accettare quella perfezione totale che identifichiamo con l'allettamento della morte. La donna di cui parliamo non ha intenzione di lasciare che il marito se ne vada senza combattere, ed è per questo che fa mostra di tanta animazione ed energia. E continuerà a tentare finché, realizzando un'intima connessione, non riuscirà a infondere nel marito energia e vitalità, e cesserà di farlo solo quando sentirà che il *sé* di lui è pronto alla dipartita.

CREATIVITÀ

L'animazione che sorge dall'esperienza della connettibilità è l'antitesi dell'inerzia psicologica. Ci induce a essere diversi. L'energia e lo spirito necessari per essere diversi sono frutto dell'esperienza del *sé-intimità*. La capacità di essere diversi ci consente di essere creativi, che è la terza conseguenza dell'esperienza del *sé-intimità*. Essere *creativi* significa semplicemente pensare, sentire o fare qualcosa che non abbiamo fatto prima. Ed essere connessi significa essere animati, ed essere animati equivale a essere creativi. Essere creativi vuol dire essere diversi, ed essere diversi vuol dire essere un *me* più sensibile, un *io* più consapevole e un *sé* più proprio. Più *me*, più *io*, più *sé* derivano da un aumento del senso di connettibilità, da un energizzante aumento dell'animazione e da un accrescimento della creatività. Questi specifici incrementi personali si verificano solo a patto che si sia intimi. È improbabile che io cambi i miei pregiudizi razziali o le mie paranoie semplicemente con l'esperienza introspettiva, meditativa, dei sentimenti interiori e dei pensieri. Altrettanto improbabile è che io muti questi pregiudizi e interessi grazie all'esperienza dell'essere vicino a un'altra persona, per quanto paradossale possa sembrare. È assai probabile, invece, che io muti gli uni e le altre se sono pienamente *me*, più consapevole del *me* che non dell'*altro*, ma pienamente consapevole del rapporto in cui *io* in pari tempo mi trovo. Da solo, la consapevolezza del *me* non basta a ottenerlo, come non basta la vicinanza dell'*io* a un altro. Soltanto la consapevolezza di *me* quando *io* sono vicino a un altro mi permette di cambiare.

C'è un altro modo di istituire il paragone tra vicinanza e intimità che può aiutarci a distinguere tra le due. L'*io* predomina nella vicinanza. Il *sé* prevale nell'intimità. Sia *io* che *sé* sono, com'è ovvio, relazionali. *Me* non è relazionale. *Me* è importante e vivificante, ma ha poco a che fare con i rapporti. L'esperienza dell'*io* è quella di un essere umano che conosce, sente, ode l'*altro*, allo scopo di modificare e modulare comportamento e interazione con l'*altro*, in tal modo elevando la propria esperienza. Prima, a questa vicinanza abbiamo dato il nome di rapporto *personale*. Si tratta di un rapporto in cui la personalità è presa sul serio, come del resto dovrebbe essere in tantissimi casi. Abbiamo bisogno di essere consapevoli e presenti l'uno all'altro. Il *me* dev'essere molto spesso subordinato al rapporto, e non dovrebbe essere diversamente. Abbiamo bisogno di ascoltare, sentire, conoscere e confermare altri, ed è questo che la vicinanza ci permette di fare: è la base della familiarità e uno dei pilastri gemelli del rapporto, l'altro essendo l'esperienza animata, creativa, nuova e diversa, l'intimità. La familiarità ci garantisce la sicurezza del rapporto, quella che ci permette la libertà di rischiare di essere creativamente insoliti. Entrambi i pilastri sono di importanza decisiva perché il rapporto cambi e cresca. E ancora una volta, come del resto accade per tutte le cose organiche, a meno che non si cambi e non cresca, morirà.

Gli Hamilton si sono sottoposti a terapia familiare dopo che alcuni loro figli adolescenti sono diventati tossicomani. Frank e Wendy, sposati da ventisette anni, hanno quattro figli, il maggiore di ventidue anni, l'ultimo di quattordici. I due figli mediani a quanto risulta si drogano già da qualche anno, fatto questo che per i genitori è stata una "totale sorpresa". E come si spiega, dal momento che "la famiglia è così unita, che c'è tanta confidenza tra ciascuno di noi?" E ancora: "Non li ho mai visti così." Oppure: "Non posso persuadermi che facciano cose simili." Nel corso delle sedute una cosa diviene chiara, quella che trova riflesso nelle loro prime affermazioni: la famiglia Hamilton è troppo compatta, i suoi componenti sono così vicini l'uno all'altro, da non essere stati capaci di cambiamenti e da non essersi resi conto della crescita degli altri, delle realtà nelle persone altrui. Sono vissuti insieme, ma non sono cresciuti insieme, perché non sono stati intimi assieme.

LA SESSUALITÀ COME PROTOTIPO DELL'INTIMITÀ

L'intimità dipende dalla mia capacità di esperire simultaneamente l'essere *me* e l'essere *io*: essere chi sono nel rapporto, sensitivamente consapevole dell'altra persona. Il prototipo di quest'esperienza, per strano che possa sembrare, è non già personale, bensì sessuale. Laddove il prototipo della vicinanza è l'esperienza personale (nella quale sono più consapevole dell'altra persona di quanto non lo sia di me stesso), nell'esperienza sessuale entrambe le persone sono assai più consapevoli di se stesse di quanto non lo siano dell'altro. La comunanza di intimità e sessualità non può sorprendere. Se qualcuno ti chiedesse del tuo rapporto con un uomo o una donna particolari, e se tu rispondessi che sei stato intimo con lui o con lei per anni, l'interrogante potrebbe supporre che hai avuto rapporti sessuali con quella persona. E questo perché? L'intimità, com'è ovvio, può essere genitale, ma la genitalità non fa parte della sua essenza. L'essenza dell'intimità è la consapevolezza che uno ha del proprio *sé* nell'immediata presenza di un'altra persona con la quale ha stretta relazione. Ed è una realtà profondamente sessuale.

Abbiamo avuto modo di constatare che definire l'intimità più sessuale che personale, a quanto sembra, turba la gente, mentre invece dovrebbe riuscire rassicurante. Un sesso esclusivamente fondato sul *me*, quasi certamente sarebbe masturbatorio; in questo, nulla di male, a parte il fatto che non è un *rapporto* sessuale.

Il sesso dell'*io* in cui sono più consapevole dell'*altro* di quanto lo sia dei miei stessi sentimenti e sensazioni, semplicemente non funziona. Gli manca la passione. Nulla mette con più certezza fine a una buona esperienza sessuale che la semplice domanda: "Ti senti proprio bene?" L'intimità permette la passione. Posso essere più consapevole di *me* quando *io* sono più sensibilmente conscio dell'altro. Il sesso impersonale manca di passione perché non è personale. Il sesso personale manca di passione perché non è sessuale. La sessualità intima è insieme personale e appassionata. Nei momenti che seguono al sesso intimo puoi esperire con la massima chiarezza la differenza tra vicinanza e intimità. Se il rapporto sessuale è stato intimo, se nel compierlo sei stato veramente consapevole di te stesso ma anche sensibilmente conscio dell'altro, ecco che subito dopo ti sentirai intensamente e amorevolmente vicino all'altra persona. La tua consapevolezza sgorga primariamente dalla tua stessa esperienza per approdare a un'acuta e bella consapevolezza dell'altra persona. La tua intimità ha incrementato la tua vicinanza. Il sentimento può essere solo momentaneo, e tuttavia viene avvertito. Ci si volta le spalle solo quando il sesso sia stato focalizzato sul *me* o sull'*io*. Il sesso intimo apporta un apprezzabile incremento alla vostra vicinanza. Sicché, quando sono vicino a te, io ti nutro. Quando sono intimo con te, io nutro il mio *sé*, e nutrire il mio *sé* significa semplicemente aumentare la mia capacità di essere appassionato con te. L'intimità mi dà modo di essere più *me* con te, e di conseguenza conferisce maggior profondità e ampiezza alla nostra vicinanza. L'aspetto sessuale e quello personale si intensificano a vicenda. Tra le coppie con cui abbiamo avuto a che fare nella situazione terapeutica, quelle che sembrano avvertire le differenze tra le esperienze del *me*, dell'*io* e del *sé*, sembrano essere le più soddisfatte e le più capaci di crescita. I loro componenti sembrano in grado di essere nel loro spazio personale (confortevolmente separati), capaci di essere nel loro spazio condiviso (confortevolmente vicini), e capaci di essere nel loro spazio personale entro lo spazio che condividono con altri (confortevolmente intimi). Ma, cosa forse ancora più importante, sembra abbiano sviluppato la capacità di passare, in maniera facile e fiduciosa, da un'esperienza all'altra, ed è sorprendente quanto difficile questo movimento sia invece per gran parte delle coppie. I componenti di una coppia rincasano dal lavoro dove sono stati nei loro spazi separati, e trovano frustrantemente arduo immettersi nello spazio che condividono. Se lo spazio condiviso lo trovano, incontrano altrettante difficoltà a passare a un'esperienza più appassionata, sessuale, intima, genitale o meno che sia. Se condividono la sessualità ma non sono sufficientemente intimi, avranno difficoltà a rientrare nella loro vicinanza. Si girano sul fianco, si voltano le spalle, tentano di reclamare i propri spazi separati, perlopiù senza riuscirci e provando un profondo imbarazzo. Quanto più soddisfacente sarebbe se potessero tornare a una vicinanza condivisa, con la tenera consapevolezza l'uno dell'altro che ne è parte integrante, prima di lasciare il rapporto per sprofondare nei rispettivi sogni.

L'esperienza sessuale intima e l'esperienza di vicinanza personale sembrano escludersi vicendevolmente. Non sono simultanee, ma si verificano in fasi diverse. Quando io ti sono vicino, faccio attenzione a te. Sono più consapevole di te di quanto lo sia di me stesso. Sono ben lieto di modificare la mia partecipazione personale a causa della mia sollecitudine e consapevolezza di te. Il mio punto focale non è la dipendenza, perché non è di mia scelta. Non cerco di piacerti perché tu ti prenda cura di me o sia sollecito (o sollecita) nei miei confronti. Sono vicino a te, intento (o intenta) a confermare, non semplicemente te, ma il nostro rapporto, a esprimere l'amore che nutro per te. In altri momenti sono più consapevole di me stesso (o me stessa) con te; la mia esperienza è di me stesso (o me stessa) con te. E allora sono più appassionato (o appassionata) e meno compassionevole. Questa passione è comunicativa e quanto mai contagiosa. Che io sia appassionato (o appassionata) non significa che non sono consapevole di te. Anzi, gran parte della passione proviene dalla mia consapevolezza di essere *me* con te. La mia accresciuta esperienza dei miei stessi sentimenti, dipende dalla tua accettazione del mio essere quale sono. E questa è intimità. Al contrario, essere appassionato quando sei solo nel tuo spazio può comportare una meravigliosa esperienza di fantasia, ma non ha carattere relazionale, non è intimità. La separatezza ha le sue bellezze, ma essa non genera connessioni.

4

LIBERTÀ PERSONALE
GRAZIA E ACCETTAZIONE

La mia anima può protendersi, quando si senta non vista, alle mete dell'Essere e della Grazia ideale.
Elizabeth Barrett Browning

Essere intimi è cosa che non avviene in maniera casuale e inattesa, soprattutto con persone alle quali siamo vicine. Come s'è già detto, è assai più probabile che accada, senza sforzo alcuno da parte nostra, con il benzinaio, con lo sconosciuto seduto accanto a noi sull'aereo, con la parrucchiera. Nei rapporti di vicinanza, essere intimi richiede fatica. Dobbiamo imparare, o forse reimparare, quel che dobbiamo fare perché l'intimità si verifichi, e per evitare di fare quelle cose che ne impediscono il verificarsi. "La disponibilità è tutto", affermava Shakespeare. L'intimità è un modo di essere, non di fare, per cui in essa non c'è un lavoro da compiere: il lavoro consiste nell'imparare come renderci disponibili a essa.

Noi partiamo dal presupposto che l'intimità è naturale: una dimensione della natura. Il neonato ha piena intimità con la madre, è completamente e appassionatamente se stesso nel rapporto con i genitori. I neonati non modificano la loro fame, la loro sofferenza o i loro disagi perché questi incidono sul padre o sulla madre, perlomeno non all'inizio. Molti bambini piccoli imparano fin troppo presto ad adeguarsi, ma i più fortunati usufruiscono di un lungo periodo di pura intimità, godendosi il vincolo, prima di cominciare ad apprendere la modificazione dei comportamenti che è essenziale al sano sviluppo del *me* e dell'*io*. L'originaria intimità, tuttavia, è naturale; l'incapacità di esperirla deve essere appresa. Coloro che hanno una più profonda esperienza di intimità nel periodo iniziale della vita, diventano adulti conservando una maggiore capacità di essere i propri *sé* intimi.

Quali sono le condizioni indispensabili all'esperienza intima, e come possiamo contribuire a farla diventare realtà anziché limitarci alla penosa attesa che si verifichi? Che cosa dobbiamo accuratamente evitare, nei nostri rapporti, per essere certi di non escluderci dall'essere intimi?

INTIMITÀ E PSICOTERAPIA

Se l'intimità è l'esperienza energizzante che facilita il cambiamento e la crescita nel rapporto personale, ne deriva che la psicoterapia dovrebbe essere un rapporto decisivo nell'ambito del quale apprendere le condizioni che favoriscono l'intimità. Scopo primario dello psicoterapeuta è di promuovere e coltivare l'esperienza dell'intimità nel paziente, aiutarlo cioè a essere se stesso (o se stessa) nel proprio spazio, con la massima consapevolezza di se stesso, mentre è in stretto rapporto con un altro (in altre parole, quando si trovi in uno spazio condiviso). Forse che l'esperienza nevrotica o psicotica non consiste, per dirla con la massima semplicità, nella parziale o totale incapacità di una persona di essere se stesso/a in presenza di *altri*? Il compito dello psicoterapeuta consiste, nella stragrande maggioranza dei casi, nell'aiutare i pazienti a sviluppare la capacità di essere intimi. Prendiamo, per esempio, la persona nevroticamente dipendente che sia straordinariamente capace di vicinanza, ma incapace di essere se stessa. Questi può essere magari un vero virtuoso di psicologia quanto ad adeguamento dei propri sentimenti e comportamenti a quelli che avverte essere i bisogni dell'altra persona, ma ben poco sa di ciò che egli stesso è. Lo scopo dell'intimità, in qualsiasi rapporto che coinvolga un *altro* importante, si tratti di un amante, di un coniuge, di un figlio, di un genitore o di un terapeuta, consiste nel dar modo all'*altro* di diventare un *sé* pienamente tale e nel permettergli di esperire il proprio *sé* in maniera creativa, energizzante, accrescitiva. Il caso contrario, la persona intima che abbia bisogno di apprendere la vicinanza, si verifica assai più di rado nella situazione terapeutica, ma l'obiettivo di divenire un *sé* pienamente tale permane lo stesso.

All'inizio della carriera professionale, ci sono occorsi alcuni anni per individuare la condizione primaria dell'intimità. Sapevamo di avere avuto un buon *training* e di possedere discrete conoscenze sulla psicopatologia, e individuavamo, secondo noi con esattezza, ciò che era carente nelle persone con cui avevamo a che fare. Eravamo anche a conoscenza di che cosa avevano bisogno per ovviare alle loro difficoltà. E così, facevamo quel che era ovvio: le aiutavamo a comprendere quel che c'era di sbagliato, e cercavamo di coadiuvarle ad apprendere quello che occorreva che facessero e in che senso bisognava che cambiassero per vivere più pienamente ed essere più gioiose. Nessuno cambiava realmente. Ci si provavano, ma in realtà non mutavano come persone se non temporaneamente, artificiosamente. Molti, purtroppo, alla fine ricorrevano al metodo consistente nel cambiare il loro ambiente – attività professionale, luogo di residenza, religione, persino coniuge o amante – ma *essi stessi* non cambiavano. Ridotti alla disperazione, gradatamente abbiamo cominciato a distaccarci dalla psicoterapia vera e propria, che mira a facilitare lo sviluppo del *sé* nel rapporto, dedicandoci sempre più spesso al *counseling*, in altre parole a identificare i bisogni del *me* e a insegnare all'*io* come soddisfarli meglio ("Andrà maggiormente d'accordo con il suo amante, coniuge, amico o capo se si comporterà così e così..."). Dovevamo pur fare qualcosa per sentire di meritarci le nostre parcelle. Erano tecniche che effettivamente aiutavano la gente a cavarsela meglio, ad adeguarsi in modo più proficuo alle rispettive situazioni, ad andare più d'accordo con gli amici; ma le persone, *esse stesse*, non cambiavano.

Dopo qualche anno, eravamo sempre più delusi di questi risultati e sempre più meravigliati della mancanza di veri cambiamenti. A nostro giudizio, la consulenza non produce veri cambiamenti nelle persone: comporta cambiamenti comportamentali (la consulenza antialcolica degli Alcolisti Anonimi aiuta le persone a smettere di bere, il *career counseling* [consulenza alla carriera] coadiuva le persone a formulare decisioni migliori, il *counseling* di gruppo facilita le persone ad andare più d'accordo tra loro), e molte di queste prassi sono utilissime, addirittura salvano vite. Gran parte dei metodi relativi sono essenzialmente didattici, e pertanto tattici. Il tuo *io* diviene più brillante; impari di più perché hai migliori istruttori. Ma quel che non è cambiato, è la tua capacità creativa di apprendere dalla *tua propria* esperienza, e questo cambiamento si verifica soltanto quando ci sia un'esperienza del *sé* incrementata e di continuo crescente, cosa che equivale semplicemente a una più abbondante, nutriente esperienza della tua connettibilità con l'intero, ricco mondo che ti circonda, con paesaggi o stelle, amanti o amici. Alla fine ci è sembrato che il cambiamento personale di una natura capace di progressiva crescita, il quale non dipendeva dall'insegnamento di un altro, non poteva venire prodotto per via cognitiva o razionale. Che cosa dunque mancava?

Della pratica di me (*Thomas*) fa parte la supervisione di un certo numero di psicoterapeuti più giovani, e un giorno stavo ascoltando uno di loro che mi parlava di un paziente adolescente in gravi difficoltà. Era incerto sulla maniera più efficace per intervenire e aiutarlo, e all'improvviso mi disse: "In realtà, non ho bisogno di discuterne ancora con lei. So esattamente quello che il ragazzo deve fare." Memore della mia delusione, replicai: "Penso che anche i suoi genitori sappiano esattamente quel che il ragazzo dovrebbe fare." Non lo dissi in tono sarcastico: sapevo che ciò che, secondo quel terapeuta, il "ragazzo" avrebbe dovuto fare era, razionalmente, esattamente quello che il "ragazzo" aveva effettivamente bisogno di fare, ma non era questo il punto. Quel che i suoi genitori ritenevano che dovesse fare era probabilmente proprio ciò che lui non sentiva il bisogno di fare; ma ancora una volta non era questo il punto. Qualcuno – il terapeuta, se i genitori non provvedevano – doveva fare in modo che il "ragazzo" si sapesse oggetto di amore e di sollecitudine semplicemente *così com'era*. Qualcuno doveva dirgli che non occorreva che fosse diverso o migliore per essere oggetto di amore e di sollecitudine; ma non gliel'avevano detto né i genitori né il terapeuta il quale in effetti continuava a ripetere al giovane paziente: "Se fossi diverso da come sei, anch'io ti stimerei e ti vorrei più bene." Per quanto la sua prescrizione circa il modo secondo cui il "ragazzo" doveva essere differente fosse più salubre, era pur sempre una prescrizione, e perciò negava al "ragazzo" il prerequisito essenziale della crescita: l'accettazione di lui qual era, nonostante quelle che ambedue riconoscevano come le sue inadeguatezze e mancanze. Sono certo che il giovane terapeuta era mosso dalle migliori intenzioni e pieno di sollecitudine per il "ragazzo". Voleva che questi diventasse "più", e cercava per lui il modo adatto per farlo. *Ma se tu non mi fai oggetto di sollecitudine e di amore così come sono, io non posso procedere oltre.* Sono impantanato. A essere coinvolta è la mia stessa esistenza. Se non sono degno di amore quale sono, non sarò mai degno di amore, e se non sono degno di amore così come sono, non ci sarà *niente* da migliorare. Se io miglioro e tu mi ami di più perché sono cambiato allo scopo di soddisfare le tue aspettative ed esigenze, quando mai potrò essere intimamente del tutto a mio agio, non più pieno di ansia riguardo alle tue aspettative ed esigenze del mio cambiamento? Divento uno yo-yo emozionale, legato al tuo spago. Come rivela Eliza Doolittle in *Pigmalione*, l'amore condizionale non lo si avverte affatto come amore: si ha la sensazione di studiare in vista di esami.

Quando io (*Patrick*) ero agli esordi della mia pratica psichiatrica, avrei voluto che le persone venissero da me una o due volte e poi non si facessero più vedere, senza che riuscissi a capire il perché. Sapevo di essere una persona abbastanza gentile e responsabile e di aver avuto un *training* adeguato. In che cosa sbagliavo, dunque? Mi ci sono voluti una lunga lotta con me stesso e l'aiuto di terapeuti più anziani, che lavoravano nella mia stessa clinica, perché riuscissi a comprendere che il mio "dover aiutare" i pazienti, il mio "volere che se la cavassero meglio", il mio "aiutarli a cambiare le cose", era esperito da essi come una non accettazione di loro da parte mia. E in un certo senso avevano perfettamente ragione. Ero gentile, ero vicino, ma ero concentrato sull'obiettivo di "migliorarli" e incapace di essere di vera utilità finché non fossi in grado di accettarli così com'erano. Mi ci è voluto un certo tempo per imparare a farlo. Ed è assai più difficile di quanto non sembri a dirlo.

Per le persone è di importanza vitale e fondamentale essere accettate quali sono, senza "se" e "ma", senza condizioni. Ecco chi sono io, con le mie confusioni, i miei difetti, ma pur sempre io. Puoi farmi oggetto di sollecitudine? Non ti chiedo di approvarmi o di essere d'accordo con me, non credo di essere nel giusto, ma provi sollecitudine per me? E devi anzi permettermi di essere quale sono, nella misura in cui provi sollecitudine per me quale sono. Puoi intrometterti, gridare, sentirti turbato, arrabbiato, scaricarmi addosso una tonnellata di consigli, a patto che tu sia davvero sollecito. Non si tratta di permissivismo, il quale non è accettazione, ma semmai esattamente l'opposto. Il permissivismo ("Non mi preoccupo di dove siano i miei figli adolescenti, sono abbastanza adulti per aver cura di se stessi e penso che abbiano il diritto di fare ciò che vogliono"), contiene in effetti un nocciolo di indifferenza. La libertà di essere *sé*, è questo il permesso che occorre, non già un'eccessiva libertà di comportamento. Il primo è l'essenza della sollecitudine; la seconda è semplicemente la rinuncia al "prendersi cura di". Un pregnante esempio di un'accettazione del genere lo si ha nella lotta che deve sostenere, nel film *La scuola della violenza*, l'insegnante impersonato da Sidney Poitier, per accettare, nella sua classe, anche le "inaccettabili cause perse" come manifestazione della sua disciplinata sollecitudine. L'accettazione del *sé* può assumere forme molto impegnative.

Mi accetti tu quale parte di noi, oppure sono un estraneo, un alieno? C'era una ragione assai concreta, se gli psichiatri in origine venivano chiamati *alienisti*. Alieno è ciò che la persona si sente quando comprende di non essere accettata. L'accettazione ha radici nell'umano esistere quale parte dell'universo, come un fiore, un albero, un fiume, uno stagno. Non vale prendere a calci una quercia né fingere, desiderare o augurarsi che sia un pino, per cambiarne la natura. Noi siamo ciò che siamo al livello della massima connessione, e come tali dobbiamo essere accettati. Non essere accettati ci impedisce di esistere a quel fondamentale livello e non ci dà un luogo in cui essere. L'alieno, cioè una persona che non si sente accettata per quello che è, non può cambiare dal momento che non può esistere nel mondo reale, il mondo in cui il cambiamento è possibile. La profonda importanza di essere amato e fatto oggetto di sollecitudine per quello che realmente sono, per quanto fonte di angustia il mio essere in quel modo possa essere per te, io non sono in grado di cambiarlo. *Io* e *me* non possono esistere nel mondo reale quali *sé*. Accettami quale sono, e forse potrò essere diverso. Dammi la sensazione che tu non mi accetti, che non puoi accettarmi quale sono, e io non sarò in grado di essere diverso. La tua mancanza di accettazione convalida la mia inerzia autodistruttiva e provocatoria, il mio restare semplicemente *io* e *me*. Io, quella accettazione non la avverto, quindi distruggerò me stesso con te. Se intendi amarmi soltanto se sono diverso da come sono, vuol dire che non mi ami. Se effettivamente posso cambiare e divenire qualsiasi cosa tu voglia che io sia perché tu mi ami, ecco che il mio amore per te è un bisogno dipendente, non un amore libero. Un bisogno dipendente è, nel migliore dei casi, un amore pieno di risentimenti, e pertanto non realmente amore. Resterò come sono, in atteggiamento di sfida, nella speranza che tu ti decida ad accettarmi quale sono, e nel frattempo provando risentimento nei tuoi confronti per la tua non accettazione. Il nostro rapporto non ha futuro: siamo condannati al mio risentimento senza fine nei tuoi confronti. Non posso essere diverso, non posso cambiare, perché cambiare significherebbe rinunciare al rispetto per me stesso, al mio diritto di essere me stesso. Accettami, anche se non ti piaccio come sono, e io potrò crescere, essere diverso, addivenire con te a un rapporto migliore. Altrimenti, siamo perduti in una palude di non accettazione.

Bill e Marie, che tentano di decidere in quale direzione deve procedere il loro rapporto, si sottopongono a terapia di coppia. E quando nel corso delle sedute finiscono in un vicolo cieco, si presentano ciascuno per conto suo: è il loro modo di rivelare la barriera che avvertono. E in questi casi, ciascuno dei due sovente ed esplicitamente afferma: "Io non cedo." Oppure: "Io non cambio semplicemente perché lei vuole che io cambi." O anche: "So di essere testarda, ma lui non ha mosso un dito." Indurli a "essere ragionevoli" non cambierebbe i loro sentimenti. L'accettazione non è un concetto intellettuale e non è la stessa cosa dell'intuizione empatica.

Un banale esempio del ruolo fondamentale dell'accettazione in seno al rapporto, è dato dall'alcolista e dal suo *altro*. Nelson è stato per anni un alcolista. Sua moglie, Dot, lo ha convinto a sottoporsi a terapia, e con quest'aiuto, come pure grazie agli Alcolisti Anonimi, finalmente Nelson perviene a una fase di sobrietà che dura abbastanza perché la vita diventi sopportabile per entrambi. Adesso stanno bene insieme; Nelson è divenuto ciò che ha sempre desiderato essere, uno che non beve. Eccoci in seduta, e Dot se ne esce a dire, con tono del tutto amorevole, almeno in apparenza: "Nelson è un uomo tanto amabile, davvero meraviglioso, *adesso che è sobrio*. La nostra vita è assai diversa, migliore di com'era negli anni *delle sue sbronze*. Adesso posso davvero essergli vicina, e lui è un padre assai migliore ora che *non beve più*." Nelson se ne sta zitto, e a quanto sembra nient'affatto compiaciuto di tutte queste lodi. Notiamo che comincia a umettarsi le labbra con la lingua. La moglie non è consapevole di ciò che si sta verificando, ma noi sappiamo che lui ha deciso di prendersi una sbronza – non intenzionalmente, ma anzi quasi con riluttanza, come se non avesse altra scelta. E infatti, a un certo livello, Nelson sente di non avere scelta. È facile chiamarla dipendenza, ma è un termine che non rende piena giustizia a ciò che accade in realtà. Bersi qualcosa, anzi prendersi una "ciucca", agli occhi di Nelson è diventato, per quanto possa apparire una triste autosconfitta, un modo di affermare il proprio diritto a essere se stesso. In realtà, egli afferma il suo diritto a "non essere se stesso", ma le due cose ai suoi occhi sono divenute tutt'uno. Al pari di molte persone con problemi di sovrappeso, di fumo o dedite ad altre pratiche nocive, l'alcolista finisce per confondere il proprio diritto a *evitare* di essere un *sé* con il diritto di esserlo. Ne consegue che molto spesso gli alcolisti si trovano di fronte a un dilemma, presi come sono tra l'incudine, il movente del loro bere – vale a dire, l'erronea persuasione di affermare il loro diritto a essere se stessi (cosa che, se si trattasse davvero del loro diritto a essere se stessi, sarebbe indubbiamente una buona cosa per cui combattere, a qualunque costo) – e il martello, il concretissimo fatto che il modo con cui combattono per questo, il loro diritto a sbronzarsi di continuo, è terribilmente autodistruttivo e pericoloso per altri.

La capacità di vera accettazione ha del miracoloso. Può far sì che cose che per anni sono rimaste immobili cambino da un istante all'altro. La maggior parte degli esseri umani gode di scarse accettazioni quotidiane nel proprio lavoro, durante le ore libere, nell'ambiente domestico. Di solito non siamo mai pienamente consapevoli di questi piccoli "miracoli", ma senza di essi saremmo ancor più lontani dal nostro *sé* intimo. In terapia, l'accettazione deve aver luogo perché un qualsivoglia cambiamento si verifichi. Uno dei motivi per cui gli Alcolisti Anonimi e le comunità per tossicodipendenti possono aiutare le persone a cambiare il loro comportamento, è che nelle loro sedi le persone si sentono accettate, e l'accettazione è tanto più importante in quelle situazioni perché le persone drogate o alcolizzate non sono in grado di essere se stesse, per cui non possono partecipare al processo intimo e pertanto non è loro possibile davvero cambiare in *se stesse*.

Durante i molti anni che io (*Thomas*) ho trascorso nel tentativo di persuadere alcolisti a smettere di bere, ho assistito ad alcuni "miracoli" del tutto inintenzionali; si direbbe anzi che non si possa proprio volerli: possiamo imparare a permettere che si verifichino, ma non siamo in grado di programmarli né di produrli a richiesta. Anzi, tentare di far sì che accadano costituisce quasi una garanzia di fallimento. L'accettazione appare non razionale e non volitiva.

Avevo in terapia un alcolista che molto spesso arrivava sbronzo alle sedute, cosa che, com'è ovvio, costituiva una perdita di tempo per ambedue. Alla fine gli ho detto che non gli avrei più rivolto la parola finché fosse stato brillo. E, come è facile immaginare, la seduta dopo questi si è presentato pesantemente sbronzo. Gli ho ricordato che non avevo intenzione di rimanere ad ascoltarlo quando era in quelle condizioni, e lui ha fatto l'atto di andarsene, ma io l'ho fermato e gli ho proposto di distendersi sul divano e di farsi una dormitina di un'ora. Lui si è disteso, e immediatamente è piombato nel sonno. Siccome la giornata era fredda, l'ho coperto con il mio cappotto. Mi sono messo a leggere nella poltrona accanto al divano, poi dopo un'ora l'ho svegliato. Lui mi ha guardato ed è scoppiato in lacrime. Non ci siamo detti niente, e lui se ne è andato. Da quel momento è stato sobrio, sono ormai trascorsi quindici anni ed è diventato una persona di tutto rispetto, come essere umano, marito, padre e poi nonno, e come scrittore. Come si verificano trasformazioni del genere? Perché quell'individuo è cambiato mentre altri non lo fanno?

Per dirla nel linguaggio dell'etica giudaico-cristiana (ma anche altri – Confucio, Buddha e Gandhi – hanno assunto la stessa posizione) dobbiamo amare il peccatore pur condannando il peccato. Essere capaci di farlo significa essere capaci di reale intimità. Pochissime sono le persone in grado di farlo di continuo e costantemente; la stragrande maggioranza di noi lo fa solo a volte. Quando noi facciamo capire ai partner degli alcolisti che il vero problema è se possono o no amare l'altro quando è sbronzo, siamo perfettamente consapevoli di chiedere loro di essere più "divini" di quanto non siano di solito gli esseri umani. La grazia, l'amore per gli altri indipendentemente dal loro comportamento, è un attributo di Dio; non ce lo aspettiamo dagli umani. Ciononostante, se non abbiamo grazia nei nostri rapporti personali, non c'è intimità, e senza intimità non c'è infusione di energia, crescita, cambiamento. Possiamo non essere capaci di Grazia (con la G maiuscola), ma possiamo essere pieni di grazia con la g minuscola. La grazia intima viene con lo *spiritus* e trascende il sistema. La grazia divina si manifesta nel trascendentalismo di tutte le religioni. Dio trascende comportamenti, tendenza a dare giudizi, bisogni. Lo stesso vale per la natura come Dio, per l'universo come Dio, per lo spirito universale come Dio. L'attributo *divino* è la capacità di trascendere; negli umani, questo attributo è la capacità di accettare. L'accettazione è l'equivalente umano della grazia divina. Come la grazia è l'essenza della bellezza e dell'amore di Dio, così l'accettazione è l'essenza della bellezza e della capacità di amore dell'umanità. "Amare per essere amati è umano, ma amare per l'amore è angelico", ha scritto in *Graziella* il filosofo Alphonse de Lamartine. Nell'accettazione, si comincia ad amare in nome dell'amore.

È facile credersi una persona disposta ad accettare, persuasione che purtroppo può rivelarsi assai ingannevole. L'accettazione non è né una decisione né un atteggiamento. L'accettazione è un lavoro psicologico duro, continuo. È qualcosa con cui si deve lottare senza posa in ogni rapporto stretto e in parte la difficoltà consiste nel fatto che l'accettazione tanto spesso viene esperita quale valore sociale. Gilbert Keith Chesterton, il creatore di Padre Brown, aveva probabilmente ragione laddove sosteneva che l'umanitario è una persona che ama l'umanità ma odia il suo vicino di casa: affermazione che possiamo mettere a confronto con quella di Jonathan Swift, il quale asseriva di odiare l'umanità (le manifestazioni sistemiche dell'uomo) ma di amare il singolo; è una posizione più vicina all'accettazione quale concetto significativo. L'accettazione come la stiamo descrivendo non è un atteggiamento sociale, bensì un'esperienza immediata, delimitata e concretissima. In quanto tale, essa è avvertita dalla persona che è accettata, non come tolleranza, acquiescenza o perdono ("Adesso che è finita, ricominciamo da questo punto"), ma come qualcosa di assai più positivo. Quando si è commesso un errore o una sciocchezza, è certamente di aiuto sentire che si è capiti, che si è perdonati, che anche tu, al pari di tutti noi, sei semplicemente umano e che sì, ebbene sì, hai commesso un errore. Comprensione e perdono sono effettivamente d'aiuto, ma non sono accettazione. Tollerare non è tutt'uno con accettare. L'acquiescenza non è accettazione. Il sentimento di trovarsi tutti insieme nella stessa barca, non è accettazione. Tolleranza, comprensione, acquiescenza e condiviso senso di appartenenza sono tutte stupende esperienze sociali, ma l'accettazione è un'esperienza personale. Quando ci sentiamo accettati anche se disapprovati, non ci sentiamo tollerati: ci sentiamo amati. Gran parte di noi durante gran parte delle nostre esistenze tenta di guadagnarsi amore. Siamo buoni, solleciti, sensibili, abbiamo successo, e pertanto dovremmo essere amati; sentiamo di esserci meritati quell'amore. Ma, ancora una volta, forse non ce lo siamo meritato affatto. Un amore del genere può essere concesso misericordiosamente ma, dal momento che siamo stati "buoni", ecco che c'è una scomoda incertezza, non sappiamo se sia stata proprio la bontà a portare l'amore. Nell'accettazione, non c'è nessuna inquieta incertezza. Sappiamo che, almeno agli occhi dell'altra persona, abbiamo agito in maniera errata, ma che nonostante ciò siamo amati anche nel nostro errore. Un amore del genere è un'affermazione positiva, emozionale ed esperienziale della nostra persona. Se io ti piaccio e tu mi ami, ti sono vicino. Se io non ti piaccio, e tu mi ami lo stesso, sono intimo con te. L'accettazione, in questo senso, è una condizione fondamentale dell'intimità.

L'accettazione non ha nulla a che fare con il giudizio. Dove c'è accettazione non c'è meglio o peggio, più sano o più malato, maturo o immaturo. L'accettazione ha a che fare con differenze senza giudizio. Tu sei diverso da me, ma io ti esperisco né migliore né peggiore di quanto io sia, semplicemente diverso da me. E questa differenza non ci separa. La stessa qualità dell'accettazione vale anche per le esperienze non interpersonali. Sei in grado di accettare la malerba al pari del fiore, la mosca al pari dell'ape? E, cosa forse ancor più importante, ne vedi la comunanza, non solo l'una con l'altra, ma anche con te? Se permettiamo alla differenza di separarci, perdiamo l'intimità.

Ciascuno di noi esprime in maniera diversa il proprio amore. Il tuo puoi esprimerlo sentendoti eccitato (o eccitata) quando sono con te. Io posso esprimere il mio amore preparando i piatti che so che ti piacciono. E devo comprendere che si tratta di manifestazioni intercambiabili. Non mi ami di più quando sei da me eccitato (o eccitata) di quanto io ami te cucinando per te scaloppine di vitello. In ambedue i casi si tratta di amore, dal momento che ciascuno è una maniera individuale di esprimere la propria sollecitudine per l'altro. L'amore non è minore per il fatto di essere espresso in modo diverso. Gran parte delle difficoltà nei rapporti derivano da queste differenze in fatto di espressione dell'amore. Ciascuno di noi tende a identificare come espressioni di *amore* quelle che sono simili alle sue. Io posso esprimere il mio amore, a causa di ciò che sono, con la massima immediatezza godendo di te, toccandoti, sentendomi meravigliosamente spensierato con te, o semplicemente per il fatto che sono contento di sederti accanto senza parlare. E tu puoi esprimere un sentimento d'amore altrettanto profondo facendomi un regalo, cucinando le scaloppine, lavorando di più per garantirci una maggiore indipendenza economica, o semplicemente riparando il rubinetto guasto. Sono, com'è ovvio, maniere nettamente diverse di amare, ma l'una non è meno espressione d'amore dell'altra. Nell'esperienza concreta, spesso questo non ci appare evidente. La persona che siede accanto al partner gioiosamente silenzioso può non avere il sentimento di quella presenza come espressione d'amore. L'altro, intento a osservare un coniuge o amante che ripara il rubinetto, può non rendersi conto che l'atto è un'espressione d'amore. Entrambi infatti possono completamente fraintendere tali espressioni, vederle, non già quale amore, bensì quale distacco. È di importanza fondamentale rendersi conto che le persone amano in maniera diversa, ma che possono amare con la stessa profondità. Com'è ovvio, non è detto che sia proprio così, ma *può* esserlo, e solo se siamo intimi saremo in grado di dirlo. È ciò che il poeta Shelley ha scritto in *Prometheus Unbound* ("Prometeo liberato"): "Gli atti familiari sono resi belli dall'amore." Senza intimità, la familiarità si impadronisce di noi, e non ci rendiamo più conto dell'amore di *altri*.

Se siamo nel giusto a proposito della diade intima (sul fatto cioè che gran parte di noi a quanto sembra sceglie di condividere la propria esistenza con i propri opposti od ombre, che in altre parole ci accoppiamo obbedendo all'esperienza), ne deriva che questa tendenza alla cecità nei confronti di altri modi di esprimere l'amore diviene ancor più importante. Noi siamo indotti a vedere *altri* come più amorosi se il loro amore essi lo esprimono come *noi* lo esprimiamo, dal momento che le loro *espressioni* di amore sono allora più prontamente identificate da noi come tali. Le espressioni diverse di coloro che sono nostri opposti saranno dunque assai più difficili da identificare come espressioni di amore, e spesso verranno fraintese quali manifestazioni di freddezza o distacco: un malinteso molto triste, e che purtroppo è anche assai comune.

Il fisico Niels Bohr a suo tempo ha fatto, a proposito della scienza, un'affermazione assai pregnante che si applica perfettamente a quanto stiamo dicendo: "L'opposto di un'enunciazione corretta è un'enunciazione errata. Ma l'opposto di una profonda verità può essere un'altra profonda verità." L'opposto di una certa espressione di amore può essere benissimo un'altra espressione d'amore.

AMORE E SIMPATIA

Tra amare e provare simpatia per qualcuno esiste una differenza cospicua, troppo spesso nascosta e trascurata quale semplice distinzione di intensità o profondità di sentimenti: "ti amo" significa che io sono più profondamente coinvolto con te che non rispetto al fatto che "tu mi piaci". "Tu mi piaci" significa che mi interesso molto a te ma non "ti amo". Non c'è continuità tra amore e simpatia: dalla simpatia non si è spinti ad amare; né dall'amore si arretra alla simpatia. Sono esperienze differentissime. Abbiamo avuto a che fare, nella situazione terapeutica, con molte coppie dove ciascuno dei componenti amava profondamente l'altro senza tuttavia provare per esso simpatia. E abbiamo visto coppie, per quanto meno frequentemente, in cui uno dei due trovava simpatico l'altro, ma non lo amava. Laddove accade che i componenti della coppia si amino ma non si piacciano, il rapporto è penoso ma anche aperto alla speranza; quando si piacciono ma non si amano, il rapporto è più felice ma assai meno dischiuso alla speranza.

Se trovi simpatico qualcuno, significa che a te piacciono i modi con cui quella persona ti ama. Ha a che fare con la lotta che la gente affronta a proposito di diversi modi che abbiamo di esprimere il nostro amore vicendevole. Spesso proviamo antipatia per persone che ci amano o che possono amarci. Non ci piace il modo in cui ci amano, anche se possiamo avvertire subito di essere amati.

A molti riesce difficile credere che qualcuno possa non provar piacere dall'essere amato, soprattutto quando capita che la persona in questione si senta davvero amata; ma in realtà, come s'è già detto, questo si verifica con molta frequenza. Alcuni di noi esprimono il proprio amore con la massima pienezza mediante il contatto fisico, oppure mediante parole senza soggezione né costrutto, gioiose, strampalate. O anche con fasi di tranquillo silenzio, di confortevole presenza accanto all'altro. Altri esprimono il proprio amore nella sua massima pienezza con atti di sollecitudine e attenzione, come preparare cibi buoni e sani per coloro che si amano o accudirli quando sono malati fisicamente o moralmente anche se si mostrano irascibili e petulanti, oppure nel caso in cui hanno bisogno di un particolare documento per completare la loro denuncia dei redditi, e sappiamo dove si trova e glielo portiamo. Ciascuno può essere un modo di amare. E diciamo "può essere" perché gli stessi comportamenti – toccamenti, chiacchiere divertenti, starsene in silenzio accanto a un altro, cucinare, curare malattie – possono essere tutti comportamenti al servizio di altri moventi, come per esempio tentativi di accattivarsi l'altro, atti di dipendenza, modalità di adeguamento o semplicemente abitudini. "Vicinanza insalubre" potrebbe essere una designazione più appropriata di "amore" per moventi del genere. Per la stragrande maggioranza di noi, il problema è che la mancanza di intimità ci lascia prigionieri dell'illusione che l'amore possa essere espresso soltanto quale noi lo esprimiamo, ma nulla potrebbe essere più remoto dalla verità. Gli esseri umani amano in una *molteplicità* di modi, e ciascuno di noi deve imparare che gli altri possono amare in maniera diversa ma non meno profonda. Tuttavia, dalla nostra esperienza di rapporti con pazienti ci sembra di poter concludere che è assai difficile, per gli esseri umani, accettare altri modi di amare quali altrettanto reali e autentici di quelli a loro cari.

Una coppia viene da noi per la prima seduta terapeutica. Dopo essere rimasti per qualche tempo ad ascoltare le descrizioni delle loro dispute e battibecchi, chiediamo a lei quali sono i suoi veri sentimenti nei confronti di lui, e lei esprime l'amore che prova per lui con parole bellissime. E allora lui, con genuina sorpresa: "Ma allora mi ami davvero e provi sollecitudine per me." Nel rapporto non si sentiva affatto oggetto di simpatia, pur riuscendo a comprendere d'essere amato, e soltanto in quel momento si è reso conto che le due cose non erano tutt'uno.

Nei nostri diversi modi di amare, può capitarci di "sentirci grosso modo amati" dagli altri, ma di esserne per lo più scontenti. Vorremmo che l'altro potesse o volesse amarci come noi facciamo, che potesse o volesse esprimere l'amore come noi lo facciamo. Il nostro desiderio ha a che fare con la simpatia. L'altra persona ci piace quando esprime il suo amore come noi esprimiamo il nostro, e questo in realtà nulla ha a che fare con l'amore, ma solo con i modi con cui l'amore è *espresso* e *condiviso*. Ha a che fare con la tendenza imprigionante e insidiosa degli esseri umani a provare simpatia per persone che sono simili a loro, sebbene quasi sempre si accoppino con persone molto diverse. Se i nostri partner ci amano nei loro modi diversi dai nostri, noi sappiamo, sì, di essere amati, ma siamo un pochino irritati. Questa vicinanza malsana è fonte di enorme confusione nei nostri rapporti, e può finire per distruggerli. L'unica esperienza che permette all'amore di entrambe le persone di essere ciò che è, diventa così l'intimità-accettazione. Come il teologo Jacob Needleman dice in *A Sense of the Cosmos*, possiamo "pervenire all'amore... che ci aiuta a comprendere la verità riguardo a noi stessi e alle nostre possibilità". I due componenti la coppia possono trovare entrambi la verità di *se stessi* nell'intimità.

Il vero amore ci immerge in un sentimento che ci permette, e forse addirittura esige, di essere ogni cosa che si è in quel momento in quanto esseri umani. Quando siamo amati al massimo senza aver fatto niente per meritarcelo, siamo noi stessi quanto più non potremmo esserlo. L'amore è un sentimento che creativamente e insistentemente facilita e rafforza il nostro "essere nel mondo in buona fede", e l'esserlo pienamente. E quest'amore è fatto di accettazione-intimità e di vicinanza combinate insieme.

La "simpatia" ha poco a che vedere con l'*altro*. È un sentimento che proviamo entro i confini della *me-ità*. È altruistico nel senso che, quando proviamo simpatia, siamo avulsi dalla nostra connessione con l'*altro*. "Simpatia" è la misura in cui godo dei tuoi modi di amarmi, soprattutto se mi ami nei modi in cui io amo te. Se il tuo amore tu lo esprimi in modi differenti e strani, posso sentirmi vagamente amato, ma non proverò simpatia per te. È un costante paradosso dei rapporti quello di sentirsi amati ma non oggetto di simpatia, oppure amanti ma non simpatizzanti. È una situazione assai confusa che abbiamo sott'occhio di continuo nei nostri studi. È lo squilibrio, la mancanza dell'esperienza intima, a consegnarci a questo paradosso. Se non sei il tuo intimo *sé*, non puoi accettare *altri* quali sono, accettare il loro amore come esso in effetti è.

Non provare simpatia per qualcuno che amiamo, non sentirci oggetto di simpatia da parte di qualcuno che avvertiamo che ci ama, è fonte di grande dolore, oltre che di confusione, nella nostra esperienza di vicinanza. Quando siamo vicini siamo molto più consapevoli dell'*altro* che non nell'esperienza intima. Nella vicinanza siamo assai più sensibili alle espressioni d'amore dell'*altro*, per cui siamo maggiormente pronti a provare simpatia o antipatia. L'intimità trascende la simpatia o l'antipatia, e noi esperiamo il nostro proprio essere quando siamo con l'*altro*. Nell'intimità è come se esperissimo l'amore fin nel suo senso più primitivo, senza preoccuparci di come esso viene espresso. *Sappiamo* di essere amati e non ci curiamo del come. La forza dell'accettazione rende possibile la nostra piena, incontrollata e appassionata esperienza di noi stessi, e questa è possibile a causa della "spensierata" accettazione di noi *da parte dell'altro amante*.

Metasentimenti

L'accettazione è una precondizione fondamentale dell'intimità, il nucleo dell'esperienza intima. Nell'accettazione, tu ami qualcuno che esprime l'amore in maniera diversa da come lo fai tu, e non è certo un'impresa psicologica di poco rilievo. Per realizzarla, devi fare qualcosa alquanto fuori del comune: devi trascendere i tuoi modi di amare. Devi amare senza pregiudizi personali, psicologici o "amorosi". Ami come il tuo *sé* anziché il tuo *io* o il tuo *me*.

Nell'accettazione ti rendi conto della comunanza dell'umanità, una percezione assai ben descritta da Hyemeyohsts Storm in *Seven Arrows* ("Sette dardi"):

> Ogni uomo, donna o bambino sulla Terra
> è un vivente fuoco di forza e colore.
> Le forze di cui io parlo qui sono
> freddo, caldo, luce e tenebra.
> Esse sono un fuoco vivente e rotante,
> una ruota di medicina. E i colori
> provenienti da questa ruota vivente di
> fuoco possono essere visti da tutti
> gli umani. E ognuno può apprendere da essi.
> È semplicissimo vedere i colori della medicina.
> Ogni uomo, donna e persino un bambino
> può vedere questi colori.

Come puoi sapere se accetti davvero altre persone, se esperisci la tua comunanza con esse? Com'è ovvio, te lo possono dire col semplice essere se stesse, ed è questo che intendevamo facendo notare, in precedenza, che ti puoi sbagliare riguardo all'essere amante ma di rado, e forse mai, ti capita di errare circa l'essere sanamente amato. Ma, a parte la risposta dell'altro, come puoi sapere, a livello soggettivo, se sei sulla strada giusta? Non c'è un modo sicuro, dal momento che è più facile illudere noi stessi riguardo all'accettazione che nel caso di ogni nostro altro sentimento, ma ci sono alcuni segnali indicatori. Nella stragrande maggioranza dei casi, l'accettazione, come si è detto dianzi, viene confusa con altri quattro sentimenti: tolleranza, acquiescenza, comprensione e sentimento di appartenenza. Di tanto in tanto, ci capita di confondere l'accettazione con il perdono. Come abbiamo già detto, sono tutti sentimenti umani buoni e utili, ma non sono l'accettazione. Ciascuno di essi è una diversa esperienza soggettiva, sia per il tollerante che per il tollerato, per colui che è acquiescente e colui che è accettato; per colui che comprende e per quello che è compreso, per colui che empatizza e per quello che avverte l'empatia. I metasentimenti sono assai diversi in ciascuna di tali esperienze. I metasentimenti sono stati soggettivi importantissimi, diversi dai nostri sentimenti primari. Questi sono sentimenti di gioia, entusiasmo, ira, sessualità, curiosità, paura eccetera – sentimenti innati in noi. I metasentimenti sono sentimenti che proviamo in risposta alla nostra esperienza di questi sentimenti primari. Sono sentimenti riguardo ai nostri sentimenti. I più comuni tra loro sono colpa, considerazione per gli altri, imbarazzo, timidezza, modestia, educazione, ostilità, e migliaia di altre emozioni finemente modulate che proviamo quando non siamo semplicemente chi e ciò che siamo. Ti puoi sentire in colpa per la tua giustificata collera; puoi mostrarti educato con un individuo sgarbato; puoi provare imbarazzo per i tuoi naturali desideri sessuali. I metasentimenti sono sentimenti appresi. Sono un aspetto della vicinanza, del sistema, e possono essere sia salubri che malsani.

Nella nostra esperienza, l'accettazione non è accompagnata da metasentimenti. Non ti senti neppure buono, e tanto meno nobile e virtuoso. Ti senti semplicemente accettante. Al contrario, quando sei tollerante è probabile che tu avverta almeno una particola di "bontà", orgoglio o virtuosità. La tolleranza accresce l'io; ti senti un tantino meglio della persona che tolleri. È uno stato d'animo che ha le caratteristiche del *noblesse oblige* il quale, com'è ovvio, è collegato alla consapevolezza della nostra nobiltà. L'acquiescenza, vale a dire l'adeguarsi a qualcuno, è parimenti accompagnata da importanti metasentimenti: di solito si prova un vago risentimento nei confronti dell'altro e altrettanto spesso a questa si accompagna la sensazione di essere stato men che onesto, e fors'anche l'impressione di avere sminuito o addirittura tradito i tuoi stessi valori. A colorare l'esperienza interviene anche una sottesa pietà.

Il sentimento di "comprendere" qualcuno, di solito è accompagnato da un senso di spassionato distacco e da una certa vaga condiscendenza, perlopiù non voluta consciamente. Non è freddezza ma non è neppure calore; è molto spesso qualcosa che potrebbe definirsi considerazione ed educazione verso l'altro. Qualcosa si interpone tra me e l'altro, qualcosa che non c'è quando sento accettazione. Quando l'accettazione è presente, lo spazio tra noi è limpido, non rannuvolato né nebbioso. Il vedere e l'udire, e tutti i sensi esperienziali sono acuti, precisi, lucidi e immuni da errori.

Assai comune, ma di rado riconosciuta come tale, è la confusione tra accettazione e appartenenza; essa si riduce quando il sentimento di appartenenza lo si descriva, in termini pratici, come il sentimento di "essere insieme in questo" o di "essere entrambi umani e fragili" oppure di "essere coinvolti in questo rapporto da lungo tempo, e questo è semplicemente uno dei momenti negativi di cui tu sei la causa ma anch'io molto spesso me ne sono reso colpevole". È ancora il sentimento di "appartenere l'uno all'altro nel bene e nel male". Disperazione e gratitudine sono perlopiù i metasentimenti che si accompagnano al senso di appartenenza.

La differenza tra accettazione e perdono è più difficile da descrivere, ma a nostro giudizio è probabilmente la più importante di tutte. Quando ti perdono, sono consapevole del tuo peccato. Quando ti accetto, non lo sono. Entrambi siamo amanti, ma l'accettazione sembra conferirti poteri, laddove il perdono sembra tenerti in seno alla famiglia. L'accettazione ti eleva; il perdono ti lascia dove sei. Il perdono ha una qualità temporale che l'accettazione non possiede. Il perdono è redentivo; l'accettazione è celebrativa e risuscitante. La vicinanza è redentiva e temporale; l'intimità è celebrativa, risuscitante e atemporale. Per vivere, dobbiamo averle entrambe; insieme, formano la matrice dell'amore.

5

LIMITAZIONE PERSONALE
PREGIUDICALISMO E GIUDICALISMO

Chiudo gli occhi per vedere.
Paul Gauguin

Vi è mai capitato di arrivare a casa, cosa che avete fatto certamente molte volte, uscire dall'auto e "vedere" davvero l'uscio o la quercia che cresce lì accanto o il vialetto d'accesso vicino al quale cresce? E vi è mai capitato di chiedervi perché prima non avevate mai notato che quella sfumatura di verderame fa sì che gli ottoni dell'uscio appaiano più robusti e meglio fissati, o che il solito vialetto vi comunica, per un istante, il sentimento della dolce forza della vostra famiglia? Avete mai esperito quel sentimento particolare, unico, che provate quando vedete *davvero* qualcosa e avvertite l'immediatezza, la profondità, la struttura, la permanenza, l'unicità del solito ambiente familiare? Per dirla con Milan Kundera, la verità risiede nei particolari, nel modo in cui è stata ridipinta l'asse dilavata dalle intemperie, nelle caratteristiche che rendono le cose vive e reali ai nostri occhi, anche se di rado ci capita di essere consapevoli di queste qualità.

Ancor più importante è la differenza che si verifica dentro di te quando "vedi" a questo modo: vedi in maniera diversa la porta ma, ciò che ancor più conta, esperisci te stesso in maniera differente – più il tuo *sé*, o perlomeno un *sé* diverso e spesso con un sentimento di te fresco, nuovo, rivitalizzante. Anche se dura solo pochi istanti, il tuo modo di sentire cessa di essere quello solito, allorché le cose le vedi come se fosse la prima volta, perché è davvero un'esperienza diversa, un'esperienza *intima*. Questo è "essere nel mondo in buona fede", "essere intimamente connesso con il tuo mondo", e in quest'intimità vedi l'*altro* come realmente è e vedi te stesso, per quell'istante, quale realmente sei.

Momenti del genere, gli umani li hanno troppo raramente. Se si interroga qualcuno in merito a esperienze simili, ci si sente rispondere: "Sì, le ho avute", oppure, "Stavo benissimo", "Mi è piaciuta, e vorrei sentirmi a quel modo più spesso", "Mi sentivo tanto più vivo", "Una volta ho avuto quest'esperienza, e ne ho parlato a mia moglie e ai miei figli. Non era che cercassi qualcosa o che volessi sottrarmi a qualcosa. Ho avuto davvero qualcosa. Ero interessato. E anche loro erano più interessanti. Ignoravo perché, e a dire il vero non me ne sono curato. Mi sentivo fresco, sveglio, più vivo, più connesso."

Le persone ricordano questi momenti; non li hanno vissuti molto spesso, però certamente in maniera memorabile; almeno per qualche istante, ne sono stati cambiati e rinnovati. Sostanzialmente, la loro risposta a chi li interroga suona: "Mi è piaciuto, ma non so da dove sia venuto né dove e perché se ne sia andato. Mi piacerebbe riprovarlo, ma penso che dirlo sia sciocco, perché sembrava provenire dal nulla." Li senti parlare, e tu stesso provi una sorta di brama, nostalgica e disperata, di avere più esperienze del genere. In pari tempo, è probabile che ti senta leggermente triste, un tantino disperato, anzi, con un sentimento di nostalgica disperazione. Tutto quello che puoi fare è aspettare che ti accada, e può darsi che questo non succeda mai più. Ma quella disperata brama può avere influenza decisiva sull'esistenza e sulle relazioni, mettere fine a carriere, distruggere matrimoni, imprimere un nuovo corso alla vita.

Lo stimolo verso questa brama, verso questo desiderio di "vedere" in un modo che ci rende più vivi e freschi dentro di noi, nell'esempio precedente era semplicemente una consapevolezza superficiale, visiva, di un particolare ambiente. Abbiamo "visto" la porta d'ingresso, e per un istante ci siamo soffermati a riflettere sul fatto che gli ottoni erano messi in risalto dalla sfumatura di verderame. È stata un'esperienza assolutamente transitoria e nient'affatto profonda, ma la sua risonanza non è stata certo superficiale e forse neppure transeunte. Ricordandola, probabilmente torneremo a esperire quella stessa sera le differenze intervenute nel nostro rapporto con il coniuge, il figlio, l'amante, e con la massima profondità rivivremo la differenza nel nostro modo di sentire il nostro stesso *sé*.

Come si legge in *Alla ricerca del tempo perduto* di Marcel Proust, gli odori possono essere sottilmente penetranti. L'aroma delle *madeleines* che cuociono nel forno una domenica mattina, all'improvviso riporta indietro di venticinque anni, non soltanto nella memoria, ma anche nell'esperienza concreta. Senti l'odore del tuo sudore, e rieccoti nella piccola palestra del liceo, all'età di quindici anni, e non sai se sei abbastanza alto per entrare a far parte della squadra, e tuttavia continui ad allenarti con gli altri. Anche i suoni hanno lo stesso effetto. Un mattino ti alzi un po' prima del solito, mentre tutti gli altri sono ancora addormentati, esci di casa a piedi nudi e odi un uccello cantare. Alzi gli occhi, lo vedi tra i rami dell'albero, ed eccoti di ritorno in un mondo giovanile, in un mondo infantile, non semplicemente ricordandolo ma una volta ancora avvertendo una vibrazione personale che avevi dimenticato che fosse pur sempre parte di te. Anche il sapore e il tatto producono gli stessi effetti. Il movimento fisico provoca ancora più sottili e profondi rinascite di esperienze passate. Io (*Thomas*) di recente mi sono trovato a camminare lungo un marciapiede in lieve pendenza, e a ogni passo avevo l'impressione di diventare più alto. Decenne, provavo quella stessa sensazione mentre andavo a scuola: crescevo al punto da poter vedere tutt'attorno a me per miglia e miglia, e da adulto per un momento mi sono ritrovato in quel medesimo meraviglioso spazio dove ero stato da ragazzo. In momenti come questi, ci rendiamo conto di quanto lontani dalla nostra "natura" tendono a essere perlopiù i nostri spiriti; e quegli attimi non sono un nevrotico attaccamento al passato o un insano vivere in un altro tempo, ma al contrario brevi ricollegamenti all'interezza del nostro *sé*, un'esperienza diretta della nostra vera realtà.

Queste momentanee, rivelatrici e vivificanti riprese di contatto con ciò che è stato concretamente reale nella nostra esperienza personale, con la nostra "natura" connessa alla "natura" dell'*altro*, riescono ancora più sorprendenti se ci liberiamo delle lenti attraverso le quali abbiamo imparato a guardare la *gente*. Come s'è già detto, la connessione da singolo a singolo essere umano è per noi la più profonda, trattandosi della *nostra* metafora. Una sera guardi tua figlia: all'improvviso, istantaneamente e chiaramente, eccola più adulta, più alta, persino leggermente estranea. Tu *la* vedi. Sei privo dei tuoi occhiali tradizionali, per cui lei ti appare una persona diversa. O forse, più esattamente, si dovrebbe dire che in quel momento, solo in quel momento, tua figlia è una *persona*, non semplicemente tua figlia.

Prigionieri della conoscenza

Perché questa sensazione la esperiamo così di rado? E perché quando ci capita ci lascia sbalorditi? A nostro giudizio, se ciò avviene è perché siamo troppo prigionieri della "conoscenza". Noi "conosciamo" nei nostri spazi personali e condivisi secondo modalità estremamente familiari e tradizionali. E se siamo incapaci di allargare quella familiarità e di trascendere quella tradizione, riusciamo a "conoscere" soltanto in maniera nevrotica, vale a dire in maniera limitata e predeterminata. Se le nostre figlie riusciamo a vederle soltanto come nostre figlie, ci troviamo a essere nevroticamente confinati in quel particolare rapporto con esse, non abbiamo cognizione della nuova verità, della loro realtà quali quattordicenni per così dire "nuove di zecca", quali persone reali, curiose, intente a esplorare il mondo, con esigenze sessuali. Le conosciamo solo come le conoscevamo in precedenza, familiari e immutabili, e ci aggrappiamo a una nevrotica vicinanza per non rischiare di perderle. O, peggio ancora, le vediamo in maniera psicotica, *soltanto* nel nostro spazio personale: quali le definiamo in base ai nostri desideri e motivazioni, secondo il bisogno che ne abbiamo. E restiamo persino senza la decenza correttiva della vicinanza nevrotica, nella quale perlomeno siamo consapevoli *di esse* secondo la nostra storia, ancorché incapaci di renderci conto di chi siano oggi.

GIUDICALISMO E PREGIUDICALISMO

La "conoscenza" nevrotica, quella cristallizzazione mentale che proviene dal portare sempre gli stessi occhiali, è cosa che tocca l'essenza di una delle nostre problematiche fondamentali: come possiamo essere noi stessi quando siamo in rapporto con un'altra persona oppure con il mondo circostante o con le memorie dei nostri sensi? Come possiamo essere in rapporto con qualcosa, da un granello di polvere al nostro sempiterno amore, senza prendere seriamente in considerazione l'esperienza nella prospettiva della nostra personale partecipazione a essa? Perché trascorriamo così poco tempo a sentire, indagare e conoscere le nostre stesse esperienze, a essere i nostri *sé reali*, pur essendo in diretto rapporto con ciò che effettivamente vediamo? La sfumatura verderame sugli ottoni, l'odore delle patate, gli uccellini che cantano, il camminare per la strada sentendosi un gigante e persino le nostre figlie, molto spesso ci sembrano al di là della portata dei nostri "*sé normali*". Le sensazioni, la nostra reale connessione con l'ambiente circostante possono riportarci quei momenti del nostro essere il nostro *sé reale*, e questa consapevolezza la avvertiamo con estrema forza. La "conoscenza" nevrotica dev'essere altrettanto possente per riuscire a bloccare i nostri *sé intimi*.

Che cosa significa conoscere? Può significare qualcosa di assolutamente superficiale, per esempio che abbiamo notato l'uccello che cantava, che abbiamo semplicemente *riconosciuto* la realtà di qualcosa. "So che è così, l'ho registrato nella mente e nella memoria, posso confermarlo." "Sapevo che era così e potrei descriverlo." In queste affermazioni, sono implicite due diverse esperienze, quella di percepire con i nostri sensi e quella di essere certi di averlo fatto. Entrambe sono conoscenza, ma forme di conoscenza molto diverse. L'enunciato della frase "So che tu non mi trovi simpatico" (in altre parole, "Ti esperisco come uno che non mi apprezza molto") non è tutt'uno con il sapere che "tu mi odii", non soltanto in questo particolare momento, ma adesso e in molte altre esperienze passate, sulla scorta delle quali so per certo che "tu mi odii."

Ma la differenza è ancor più complessa. Posso dire "So che tu mi odii" e sottintendere che non soltanto sperimento il tuo odio, ma che lo comprendo e che so perché ce l'hai tanto con me. Conoscere qualcosa implica che sono in possesso di informazioni particolarissime, segrete e private, che nessun altro possiede. Io so, cioè possiedo conoscenze riservate esclusivamente a me. "Io so" può implicare intelligenza, privatezza, disponibilità di informazioni precedenti, superiorità o riflessione. In senso biblico, poi, la conoscenza può significare un rapporto sessuale.

E allora, che cosa vogliamo dire affermando che "conoscere" blocca l'intimità, ostacola la diretta esperienza del *sé* nella realtà? Il *conoscere* in questione, con ogni probabilità implica l'intera gamma delle connotazioni di cui sopra; reca nel suo significato ogni impronta della propria evoluzione, ogni sfumatura di mutevole importanza. Perlomeno l'inconscio deve esserne al corrente, visto che ha radunato quest'evoluzione di significati, e ciò perché l'inconscio registra la reale storia umana, mentre la cultura si sforza di sfuggire a quella realtà naturale. La bellezza dell'inconscio consiste in ciò, che non soltanto si fa beffe della nostra alterigia culturale, ma insiste anche a rammentarci la nostra storia reale. Gli archetipi di Jung trascendono i confini culturali. L'impulso al *sé* non è culturalmente definito. Come dice lo stesso Jung in *Psicologia e alchimia*, "la mente conscia si presta a essere addestrata come un pappagallo, non però la mente inconscia. È per questo che Sant'Agostino ringraziava Dio di non renderlo responsabile dei suoi sogni".

La "conoscenza" nevrotica, tuttavia, include ben altro che non le impronte naturali dell'origine della parola: contiene anche la nostra lotta per la sicurezza. Siffatta "conoscenza" ha due componenti fondamentali: in quanto "già nota", è pregiudicalismo, cioè equivale alle lenti che abbiamo sempre sul naso; in quanto "conoscere", è giudicalismo, cioè incarna la cristallizzata certezza che la nostra propria "maniera di vedere" è l'*unico* modo di farlo.

E dunque, che cosa intendo dire quando affermo: "So che ce l'hai con me"? Significa forse che in questo preciso istante mi rendo conto che sei irritato con me? E che non soltanto lo riconosco, ma che sono certo che tu ce l'abbia con me, anche se altre esperienze indurrebbero a supporre che non sia così? Oppure, con tono più condiscendente, significa che io comprendo perché non ti piaccio? Non ne sono coinvolto: semplicemente lo comprendo. Oppure significa che so quello che nessun altro sa, che sono ammesso a un segreto personale? Le inflessioni della voce molto spesso istituiscono la differenza; quel che cerchiamo di rendere chiaro è che *conoscere* è un concetto complesso e che la *conoscenza nevrotica* è non di rado ciò che gli esseri umani intendono quando dicono di "conoscere". E, cosa ancora più importante, il "conoscere" in tutti questi contesti di possibili significati ci aliena dal nostro *sé intimo*.

Il "conoscere" e il "già noto" sono le condizioni in cui viviamo per gran parte delle nostre esistenze. Insieme, formano un mondo artificiale in cui noi siamo gli architetti che consapevolmente o innocentemente lo manipolano. Costruiamo uno "scenario" come per una rappresentazione teatrale, e lo edifichiamo in modo da adattarlo ai personaggi, soprattutto a quelli principali, vale a dire noi stessi. E lo scenario lo costruiamo, non solo in modo da corrispondere al personaggio che siamo stati in passato e da giustificarlo, ma anche per preparare l'ambiente più adatto al personaggio che *intendiamo* essere. Progettiamo e disponiamo lo scenario partendo da ciò che siamo e, se ha successo, rendiamo improbabile l'esperienza di essere diversi. Con questa premessa, non c'è modo di evadere dal nostro "personaggio". Pregiudichiamo la nostra esistenza e in tal modo siamo "sicuri" nella nostra certezza. Non è necessario che il nostro scenario abbia la sostanzialità, ancorché momentanea, della visione degli ottoni dell'uscio, dell'uccello che canta, della figlia come una persona. Le reali connessioni *con l'altro* non sono costruzioni artificiali: sono esperienze di *sé-altro*. Il nostro scenario, al pari di quello di ogni spettacolo, è semplicemente una cornice, una mappa del territorio, qualcosa che serve a guidarci attraverso i comportamenti, in pari tempo dandoci la certezza che mai la sottoporremo a trattamento, che mai la *esperiremo* realmente. Mai sentiremo l'intensa energia, animazione o rivitalizzazione che l'esperienza dell'*altro* conferisce. Semplicemente, passeremo attraverso la vita; saremo sicuri ed efficienti, anche se forse leggermente infelici, senza mai realmente conoscere *noi stessi* o l'*altro*. È questa la differenza tra "conoscenza" e conoscere. È la differenza tra vivere senza o con l'intimità. Pregiudicalismo e giudicalismo non sono *conoscenza* né *vissuto*.

RETTITUDINE

Questo "vivere in uno scenario", in una confezione immutabile, predisposta e accettata quale realtà, costituisce ciò che di diabolicamente pericoloso ha sede nella rettitudine, nell'essere virtuosi inteso come una fede totale, pedissequa, in uno scenario esistenziale artificialmente costruito. In tal modo si perde la più vitale capacità che si può avere in quanto esseri umani, quella cioè di essere l'architetto della propria esistenza e di esperire la propria evoluzione in quanto tale. Storia o mitologia che sia, la vicenda del paradiso terrestre è vera. Ci venne dato uno "scenario" chiamato giardino dell'Eden nel quale essere felici, ma non ne eravamo soddisfatti. Abbiamo peccato, il che significa semplicemente che abbiamo respinto lo "scenario". Volevamo più tranquillità e confort. Volevamo essere più simili a Dio. Abbiamo preteso libera scelta, la libertà di essere gli architetti delle nostre esistenze. E Dio, qualsiasi cosa "Dio" sia, ce l'ha concesso: ci è stata data l'ambigua benedizione di essere responsabili delle nostre esistenze.

Quintessenza dell'essere umano è la capacità di compiere scelte. L'esperienza fondamentale dell'essere intimi è quella di compiere una tale scelta. Lo "scenario", per quanto sicuro e confortevole come solo l'Eden poteva essere, ce ne priva. Siamo divenuti attori più che creatori. E di continuo ricerchiamo l'"Eden", lo scenario sicuro, certo, confortevole e presumibilmente felice. Se la vita fosse soltanto questa o quella modalità prestabilita saremmo, crediamo, sicuri, convinti e felici. Non è forse questa la promessa di tanti "sistemi" religiosi o laici? Ma l'Eden ricostruito non è altro che uno scenario, una costruzione razionalizzata di giudicalismo e pregiudicalismo. Compiliamo un libro nero, che di continuo portiamo con noi, in cui è prescritto come dovremmo essere l'uno con l'altro, e soprattutto come gli altri dovrebbero essere. E anche l'altro redige il suo libro nero e se lo porta appresso altrettanto virtuosamente. Nei rapporti esistenziali, ecco che ci troviamo immersi nella comune, incessante, perturbante battaglia che impedisce la crescita tra diverse virtuosità. L'intimità è impossibile. La vicinanza può esserlo qualora scendiamo a compromessi, ma si tratta di una vicinanza instabile e perlopiù infelice.

Molti fanno questa scelta nei loro rapporti. Costoro preferiscono "sapere" che amare o essere amati. In fin dei conti, preferiscono essere nel "giusto" piuttosto che felici. L'accentuazione del "sapere" anziché far conoscere l'amore altrui o l'essere amati, appesta gran parte dei rapporti. Certuni scelgono esplicitamente di vivere fino in fondo la loro "causa" quasi fosse tutt'uno con la loro esistenza, e direttamente ed esplicitamente scelgono di essere nel "giusto" come modo di vivere. È cosa non soltanto distruttiva del *sé*, ma che perlopiù danneggia la capacità degli altri di essere *se stessi*. Gran parte delle persone, più sottilmente, se ne servono semplicemente come di una difesa: "Preferirei essere sicuro che essere amato", "Preferirei essere nel giusto che cedere a lei o a lui". E nei nostri ambulatori ci troviamo di continuo di fronte all'*impasse* della coppia di cui si parlava dianzi, i cui componenti hanno atteggiamenti inconciliabili, lei affermando di nutrire risentimento nei confronti di lui perché non le rivolgeva la parola, lui sostenendo che non lo faceva perché lei era sempre adirata con lui. E noi tra loro, a chiederci perché due persone così intelligenti e mosse dall'evidente desiderio di istituire un buon rapporto, si scambino simili insensatezze così distruttive del *sé*.

Perché tali persone non riescono a "vedere"? Sono individui che hanno bisogno di toccare con mano, che provano il bisogno che una delle due attraversi l'irrealtà e sia ciò che lui o lei è con l'altro o l'altra. Un movimento che non si verifica perché entrambi sono impantanati nella loro "conoscenza" (giudicalismo e pregiudicalismo). Ai loro occhi, essere certi e sicuri sembra più importante che non essere amanti o amati. Di rado accade, a persone del genere, di rendersi conto di quanto incurante del *sé* sia il loro atteggiamento; sembrerebbe che costoro non abbiano consapevolezza della concretissima distruttività del *sé* che comporta un atteggiamento di difesa a oltranza, di quanto esso li isoli e li confini nella loro solitudine. Scambiano la solitudine per indipendenza scelta, e si condannano all'infelicità. Si direbbe che abbiano la sensazione di compiere una qualche scelta, e che potrebbero scegliere di amare ed essere amati, ma che si siano preclusi alla reale esperienza della scelta. Persone che insistono a essere sicure anziché essere amate, "*sanno*". Costoro "*sanno*" ciò che è "vero" e come dovrebbe essere; "*sanno*" chi sono; "*sanno*" chi è l'*altro*, e in questa "conoscenza" rimangono non amati e non amanti. Non riescono a udire, a toccare, a vedere o a sentire in maniera diversa; non riescono a essere intimi, dal momento che non sono in grado di sperimentare se stessi.

Questo genere di "conoscenza" ha alcune qualità identificabili. È un "conoscere" quasi sempre pressappoco l'*altro*, l'esterno, o all'incirca il *me*; ma non riguarda mai la connessione, il *sé*. Le persone che si rivolgono a noi con questa sorta di "conoscenza", la virtuosità, avendo sotto braccio il libro nero saldo e completo, parlano soltanto di lui o di lei, oppure del *me* e assumuno un atteggiamento giudicante nei confronti di entrambi. Non hanno alcun senso del *sé*, la reciproca esperienza della connessione tra l'*io-me* e l'*altro*, e la situazione cambia punto o poco col tempo e con l'esperienza. E costoro "vedono" la faccenda sempre allo stesso modo, la pensano sempre allo stesso modo, e di solito emozionalmente annegano nella loro identità. Il riesperire non è altro che un ulteriore rafforzamento di tutto quanto c'è di errato nei loro rapporti e nei loro sistemi di credenza. Mai costoro apprendono ciò di cui Nietzsche parla in *Al di là del bene e del male*: "Chiunque combatta mostri, deve badare a non diventare egli stesso un mostro. E se guardi a lungo in un abisso, anche l'abisso guarda in te."

Rudy si sottopone a terapia perché incapace di mantenere un rapporto. La sua ultima amante gli ha suggerito di andare dallo psicoterapeuta; e Rudy ha seguito il consiglio, ma continua a descrivere le cose nei termini di ciò che l'*altro*, l'ultima amante e tutte le precedenti, hanno fatto. Rudy ha nozioni così cristallizzate circa il chi, il come e il che cosa l'*altro dovrebbe* essere, che non c'è modo per l'altro di *poter* essere con lui, e questo riguarda anche noi. La sua convinzione di ciò che noi *dovremmo* essere ha la prevalenza sui motivi per cui è venuto da noi. Rudy è incurante del *sé* per la sua incapacità di permettere a se stesso di *essere*.

Questo comportamento incurante del *sé*, fa sì che le persone ripetutamente esperiscano la devastante distruttività, per il *sé*, del loro atteggiamento difensivo. Costoro sono sicuri, ma vivono in un loro mondo solitario. Di solito scambiano questa solitudine autoimposta per naturale condizione umana: "È semplicemente che la gente è fatta così." Solitari, infelici e certi riguardo a come il mondo è in realtà o realmente dovrebbe essere, sono isolati, ma "nel giusto". Molto spesso ci capita di vedere persone che, quando avvertono un indizio di vivacità dentro di sé, lo scambiano per nervosismo o ansia. Si assicurano di rimanere in quel loro mondo artificiale, "conoscendo" soltanto ciò che è "reale e vero": un mondo di cui, ahimè, essi sono gli unici abitanti.

Non si può mai essere giocosi, in un mondo così "virtuoso", in questo luogo sempre serioso e opprimente: un mondo che emozionalmente scricchiola, è in continua tensione, fatica, guerreggia, e troppo spesso pretende urlando un odioso arresto del rapporto. È un mondo privo di giocosità, cosa indispensabile a ogni apprendimento, si tratti di astri o di persone. *Virtuosità* è probabilmente antinomico di *giocosità*. Quando siamo giocosi, impariamo sempre qualcosa; troppo facilmente dimentichiamo che gli esseri umani apprendono gran parte di ciò che li correda per la vita – per esempio, linguaggio e capacità di relazioni sociali – prima di andare a scuola, e che questo apprendimento lo ottengono mediante il gioco. Un nostro collega una volta ha affermato che un adulto è un bambino che crescendo è diventato disadattato; Picasso sosteneva che il suo grande scopo era di reimparare a dipingere come un bambino. L'adulto serioso, solido, tutto d'un pezzo, munito di una "conoscenza" difensiva, è sempre lontano dalla realtà dell'*altro*: non è parte naturale del gruppo, dell'attività, dell'esperienza, del fare l'amore, del rapporto o del gioco.

Gran parte di coloro che si sottopongono a terapia nei nostri studi sono vagamente consapevoli di questa parte separante di loro stessi. Descrivono la solitudine, la tetraggine di sempre "conoscere", vale a dire l'isolamento del giudicalismo e pregiudicalismo, il "sentimento del lavoro" contrapposto al "sentimento del gioco", la noia della loro seriosità, la sensazione che la *certezza* delle loro percezioni li isola e fa sì che conoscano meno. Non riescono a capire appieno perché dovrebbero sentirsi in colpa per essere "giusti" e "onesti"; non vogliono o sono incapaci di accettare la futilità del risultato come una realtà personale alla quale dovrebbero invece prestare attenzione, sì da essere in grado di cercare altre e migliori maniere di istituire rapporti. Non danno a vedere di mettere a confronto la loro confusione o il loro sentimento di inutilità con quei vividi momenti in cui sono pienamente in grado di vedere l'*altro* quale realmente è, senza giudicare.

Perché non riusciamo a farlo più spesso? Gran parte delle persone tengono in gran conto, attivamente convalidano e difendono, il loro "conoscere" se stessi per un complesso di ragioni attinenti al *me*, e la maggioranza di queste vitali ragioni sono particolarmente contorte o irrecuperabilmente inconsce, (nel senso che non tutti ritornano a quando avevano tre anni). Semplicemente, molti commettono l'errore di credere fermamente che "vedere la situazione qual è" significhi essere adulti. "Sono adulto perché sono in grado di conoscere il mondo in cui vivo. E siccome, in quanto adulto, questo mondo lo conosco, perché non dovrei semplicemente dire com'è?" E non possono non farlo, dal momento che quel che conoscono è la *loro esperienza*. Descrivere la propria esperienza del *sé* è connessione in quanto contrapposta al "sapere"; è la connessione, la consapevolezza, dell'intimità. Ma il nostro modo di "vedere le cose" non è tutt'uno con il loro modo di essere; è semplicemente come *noi* vediamo le cose. La nostra verità non può essere che la verità della nostra esperienza. Il pittore Georges Braque diceva che "la verità esiste, soltanto la falsità deve essere inventata." Se crediamo che il nostro "vedere" sia un "vedere" di speciale valore, un "vedere" adulto, ecco che inventiamo falsità.

Nei rapporti, *l'altro* potremmo descriverlo se fossimo realmente in grado di conoscerlo, di conoscere davvero il mondo in cui viviamo, il mondo di te e di me, di *conoscere* senza le virgolette. Ma non è così. Nei rapporti, noi crediamo di conoscere il mondo in cui viviamo, ma non lo conosciamo affatto. Al contrario, viviamo nel mondo che "conosciamo", il mondo del giudicalismo e del pregiudicalismo. E si tratta di due realtà assai diverse. John ritiene di sapere che sua moglie è assai possessiva. In realtà lo "conosce", lo "sa", e questo lo distanzia da lei. John "conosce", "sa" di aver bisogno di spazio. In apparenza conosce il mondo in cui vive, ma è davvero così? In realtà, sua moglie, con la sua possessività, istituisce costantemente un distacco tra loro, e lui con la paura della vicinanza la induce alla possessività. E questo non è forse, più esattamente, il mondo in cui John vive, anziché il mondo in cui "sa" di vivere? Le due realtà si trovano a distanze incommensurabili l'una dall'altra. Gli sarebbe d'aiuto conoscere la verità della sua realtà, anziché la non verità del suo "conoscere"? Ciò che John "conosce" fa di lui un prigioniero. In realtà, sia lui che lei hanno il terrore di una reale vicinanza, e tanto più dell'intimità. *La verità circa il conoscere è che tutto ciò che realmente conosciamo è noi stessi.* Quel che proviene dall'esterno, dall'*altro*, animato o inanimato che sia, mai lo conosciamo realmente e non conosciamo completamente neppure l'unica realtà che *possiamo* conoscere, la realtà di noi stessi. È per questo che il "sapere", gli scenari predeterminati, la certezza della virtuosità, rendono impossibile l'apprendimento; ed è per questo che accogliere qualcosa o qualcuno nello spazio condiviso *quali sono*, pur rimanendo *quali si è* nel nostro spazio personale, è l'unica maniera con cui possono verificarsi l'intimità, e dunque l'apprendimento. La verità la si trova nel processo della connessione, non già in "fatti" statici.

Che cosa significa in realtà l'affermazione che possiamo conoscere soltanto noi stessi? È un'affermazione che costituisce il fondamento dell'intimità. "Posso conoscere solo me stesso, per quanto mi sforzi di fare altrimenti." Che grande sollievo viene dal dover "conoscere" l'*altro*, dal prender posto di fronte al quadro di comando dell'*altro*, con le luci costantemente accese, a premere freneticamente ogni nuovo pulsante che si accende, che sollievo "conoscere" ciò che accade attorno a noi, in modo da poter agire in maniera appropriata! Quali sono i sentimenti di lui, come si comporta lei, che cosa vuole lui, che cosa significa questo, che cosa farà lei adesso, perché lui ha quell'atteggiamento? Il perché, il che cosa, il quando, il come dell'*altro* – finché siamo emozionalmente prigionieri per sempre, continuamente e inutilmente tesi nel tentativo di decifrare tutti assieme milioni di messaggi. E quanto più semplice, invece, è conoscere le nostre proprie esperienze quali fondamenta del nostro vivere. Una sedia per te azzurra, può essere verde per un altro. Può darsi che tu non sappia che alcune sfumature di colore, per esempio il verdeazzurro, lei le vede e le descrive come verdi. Avete entrambi imparato, indipendentemente l'uno dall'altra, a vedere lo stesso colore come azzurro o come verde. Chi dei due ha ragione? Nessuno, com'è ovvio. Tutt'e due siete nel giusto, almeno in rapporto l'uno con l'altra. Nel *rapporto*, ciò che vediamo ed esperiamo come ira, risentimento, testardaggine, possessività, amore o sollecitudine, può essere definito da me in un modo e da te in tutt'altro. Ciò che conta è che nessuno di noi realmente "sa", "conosce" per certo. Noi non "conosciamo" mai realmente. L'effettiva conoscenza reale dell'altro, non soltanto non è quotidiana e corrente, come tanto semplicisticamente supponiamo, ma non è neppure possibile. Tu non puoi *sapere* come qualcun altro davvero è, sente, pensa o si accinge a essere; e certamente non nel senso del "già noto". Prestar fede al "già noto" ovvero al conoscere in anticipo ciò che l'altra persona sente, desidera, necessita, ciò che la urta e ferisce, e da te si aspetta, è pura illusione. È un mondo che noi, quali sicuri "architetti egoici" di rapporti, costruiamo per soddisfare i nostri bisogni e le nostre fantasie, ma non è certo ciò che in cuor nostro sappiamo essere vero.

117

"Sapere già" equivale a vivere una menzogna, perché viviamo sulla base di informazioni personali che sono, non soltanto speciose, ma ipotetiche: un atteggiamento che trascura l'unica informazione certa in nostro possesso –, non ciò che "sappiamo" che *altri* vogliono, sentono o pensano, ma ciò che sappiamo di sentire noi stessi. Quest'ultima è l'unica reale certezza, per quanto incerta essa possa essere; e comunque, è assai più certa che non l'informazione da quadro di comando. Io so ciò che sento o che sentirei se non fossi distratto dalla massa di informazioni stereotipe che mi provengono dall'*altro* quadro di comando. Mia moglie dice che accarezza l'idea di un divorzio; sembra una cosa reale, e nel nostro rapporto abbiamo motivo di credere che il divorzio possa essere probabile. Ascolto questa affermazione; conosco la vicenda trascorsa e le realtà dell'*altro*. Ma quel che sento dentro di me, è che lei ce l'ha con me perché non sono con lei come vorrebbe che io fossi. A che cosa dovrei prestare orecchio, a ciò che lei dice a proposito del divorzio o a ciò che sento dentro di me, vale a dire che vuole essere intima con me in un modo che finora le è stato precluso? Se interpreto la prima di queste possibilità nei termini del mio "sapere già" che lei è in un certo modo, siamo perduti. Se ignoro l'esterno, il "sapere" ciò che lei sente e vuole e com'è, attenendomi alla realtà di ciò che sento e desidero – vale a dire che lei in realtà vorrebbe essere più intima con me di quanto non sia stata finora – ecco che il mio comportamento cambierà. Se sono saggio, ignorerò le differenze tra azzurro e verde; vivo il mio azzurro, il fatto che lei voglia essere intima con me. Rispondo a lei nei termini del mio proprio sapere, anziché del mio "sapere già" lei.

Non puoi "sapere" come qualcuno è, sente, pensa o desidera. Puoi "già conoscere" l'immagine che di lui o di lei ti sei costruito in anni di rapporti, e quindi essere incapace di vedere la persona adesso, in questo momento. Così facendo, tralasci l'esperienza del vedere, udire o toccare ciò che è reale. Non puoi "conoscere" *altri* anche se sono desiderosi di dirtelo, anche se ti senti vicino a loro quando te lo dicono. Conosci davvero e solo quando sei intimo, perché allora sai ciò che *tu* senti e esperisci. E quando lo si sente e sperimenta in uno stretto rapporto, si è al corrente dell'unica informazione personale che ci può rivelare con precisione qualcosa circa l'*altro*: ciò che sai e sperimenti nella tua *stessa persona*. Se stiamo seduti in silenzio l'uno accanto all'altra e tu sei intento (o intenta) a leggere, ignoro ciò che ti passa per la mente. Posso supporlo perché mi sento vicino (o vicina) a te, ma non lo "so". Tuttavia, se mi sento amato (o amata), so ciò che tu senti. Questa è intimità; essa ci consente di conoscere qualcosa del mondo intorno a noi. Possiamo conoscere soltanto ciò che creiamo in noi stessi, ma non posso sapere ciò che genero in te, o ciò che tu origini in me: posso sapere solo ciò che *io* creo in me.

È un concetto, questo, che è fonte di turbamento per molte persone. Al pari della relatività e della fisica quantistica da un lato, e del buddismo e del taoismo dall'altro, l'idea della "realtà creata" riesce ardua alla mente occidentale piena di "certezze". Lo psichiatra Alex Comfort nel suo libro *I and That* avanza l'ipotesi che questa diffidenza sia connessa ai concetti religiosi occidentali, nei quali la certezza ha sostituito la rivelazione, il misticismo e la sessualità – e, ci sia lecito aggiungere, l'intimità.

L'incapacità di conoscere in maniera diversa induce la gente ad aggrapparsi strenuamente al loro "già noto". Se finalmente ti rendi conto che non puoi davvero conoscere l'*altro*, ti trovi ridotto alla tua sensazione di indipendenza. Quest'indipendenza esistenziale, soprattutto nella nostra cultura non è mai stata compresa o accettata come naturale. Noi la confondiamo con la solitudine e pertanto tendiamo a evitarla. Molte delle persone che si sottopongono a terapia sono dotate di una straordinaria capacità di indipendenza, ma sono convinte di dover fare qualcosa per mutare questa situazione. Gli esseri umani, confondendo indipendenza con solitudine, desiderano evitare questa situazione, difendersene, scusarsene, e creano così un mondo in cui non sono mai indipendenti, in cui mai sono non-"conoscenti". Il "conoscere" (giudicalismo e pregiudicalismo) diviene il primo prerequisito della sicurezza. Ci aggrappiamo tenacemente al nostro bisogno di "sapere", e così costruiamo il nostro "sapere già" e lo edifichiamo continuamente. E finiamo per erigere un "sapere già" dell'*altro* che diviene il primo ostacolo al nostro immediato vedere e sentire nell'ambito dell'esperienza attuale. La nostra "conoscenza" dell'*altro*, si tratti di persona o foresta, blocca il nostro conoscere noi stessi. Impedisce l'intimità.

Questo modo di vivere comporta la perdita della vera innocenza. Erroneamente, molti ritengono che "conoscere" li protegga dalla loro innocenza, convinti come sono che se vivi nel mondo reale quale un innocente ti faranno del male, mentre se "conosci" costruisci il tuo mondo, e sei in grado di salvaguardarti, di impedire che ti facciano del male. In effetti, l'unico modo che tu hai di esperire veramente il mondo reale è "con innocenza", come i bambini sanno fare assai meglio degli adulti. Innocenza significa essere disponibile alla verità o, come si è già detto, "essere nel mondo in buona fede". È un modo di essere disponibili che ci libera, ci permette di esperire il nostro mondo quale esso è in realtà. E da questa esperienza sgorga la verità. Se vivi nel mondo reale, senza dubbio ti faranno del male, e tu parimenti, ma esperirai altri, il loro crescere e perire, ed esperirai il tuo proprio crescere e perire. Tutti questi eventi ti accadranno anche nel "conoscere", ma non li esperirai quali sono, e pertanto nulla apprenderai da essi. Non puoi nasconderti al mondo reale: puoi solo distogliertene, far credere che lo stai guardando, e ingannare te stesso. La vera innocenza consiste nel sapere che non vivi solo per te stesso e grazie a te stesso. Accogli il mondo esterno creando uno spazio in cui l'*altro* (lui, lei, loro o quella cosa inanimata) può verificarsi nella tua attuale esperienza, senza che tu lo cambi e senza che esso cambi te. E allora comprendi che, se il cambiamento si verifica, esso accade a "noi", non all'*io* o al *me* o soltanto all'*altro*. E sai che nel corso della tua vita esperirai il subire e il fare male, il vivere e il morire, ma che non li costruirai artificialmente tu stesso. Saranno reali come l'uscio, la strada, tua figlia. Il valore della vera innocenza consiste in ciò, che non devi "già conoscere" (pre-giudicare) o "conoscere" (giudicare). "Sapere già" eppure subire ancora ferite o perdite, ci porta a uno stato di paralizzante colpevolezza, e "sapere" ci conduce alla sensazione, arrogante, grandiosa e solipsistica, di essere soli in questo mondo.

Il concetto del *sapere innocente* costituisce il reale significato del giardino dell'Eden, oltre a rappresentare il motivo della cacciata dei suoi abitanti o, più esattamente, il motivo per cui questi insistettero per essere cacciati. Se non puoi sbagliare, non puoi neppure far cose giuste. Se non sai dire di no, il tuo sì è insignificante. Ad Adamo ed Eva era stata conferita abbastanza "divinità" per sapere che l'innocenza che preclude il peccato, per quanto confortevole, è un'innocenza falsa. La vera innocenza conosce il peccato. E Adamo ed Eva, dotati di sufficiente divinità, insistettero a peccare, soprattutto per aumentare la loro bontà. In contrapposizione all'ortodossia cristiana, osiamo avanzare l'ipotesi che Dio fu compiaciuto della loro ribellione. I due desideravano ardentemente essere più divini; aspiravano al più prezioso dei doni, quello consistente nell'essere capaci di scegliere. E Dio glielo concesse: fece loro il dono della vera conoscenza, invece dell'incerto conforto del "sapere già"; la libertà di scegliere, il singolare diritto di essere buoni o cattivi, la divina dignità di essere responsabili delle proprie vite. Il libero arbitrio incute spavento, ma è ben più vitalizzante del "sapere già". L'accettazione è difficile, ma assai più creativa che non il "sapere". La "caduta" non fu dal bene al male, bensì dal fato all'umanità. E in questo senso fu una *felix culpa* in quanto creò l'anima, il centro della scelta, della connettibilità, dell'intimità. Prima della "Caduta", la grazia non costituiva un problema; dopo, divenne una realtà. Dopo la "Caduta" fummo elevati e venimmo abilitati a compiere scelte che sono l'essenza della divinità. "Sapendo già" siamo sicuri, siamo certi, ma condannati a essere automi. Con la "Caduta", Dio ci ha bellamente reintrodotti nella natura; siamo stati rimessi nella bellezza della lotta, della scelta, dell'esperienza, e così facendo Dio ci ha reinserito nell'evoluzione. Siamo stati in grado di scegliere il sentiero della nostra futura crescita. Nell'evoluzione, abbiamo la possibilità di crescere come un'espansione del *sé*, non come una risoluzione di conflitti nella vicinanza che così spesso scambiamo per crescita, ma che in realtà è il nostro rifiuto della scelta.

Alla scelta rinunci quando "già sai", quando pre-giudichi la risposta dell'*altro*. Il pre-giudizio ti garantisce un rapporto noioso, perché tu non cambi mai. (Per dirla con Dylan Thomas: "Qualcuno mi sta annoiando... Penso di essere io stesso.") Molto spesso, l'*altro* risponderà alle tue aspettative pre-giudiziali, e purtroppo altrettanto sovente i nostri rapporti li scegliamo appunto per questi motivi. Nel pre-giudicare che è loro proprio, neppure i nostri partner cambiano mai.

Il pre-giudizio erode e preclude l'esperienza intima, esattamente come l'accettazione la garantisce. Il giudicalismo, d'altra parte, è espressione di un amore condizionale. Esso dice, perlopiù implicitamente, che se tu fossi diverso, ecco che allora io ti amerei di più. Il giudicalismo è letale per la mia esperienza di essere senza imbarazzi me stesso, pienamente, facilmente e sicuramente consapevole di me stesso quando sono in rapporto con te. Intimità e vicinanza sono entrambe danneggiate dal giudicalismo. Domande come "Che cosa vuoi dire esattamente?" o affermazioni del tipo "Mai mi sarei aspettato di udirti dire una cosa simile" o un semplice "Eh, come sarebbe?" possono separarvi. Ma il giudicalismo danneggia l'intimità in maniera ancora più drammatica e totale di quanto non saboti la vicinanza, perché l'intimità non può essere oggetto di patteggiamenti. Quando rischio di essere *me* con te, e sono per definizione indifeso, e tu dici che "non avrei creduto di sentirti dire cose simili", mi trovo a essere più ferito che se non fossi semplicemente frainteso da te. Rinunciare al giudicalismo (all'atteggiamento dell'"Io 'so' come stanno le cose, per cui non devi certo dirmelo tu") non significa che sei permissivo o passivo. Non stai cedendo né arrendendoti. Non sei giudicante, sei in grado di prestare orecchio, di ricorrere ad altre opzioni relazionali. Puoi non essere d'accordo; puoi persino discutere e litigare; sei in grado di condividere le tue risposte emozionali in modo da poter formulare giudizi diversi; puoi chiedere e interrogare; puoi andartene e tornare nel tuo spazio, oppure imboccare innumerevoli altre strade. Giudicare e accusare sono le risposte che ci sono state insegnate; sono le più introspettive, ma sono anche le più futili e le più distruttive del *sé*. Le altre risposte – dal disapprovare all'essere turbato o semplicemente inquisitivo – non implicano che l'altro sia una persona "cattiva", non trasmettono immediatamente la sensazione che tu ami meno gli *altri* a causa di come sono, di ciò che sentono, di quello in cui credono, o che li ameresti di più se divenissero immediatamente e miracolosamente ciò che li istruivi a essere, che è esattamente quanto fa il giudicalismo.

L'accettazione, come abbiamo detto in precedenza, è priva di metasentimenti. È semplice accettazione. Il giudicalismo, al contrario, è accompagnato da molti metasentimenti: virtuosità, orgoglio, ostilità, arroganza, condiscendenza, autocancellazione, colpa, imbarazzo, falsa modestia, falso dolore e martirio. Tutti questi atteggiamenti nevrotici e difensivi possono essere la diretta conseguenza del giudicalismo.

Codeste emanazioni difensive del giudicalismo sono particolarmente difficili da superare, da lasciarsi alle spalle. Tra tutte le risposte umane, sono quelle che evocano punto o poca accettazione nell'altro. La virtuosità e il patetico atteggiamento di difesa rendono assai improbabile l'accettazione. E quando questa a volte si verifica, la si avverte quasi eroica e incredibile. Virtuosi del genere hanno perlopiù un atteggiamento sospettoso nei confronti della grazia e dell'accettazione. O si aspettano questa accettazione in atteggiamento di dipendenza, e così vanificano l'intento, oppure arrogantemente la manipolano per ottenere ciò che "pensano" di volere, vale a dire far sì che tu concordi con i loro giudizi e pregiudizi. Costoro mai si rendono conto della loro parità spirituale con l'altra persona, che è ciò che l'altro, con l'accettazione, mira a condividere con essi.

Com'è ovvio, stiamo descrivendo la dinamica dell'esperienza di due persone impegnate nello sforzo di essere più vicine e più intime, due individui che si trovano in uno spazio condiviso. L'accettazione non entra realmente in campo quando non ci si trovi in un tale spazio condiviso. Non chiediamo un'accettazione di brutalità, indifferenza e freddezza o psicopatia: chiunque "accettasse" comportamenti del genere sarebbe malato. Un masochista non è una persona che accetta.

Il giudicalismo è sovente esperito da altri quale virtuosità, e questa può presentarsi sotto molti travestimenti. Nella stragrande maggioranza dei casi, è assai sottile, si maschera di presunta innocenza. E la mascheratura abituale consiste in ciò che, lungi dal giudicarti, sono innocentemente onesto, o persino ti aiuto con tolleranza. Sto semplicemente "cercando di comprenderti", "cercando di stabilire i patti", "cercando di aiutarti a vedere la verità, a vedere come stanno in realtà le cose, in modo che il nostro rapporto possa collocarsi su un piano migliore", "sto solo tentando di essere sincero e di condividere con te i miei sentimenti", in altre parole ti sto dicendo che non faccio quello che chiaramente faccio (cioè giudicarti). "Permettimi solo di aiutarti a comprendere quello cui hai bisogno di prestar fede."

I modi di giudicare gli *altri* sono innumerevoli. Posso starti ad ascoltare quando hai finito di parlare, limitarmi semplicemente a esclamare: "Oh", sillaba che può esprimere la mia sorpresa, la mia confusione, la mia esitazione, la mia curiosità o altri sentimenti non giudicativi. Ma quello stesso "oh" può essere un giudizio per te paralizzante. Il modo con cui viene pronunciato, il momento in cui lo è, l'espressione del mio volto e tutte le intonazioni non verbali possono sottintendere lo stesso messaggio: "Sei stupido, cattivo, sbagli, sei insufficiente, irredento, indegno, basso, freddo, insensibile o ingiusto." E non occorre neppure che pronunci quell'"oh": posso essere altrettanto giudicante anche senza aprir bocca. Perlopiù, il giudizio viene pronunciato in maniera ambigua: "Non posso credere che tu abbia detto questo", "Com'è possibile che tu creda a una cosa del genere?", "Stavo semplicemente tentando di condividere i miei sentimenti con te, e tutto quello che ne ho in cambio sono queste sciocchezze", "Perché non riesci a essere sincero?". Con simili strategie verbali, noi istituiamo un rapporto giudicalistico senza accettare la responsabilità implicita in esso.

Il giudicalismo è un atteggiamento. Il termine "giudicare" trae origine dal sanscrito *disati* che significa "egli indica o mostra", donde il latino *dictum*, "detto", l'italiano *dettare* e l'inglese *to dictate*. Una serie di spostamenti semantici hanno portato al latino *iudex*, "colui che indica la legge o la mostra", cioè il giudice, la cui presenza è appropriata laddove sia stato commesso un delitto, mentre in un rapporto di intimità o vicinanza essa è disastrosa, poiché si tratta di un rapporto in cui è in questione l'"essere con" un altro, non già un crimine.

Il giudicalismo è un atteggiamento che si esprime nel biàsimo, parola che deriva dal greco *blasphemia* che significa "parlare male di" o, più generalmente "parlar male", come appunto nella parola italiana "blasfemia". Un atteggiamento giudicalista trova espressione nell'"Io conosco la legge, la verità, la realtà, e non faccio altro che indicartele. Non sono arrabbiato, né ho ulteriori moventi. Sto semplicemente tentando, con calma e in tutta sincerità, di aiutarti a vedere la verità e la realtà". Ma quello che in realtà avviene è il biasimo, il parlar male di, nel quadro del rapporto. Biasimando l'altro, ci si atteggia in senso blasfemo nei confronti dell'*altro*, e poco importa che il biasimo sia "meritato" o meno. Tu "parli male" dell'*altro* indipendentemente da questo. Giudicare è necessario e perfettamente giustificabile in seno alla società; ma le banche non invitano i rapinatori a derubarle, il rapinato non suggerisce la rapina ai malviventi, la stuprata non seduce lo stupratore, e colei che va troppo veloce sull'autostrada non attira il poliziotto perché le elevi una contravvenzione. Non almeno nel mondo reale. Chi fa del male ad altri dovrebbe essere giudicato. Ma nel rapporto intimo o di vicinanza, noi invitiamo, suggeriamo, seduciamo, attiriamo; cerchiamo di istituire una relazione e il giudizio e il biasimo nei confronti di un tentativo del genere è del tutto fuori luogo come lo sarebbe l'indifferenza allo stupro oppure all'assassinio.

Ben più insidioso dell'ostentato giudicalismo è il pregiudicalismo strisciante che imprigiona e immobilizza i rapporti, la sindrome del "già noto": "So che cosa questi o quegli vuole", "So che cosa lei vuol dire prima ancora che lo dica". Il pregiudizio apporta noia ai rapporti, e quindi induce le persone a cercare l'ignoto, l'estraneo, l'avventura, il nuovo coniuge, il nuovo amante, colui o colei che non abbiamo pregiudicato solo perché tra noi non si è mai istituito un rapporto di tale vicinanza da poterlo fare. Con la nuova persona ci atteggiamo giocosamente, appassionatamente, in maniera eccitante e creativa, ma solo brevemente. L'estraneità che ci permette di giocare, esplorare ed essere appassionati, deriva dal nostro essere effettivamente estranei. Condizione, questa, che è di breve durata. Al contrario, trovare l'estraneità in qualcuno al quale si è vicini può essere assai più appassionante e creativo. Scoprire il nuovo nel familiare, ecco di che cosa consiste l'intimità. Il pregiudizio, il "conoscere già" per cui non c'è spazio per l'esperienza della novità e dell'estraneità, esclude l'intimità. L'appassionata estraneità dell'ignoto è effimera: dura finché si "conosce" lui o lei. La vera estraneità di ogni essere umano è inesauribile, a patto che non si "conosca già", ovvero si pregiudichi. Si lasci la porta aperta, e ci vorranno cento vite di rapporti per cominciare a esperire la totalità dell'altra persona. Lo psichiatra Karl Jasper ha scritto che "l'uomo è colui che sa di essere sempre più di ciò che conosce di se stesso". Potremmo aggiungere: l'uomo è anche il conoscitore per il quale l'*altro* è sempre più di quanto non conosca.

Andy viene in terapia con la moglie. Ha "avuto un'avventura" che lei "ha scoperto". In realtà, Andy stesso gliel'ha detto durante un litigio. Entrambi vorrebbero "salvare il loro matrimonio", ma nessuno dei due ha la minima idea di come farlo: al momento attuale, non riescono neppure a comprendere perché il matrimonio abbia bisogno di essere salvato. Nel nostro studio ripercorrono il loro giudicare e biasimare, i loro pregiudizi e le conseguenti ire. Entrambi impersonano ruoli che hanno svolto molte volte. E sono anche molto annoiati.

La noia in questione spiega un'esperienza sempre più diffusa tra la gente: la *storia* di breve durata. Una volta che "conosci già" il tuo coniuge o amante, che lo (o la) pregiudichi, la tua sessualità è limitata dalle tue precostruzioni, cosa che a sua volta limita le tue potenziali esperienze in comune; puoi fare l'amore solo nei confini del tuo pregiudizio, di come lui o lei, o magari tu, può o vuole essere con l'altro. Il sesso è ripetizione, non più divertimento, non più eccitante: non è più appassionato. Perdi interesse. A risvegliare la passione è il sentimento del non sapere che cosa deriva dal fatto di essere un estraneo. Il guaio è che noi escludiamo gioco e passione dai nostri rapporti correnti e li convertiamo nel "conoscere già" l'*altro*. Fin troppo presto, ecco che vivacità e magia se ne sono andati, e dobbiamo "cercarle" altrove.

Altri, per trovare questa novità, questa estraneità, si rivolgono alla sfera non interpersonale: cercano nuove situazioni geografiche, nuove attività, nuove sensazioni, le quali però incrementano la nostra esperienza del *sé* soltanto nella misura in cui rimangono processo, *esperienza*; ma spessissimo le cristallizziamo in giudizi e pregiudizi non appena possiamo. Posso percorrere una catena di montagne e per qualche giorno provare riverenza e meraviglia, ma ben presto mi può capitare di non "vedere" affatto i monti. Non intendiamo lasciare che le cose siano *quello che sono*, né tanto meno permettere agli umani di essere *quelli* che sono. Il prezzo che paghiamo è sempre lo stesso: non riusciamo a essere a nostra volta chi e che cosa siamo.

A volte tentiamo di porre rimedio alla nostra carenza di "estraneità" e di "novità" dedicandoci a giochetti. Janice possiede trentadue parrucche e ogni volta che ne indossa una spera di essere nuova e che il suo amante la esperisca in maniera diversa. Arnold telefona alla moglie a mezzogiorno di sabato per dirle che dovrà lavorare fino a tardi; lei capisce l'antifona e si procura una baby-sitter mentre Arnold prenota una stanza in un albergo locale. Poi si siede nell'atrio e sua moglie entra e gli si siede accanto. Lui la "dragherà" e, dal momento che ha prenotato una stanza singola, ve la porterà di soppiatto, e avranno una splendida esperienza personale e sessuale; *intimità* illecita! Lei se ne andrà alle prime ore dell'alba; lui rincaserà un po' più tardi, e lei gli chiederà dove è stato tutta la notte. Arnold sorriderà e risponderà: a lavorare. Come si spiega che le coppie sposate abbiano rapporti sessuali più eccitanti in alberghi che non in casa? Purtroppo, anche qualora riescano a sospendere il pregiudizio in albergo, appena ritornano a casa immediatamente lo ristabiliscono. Il nostro attaccamento al "lo so già", è potente e formidabile. È difficile capire che cosa siamo già certi di "capire", al pari di godere di ciò che siamo già sicuri di "non godere". Questi giochetti relazionali, come parrucche e alberghi – nonostante il fatto che momentaneamente ci portino a renderci conto che i nostri pregiudizi sono impropri, che il nostro coniuge o amante è un "partner intimo" assai migliore di quanto lo abbiamo pregiudicato – non ci insegnano il modo di uscire dai nostri giudizi e pregiudizi né ci offrono la possibilità di essere "ingenui" nei confronti di noi stessi. Torniamo nelle nostre case e nelle nostre stanze da letto, e immediatamente rientriamo nel carcere della vicinanza e della sicurezza. A quanto sembra impariamo ben poco in fatto di intimità, da queste esperienze preconfezionate. Non sembriamo più convinti di poter essere nel nostro spazio quali *noi stessi*, istituendo contemporaneamente un rapporto con quell'"*altro* importante" nel nostro spazio condiviso e mettendoci in relazione con lui o con lei quale realmente è.

Diviene così più facile comprendere perché il rapporto umano costituisca insieme la più bella delle imprese umane e il sostrato ultimo per milioni di manifestazioni delle nostre peggiori insensatezze. In fin dei conti, non ci sono poi molti modi di *non vedere* quel marciapiede di cui parlavamo in precedenza o di vederlo in maniera deformata. Il nostro "conoscere già" ciò che è un marciapiede, ci confina in alcune nozioni generali e perlopiù superficiali. Il marciapiede è duro, grigio, immutabile, privo di interesse, è sempre lo stesso, è qualcosa su cui camminare. Ma, sorprendentemente, altre persone esperiscono il marciapiede in maniera diversa; ne dicono cose sbalorditive come: "Quell'albero accanto al nostro marciapiede, è senza dubbio cresciuto di un bel po'. È davvero bello." E allora noi proviamo la stessa confusione di cui siamo preda quando un vicino descrive nostra moglie come una donna attraente, sexy e interessante mentre noi "sappiamo" che è triste, sciocca, inespressiva, oppure quando la vicina dice di avere avuto un'interessante conversazione con nostro marito mentre "sappiamo" che lui non ha né fatto né detto, da anni, niente di eccitante. La nostra risposta interna ("Lui/lei non conosce davvero lui/lei altrettanto bene di quanto lo/la conosco io") è un rovinoso pregiudizio che impedisce un'effettiva esperienza del coniuge. Quando, al pari del nostro vicino/a, possiamo liberarci dalla nostra costruzione pregiudiziale dell'*altro* e tornare al mondo del *sé*, ecco che le possibilità di esperire le realtà dell'*altro* si fanno illimitate. La realtà aspettata e pre-giudicata scompare, cessa di essere una barriera al nostro "essere nel mondo in buona fede".

Nella nostra qualità di terapeuti, ci capita di continuo di constatare quanto autodistruttivo sia il "so già". I nostri pazienti descrivono minuziosamente *altri* che noi non conosciamo, e quando finalmente li conosciamo, di norma non hanno nessuna somiglianza con le persone descritteci. Anche quando i componenti di una coppia vengono da noi insieme, le descrizioni che forniscono l'uno dell'altro hanno ben poca somiglianza con il modo in cui noi li esperiamo, e abbiamo modo di notare quanto diverso sia il loro "conoscere già" dalla realtà dell'*altro* quale noi la esperiamo. Comprendiamo anche che con noi sono diversi e che vivere nella "costruzione costrittiva" di come l'*altro* li vede, fa sì che in effetti possano essere con quell'*altro* esattamente come l'hanno descritto. Qui non ci occupiamo di colpe, né ci interessa stabilire quale descrizione sia "giusta" o "chi sia da biasimare", ma semplicemente come le persone stanno insieme. Si tratta di un rapporto, non di un'aula di tribunale. Sam può comportarsi con lei come Jackie ha detto, ma dal momento che Sam appare così diverso ai nostri occhi, è chiaro che *potrebbe* essere diverso anche con lei. Nell'esperienza terapeutica capita di rendersi conto direttamente di quanto l'intimità sia immediatamente possibile quando e se l'altra persona rinuncia al pregiudizio del "so già", e ci si rende anche conto chiaramente con quanta subitaneità il pregiudizio blocchi il toccarsi, il giocare, la passione, l'apprendere, la comprensione e la crescita.

Il paradosso è che si può in realtà sapere qualcosa solo circa se stessi, ma che si crede di "conoscere già" circa il mondo, e soprattutto le persone che lo abitano, e che proprio a causa del "conoscere già" non si può mai esperirli realmente o essere se stessi. L'*io* può creare il mondo quale vuole che sia, il *me* può stabilire le regole del rapporto, ma il *sé* non può esistere nell'artificio che l'*io* e il *me* edificano. Il rapporto intimo non può sussistere semplicemente con l'*io* o il *me*: può esistere solo quando noi si esperisca il *sé*. Quando l'*io* costruisce ("conosce già" un altro), siamo perduti. Quando il *me* preclude ogni reale consapevolezza dell'altro con i suoi giudizi (il *me* "sa"), siamo perduti. Solo quando l'*io-me* quale *sé* connesso entra in gioco, possiamo essere vivi. Siamo allora in grado di costruire mondi ludici a guisa di bambini, ben sapendo che sono costruiti, e goderceli. Noi, in quanto adulti, non possiamo costruire un mondo credendolo "il mondo reale" senza mettere gravemente a repentaglio la nostra capacità di essere in quel mondo liberamente, apertamente e appassionatamente. I bambini sanno che stanno giocando. Gli adulti, nella loro incertezza, perpetuano viventi simulazioni.

Scrive Emily Dickinson:

> L'Anima sceglie la propria Società –
> Poi – sbarra l'uscio –
> Alla sua divina Maggioranza –
> Non più presente.

Le nostre "costruzioni" dell'*altro* (che allora "conosciamo"), spiegano perché tanto raramente ci capita di vedere l'*altro* com'è in realtà: al contrario, lo vediamo nella "nostra realtà". Il fatto che *altri* facciano lo stesso, spiega l'ira che proviamo nei confronti di amici, figli, amanti o coniugi quando abbiamo la sensazione che ci vedano solo entro le loro costruzioni, nel modo con cui hanno bisogno di vederci, in maniera contraria a quella che sappiamo di essere realmente, oppure quando ci giudicano. Se, a causa del loro giudizio o pregiudizio nei nostri confronti, decidono di non poter vivere con noi, ecco che ci separiamo. Sembra non esserci modo, per me, di poter essere il mio *sé* con te, per cui decido di essere il mio *me* senza di te. Entrambe le nostre costruzioni sono insalubri, vuote, sia letteralmente che metaforicamente, e sfortunate o, per dirla in maniera più ellittica, insoddisfacenti. Nell'ambito di esse, siamo invariabilmente virtuosi e distruttivamente intenti a minare il *sé*. Le precostruzioni e i pregiudizi contrapposti provocano il tipo più diffuso di scontri a cui ci sia dato di assistere tra le coppie in terapia. I loro commenti insistono nel definirsi a vicenda secondo una modalità di autodifesa come: "Lei ritiene", "Lui lo dice perché", "Lui è sempre", "Lei non è mai", "Lui non è mai", "Lei è", e via di questo passo, all'infinito. È impossibile prestare davvero attenzione, quando "già si sa". Non possiamo ascoltare, tenderci verso l'altro, quando "già sappiamo": possiamo solo essere virtuosamente irritati dal testardo rifiuto dell'altro di riconoscere la nostra precostituita verità. Ai nostri occhi, questo di norma equivale "ai fatti", a "ciò che è davvero accaduto", oppure "Non hai che da chiedere a Lois, lei era presente, chiedi a lei se non credi a me". Molto spesso anche qualora la precostruzione descriva i fatti, ciò ha punto o poco a che fare con il rapporto. Frank Lloyd Wright ha così sintetizzato questa situazione: "La verità è più importante dei fatti."

Le persone "vivono" i loro comportamenti precostruiti, "supposti", in casa, sul lavoro, nel corteggiamento, nelle relazioni, nel matrimonio e, cosa che non sorprende affatto, nello studio del terapeuta. Esiste un accordo passivo, un contatto inesplicito in virtù del quale una coppia può vivere in questo modo per anni o anche per tutta una vita. Ciascuno dei due è confitto nel cemento emozionale del "già noto", né mai esperisce l'intimità con l'*altro*. Ciascuno giudica, e così mai riesce a essere un *sé*. Troppo spesso, l'unico cambiamento si verifica quando sanno che stanno per morire; quando finalmente mettono in discussione le proprie costruzioni – ma, ancora una volta, ahimè, di solito solo per il breve tempo che è ancora loro concesso.

I terapeuti spassionatamente richiamano l'attenzione sul fatto che comportamenti giudicativi e pregiudicativi sono elaborati dall'"inconscio" per prevenire e precludere l'intimità. Quest'analisi può essere una verità relazionale, ma non parla all'interazione, interna, personale e bella, dell'*io*, del *me* e del *sé*, *dentro* le nostre persone individuali. È difficile credere che gli individui siano desiderosi di rinunciare alla meravigliosa sensazione del bambino che giace tra l'erba guardando il dente di leone, per occuparsi di cose o persone al *di fuori* di loro stesse; se sacrificano tanta beltà e vita, non possono che farlo per ragioni *interne* e primordiali.

È una verità, questa, di cui il teatro greco ci offre una metafora. L'ambientazione è comunitaria, e in essa il protagonista rinuncia a molto, ma solo per motivi *dentro* di lui. Lo svolgimento drammatico si svolge attorno al suo rapporto con altri, ma è il "fatale difetto" dentro di lui a prescriverne il destino. Non si usa parlare più dei "fatali difetti" delle persone, ma la perdita della *sé-ità* che stiamo descrivendo (lo squilibrio nel nostro *io-me-sé*) può risultare altrettanto fatale per le nostre esistenze. Squilibri del genere sono purtroppo irrimediabilmente percepiti come il nostro destino, e questa precostruzione è, fra tutte, quella che ha il massimo peso.

La speranza risiede nel *conoscere*. Anziché costruire il nostro "conoscere" e definirlo il nostro manifesto destino individuale, possiamo liberamente creare uno spazio in cui permettere che l'*altro*, si tratti di cosa o di persona, sia presente, sia "esperito". Vivere, morire, ferire ed essere feriti, amare, non essere amati, sono concrete manifestazioni di tutti i nostri destini. È una realtà comune. Se uno spazio del genere lo creiamo senza precostruire o giudicare l'*altro*, ma disposti a esperire *noi stessi* quando siamo in relazione con un altro, ecco che possiamo esperire l'intimità nel suo significato originario, quello di "massima interiorità". L'unica conoscenza a noi disponibile nel nostro "essere nel mondo in buona fede" è la nostra propria esperienza del *sé*.

6

COSTRUZIONE PERSONALE
RECIPROCITÀ ED ESSERE SENZA COLPA

È morale quello per cui, dopo, ti senti buono.
Ernest Hemingway

Il giudicalismo e il pregiudicalismo rendono improbabile, forse impossibile, l'esperienza intima. Atteggiamenti "erroneamente appresi" deteriorano, minano e, in ultima analisi, di solito distruggono la nostra capacità di essere intimi. Ma l'intimità, essendo naturale, possiede una ricorrente vitalità. Come ogni aspetto dell'evoluzione, ha un'insistente e possente tendenza ad accadere. La spinta inerente a una maggior umanità è in equilibrato conflitto con la "civilizzata" erosione dell'intimità che deriva dalle nostre preoccupazioni per la sicurezza, la vicinanza, la società e la legge interpersonale e l'ordine. Non è soltanto l'innaturale arroganza di questi atteggiamenti a distruggere l'intimità; cosa più importante ancora, è il senso di *separazione*, di *disgiunzione* che accompagna questa alterigia giudicativa, a minare l'intimità. L'arroganza personale, la solitudine e il sentimento di perdita di connessione nei rapporti umani che ne derivano, trovano tutti espressione nel nostro biasimare gli altri.

Il biasimo è un possente metasentimento. Essendo innaturale, deriva dal bisogno culturale di consolidamento sociale della cosiddetta "legge" e del cosiddetto "ordine" interpersonale. Sotto il profilo statistico il biasimo è caratteristico degli esseri umani, ma questo non significa che inerisca alla natura umana. Gli animali non biasimano, né biasima il resto della natura. Le foglie che cadono dagli alberi in autunno non biasimano il freddo. La natura è interconnessa nei suoi cicli, nella sua globalità. Separando noi stessi, ci dedichiamo al biasimo. Significativamente, in periodi di vera tragedia e catastrofe tendiamo a smettere di biasimare e, almeno per quel momento, ci mostriamo più disposti ad accettarci a vicenda e siamo più "naturalmente umani".

Il biasimo in questione – un atteggiamento e un "sentimento" letali per l'intimità, e pertanto alla fine distruttivi anche per la vicinanza – si basa sulla nostra errata convinzione che il comportamento umano relazionale sia un evento fondato su causa ed effetto. La persona A è adirata con la persona B, per cui la persona B assume un atteggiamento di distacco e di difesa; o forse la persona B si fa distaccata e si mette sulla difensiva, per cui la persona A si irrita. Ma supponiamo che nessuna delle due sequenze sia ciò che accade in realtà. Ammettiamo infatti che la persona A e la persona B abbiano simultaneamente queste risposte e, da ciò che sappiamo dalla natura "a livelli interiori", è un'eventualità assai più probabile. Questa reciprocità costituisce un'alternativa, potenzialmente assai utile, al concetto, più arcaico e statico, di causa ed effetto.

Gli esseri umani di solito danno prova di sorprendente arroganza nei confronti della natura: un'arroganza accompagnata da altrettanta ingenuità. Noi ci isoliamo dalla natura in fatto di pensiero, sentimento e comportamento, quasi la trascendessimo e non ne fossimo parte integrante. È un pericoloso presupposto, evidenziato dalla misura con cui inquiniamo la nostra acqua potabile, avveleniamo la nostra catena alimentare, rendiamo irrespirabile la nostra aria. È facile dire che non dovremmo farlo; più difficile invece è comprendere perché lo facciamo (e poi giustifichiamo noi stessi). Dimentichiamo, per dirla con il biologo e naturalista René Dubos, che "l'uomo plasma se stesso mediante decisioni che plasmano il suo ambiente". Agiamo come se fossimo osservatori di questi processi anziché parte attiva di essi. Studiamo, osserviamo e descriviamo la natura quasi sempre con l'atteggiamento di chi ne è al di fuori, con norme e regole diverse da quelle che essa ha, e non è escluso che questa sia l'illusione più autodistruttiva. Esattamente come insozziamo, mossi da arroganza, il nostro nido, ingenuamente crediamo di poter comprendere la natura standone al di fuori, semplicemente osservandola: persuasione che comprova, nella maniera più immediata, la nostra mancanza di reciprocità. Non percepiamo noi stessi quali agiti oltre che attori.

Da questo punto di vista, dunque, noi siamo *innaturalmente* correlati alla natura. Descriviamo in termini obiettivi l'universo standocene a distanza, e con l'illusione di capirlo. Ma il nostro atteggiamento distante, distaccato, obiettivo, ci impedisce di essere e di sentirci parte della matrice di ciò che realmente siamo ed esperiamo. Perdiamo la nostra connessione con la nostra "vera natura", e di conseguenza perdiamo ogni possibile occasione di conoscere realmente ciò che siamo in rapporto a tutta la natura, e tanto più nei confronti l'uno dell'altro.

Gli esempi su vasta scala, come per esempio l'inquinamento, sono spaventosi, certo, e tuttavia semplicemente sintomi e riflessi di una realtà ancor più fondamentale, che è la mancanza di ogni sentimento di reciprocità nei nostri rapporti da persona a persona. Il rapporto tra umano e umano costituisce il prototipo tramite il quale, e sulla base del quale, modelliamo le modalità di azione nei confronti del nostro ambiente. Lordare esteriormente il nostro nido, non è che una proiezione del nostro insozzare la casa in cui viviamo singolarmente.

Alla svolta del secolo, la psicologia ha prontamente fatto proprio il modello fisico, meccanicistico, causale e atomico, assurto a paradigma della psicologia "scientifica", donde la proliferazione di behaviorismo e condizionamento. In seguito sono sorti sistemi strategici più elaborati, come la programmazione neurolinguistica e la concorrente diffusione di terapie strategiche, familiari, di gruppo o individuali. Nel frattempo, la fisica era giunta a una più matura e profonda comprensione dell'indeterminismo casuale, delle reciprocità quantiche, della complementarietà, della relatività e delle teorie di campo: la danza della natura, insomma. Con molta perspicacia, il fisico e filosofo Ernst Mach ha affermato che "la fisica è esperienza strutturata in ordine economico". L'esperienza *deve* essere la base della nostra conoscenza di checchessia, dal momento che è *tutto* ciò che abbiamo. Noi siamo profondamente persuasi che ogni comprensione della natura, *di cui siamo parte*, sia essa fisica, biologica, chimica, sociologica, etnologica o psicologica, non può che essere coerente. La natura è un tutto unico.

Se questo è vero, dobbiamo rivedere a fondo i nostri "modelli naturali" – modelli della natura che plasmano la nostra comprensione dell'umana esperienza, soprattutto degli umani rapporti. A questo proposito, il fisico Richard Morris afferma, in *Dismantling the Universe*, che "i modelli sono utili perché ci mostrano che nell'universo intorno a noi esistono nessi celati". Allo stesso modo, in *Reality and Empathy*, Alex Comfort descrive vari modelli dell'universo e analizza come ciascuno di essi determini "il nostro modo di vedere il mondo". E "il nostro modo di vedere il mondo" in larga misura determinerà il nostro modo di vivere in esso. L'intimità è quella dimensione della vita in cui ci è permesso di renderci conto che "i modelli" sono metafore e che la realtà *è* rapporto. Possiamo cominciare col riesame dei nostri concetti base di spazio-tempo oltre che delle nostre costrittive concezioni di causa ed effetto: gli uni e le altre sono strettamente connessi. La nostra rigida attenzione soprattutto per cause ed effetti nel tempo lineare e nei rapporti umani, spiega la difficoltà che la gente incontra nel considerare reciproci i loro rapporti. Il biasimo che ne risulta, basato com'è su queste semplicistiche nozioni di spazio-tempo e causa-effetto, diviene una costante barriera all'intimità. Se tu e io partecipiamo insieme a esperienze e né tu né io facciamo qualcosa all'altro (causandogli ferite od offese), ecco che possiamo trascendere il biasimo. Ma la virtuosità rende assai difficile far sì che le cose funzionino nell'ambito di un rapporto.

Moltissimi tra noi non si considerano nello spazio-tempo. Questi concetti li pensiamo separati, senza il trattino di unione, in maniera per così dire quotidiana, semplicistica. Io ho il mio spazio in ufficio. Posso procurarmi un cambiamento di spazio (di luogo) andando in vacanza. Sono al lavoro, a una festa, ad assistere a una partita, in un particolare momento (tempo); il film comincia a una certa ora. Noi viviamo le nostre esistenze secondo questi semplicistici parametri. Molti intuitivamente si sentono intrappolati in essi, e lo sono davvero; questi giustamente avvertono la soffocante innaturalità che rispecchia la nostra arrogante e ingenua separazione dalla natura, e si sentono *sconnessi*. Tendiamo a ritenere di avere regole diverse da quelle degli atomi, dei cervi, delle gocce di pioggia, del sole, degli alberi lungo il nostro viale, ma non è così. La natura è effettivamente un tutt'uno, presupposto fondamentale per comprendere l'intimità. La caratteristica più saliente dell'intimità è la connessione di profonda bellezza tra tutte le cose e tutti gli esseri. Nulla di ciò che esiste è solo. Le cose e gli esseri essenti proprio quali sono, in relazione con altre cose ed esseri essenti proprio quali sono: questa è l'intimità. Ed è il messaggio del naturalista John Muir in *John of the Mountains*: "La stragrande maggioranza delle persone stanno sul mondo, non in esso – non hanno consapevole simpatia o rapporto con alcunché attorno a loro –, sono ristrette, separate e rigidamente sole come biglie di pietra polita che si toccano ma restano separate." Siamo *innaturali* nella nostra mancanza di intimità.

Ecologia, omeostasi, conservazione dell'energia e salubrità emozionale umana sono tutt'uno. Sono tutte intime interazioni equilibrate. In natura, l'equilibrio è fondamentale. Lo squilibrio, come abbiamo avuto modo di constatare su larga scala, è innaturale e catastrofico, e basta, per convincersene, dare un'occhiata agli ecosistemi che abbiamo distrutto. La nostra idea è che questi stessi processi agiscano anche a livello personale, e anzi che il livello personale sia il prototipo nella scala maggiore.

In natura, il concetto di spazio-tempo è assai più comprensivo di quanto normalmente non si ritenga. Lo spazio-tempo non può essere scisso, è un *continuum*, non già un accostamento di due entità separate. Quando incontriamo un amico in un particolare momento e in un particolare luogo, siamo più vicini alla comprensione di questa continuità. Per lanciare un razzo su Marte, dobbiamo puntarlo verso il punto in cui il pianeta si troverà quando il missile lo raggiungerà. Qui sulla Terra noi siamo incessantemente e scioccamente prigionieri del passato, del presente, del futuro e dei mondi lineari. Noi vediamo noi stessi quali osservatori del tempo che si muove, oppure vediamo le cose muoversi nel "nostro" spazio, ma questo modo di "vedere" è lungi dall'essere una descrizione accurata della realtà; al contrario, ci distacca dalla realtà, e quindi dall'esperienza del *sé*.

Parlo con mia moglie. Le chiedo: "Perché hai dimenticato di telefonare alla banca a proposito di quel conto corrente?" Dicendo questo, sono nello spazio-tempo di me (il figlio) e di lei (la madre). Mia moglie mi risponde, e lei può essere nello spazio-tempo presente, oppure nello spazio-tempo di due anni fa, in un'altra casa, quando tra noi c'è stata la stessa discussione. Posso trovarmi psicologicamente a casa con mia moglie mentre fisicamente sono in ufficio con il mio socio. Quale delle due cose è reale? La risposta è: nessuna delle due, bensì entrambe. L'immediata intercambiabilità di tempo e spazio risulta evidente quando la si consideri sotto questo profilo. Nella mia realtà, posso essere indietro di venti anni, avanti di sei mesi, in casa mia, in quella dei miei genitori, oppure in una terra inesistente, sebbene fisicamente io attualmente mi trovi qui, nel mio studio, alle diciassette e trenta di un martedì.

RECIPROCITÀ

L'intimità come dimensione della realtà dipende dal tuo essere nello spazio in cui sei realmente adesso, ed è correlata a qualsiasi cosa o qualsiasi altro essere si trovi in quello spazio, come lo sono in questo momento essi – non già intenti a viaggiare nel passato o nel futuro o a saltare spazialmente da un luogo all'altro.

L'unica realtà è la realtà esperienziale. Il poeta Wallace Stevens ha scritto, in *The Necessary Angel*, che "il contenuto della poesia non è una 'raccolta di oggetti solidi, statici, spazialmente estesi', bensì l'esistenza che viene vissuta nello scenario che essa compone; allo stesso modo, la realtà non è uno scenario esterno, bensì l'esistenza che in esso viene vissuta. La realtà è le cose quali sono". Lo spazio e il tempo psicologici obbediscono alla natura; non sono diversi dallo spazio e dal tempo fisici. L'intercambiabilità è importante in entrambe le direzioni, ivi compreso il concetto di multidimensionalità. Nell'esperienza intima, il tempo può dilatarsi, comprimersi, perfino fermarsi. Il luogo può essere trasformato, ciò che era brutto diventare bello, quello che era piccolo diventare grande. Dobbiamo pertanto renderci conto che lo spazio-tempo non è qualcosa di fisso, esterno a noi e che noi osserviamo, ma che al contrario rappresenta una variabile di cui facciamo parte. E ne siamo parte in quanto reciproci. Questo rapporto diadico, *sé-altro*, è esperito solo nell'intimità. Quando non esperiamo l'intimità, non avvertiamo la reciprocità inerente a tutta la natura, noi compresi. Che la diade sia costituita da te e dal tuo amante, da te e da un pesce, da te e dall'universo, il rapporto è sempre di reciprocità. Qualora non sia così, sarà un rapporto deformato. Spazio-e-tempo è semplicemente un modo di vedere questa situazione, sebbene forse il più fondamentale.

Quando viviamo lo spazio-tempo come "esperienze" fisse, non reciproche, blocchiamo processi che sono parte integrante della realtà e dell'esperienza, e questo è particolarmente vero dal momento che tutti i processi implicano movimento. La stabilità (sicurezza) che ricaviamo dallo "smettere di vedere alcunché [o chicchessia]" o dal "fermare checchessia [o chicchessia] in modo da poter vedere", rende quella persona cosa o evento *diversa da ciò che è*. Lo stesso vale nel caso del "mettere checchessia [o chicchessia] altrove" o del "mettere checchessia [o chicchessia] in un altro tempo". Quando cambiamo la natura delle cose per i nostri bisogni, cessiamo di essere parte di quella natura, e pertanto cessiamo di essere *noi stessi*.

June vede suo marito come una persona incurante, indipendentemente dal comportamento di lui: un giudizio, quello di June, che si evidenzia durante le sedute terapeutiche. Perché? Forse perché lo vede come il padre che in effetti trent'anni fa aveva con lei un atteggiamento disattento? Vedere le cose in questo modo, significa semplicemente rifarsi al fenomeno di transfert del pensiero analitico tradizionale. Ma il vero problema è la deformazione che June opera del *sé*, non già la deformazione di suo padre. È il suo spazio-tempo distorto che la induce a percepire il marito nei termini del passato di lei, e non come lui stesso, e neppure quale passato di *lui*. In tal modo, June non riesce né a essere se stessa né intima. È un processo assai più profondo del transfert, a spiegare il quale non basta l'affermazione che "June semplicemente vede suo marito come una figura paterna".

Com'è ovvio, June ha gravemente ostacolato e limitato le sue possibili esperienze con il marito. Ha limitato il cosa, il come e il quando poter essere con lui, e indirettamente ha ostacolato l'esperienza di lui con lei. Quando siamo confinati a questo modo nello spazio-tempo distorto, riduciamo le esperienze e le realtà disponibili delle altre persone e di qualsiasi altra cosa nel nostro mondo, e questa limitazione ha come fondamento la nostra percezione del tempo e dello spazio quali parametri lineari fissi dell'esperienza, ed è per noi fonte di confusione quanto a comprensione dei rapporti. Siamo ridotti all'imprigionante ingenuità di pensare le interazioni personali quale semplice soggetto-oggetto e quale semplice causa ed effetto. "Ho fatto questo perché tu hai fatto quello, e sono così perché tu sei così." Respingiamo la reciprocità e ci dedichiamo al biasimo. Non viviamo nel mondo ricorrente del *sé* come effettivamente è ma, al contrario, nei mondi precostruiti e pregiudicati dell'*io* e del *me*.

Le conseguenze che derivano dal liberare la nostra mente da queste cristallizzate e statiche nozioni di tempo e di spazio, sono di vasta portata. Dovremmo cominciare a vedere il tempo e lo spazio come perennemente e vicendevolmente modificantisi, perché di rado accade che siano quali appaiono in superficie. Essi si muovono improvvisamente in tutte le direzioni, non già come parametri fissi, bensì come fili dello stesso tessuto in cui noi siamo intessuti. Dovremmo comprendere che ciò che ora definiamo un litigio è un modo di toccarsi in un certo spazio-tempo, di imparare in un altro, di fare l'amore in un terzo, di evitare altri litigi in un ulteriore. Saperlo, ci consentirebbe libero accesso al nostro *sé* e accrescerebbe la nostra comprensione dell'umana esperienza nei rapporti e nella natura in generale. Ridefinire lo spazio-tempo psicologico quale effettivamente esperito nel rapporto, incrementerebbe in misura significativa non soltanto la nostra comprensione dell'intimità, ma anche la nostra capacità di intimità.

Sandy e Alan trascorrono la loro ora di seduta nel nostro studio rivivendo certi capitoli della loro esistenza: "Ce l'avevo con te perché non mi avevi parlato della tua intenzione di invitare i tuoi genitori." "Be', non te ne avevo parlato perché eri già arrabbiata per via dei bambini." "Ero arrabbiata per via dei bambini perché eri stato così cattivo con loro l'ultima volta che avevano fatto tardi." E via di questo passo. Qui non c'è reciprocità, esiste solo biasimo.

Reciprocità non significa che le piogge non facciano gonfiare i fiumi e inondare le campagne circostanti. Non significa che un marito brutale picchi sua moglie perché lei vuole che lui lo faccia, né che il marito di una moglie alcolizzata sia complice del suo bere. Non significa che l'amante indifferente sia responsabile delle avventure sessuali del suo partner. Non significa che siamo tutti egualmente, direttamente responsabili di ciò che accade, ma però lo siamo tutti in qualche modo. I temporali provocano inondazioni, ma se avessimo prestato più attenzione nel tagliare gli alberi, nel terrazzare i terreni e nel coltivare la terra in modi più compatibili con la natura, le piogge sarebbero probabilmente state meno rovinose. La reciprocità non significa che la virtuosità della moglie sarebbe meno risibile, che le botte inflittele dal marito sarebbero meno gravi. Il cambiamento di lei forse non impedirebbe la brutalità di lui, ma potrebbe modificarla. Stando con lui, lei partecipa, e il suo modo di partecipare influisce sull'esperienza. La reciprocità non significa che la donna ubriaca non sarebbe stata sbronza in qualsivoglia circostanza, ma che il marito col suo starle vicino partecipa all'autodistruzione di lei, e pertanto all'annientamento di entrambi. Ciò non significa che l'amante indifferente vuole che il suo partner abbia un'avventura sessuale, bensì che l'amante ha parte nel fatto che l'altro vi si dedichi, semplicemente perché non è in sintonia con la propria natura sessuale.

La reciprocità significa che tutti siamo attivamente coinvolti in ciò che ci accade: nessuno è l'unico e definitivo colpevole. Nei rapporti non si danno situazioni semplicistiche quali causa ed effetto: un individuo non ha solo un'avventura distaccata dal rapporto con il partner "tradito". Entro certi limiti, e ammettendo che i termini sono variabili, la persona che subisce il "torto" ha anch'essa parte nell'avventura. Può trattarsi di una partecipazione di carattere minore, ma anche di una richiesta, insistente e sopraffacente, che l'altro abbia una storia del genere. (Non si dimentichi che certe persone sono "eccitate" dal fatto che il loro amante faccia l'amore con qualcun altro.) È innegabile che sussista un certo coinvolgimento sia da parte dell'"offeso" che dell'"innocente". La natura ignora realtà tra loro sconnesse. In misura maggiore o minore, non c'è cosa che non sia coinvolta. La reciprocità non consiste nel tuo causare X e nel mio essere toccato da X e viceversa: è il noi insieme. Qualsiasi cosa accada a noi, accade a me; qualsiasi cosa accada a me, accade anche a noi.

Altrettanto importante è la nostra comprensione che l'unica parte per la quale possiamo fare qualcosa è noi stessi. Non possiamo cambiare gli altri. Non possiamo *volere* o *produrre forzosamente* cambiamenti nel modo di essere dei nostri coniugi e amanti: essi saranno come saranno, e noi saremo come saremo. Oppure possiamo essere diversi. E questa scelta è la nostra libertà, il nostro libero arbitrio. Da parte nostra, la più importante comprensione personale è che *noi siamo l'unica persona che può cambiare.* Se ce ne rendiamo conto, forse possiamo assicurarci l'intimità. Il dono della scelta comporta la responsabilità *e* la gioia del *sé*. Dobbiamo innanzitutto capire, riguardo a noi stessi, ciò che la Alice di Lewis Carroll comprende nel *Paese delle Meraviglie*: "'Non posso spiegare *me stessa*, temo, signore', disse Alice, 'perché, vedete, io non sono me stessa.'"

Se spieghi te stesso nei termini di qualcosa al di là di te stesso, se vivi secondo una freccia temporale che va dall'uno al due al tre, e se consideri ogni segmento causativo del successivo, perderai di vista la ben più grande verità che la vita è una danza mobile e fluente in cui c'è reciprocità ma non causalità. Io non sono chi sono per causa tua. Io non sento ciò che sento a causa di te, né faccio ciò che faccio. Posso danzare in maniera agile o goffa con te nei termini dei miei sentimenti e azioni, ma non sei tu la causa del mio essere, sentire o fare ciò che faccio. Quello che stiamo affermando, non significa che cose o persone non siano mai causalmente correlate: lo sono, ovviamente. Le persone si servono di fucili e pallottole per uccidere, e le tempeste distruggono proprietà e vite. L'ingiustizia è perpetrata da azioni che determinano effetti. Ma noi stiamo parlando di modi di vedere e di essere, non già di fare; stiamo parlando di come tu sei tu, non di ciò che potrebbe accadere a te. È evidente che tu puoi picchiarmi e io ne proverò dolore fisico; e in ciò posso aver parte rilevante o meno. Posso provocare un violento; posso scegliere di vivere con una persona incline alla violenza. Ma quando tu dici che non vuoi avere rapporti con me, il mio *sentirmi* battuto deriva in larga misura dalla *mia* partecipazione ed è *completamente* responsabilità mia. Reciprocamente, io partecipo alla vita con te. Sono responsabile del mio senso di *sé* di me stesso. Soltanto io posso ridurre a malpartito la mia *intimità*.

Se insistiamo a vedere la vita in modo unidimensionale, lineare e causale, saremo in dissonanza con le nostre esperienze, perderemo di vista quelle espansioni e compressioni del tempo, quelle alterazioni dello spazio che contrassegnano l'esperienza intima. Nel nostro accoppiarci, si tratti di me e te, di amanti, coniugi, datori di lavoro e lavoratori, genitori e figli, inevitabilmente ci scontreremo se ci recluderemo nel nostro tempo e nel nostro spazio cristallizzati, perché invariabilmente essi saranno diversi, e pertanto non avremo più modo di toccarci. Non ci sarà danza, non ci sarà nessuno di quei ritmici movimenti casuali su cui si basa l'intera natura. Ma essere a tal punto "in dissonanza", è un atto di arroganza innaturale sotto il profilo biologico, ed è anche mortale.

Nonostante ciò che noi facciamo, la natura continua a funzionare e, malgrado noi stessi, siamo parte della natura e parte del vissuto. I nostri ritmi influenzano i ritmi di altri. I nostri sentimenti sono immediatamente contagiosi. La depressione induce altri alla depressione, l'ansia genera ansia, così come la calma e la gentilezza suscitano l'altrui serenità e accettazione. Gioia, euforia, esaltazione e felicità sono reciproci: questa è la natura della natura. La regola aurea, reperibile in una forma o nell'altra in ogni religione e filosofia, ci richiama alla nostra natura, non già quale un'etica sottoposta a giudizio, ma quale esperita reciprocità. La danza della connessione è universale. Soltanto la nostra rigidità limita le nostre scelte, confina le nostre esperienze e la nostra partecipazione a esse. In un certo senso ogni patologia, fisica, psicologica o sociale che sia, ha a fondamento la rigidità, l'incapacità di muoversi e di essere con le cose quali sono. Noi ci aggrappiamo alla nostra rigidità quale fonte di sicurezza. E accade così che, quando la nostra depressione si scontra con il ritmo della gioia nel coniuge o nell'amante, essa assume una potente e perversa insistenza: noi restiamo attaccati al *nostro* ritmo, al *nostro* spazio e al *nostro* tempo, e di solito a *nostro* detrimento personale e relazionale. Le variazioni sono infinite: imprigionando il nostro *sé*, di rado riconosciamo la nostra autodistruttività. Perdiamo la libertà di partecipare alla danza esperienziale.

Buckminster Fuller ha illustrato la nostra difficoltà di danzare, di partecipare al ritmo *naturale*, allo spazio *naturale*, al tempo *naturale*: "La natura fa del suo meglio perché noi ci si riesca, ma la natura non dipende da noi. Non siamo noi l'unico esperimento." La rigidità in moltissimi di noi deriva dall'incapacità di capire il mondo e di partecipare a esso in maniera reciproca e ricorrente. La naturalità include, pur senza essere a questo limitata, l'amore per la natura glorificato dai romantici, come in questi versi del *Childe Harold's Pilgrimage* ("Il pellegrinaggio del giovane Aroldo") di Byron:

> Non vivo in me stesso, ma divento
> parte di ciò che mi circonda; e per me
> alte montagne sono un nutrimento,
> ma il fragore delle umane città è tortura...

La partecipazione al mondo (montagne e anche città) quali *sé*, che è tutt'uno con connessione, è sperimentare la diade tramite il proprio essere.

Stephanie dedica gran parte del proprio tempo e delle sue energie alla "ricerca di una relazione". E poiché non riesce a "trovarne una", è in preda a depressione cronica e si sente "incompleta". Il suo problema lo vede in tutto e per tutto in termini di insufficienza degli uomini con i quali si incontra, il fatto che non riescano a essere ciò di cui lei ha bisogno. Entro certi limiti, la sua impressione può corrispondere al vero, ma Stephanie ancora non si è chiesta come *lei* è, perché *lei* è quella che è con gli uomini o, cosa della massima importanza, perché *lei* avverte la stessa incompletezza con il resto del suo mondo. La persona intima che non abbia ancora trovato con chi accoppiarsi, non è depressa: individui siffatti possono essere soli, sentirsi tristi, ma di solito sono semplicemente "pronti". Al pari di Maude nel film *Harold e Maude*, che l'esistenza la viveva totalmente, che la gioia la provava e la prendeva ovunque potesse, la persona intima partecipa alla vita quale le si presenta.

SOCIALIZZAZIONE E SICUREZZA

Come ci si insegna a non danzare nel rapporto? E come ci si insegna a non sapere quando siamo intenti alla danza dell'esperienza? E perché questo ci viene insegnato? Evidentemente, la risposta, di carattere storico, suona che gli esseri umani hanno attribuito il primato alla necessità di garantire la stabilità sociale. Il *sé* viene sacrificato al sistema. La socializzazione si impernia sullo sforzo inteso a indurre il bambino ad accettare norme temporali e spaziali fisse che si traducono in semplici, lineari nozioni di causa ed effetto. Purtroppo, però, a questa "cognizione" si accompagnano il giudicalismo, la perdita di libertà del *sé*, la rinuncia al dono della scelta individuale. Noi, queste concezioni le impartiamo ai nostri figli in modo che siano "sicuri" come noi lo siamo, in modo che possano integrarsi nel sistema: una socializzazione che otteniamo creando metasentimenti. Questi "sentimenti riguardo a sentimenti" (vergogna, imbarazzo, ritrosia, senso di colpa, modestia, cortesia, considerazione per gli altri, ostilità, e tutti i molti altri controllori socialmente "utili") sono innaturali, per quanto comuni agli esseri umani civilizzati.

Come possiamo affermare che sentimenti così comuni e onnipresenti non sono naturali? Per la semplice ragione che constatiamo come vengano imparati dai bambini e anche perché fin troppo spesso esprimono il nevrotico squilibrio delle nostre persone, della nostra cultura e della nostra società che è la conseguenza della negazione del *sé* a pro della vicinanza sistemica. La sostituzione dei sentimenti mediante metasentimenti riflette la nostra abissale incuria per l'esperienza del *sé-intimità*. Dicendolo, non vogliamo farci avvocati dell'anarchia: la socializzazione non è "cattiva", e i metasentimenti hanno scopi utili. E, come abbiamo già fatto rilevare, una sana vicinanza è altrettanto importante dell'intimità; ma una vicinanza malsana, vale a dire l'essere prigioniero del sistema, è distruttiva sia per il *sé* che per il sistema, sia per l'intimità che per la vicinanza stessa. Il filosofo francese Jacques Maritain ha definito la vicinanza insalubre nel suo libro *Tre riformatori: Lutero, Cartesio, Rousseau*, là dove dice: "Nell'ordine sociale moderno, la *persona* è sacrificata all'*individuo*." L'"individuo" è parte del sistema; la "persona" è il *sé*.

Ci sono coppie i cui componenti riescono a trascorrere anni insieme restando immoti nella loro sicurezza, senza mai danzare, preoccupati solo di garantire i perimetri del loro tempo e del loro spazio. La loro mancanza di reciprocità e la riluttanza a vivere nello spazio-tempo della natura, molto simile al loro "saperlo già", distrugge l'intimità. Quando costoro cominciano a vedere sia l'*io-me* che l'*altro* intenti a muoversi in un universo comune, ecco che l'intimità diviene possibile. Può darsi che la loro danza esperienziale in un primo momento non sia aggraziata, ma essa li porterà, seppur goffamente, a un naturale inizio.

Bonnie è assolutamente convinta che se suo marito fosse meno depresso e perfezionista, il loro sarebbe un matrimonio ideale. Sia lei che Gene, il coniuge, sono ben decisi a non scindere il loro legame. Hanno tre figli, e gran parte del loro rapporto, turbato e stizzoso, si accentra appunto intorno ai figli. Gene è arrabbiato perché il primogenito, sebbene continui a farsi onore come studente di una rinomata scuola della zona, ha, sì, una buona media di voti, però non altissima. Bonnie è persuasa che il ragazzo se la sia cavata bene e ci si dovrebbe congratulare con lui per i risultati ottenuti, anche se non è diligentissimo. Gene è altrettanto convinto che se sua moglie avesse i piedi meglio piantati per terra, se insistesse più con i figli perché "facciano ciò che possono e dovrebbero fare", se fosse meno permissiva e protettiva, i ragazzi starebbero molto più in riga e tutto andrebbe per il meglio. Entrambi gli atteggiamenti sono giusti e ambedue sbagliati. Il guaio è che tra queste due persone, Bonnie e Gene, non c'è connessione, non c'è danza; esse non sono capaci di "vivere nel mondo in buona fede".

Internamente Bonnie sente e crede che suo marito abbia ragione, che in sostanza lei abbia uno scarso senso della responsabilità: si sente troppo emotiva, troppo protettiva, si giudica poco realistica e ha l'impressione che lo stato di depressione del marito sia un riflesso della propria mancanza di sostegno e di amorevolezza nei suoi confronti, la "prova" che il suo amore non è quello che dovrebbe essere. Cionondostante, risponde alla depressione e al rabbioso autocompatimento di lui con esplosioni d'ira. Comincia tentando di parlargli in maniera sensibile e comprensiva, ma il marito non la sta ad ascoltare, convinto com'è che Bonnie sia a tal punto preda delle proprie emozioni e talmente irrazionale (e in fin dei conti talmente stizzosa), da rendergli impossibile un discorso con lei. E lui si ritrae nel suo guscio, e in lei la rabbia cresce ulteriormente.

In fin dei conti, Gene sente e crede di avere la responsabilità di Bonnie e dei loro figli a ogni livello del loro essere, esattamente come sente di avere la responsabilità di far sì che ogni cosa al mondo funzioni a dovere. Ma siccome una responsabilità del genere è insostenibile, inevitabilmente si sente inadeguato. Ha la sensazione di essere proteso nel tentativo di salvare tutti ma, date le sue insufficienze, può farlo solo se gli altri gli danno una mano. Ed è sempre stizzito perché gli altri non se ne danno per intesi e non sono in grado di aiutarlo essendo quali lui avrebbe bisogno che fossero, e così gli accade di venire perennemente rimandato alla sua sensazione di essere un *sé* insufficiente.

Ed ecco pertanto che Gene e Bonnie sono perennemente in collera l'uno con l'altra, ambedue intenti a biasimare e a giustificarsi e incapaci di scavalcare la loro indignazione e le loro proiezioni. E nel contempo, accade che entrambi siano profondamente scontenti di se stessi. Non c'è gioia nel loro biasimare, nella loro mancanza di reciprocità; anzi, questa avvertita mancanza è appunto ciò che ciascuno più biasima nell'altro. Il sostrato di questa triste forma di rapporto consiste nel fatto che nessuno dei due ha effettivo senso della connessione di spazio e tempo nella natura. Ognuno di loro ha il proprio tempo individuale, il proprio spazio individuale, i propri confini individuali ben vigilati, per cui non può esistere reciprocità. Quando litigano, non c'è comunanza e certamente non c'è contatto; non hanno momenti intimi in cui trovare ristoro e riposo da questo sistema innaturale. Il loro non è un problema coniugale: è un problema personale.

Bonnie ha problemi psicologici che trovano la sua più chiara e semplice espressione nei suoi rapporti con Gene. Nascostamente, surrettiziamente, ma non consciamente, Bonnie chiede che altri si assumano la responsabilità del suo benessere e del suo modo di vedersi. Tiene nascosta a se stessa la propria dipendenza, ma si comporta in modi che perennemente esigono attenzione, sostegno, guida. Tuttavia, non appena ha ottenuto quello che sempre, inconsciamente, cerca, eccola stizzita e turbata. Biasima l'altro per la sua sensazione che il suo amore sia insufficiente, al pari del suo valore e per il fatto che lei non riesca a essere se stessa. La sua amorevolezza, la sollecitudine e la gentilezza autentiche sono prigionieri di questi episodi.

Anche Gene ha problemi emozionali che chiaramente minano il suo rapporto con Bonnie. È mosso da un insaziabile bisogno di controllare tutto e tutti nel suo ambiente. Non è meschino né bramoso di potere: semplicemente, sente la necessità che ogni cosa sia sempre perfetta, convinto com'è di sapere come tutto dovrebbe essere, e perché questo avvenga basterebbe solo che tutti gli altri si decidessero a collaborare. È un brav'uomo che, con le sue ottime intenzioni, riesce a far sì che tutti intorno a lui si sentano colpevoli e pieni di indignazione, mentre egli stesso, dal momento che non riesce mai nel suo intento, è perennemente depresso e pieno di risentimenti. I bisogni di Bonnie li avverte come esigenze che lui non sarà in grado di soddisfare, e di conseguenza diviene ancor più depresso e pieno di risentimenti. E il gran lavoro che fa, le sue sollecitudini e il suo profondo impegno, finiscono con l'essere vanificati da queste deformazioni.

L'errore che ambedue commettono è quello di fare, di tali separate conflittualità, un'unione matrimoniale. Sono convinti di vivere come se condividessero uno spazio e un tempo comuni, ma non è così; per dirla altrimenti, a parole si affermano decisi a vivere come se fossero reciproci, come se in ogni momento fossero realisticamente capaci di rispondere l'uno all'altro. In realtà, entrambi ignorano la reciprocità, nell'ambito di se stessi e nei rapporti con l'altro. Nessuno si rende conto dello spazio-tempo in cui realmente si trova quando sono intenti a scontrarsi a vicenda. Il loro non è semplicemente uno spostamento psicologico, ma un essere spiazzati nel tempo e nello spazio e, cosa ancor più distruttiva, lontani dalla realtà naturale in cui ha luogo l'intimità. Il loro agire equivale a un pugilato con l'ombra psicologica; ma le ombre non hanno *sé* e lo scontro boxistico non è certo la forma migliore di matrimonio. Bonnie e Gene non sono "malati", sono "normali". Sezionandoli ed esasperandone i tratti, li facciamo sembrare in preda a turbe psichiche, mentre in realtà la loro condizione è assai simile a tutte le nostre turbe: squilibrio a favore della vicinanza, socializzazione a scapito del *sé*. Hanno perso di vista ciò di cui parla Margaret Mead in *Some Personal Views*: "Il matrimonio è... una reiterazione dello sviluppo di ogni singolo quanto a venire a patti con il proprio temperamento, i propri impulsi, le proprie capacità e i propri talenti." Bonnie e Gene questo accordo non lo trovano perché non hanno "patti" comuni.

La reciprocità è dunque la capacità di partecipare a una comune realtà, che naturalmente include un tempo-spazio accettato. Io vivo con te quale sono ora, in questo tempo che entrambi attualmente condividiamo, nello spazio che attualmente condivido con te quale sei realmente adesso. Quel che ci accade è il prodotto della maniera, più o meno efficace, con cui ciascuno di noi riesce a comprendere la nostra immediata presenza. Ciò che accade a *me* in quest'esperienza è *mia* responsabilità. Ciò che accade a *te* è *tua* responsabilità. Ciò che accade a *noi* è insieme *mia* e *tua* responsabilità. "La vita non ha significato alcuno se non in termini di responsabilità", afferma Reinhold Niebuhr in *Faith and History*, e questa responsabilità è responsabilità di *sé*.

PERCEZIONI OPPOSTE DI TEMPO-SPAZIO

Wally e Jane convivono da cinque anni. Basta stare con loro qualche tempo, per rendersi conto che non parlano lo stesso linguaggio, che nel loro rapporto usano le parole in maniera diversa l'uno dall'altro. Il linguaggio, come sistema simbolico di interazione con il mondo, per ciascuno di essi ha significati differenti. La loro capacità di istituire un contatto, di comunicare, di essere intimi, è gravemente compromessa dalla loro spaventosa mancanza di reciprocità quanto a simboli che usano e al linguaggio quotidiano di cui si servono. Nessuno dei due è in grado di accettare l'altro come semplicemente diverso: non sbagliato, bensì diverso. Siamo sempre rimasti sorpresi dalla constatazione di quanto convinte siano le persone che una di loro è nel giusto, mentre l'altra è in errore; e i componenti le coppie restano a bocca aperta quando ci sentono affermare che, quasi sempre, entrambi hanno ragione. Sono semplicemente diversi; e la differenza, la diversità nella connessione è vita. Gran parte degli esseri umani non si rendono conto di questa semplice realtà: partono dal presupposto che il loro "modo di vedere", o di "dire", o di "capire", ha carattere universale. Ovviamente, non è così: al contrario, si tratta di modi assolutamente individualistici.

Il fisico e storico Thomas Kuhn ha analizzato, in *The Structure of Scientific Revolutions*, le modalità secondo cui i cambiamenti di paradigmi inducono le persone a vedere in maniera diversa il loro mondo: "Ciò che un uomo vede dipende sia da ciò che guarda sia da ciò che la sua precedente esperienza visual-concettuale gli ha insegnato a vedere." Non soltanto il nostro "modo di vedere" è lungi dall'essere universale, ma il vero processo del mio vedere è una definizione del *me*, non dell'*altro*.

Jane simbolicamente vive l'esistenza come una serie di immagini ferme, di fotografie poste una dopo l'altra, perlopiù in bianco e nero. Il contenuto ha la precedenza sull'emozione. Le sue immagini si susseguono in una direzione temporale chiaramente definita, in cerca di risposte. Le qualità del colore, del movimento e dello spazio sono rigidamente controllate: le sfumature hanno importanza solo nella misura in cui chiariscono e confermano il suo obiettivo. Per Jane, lo spazio è fatto di pezzi frammentari, e il tempo ticchetta con assoluta costanza nell'orologio interno del suo *me*. Jane ha un orientamento temporale e sincronico: il suo tempo è coerente e continuo, come quello degli orologi. Per quanto riguarda la quotidianità, Jane è una persona ben organizzata, che persegue i propri obiettivi, una persona attiva; delle informazioni che raccoglie si serve per formulare decisioni.

Wally invece vive simbolicamente in un mondo amorfo di colori turbinanti con scarsissima organizzazione temporale. Il tempo per lui non è coerente. Colore, movimento e spazio fluido sono ai suoi occhi più importanti che non la direzione o la meta. C'è scarsa sequenzialità: al contrario, tutto è adesso. Wally è immerso nel processo, Jane è tutta dedita alla meta. Lui vuole recarsi alla spiaggia per divertirsi, lei vuole semplicemente andarci. Wally è una persona più rilassata, più tranquilla, interessata al processo, non molto orientata alla meta e gli riesce difficile formulare decisioni.

Jane rincasa dal lavoro. È stanca e senza dubbio vorrebbe evitare altri problemi. Ma, appena varca la soglia, immediatamente avverte uno stato di tensione, e la interpreta come se promanasse da Wally. Questi, che molto spesso rincasa dal lavoro un po' prima, è seduto al tavolo della cucina e, come direbbe Jane, "in preda a uno dei suoi malumori". Lei non riesce a comprendere che la tensione si instaura in realtà tra i loro modi di essere; le manca completamente il senso della reciprocità. Vivendo Wally come fonte di tensione (in altre parole, biasimandolo), si ritira nel proprio mondo privato. Con tono di legittima indignazione gli chiede: "Che cosa c'è che non va?" In realtà, vuol dire: "Spiegami, in maniera chiara e concisa, in termini temporali, che cosa hai fatto di sbagliato o che cosa non sei stato in grado di portare a termine, in modo che io possa risolvere per te il problema, sebbene non ne abbia nessunissima voglia." Facile accorgersi che Jane non istituisce con lui un contatto, che il suo *sé* non è disponibile all'intimità. Non crea uno spazio in cui lui possa esistere *quale è*. Al contrario, pretende da lui che esista quale *lei è*, e ciò costituisce l'antitesi dell'intimità. Non sente, non vede né tocca il suo essere come persona; è infuriata perché lui non è *quale dovrebbe essere*, e perché *altri* non riescono a vedere la reale natura della vita con la stessa chiarezza con cui lei crede di riuscire a vederla. Ciò non significa assolutamente che non abbia o non provi sollecitudine e non desideri aiutare Wally; ma, nella sua incapacità di essere reciproca, non fa che biasimarlo – biasimarlo perché è quello che è. È questo che rende improbabile una sana vicinanza e impossibile l'intimità. Biasimo e atteggiamento virtuoso provocano sempre difensività; nessuno dei due può certo rinunciare al diritto di esistere, di essere ciò che lui o lei è. Nessuno può permettere all'*altro* di definirlo o definirla.

Wally, com'è ovvio, si sente aggredito dalle domande, dall'atteggiamento di lei. Era alla ricerca di qualcosa di completamente diverso da ciò che gli è accaduto. Ha avuto una discussione sul lavoro, e cercava qualcuno che lo ascoltasse, che gli offrisse un qualsivoglia sostegno. Anche lui vuole che Jane sia *quale lui è* anziché *quale lei è*, e prova risentimento perché lei manca di dargli ciò di cui ha bisogno. Entrambi provano risentimento per l'incapacità dell'altro di vedere quel che essi vedono come effettiva natura della vita. Agli occhi di Wally, Jane interrompe il flusso, ferma i colori, la connessione spaziale tanto importante per lui, e così facendo lo spoglia della sua esistenza, intervenendovi dimentica della reale persona di lui. Ma Wally ha parte nella propria demolizione perché si comporta esattamente come lei. Sostanzialmente, Jane considera Wally all'incirca un pazzo; è persuasa che, quando la pazzia contamina il mondo di lei, fatto di realtà ben ordinate, tutto finisce in preda al caos. Wally, a livello preconscio, ha la sensazione che Jane sia morta, e che istituire un rapporto con lei come se fosse viva e reale ucciderebbe il mondo interno di lui. Questa è una posizione del *me*. Lui, come lei d'altronde, sente e parla esclusivamente a partire dai suoi sentimenti e bisogni. In realtà, non è semplicemente se stesso, come crede di essere, ma è sulla difensiva. Si sente nel giusto e pertanto virtuoso. Ha perduto ogni contatto con la *reciprocità* del suo rapporto, e così facendo rende impossibile il *sé/intimità*. Si comporta esattamente come lei in quanto, a causa della sua tendenza a giudicare, anche Jane rende impossibile il *sé/intimità*.

Il risultato più importante del vivere nel mondo reciproco anziché in quello della causa-effetto, consiste nel fatto che si elimina il biasimo dal rapporto. La reciprocità nel rapporto rende superflui i biasimi. Quando, nel corso della terapia, una coppia accetta la reciprocità come realtà della natura, il cambiamento ha inizio. I due smettono di litigare sui "fatti". I fatti di norma sono irrilevanti nel rapporto; molto spesso hanno ben poco a che fare con la verità della relazione, che è la sua natura reciproca. La stragrande maggioranza delle nostre spiegazioni effettive sono difensive, e in realtà sono giustificazioni. E sono inutili. Se al contrario siamo noi stessi e se permettiamo agli altri di essere se stessi, si ha vita. Non c'è prescrizione in questo senso, e certamente non occorre aggiungere commenti in merito. Continuamente interagiamo attorno a ciò che siamo, ma parliamo soltanto di ciò che facciamo, comportamento che costituisce un valido esempio di quel che intendiamo per "cattura", per essere prigionieri. Il teorico Francisco Varela ha scritto a lungo sul modo con cui tutte le dualità sono insieme *questo* e il *processo di diventare questo*. Per loro stessa natura, le diadi sono dualità e pertanto non ci sono "fatti" basati sull'aut aut. I "fatti" sono perlopiù frammenti cristallizzati dello spazio o del tempo che ben di rado si adeguano al processo di spazio-tempo. Sono soltanto un momento fisso di ciò che *è*, e pertanto una deformazione del processo di realtà.

Certe coppie sono continuamente intente al mutuo biasimo, e non soltanto ce lo descrivono ("Lui dice che..."; "Lei dice che..."), ma ripetutamente lo mimano nel corso della terapia. Sembrano inconsapevoli della distanza tra le loro metafore, i diversi tempi personali o i differenti spazi personali. E d'altra parte, sono penosamente consapevoli del prezzo che in tal modo pagano, della mancanza di contatto, dei vicoli ciechi fatti di rifiuto, autosconfitta e astensione, della strana ritrosia a comunicare. Senza reciprocità in quanto essenza del rapporto, sono impaludati nel biasimo, impediti di essere *sé*.

La posizione del *sé* si instaura solo quando siamo in grado di creare, nel nostro mondo personale, uno spazio entro il quale il mondo dell'altro può esistere immutato. In questo spazio intimo possiamo assaggiare, toccare, osservare, udire, odorare, ascoltare e imparare. Esso ci permette di conoscere ciò che è conoscibile, la realtà di ciò che è. Noi esistiamo solo come parte di questa esperienza e grazie a essa, la quale infrange la nostra isolante arroganza e la nostra solitaria ingenuità.

Gli amanti che si incontrano vi diranno che nell'intimità tempo e spazio non significano nulla, e ciò vale per ogni altra esperienza intima. Nell'intimità, il tempo-spazio è libero. Non c'è direzione, ma solo movimento. Nessun tempo-spazio specifico isola dalla connessione con il movimento dell'universale danza del *sé* e dell'*altro*. Ogni persona è un "danzatore", e parte della danza, non un osservatore esterno.

ESSERE SENZA DIFETTI

La scoperta della reciprocità come elemento fondamentale del rapporto, rende possibile il cambiamento perché ci permette di liberarci dalla nozione del "paziente identificato", che è sempre l'altra persona. La reciprocità ci consente di trasferirci nel vedere il *sé-altro* come una diade, come il fondamento dei sistemi e pertanto di avere a che fare con l'amante, il coniuge o la famiglia. Possiamo cominciare a occuparci dell'amante, del coniuge o della famiglia, *possiamo cominciare ad affrontare i nostri sistemi senza restarne catturati*. Nella reciprocità, non esiste giusto e ingiusto, ci sono solo esistenza ed esperienza. Né Wally né Jane né Bonnie né Gene hanno ragione o torto. Le deformazioni professionali che alienano i componenti la coppia dalle possibilità creative di vedere i loro rapporti come una continua interazione reciproca, scompaiono e l'intimità diviene possibile. Siamo in grado, come insegna Carl Rogers, di essere solleciti verso l'*altro* e di amarlo pur permettendogli di esistere separatamente, vale a dire di essere *se stesso* nel suo rapporto con noi.

Giusto e sbagliato riguardano i comportamenti. La reciprocità attiene all'essere. Jane è in grado di starsene ad ascoltare, di accettare il linguaggio e le metafore di Wally, di partecipare a un'esperienza senza sentire il bisogno di ricorrere a una sequenza, a un programma, di trovare una risposta? Se è in grado di farlo, può imparare qualcosa circa *se stessa* e può cambiare. E Wally può imparare ad accettare il linguaggio e le metafore di Jane come altrettanto validi dei suoi? È in grado di esperire il mondo di Jane senza atteggiamenti di difesa o di attacco? In altre parole, i due sono in grado di "interfacciarsi", di essere ciascuno nello spazio dell'altro senza cambiare né se stessi né l'altro? Perché solo allora possono essere intimi. Soltanto nella reciprocità, nell'avanti e indietro, nel qui e là, nel su e giù, nel dentro e fuori, insomma nel condividere i nostri *sé*, l'intimità è possibile. Non per caso, queste sono metafore sessuali. Come abbiamo già detto, la sessualità è l'esperienza intima prototipica. Jane e Wally, al pari di Bonnie e Gene, formano una coppia esperienziale. E come vedremo, anche l'accoppiamento è uno dei prototipi della natura.

I danni causati al rapporto da un interesse per il biasimo, anziché il vivere nella libertà creativa che consiste nell'accettare la reale reciprocità del rapporto, sono infiniti. Ne vediamo centinaia di esempi, come quello di Richard, il quale insiste ad affermare che non sarebbe così assente e distaccato se Laurie non fosse così stizzita e se non ponesse tante domande a proposito del suo essere vago e indifferente. E Laurie, com'è ovvio, la pensa allo stesso modo. Entrambi biasimano l'altro e gli attribuiscono la responsabilità della loro infelicità, e così facendo rinunciano alla loro responsabilità per quanto attiene a una vita gioiosa. Nessuno dei due "vive nel mondo in buona fede".

Siamo talmente prigionieri dei nostri sistemi che alle persone riesce difficile rinunciare alle loro percezioni idiosincrasiche del mondo, del tempo, dello spazio e persino del linguaggio; farlo, viene avvertito come una rinuncia a quello che le persone erroneamente percepiscono quali loro *sé*. Dobbiamo imparare che le nostre definizioni sono solo metafore proprie unicamente di noi stessi. Utili forse al momento, sono prive di realtà innata, non hanno verità intrinseca al di là delle nostre persone. Non sono espressioni di vita: sono esplicazioni di noi come individui. È per questo che l'intimità è così importante. È in essa che possiamo cambiare le *nostre persone* e in effetti queste sono tutto ciò che ci è dato di cambiare. Non possiamo cambiare *altri*; non possiamo cambiare la vita. Dobbiamo accettare, per dirla con E.E. Cummings, la "*è-ità*" della vita.

Quanto possenti e pericolose possano essere le metafore istituzionalizzate, è stato chiarito dalla suffragetta Elizabeth Cady Stanton nel 1888: "Peggio ancora, le donne sono incapaci di un'esatta valutazione di se stesse quali fattori di civiltà. Persuase che l'autonegazione sia una virtù superiore allo sviluppo di se stesse, si trasformano, senza saperlo, in gradini salendo sui quali padri, mariti, fratelli e figli raggiungono le supreme vette delle loro ambizioni, creando uno iato incolmabile tra loro stesse e coloro che amano, uno iato che neppure il magnetismo dell'affetto o della gratitudine può superare." Il prezzo della negazione di *sé* culturalmente imposta è la perdita personale di intimità, e senza intimità lo iato (personale e culturale insieme) non può che dilatarsi.

Questa sera Julie è sconvolta. Ha avuto un litigio con sua madre a proposito del modo con cui tratta i figli, e sono tornati fuori molti vecchi risentimenti. Jed rincasa all'oscuro del litigio e, nonostante la tensione, cena, aiuta a mettere a letto i bambini, che hanno rispettivamente cinque e tre anni, e quindi si siede accanto a Julie. Sebbene non riesca a comprendere la "realtà" del litigio di lei con sua madre, la sta ad ascoltare; se la coccola mentre Julie si sfoga piangendo e imprecando. Dopo tre ore continua a non comprendere la realtà di lei, dal momento che nessuno è in grado di farlo. Può conoscere solo ciò che lui stesso sente. Forse che per questo va biasimato? No, anzi va lodato. Jed ama, abbraccia, tocca e resta ad ascoltare, senza avvertire la necessità di comprendere inserendosi nel mondo di lei. Offre a Julie il significativo dono di accettare la sua simbologia, le sue metafore, la definizione immediata del suo mondo. Ne accetta l'esperienza quale essa è, e le attribuisce la medesima validità della propria. E assegnando valore alla realtà di lei, *comprende* la sua; è questa l'unica, reale comprensione che mai ci può toccare. Possiamo amare senza sapere, senza definire, senza finalizzare. Il risultato sarà che Jed imparerà a crescere, e lo stesso farà Julie. Questa è reciprocità.

Uno dei compiti più ardui, in terapia, consiste nell'aiutare le persone a tornare senza difficoltà in quella zona *giocosa* in cui non hanno nozioni cristallizzate circa le loro metafore, il loro modo di vedere. Nei bambini è constatabile la ludica propensione a provare quasi ogni cosa, rendendo l'esperienza oltremodo reale e personalmente appassionata. Per il bambino, una pigna è realmente un camion, almeno per il momento del gioco. Il bambino supera il fiume in piena, tutto trepidante anche se il fiume non è che un rigagnolo lungo il marciapiede. Forse che il bambino non "vive nel mondo in buona fede" più di adulti incapaci ormai di *essere* qualsiasi cosa? Non preferiremmo noi tutti essere come Mark Twain nella *Vita sul Mississippi*? "Quando sono giocoso mi servo dei meridiani e dei paralleli per farne una

Senna in cui pescare, per dragare l'oceano Atlantico e catturare balene. Mi gratto la testa con il fulmine, e facendo le fusa mi metto a dormire con il tuono." Quando gli adulti si lasciano andare e diventano come bambini, si sentono ansiosi, sperduti, oppure estraniati e separati. Perché?

La nostra incapacità di essere come bambini, non di essere infantili ma *come* bambini, deriva dalla nostra peritosa ossessione per la sicurezza. Gesù con ogni probabilità intendeva riferirsi a questa paura dicendo che solo chi ha la fede di un bambino potrà entrare nel Regno dei Cieli. È un concetto che si ritrova anche in altre religioni, in altri sistemi di credenze. Che cos'è questa fede da bambini? È fede nella connessione dell'intero universo, fede che non si è soli. Gli adulti, nella loro ricerca di sicurezza, fanno incetta di prescrizioni. La condizione infantile, libera, intima, della *sé-ità*, viene esperita quale insicura, e pertanto genera ansia. Ci viene insegnato a non danzare, ma a starcene in disparte a osservare. L'*io* dibatte col *me*, e in questa discussione il *sé* si trova a essere sacrificato. La danza naturale del bambino va perduta negli spazi e nei tempi personalissimi del peritoso *io* o dell'ostinato *me*. La nostra storia personale ci schiaccia, le nostre aspettative ci istupidiscono. Viviamo nei nostri luoghi e tempi passati, oppure negli spazi e nei tempi eterei di ciò che possiamo divenire. Evitiamo la realtà attuale della nostra esperienza. Siamo timorosi dei nostri poteri quanto di quelli dell'*altro*. La realtà è che siamo con chi abbiamo bisogno di essere, dove ci occorre essere, quando è necessario che siamo, e intenti a fare ciò che è indispensabile che facciamo: e questo è vero al di là delle nostre proteste, delle lamentele e negazioni. Siamo dentro la nostra esperienza, e dobbiamo essere *pienamente* in essa per imparare alcunché o cambiare qualcosa. Altrimenti, resteremo per sempre prigionieri dell'uniformità e del sistema.

Il problema della crescita nel rapporto dipende totalmente dalla fiducia che riponiamo nel rapporto stesso. "Posso confidare che tu accetti l'uguale validità del mio modo di vedere la vita, del mio modo di sentire, del mio essere chi sono?" In altre parole: "Posso contare su di te per vivere in reciprocità con me?" Se posso fidarmi di te, con te posso vivere in reciprocità e senza recriminazioni, una reciprocità alla quale, qualsiasi cosa ci accada, partecipiamo in misura eguale. Siamo ciascuno responsabile della nostra felicità e infelicità. E, se non siamo in grado di farlo, continueremo a vivere ciascuno nella distruttiva illusione che l'altro è responsabile della nostra infelicità e così facendo distruggeremo i nostri *sé*. Quando ci sia reciproca fiducia, mutualità, riconosciamo l'autenticità e la responsabilità l'uno dell'altro: io accetto te come realmente te, nel tuo modo di essere, anche se non ti comprendo. So che non mi sottoponi a controllo né vuoi fare di me qualcosa che non sono. Non mi definisci. Questa è mia responsabilità. In verità, so che entrambi viviamo come parti del mondo reale; semplicemente, lo vediamo in maniera diversa. Se sei in grado di *essere* semplicemente con me, saremo reciprocamente correlati. Così facendo, accantoneremo le recriminazioni. La fiducia è la sincera accettazione della nostra mutualità, della nostra reciproca responsabilità di ciò che accade nel nostro rapporto. Se tu biasimi, io ti vedo in termini causali. Se hai fiducia, io vedo te come te e me come me. C'è simmetria tra noi, come c'è in tutte le diadi in natura.

Che il vivere nei nostri mondi separati precluda l'intimità, è abbastanza ovvio. Come posso avere fiducia in te se non sei nel mio mondo di esperienze? Ma la mancanza di reciprocità danneggia anche la vicinanza, in quanto distrugge i sistemi di valore. Se consideriamo la vicinanza quale un sistema con regole, ecco che i valori da cui le regole derivano – come rispetto, gentilezza, amicizia e generosità – diventano estremamente importanti. Semplice educazione e cortesia possono assurgere alla massima importanza. Se non c'è riconoscimento di autenticità, se non c'è reciprocità di rapporto, se non c'è fiducia, i valori in questione o sono impossibili da mantenere o sono guasti e corrotti. E questa corruzione è constatabile in tutti i sistemi: relazione primaria, matrimonio, famiglia, mondo degli affari, chiesa, governo e società. Senza valori, i sistemi diventano terribilmente pericolosi. Abusano delle persone, le bistrattano, anziché valorizzarle e incentivarle. L'esperienza del *sé/intimità*, fondata sull'accettazione e la reciprocità, assicura un naturale equilibrio alle regole sistemiche. Romanzi antiutopici come *1984* o *Fahrenheit 451*, sono insieme illuminanti e intimoriti a causa della drammatica luce che proiettano su quest'aspetto. Un sistema sociale in cui il *sé* è subalterno al sistema stesso, è una costruzione *inumana*. Tra i due elementi deve esserci equilibrio: l'equilibrio tra intimità e vicinanza.

Credere con ferrea ostinazione solo nella nostra prospettiva, costituisce una negazione e un oltraggio alla reciprocità e alla fiducia, ed è un atteggiamento che porta alla recriminazione, che non riflette una realtà né esterna né interna, e il fatto stesso di distinguere tra esterno e interno è parte integrante della deformazione che questa scissione produce. Rinunciando alla nostra concezione del tempo come lineare e alle semplicistiche nozioni di causa ed effetto, dobbiamo far gettito anche della dicotomia di esterno e interno. Dobbiamo accettare il *sé* come un'unione naturale e duratura dei due.

In *The Ultimate Athlete*, George Leonard parla, a proposito di questa scissione di "interno ed esterno" come di un costrutto della cultura occidentale consistente nel dualismo di mente e corpo:

> È soltanto per un'eresia del pensiero occidentale che possiamo considerare "non fisico" qualsivoglia aspetto della vita... L'unione del regno dello spirituale, del mistico, dell'astratto, con il mondo del fisico, sarebbe sembrata perfettamente naturale al poeta greco Pindaro, agli occhi del quale le competizioni atletiche erano espressione della suprema aspirazione umana, oppure al filosofo Pitagora che aveva partecipato come lottatore ai giochi olimpici o anche a qualsivoglia nostro antenato che percorreva la Terra nei secoli precedenti l'epoca in cui la civiltà ha gettato il suo incantesimo sull'umanità e ci ha indotti a ritenere che il corpo sia in qualche modo inferiore all'intelletto e allo spirito.

Nell'intimità avvertiamo quelle connessioni che ci danno modo di riconoscere questa scissione quale *innaturale*, di imparare che non c'è interno ed esterno, ma soltanto interno/esterno.

Parlando in precedenza del "già conosciuto" (pregiudicalismo) ci riferivamo all'"io" virtuale, all'assurda illusione che ci sia un "io" che osserva, che conosce e che crea, e quindi vede una realtà esterna particolare. La mancanza di reciprocità muove dal presupposto di un "me" che definisce quella realtà in termini di tempo, spazio, linguaggio, simbologia e rapporto. È facile rendersi conto che entrambi i punti di vista ci distaccano dalla *realtà della natura* e dalla *realtà del rapporto con l'altro*. Con presupposti del genere, ci si discosta dal proprio *sé*. Al pari della natura in cui è un'esplicazione, il *sé* non è prigioniero del semplice causa-effetto, del semplice tempo lineare, dello spazio euclideo. Senza il *sé*, non siamo disponibili all'esperienza intima. Non possiamo vedere l'*altro* com'è, o essere chi siamo. Non siamo in grado né di esperire l'albero qual è, né di vedere nostra figlia qual è, né di sentire quei meravigliosi cambiamenti nel tempo, nello spazio, in noi o nell'*altro*, che pure tanto bramiamo. Non siamo in grado di partecipare.

7

RESPONSABILITÀ PERSONALE
COMPLETEZZA DEL SÉ ED EGOISMO

La civiltà è un incoraggiamento alla differenza.
Mohandas Gandhi

Amy ha trentasette anni. È sposata da sedici anni con Bob che ne ha quarantuno. Hanno tre figli, tutti esemplari a scuola e in casa. Amy viene alle sedute terapeutiche materialmente da sola, ma sotto il profilo emozionale porta con sé Bob; parla soprattutto di lui, ripetendo la stessa cosa più volte, seppure in modi diversi: "Semplicemente, lui non c'è, è come se vivessi da sola. So che mi ama, o perlomeno lui dice di amarmi. Ma io non lo sento affatto. È sempre chiuso in se stesso. L'unico modo che ho di indurlo a mostrare una certa emozione, è provocare una lite o farlo arrabbiare, e neppure questo è facile. Ce ne vuole, per farlo litigare o per farlo incollerire! Quasi sempre, ha l'aria di uno che non capisce. Poi, se riesco a farlo arrabbiare, mi sento a disagio con me stessa per essermi comportata a quel modo. Non sono veramente così, non è questo che voglio. Non vorrei litigare, ma, accidenti, mi occorre pure qualcosa! Voglio sentire un po' di vita, sentire qualcosa. Questa estate sono stata sul punto di avere un'avventura, è questo che mi ha finalmente indotto a venire da voi. Non voglio farlo. So di non essere così. Io alle avventure non ci credo ma, accidenti, sono ridotta alla disperazione! Che cosa devo fare? Che cosa dobbiamo fare?"

Per un terapeuta avere a che fare con Amy è un piacere. Sincera, aperta, non ha ancora tradito il suo senso dei valori, desidera procedere in una direzione sana. A parte il fatto che non ha ancora riconosciuto il ruolo che lei stessa ha nelle loro difficoltà, se ne ricava l'immediata sensazione che sarà in grado di farlo, e anzi ne è desiderosa. Ha parecchie scelte davanti a sé, tutte quante fondate sull'essere se stessa con lui, sul restare disponibile per quell'intimità cui disperatamente agogna. Può darsi che

Bob decida di venire alle sedute terapeutiche con lei, di uscire da quello che sembra essere il suo ritiro dal loro rapporto e dalla vita in generale. Lo si direbbe un solitario, un melanconico, uno che non ha consentito al rapporto di trasformarsi ma che, pur essendo presente fisicamente, in realtà non c'è.

Abbiamo descritto come giudicalismo, pregiudicalismo e mancanza di reciprocità distruggano l'intimità e minino la vicinanza. Lo stesso fanno molti altri atteggiamenti esistenziali i quali rendono improbabile l'intimità e fanno sì che la vicinanza lentamente si affievolisca. Al pari dei modi dianzi descritti, sono oggetto di cattura da parte del sistema, abitualmente di un sistema personale. Gran parte di questi atteggiamenti sono, com'è ovvio, inconsci, pur manifestandosi in comportamenti consci e concreti nel quadro dei rapporti correnti, e come tali pertanto descrivibili. Degli innumerevoli atteggiamenti del genere, quattro riappaiono di continuo, rivelando concretamente onerosi ostacoli all'intimità e un grave detrimento per una sana vicinanza.

ATTEGGIAMENTI PERSONALI CHE PRECLUDONO L'INTIMITÀ

Di questi quattro atteggiamenti, il più diffuso e insieme il più variegato è la *chiusura in se stessi*, che si presenta in mille guise, e tutte distruggono l'intimità e infettano la vicinanza. Di gran lunga il più sottile, il meno facile da identificare, ma forse il più diffuso, è lo *stato di bisogno personale*, il desiderio di essere desiderato più di quanto in realtà si desideri ciò che si afferma di desiderare. In apparenza simile, ma a livello esperienziale diversa, è la *manifesta autovirtuosità*, il desiderio di essere nel giusto che ha la meglio sul nostro desiderio di essere amati. Infine, e spesso la più difficile da cambiare, è la *rigidità personale*, un atteggiamento intransigente che impedisce di rinunciare alla definizione che si dà del come si è, di ciò che si è, e di chi si è, persino in ambiti privi di effettiva importanza. Noi ci definiamo in base alle nostre diversità, escludendoci in tal modo dall'intimità. Questi quattro atteggiamenti personali all'interno del rapporto danneggiano direttamente l'intimità e la vicinanza, e distruggono il sano equilibrio tra l'una e l'altra. La nostra esperienza terapeutica ci induce a ritenere che questi quattro (insieme a giudicalismo, pregiudicalismo e pseudoreciprocità) sono i maggiori ostacoli alla capacità di essere semplicemente e naturalmente in rapporto l'uno con l'altro; ed essi distruggono anche la nostra capacità di essere semplicemente e naturalmente in rapporto con la natura in generale, perché il ritiro dalla vita implica la rinuncia all'universalità, non soltanto ai fondamentali legami umani.

Chiusura in se stessi

Bob alla fine si decide a venire nel nostro studio, ma senza Amy; si presenta anzi al suo posto, quando Amy avrebbe l'appuntamento. Trascorriamo con lui un'ora. Non è davvero presente con noi, più di quanto lo sia con sua moglie. È chiuso in se stesso. In qualche punto dentro di lui c'è la debole consapevolezza di non dare ad Amy ciò che lei vorrebbe: una vaga inquietudine che lo ha indotto alla decisione di venire da noi. Avverte la propria chiusura, ma non ha idea del perché, né ha una reale cognizione di *come* sia chiuso in se stesso. Afferma di non voler essere così, e sembra credibile. Le persone, quando ne hanno l'occasione, vogliono essere *sé*; che ne abbiano o meno il coraggio, si tratta indubbiamente di un'aspirazione naturale. Possiamo essere deviati, ma solo pochi di noi sono disumani.

Carl ha da due anni un rapporto impegnativo, dal quale però ricava scarsa gioia perché la sua amante è sempre più presa da altre preoccupazioni, sempre più volta in altre direzioni. Carl vive questo atteggiamento come una ripulsa, e se ne sente ferito. Erroneamente, interpreta la lotta dell'altro come frutto di una definizione di lui. È questa una delle esperienze esistenziali più diffuse e più sofferte. Noi siamo portati a interiorizzare l'incapacità degli *altri* di essere ciò che sono e come sono, e così facendo perdiamo la capacità di essere ciò che siamo e chi siamo. E non fa differenza se l'*altro* è un amico o un amante: siamo stati catturati, abbiamo perduto il *sé*.

La chiusura, il ritiro da un rapporto, quale che sia la forma che assume, evidentemente può impedire l'intimità. Quando si esclude se stessi dallo spazio condiviso, è impossibile esperire quel *sé*. La gente si chiude in se stessa in centinaia di modi, spesso apparentemente diversi, ma che hanno sempre lo stesso risultato. C'è chi si autoesclude per ritrosia, c'è chi lo fa perché è in preda alla depressione, altri perché indottivi da alcool o da droghe. Altri ancora diventano perennemente e rabbiosamente intenti a controllare, oppure a giudicare moralisticamente, o semplicemente preoccupati da altro e estraniati. Alcuni fanno proprio un contegno di condiscendenza, arroganza, vanagloria o passività. Ed esistono numerose filosofie di comportamento analogo, il cui fine unico è il ritrarsi da ogni immediata intimità o duratura vicinanza. E tutte sono espressione di paura dell'intimità. Perché siamo così timorosi di un'esperienza che tanto ardentemente desideriamo? Forse perché siamo stati istruiti a fondo in questo senso. Abbiamo imparato ben bene i nostri metasentimenti; la maggior parte di noi sono troppo "socializzati". Erich Fromm era dell'opinione che i bisogni della società inducono i genitori ad allevare i propri figli in modo da soddisfare i bisogni stessi, con la conseguenza che esercitare la funzione parentale diviene sistematizzazione. Impariamo a evitare la danza, sebbene in noi la musica dell'infanzia continui a farsi sentire, e forse abbiamo paura anche perché non siamo sicuri di riuscire ad avere quel che vogliamo. Non di rado, quando quello che abbiamo sempre desiderato lo otteniamo, esso si trasforma in qualcos'altro. Il sogno diviene realtà, e noi dobbiamo viverla. Troppo spesso, il nostro romantico sogno di intimità è una mascheratura di sicurezza.

Judy non riesce a capire perché Marty non sia in grado di impegnarsi a fondo nel loro rapporto. Entrambi sono divorziati ormai da parecchi anni, e da ventiquattro mesi continuano a vedersi. Vanno alle Bermude e si divertono, stanno bene insieme. Sebbene lui sia meno loquace di lei, ha avuto modo di crescere e di partecipare maggiormente alla relazione. Le difficoltà insorgono solo quando Judy intavola la questione dell'impegno. Ogniqualvolta lei lo fa, esplicitamente o meno, lui subito si distacca da lei. Dice: "Ci vorranno ancora parecchi anni prima che io possa pensarci", oppure: "Non sono ancora pronto", o ancora: "Ho bisogno di qualche tempo ancora." Non di rado, Judy interpreta questa esitazione come una sua incertezza nei confronti di lei. Ma non è così. La vita di Marty è dominata dalla paura dell'intimità, e Judy semplicemente ne esperisce il risultato.

Se Judy decide di continuare il rapporto, pur avvertendo la necessità del cambiamento di lui, evidentemente partecipa. Se è in grado di accettare Marty qual è, può darsi che lui cresca oppure no. Ma soltanto accettandolo esiste una possibilità, sebbene non possa esserci nessuna garanzia, nessuna sicurezza. Il rischio dell'intimità è reale. Nei nostri studi, udiamo sia uomini che donne in cerca di partner affermare: "Quelli validi sono già impegnati"; oppure: "Non ci sono uomini/donne della mia età con cui stabilire un rapporto". Quanto questo asserto corrisponda al vero varia, com'è ovvio, da individuo a individuo. Una donna nubile ultraquarantenne legge che, stando alle ricerche demoscopiche, dal punto di vista statistico ha scarsissime probabilità di trovare un uomo; ma non può *vivere* sulla scorta di questa informazione senza sentirsi profondamente infelice. Non può che fare qualcosa per se stessa, per le proprie emozioni, per il suo modo di istituire rapporti, per il suo modo di esistere con se stessa nella vita. La natura, altro non promette. La constatazione che non si può avere tutto ciò che si vuole dalla vita, non comporta affatto un cambiamento nel senso che non si possa essere gioiosamente se stessi.

Jacques è silenzioso e schivo, se ne sta sulle sue. L'ansia che lo coglie per il semplice fatto di essere in presenza di altri gli preclude ogni esperienza o legame personale con chicchessia. A un party se ne sta in un angolo; generalmente oltretutto non partecipa a feste. Evita perlopiù le esperienze di gruppo perché, a quanto dice, "C'è sempre troppa gente". Ma ancora maggiormente scansa le esperienze da persona a persona perché: "C'è troppo poca gente". Nonostante la sua ansia, desidera istituire una connessione; la sua ritrosia gli riesce dolorosa. Jacques ha molte qualità amabili, tra cui rispettosità, sollecitudine, generosità ed empatia. Ha la potenzialità, se non per il momento la capacità, di creare intimità, ma ne è impedito dall'ansia e dalla paura.

Il metodo che Edith fa proprio nel chiudersi in se stessa risulta evidente a chiunque le stia vicino. È quasi sempre in stato di ebbrezza, non però al punto di non capire più niente, da avere la lingua inceppata, non abbastanza sbronza da non essere cosciente del luogo in cui si trova fisicamente. Non vuole e non è in grado di partecipare dello spazio in cui è situata. Sembra incapace di essere dove è, di fare ciò che fa, di stare con le persone con cui si trova in quel momento. Non può esserci adesso, non può essere com'è, perché è sbronza. Persino coloro che la amano hanno rinunciato a un tentativo di stabilire un contatto. Continuano ad amarla, ma non tentano più di rompere l'isolamento. Edith si sta autodistruggendo. Ha isolato il proprio *sé* in un luogo in cui lentamente morirà di incuria e di denutrizione. Può raggiungere l'ebbrezza in molti modi: con la cocaina, con la marijuana, con narcotici, eccitanti o sedativi, o ricorrendo all'ecstasy. Ma non fa differenza. Tutti gli stati artificiali, tutte le pseudointimità ci isolano dalla nostra natura. In certe persone, l'autodistruttività si evidenzia molto presto, in altre solo dopo un lungo periodo di tempo, ma il danno è sempre presente. Privi di *sé* non si può essere intimi. Al pari della degenerazione della coppia di alcolisti del film *I giorni del vino e delle rose*, l'autodistruttività di Edith risulta evidente a tutti e penosa a coloro che si trovano ad avere a che fare con lei.

Hillary è depressa da quattro anni. Riguardo al perché, non ci sono dubbi in lei né in suo marito Dylan: hanno perduto un

159

bambino piccolo, vittima della "sindrome di morte improvvisa dei neonati", e da allora Hillary non è più stata la stessa. Quando vengono alle sedute terapeutiche, lei non parla molto: la sua depressione è ormai divenuta tutt'uno con la sua esistenza. Dylan, invece, è assai loquace, rivelando una strana commistione di gentilezza e rabbia. Sostiene Hillary, ma è anche molto irritato con lei. Ha la sensazione di aver perso ogni cosa: "So che il bambino è morto..." Hillary lo interrompe con un: "Robert." Riprende lui. "So che Robert è morto e ne sono molto rattristato, ma la vita deve continuare. Ho l'impressione di aver perso un figlio e anche una moglie. Gli altri figli hanno perso la loro madre. Non possiamo continuare così. Non c'è gioia né felicità. Andremo tutti a fondo, a meno che Hillary non ne esca." Lo dice con grande trasporto, quasi implorante. Nel suo stato di depressione, Hillary ha ritirato il suo *sé* da tutti loro. È a tal punto timorosa di essere nuovamente ferita, di veder interrotto un altro suo legame amoroso, che tenta di vivere come se non avesse legami. Esternare la paura dell'intimità non allevia il dolore per la perdita dell'intimità stessa.

Hillary, Edith e Jacques si ritirano tutti dal loro spazio condiviso. I loro modi abbastanza comuni di autoesclusione (ritrosia, alcool, depressione) sono familiari a moltissimi di noi. Avvertiamo il distacco, la indisponibilità. Altre forme di chiusura in se stessi sono meno evidenti, implicando comportamenti che a prima vista appaiono normali. Ma, nonostante la loro apparente normalità, sotto scopriamo la stessa paura di intimità che si manifesta ben più chiaramente nella depressione o nell'intossicazione da droghe.

Avete mai conosciuto qualcuno che non riusciva assolutamente a impedirsi dall'essere servizievole? A un party, persone del genere sono sempre intente ad aiutare la padrona o il padrone di casa, a fare questo o quello per gli altri, a pulire e mettere ordine. E lo stesso fanno in casa. Se andate da loro, li vedete agitarsi di continuo, offrirvi qualcosa, farsi in quattro per mettervi a vostro agio, ma non avete la sensazione di *essere* con loro. Semplicemente, non sono lì in quanto *sé*. È un ritirarsi nel "prendersi cura di", un modo gentile ed educato, ma che esclude l'esperienza intima con la stessa efficacia che può dare l'intossicazione da alcool o droghe o la depressione. Nick ha quarantanove anni, è sposato da venticinque ed è padre di due figli che ottengono buonissimi risultati al *college*. Tutti lo trovano simpatico. Nick si è ritirato nel "prendersi la responsabilità di". A ogni riunione, si assicura che tutto vada per il meglio, che ciascuno si senta a proprio agio, che le varie attività siano ben organizzate, che si facciano programmi in vista del prossimo incontro. Chi passa il proprio tempo con Nick, ne apprezza il modo di fare oppure se ne irrita; ma comunque non riuscirà mai a conoscerlo davvero: a renderlo impossibile, provvede il suo comportamento. Non che le cose vadano diversamente per i suoi familiari, i quali ne conoscono la facciata responsabile, ma non conoscono lui. E, se egli afferma che l'attività, il party, la riunione lo hanno divertito, è facile rendersi conto di quel che fa, non però del suo essere. Nick sembra incapace di *essere* semplicemente e gioiosamente, e il suo *sé* non è disponibile ad altri.

Nick costituisce un esempio vivente di come il comportamento sia sovente usato per allontanarsi dall'esperienza intima. Ci si può ritrarre in centinaia di altre modalità comportamentali. Si può essere seduttivi, dandosi da fare (per indurre altri a fare di noi un *sé*), ribellistici (litigando con qualcun altro a proposito dell'essere un *sé*), religiosi, razionali e pratici. Qualsiasi comportamento che venga utilizzato al servizio della paura dell'intimità, onde impedire che l'intimità si verifichi, è un ritrarsi. Certe forme sono semplicemente più evidenti di altre. Il ritrarsi alcolistico lo si rileva subito, il ritrarsi organizzativo (la cosiddetta "mente burocratica") per essere chiaramente notato richiede a volte una frequentazione di anni.

Le persone che fanno proprio questo atteggiamento sono casi particolarmente ardui in terapia. Se, come noi crediamo, l'esperienza intima è ciò che permette alle persone di cambiare, essa deve anche costituire il fondamento di un'efficace e significativa terapia. Una fondamentale, resistente paura dell'intimità, rende difficile esperire l'aiuto che pure è necessario, e tanto più accettarlo. La tolleranza e la capacità di esperienza intima, e la sensibilità ad essa, costituiscono le caratteristiche del buon terapeuta; fino a che punto questi sarà in grado di compiere, in maniera significativa e creativa, il pellegrinaggio della psicoterapia con la persona, la coppia o la famiglia, dipenderà in sostanza dalla capacità di evocare, sostenere e plasmare l'esperienza intima. Quando si autorizza un chirurgo a un'operazione su di noi, si permette, almeno si spera, a un guaritore di penetrare, letteralmente, dentro di noi. E ogni medico deve far propri due principi fondamentali: quello di non arrecar danno e quello di rispettare il sacro terreno al quale gli ha dato accesso l'intimità cui è stato autorizzato. Le stesse speranze e gli stessi diritti sussistono nella psicoterapia, nella quale si affida la propria *personità* all'incursione e all'esplorazione. Anche questo è il proprio interno.

Col tempo, un terapeuta può essere autorizzato a questo delicato accesso alla *personità* di qualcuno; e se il terapeuta è timido o esitante quanto a esperienza intima, la sua non può essere un'azione veramente terapeutica. La terapia è esperienziale: il terapeuta e il paziente partecipano *naturalmente* a un'esperienza di intimità, unica dimensione in cui possa verificarsi un vero cambiamento. I terapeuti devono essere in grado di vivere queste esperienze, capaci cioè di essere se stessi quali sono, in pari tempo accettando gli altri quali sono. Se i terapeuti appesantiscono l'esperienza con il gravame del giudicalismo, del pregiudicalismo, di una mancanza di reciprocità o di ogni altro atteggiamento contrario all'intimità (ivi compresa un'inclinazione alla vicinanza o a esternare i propri bisogni), non potranno essere intimi con la persona in cerca di cambiamento. Se si ritirano in se stessi, non possono partecipare all'esperienza di cui l'altro ha bisogno per essere in grado di cambiare; non possono aiutare altri a crescere in modo che possano cambiare *a partire dalla propria esperienza*.

Il ritrarsi è assai diffuso. Esso ci impedisce di vedere le nostre figlie quali sono, la quercia qual è, noi stessi quali siamo divenuti. Com'è ovvio, tutti a volte ci ritraiamo, e ciò può essere una cosa salubre. Spesso rientriamo nei nostri spazi personali per riposarci, rilassarci o riflettere. Ma, al di là di questi sani ritiri in noi stessi, ci sono altre ritirate dalla vita, che sono frequenti, quotidiane, e probabilmente insalubri, ma che costituiscono pause di respiro dalla responsabilità e dai rapporti. Dormiamo troppo poco, siamo in preda a un malessere, siamo delusi che le cose non vadano come ci aspettavamo, siamo annoiati: ecco alcuni degli innumerevoli stati d'animo ed eventi quotidiani che ci possono impedire l'esperienza reale. Queste ritirate sono solo tregue temporanee che non precludono definitivamente l'intimità, cosa che invece accade esclusivamente quando il ritiro diviene modo di vivere, quando ci rende indisponibili all'esistenza corrente, comprese le ritirate occasionali, del tutto normali.

Insufficienza personale

Ryan è a letto accanto ad Anita, sessualmente eccitato ma rancorosamente deciso a vanificare l'occasione. Prova risentimento per la mancanza di iniziativa sessuale da parte di lei, e se ne sta lì, sveglio, torturato dalla frustrazione e dalla rabbia. Sa, per esperienza diretta, che lei è un'amante meravigliosamente sensibile ogniqualvolta è lui a prendere l'iniziativa, ma ciò non toglie che se ne stia lì, immobile, sempre più teso, pensando a battute sarcastiche da farle, continuando a deformare ciò che lei e lui sono in realtà. Perché? Perché *desidera* essere *desiderato* più di quanto *desideri* ciò che *desidera*. Rinuncia alla propria responsabilità per la propria gioia, per il proprio piacere, per la propria felicità. Il mattino dopo, Anita rimane sbalordita e offesa quando Ryan, inaspettatamente, le chiede perché non si mette un po' a posto, e come mai viene a fare colazione tutta in disordine. Lei, da parte sua, è corresponsabile dello stato insalubre di lui, mantenendo un atteggiamento di innocenza ferita, con la sua passiva riluttanza ad accettare la piena responsabilità della propria sessualità.

Allison è una moglie coercitiva, dominatrice, che è perennemente iraconda con suo marito, Mark, un uomo passivo, privo di iniziativa, che non sa farsi valere, sebbene sappia che l'unica maniera che ha di esserlo è quella di fare le cose nel modo voluto da lei. Si biasimano a vicenda, lei esplicitamente, lui a mezza bocca, limitandosi a dire: "E a che serve? Allison finisce comunque sempre per fare a modo suo." Si lamenta dello stato di rabbia, cronico, punteggiato dalle frequenti scenate di lei. Tuttavia, al pari di Ryan, il paziente sessualmente frustrato che giace accanto ad Anita sessualmente passiva e sonnolenta, Mark non fa nulla per rimediare al rabbioso atteggiamento coercitivo di Allison. Anzi, in realtà fa tutto il possibile per provocare ciò che, dice, gli riesce intollerabile. Vorrebbe che lei fosse meno imperiosa, ma costantemente le affida il controllo. Non è disposto ad assumersi le proprie responsabilità, ma si sente "represso" quando lei glielo "ricorda", e così facendo la provoca. Cosa tutt'altro che difficile, visto il carattere di Allison, ma ciononostante perché Mark continua a farlo? A che cosa mira in realtà? E lei che cosa vuole effettivamente? Che cosa vogliono davvero i due dal loro rapporto?

La nostra esperienza clinica ci ha portati alla convinzione che, se si vuole capire ciò che le persone davvero vogliono, bisogna non tener conto di ciò che dicono di volere, e osservare invece ciò che hanno effettivamente ottenuto. Le persone ottengono ciò che vogliono, indipendentemente da quello che consciamente intendono o dicono di volere. E se si vuole sapere che cosa realmente si desidera, basta dare un'occhiata a quello che si è ottenuto. Com'è ovvio, con questo non vogliamo dire che la gente vuole vivere in uno stato di guerra, che i bambini vogliono morire di fame, che il nostro vicino vuole essere aggredito e rapinato. Parliamo di rapporti, del nostro essere quotidiano. Ciò che ci accade nell'ambito di una relazione rispecchia assai più accuratamente quello che realmente si vuole o si è disposti a tollerare, che non quanto si continua a sostenere di volere.

Esercitare il controllo è di fondamentale importanza per Allison, la quale non riesce a tollerare l'incerta libertà di qualcun altro che, sia pure momentaneamente, prenda in mano le redini. Mark rifiuta ogni responsabilità nell'ambito del loro rapporto, pur lamentandosene e rimproverando a lei di non rinunciare mai a esercitare il controllo. Si sente più sicuro, più a suo agio se, nella propria passività, è stizzito con lei. È questo che ciascuno dei due vuole in realtà? Senza dubbio hanno operato diligentemente perché questa fosse la loro situazione coniugale. Entrambi evitano di agire e di essere dentro il rapporto in modi che assicurerebbero loro ciò che *dicono* di volere. Desiderano essere desiderati più di quanto desiderino ciò che desiderano. Evitano l'intimità per mantenere la vicinanza, per quanto infelici ciò li renda, perché in essa perlomeno "sanno" come fare a sopravvivere. Vogliono la sicurezza, e la sicurezza, ahimé, si nutre di abitudini. Allison e Mark hanno trasformato la vicinanza gratificante in un lotta nevrotica e insoddisfacente. Evitano l'esperienza intima, unica dimensione entro la quale potrebbero trasformare la loro vicinanza nevrotica in una vicinanza naturale, espansiva e sostentatrice.

Nel suo lavoro, per Ted si sono verificate difficoltà che lo hanno posto di fronte a un dilemma esistenziale: è un uomo di valore, accettabile e amabile in sé e per sé, anche se non se la cava molto bene e va abitualmente incontro a fallimenti? Tende ad attribuire queste evenienze a qualcosa di estraneo a lui, sebbene sia perfettamente consapevole che il suo vero problema sono i dubbi che nutre nei propri confronti: quegli stessi che lo tormentano a letto. Non riesce a combinare niente e, disgraziatamente, se ne rende conto mentre è intento all'opera. Afferma di voler riuscire, dice di voler controllare la sua tendenza all'eiaculazione precoce con la sua partner, Michelle. E, com'è ovvio, si tratta di un desiderio vero a livello conscio. Ma, a maggior profondità, Ted desidera essere amato e accettato quale un *sé*, *senza* dover fornire buone prestazioni, e anche nel caso in cui faccia cilecca. Sperimenta questa situazione nel rapporto con Michelle, comportandosi come se lei avesse a disposizione amore e approvazione ma si rifiutasse di concederg101i. In realtà, è con se stesso che Ted è in lotta, e ottiene ciò che *realmente* desidera, che è di tentare di indurre Michelle ad "amarlo nel suo fallimento" a spese di quello che *dice* di desiderare, cioè dimostrarsi sessualmente capace.

Siccome Michelle ha la sua parte di responsabilità in questa forma di relazione (dopo uno degli "incidenti" di lui tiene il muso per giorni), Ted continua a "giocare questo gioco" e se ne sente virtuosamente giustificato. Anche lei è prigioniera del desiderio di essere desiderata più di quanto non desideri essere amata. Sostiene di volere che lui ci riesca, che impari a fare l'amore, che sia apertamente intimo. Ma, se esaminiamo il suo comportamento con Ted, ci rendiamo conto che non è quello che lei realmente vuole. Si arrabbia quando Ted fallisce a livello sessuale, e ne fa una questione personale. Se lui tenta di parlare dei suoi problemi o delle sue emozioni, lei non fa che sottolinearne i fallimenti, le deficienze, gli errori, l'inadeguatezza sessuale. Formano davvero una coppia, nel senso che ciascuno dei due aiuta l'altro a continuare a fare ciò che lui o lei sta realmente facendo. Ciascuno dei due aiuta l'altro a evitare l'intimità. Come nel caso del ritiro, desiderare di essere desiderato più di quanto si desideri ciò che si desidera, distrugge l'intimità.

È una situazione che risulta evidentissima nel rapporto terapeutico. Mitch viene da noi in stato di depressione. Ha ventinove anni e la sua seconda relazione di lunga durata è fallita. Dopo aver creato con lui un rapporto di sostanziale fiducia, com'è ovvio, dato il nostro orientamento, gli chiediamo perché vuole essere depresso. Mitch, sorpreso ed evidentemente irritato replica: "Ma io non voglio essere depresso. È semplicemente ridicolo! Che cosa ci farei qui se volessi essere depresso? Sono venuto da voi perché ero depresso e volevo uscirne. Certo che non mi va di essere depresso!" Ma è proprio vero? Potrebbe esserlo, se la depressione di Mitch fosse di tipo genetico, virale, nutrizionale, ormonale o allergico – e non mancano depressioni del genere. Tuttavia, la stragrande maggioranza delle depressioni sono evidentemente di origine esistenziale ovvero personale. Questo non significa che non siano insieme anche biochimiche nel senso che gli stati d'animo creano condizioni biochimiche, esattamente come le condizioni biochimiche originano stati d'animo. Separare i due aspetti significa ritornare ai vicoli ciechi della compartizione settecentesca. La natura è tutt'uno, una totalità, e noi siamo parte della natura. Quale che sia la nostra esperienza, partecipiamo a essa a tutti i livelli della nostra esistenza, dallo psicologico al fisiologico.

Che cosa può fare Mitch? Può, com'è ovvio, cercare soccorsi biochimici, esteriori, come ricorrere a medicamenti oppure rivolgersi a un dietologo. E può darsi che gli sia d'aiuto. Ma può anche assumere maggiori responsabilità per il suo modo di essere in questo mondo. Può diventare la propria farmacia. Per farlo, deve rendersi conto e accettare il fatto che la sua depressione gli è in qualche modo utile. Finché continua a essere depresso, con grave danno e sofferenza, può ritenere semplicemente che, quali che siano i riflessi che la depressione ha sulla sua vita, essi devono essere di primaria importanza per lui, e può trattarsi del suo modo di essere in uno stato d'ira, del suo modo di cercare aiuto, del suo modo di chiedere accettazione, o di obbligare se stesso a rivalutare la propria immagine. E possono essere tutte queste cose insieme.

Da questo punto di vista, la risposta che gli diamo non può che essere questa: "Lei con ogni probabilità ha bisogno di essere depresso perché è una condizione che le procura qualcosa per lei molto importante. Il nostro suggerimento è che, se lei riesce ad accettare quest'idea, forse possiamo trovare insieme un modo più sano di fare ciò che lei con tanta evidenza ha bisogno di fare e insiste a fare, sebbene adesso lei lo faccia in maniera autodistruttiva. Ci sono modi migliori che non essere depressi."

Che ce ne siano di migliori, è evidentissimo per tutti noi. La natura non è perversa. Il problema di Mitch non è molto diverso da quello di quanti altri escogitano "soluzioni" autodistruttive per le loro lotte esistenziali. Autodistruggersi può essere un nostro diritto, ma certamente non ha conseguenze salutari e non è un modo naturale di essere. Il nostro scopo come terapeuti non è solo di bloccare comportamenti del genere, bensì di aiutare le persone a trovare modi creativi, salubri, di compiere le proprie scelte. Allo stesso modo, non basta semplicemente "curare" la depressione di Mitch: dobbiamo aiutarlo a trovare modi che lui stesso possiede, che appartengono alla sua natura, e che gli permettano di essere chi e come desidera: dobbiamo aiutarlo a trovare una via per l'intimità.

Tutti questi modi di volere qualcosa di più di quanto desideriamo per essere semplicemente noi stessi, sono espressioni della paura dell'intimità. Che si tratti del voler essere nel giusto, del desiderio di essere desiderati, della volontà di essere approvati, sono tutte forme di risoluzione che concretamente bloccano l'esperienza intima. È come se si dicesse: "Voglio che qualcuno desideri essere intimo con me più di quanto io desideri l'esperienza stessa." O ancora: "Voglio essere abbracciato, voglio che si faccia l'amore con me, che si stabilisca un contatto con me, ma io non voglio abbracciare, fare l'amore, stabilire un contatto." Oppure: "Io sono più impegnato a fare di quanto non sia a essere, a ottenere che me lo si faccia anziché esserlo io stesso." Sono tutti modi per dire che si è disposti a sacrificare quel processo capace di permettere di esperire in *se stessi* le cose che si desiderano: modi che intrappolano nella convinzione che la risposta sia sempre al di fuori di se stessi.

Che cosa preferite, il "ti desidero," "desidero essere con te," "desidero toccarti," oppure il "ti amo," "ti tocco," "sono con te," "passeggio con te, così come sono, lasciandoti libero (o libera) di essere te stesso (o te stessa)?" La risposta è ovvia. Sarebbe sciocco scegliere il desiderio anziché l'esperienza concreta. E tuttavia, è proprio quello che gran parte degli esseri umani fa, manifestazione definitiva del loro essere prigionieri del sistema. Sono molte le persone che scambiano il loro essere se stesse per il *sé di un altro*. E siccome, in realtà, questo scambio non è possibile (ciò che si dà è il proprio *io* o *me*; ciò che ottiene è l'*io* o il *me* altrui), ecco che ci si comporta in maniera autodistruttiva. Si cede la propria cosa più preziosa in cambio di nulla.

Il *sé* non può essere condiviso con il non *sé*. Non si può esperire l'intimità a un livello maggiore della propria capacità di essere intimi, superiore al proprio livello di autodisponibilità. È per questo che la crescita del *sé* è tanto importante, ed è per questo che lo è l'intimità in quanto modalità di tale crescita. È per questo che la crescita del *sé* non è alcunché di egoistico, ma è espansiva, creativa, donatrice. Chi abbia ceduto il *sé* in cambio di qualcos'altro che desidera, finisce nella situazione della coppia descritta da O'Henry nel racconto *Il dono dei Magi*: si è venduto ciò di cui si aveva bisogno, allo scopo di avere ciò che si è venduto per ottenerlo. Molti sono coloro che cercano il *sé* al di fuori di se stessi. Non lo trovano mai: non ha maggior senso che cercare la propria pelle su qualcun altro.

Ipocrisia manifesta

Franz si sottopone a terapia all'età di cinquantasei anni. È sposato con Tina da trentacinque e intende continuare a restare con lei, ma la sofferenza che gliene deriva ha raggiunto un livello tale da convincerlo della necessità di parlarne con qualcuno. "Il mese scorso siamo stati in Europa. Abbiamo risparmiato per anni per permetterci il viaggio. Tina voleva andare in Irlanda e in Inghilterra, io in Germania da dove proviene la mia famiglia. Lei ha detto che il tempo in Germania sarebbe stato pessimo e che l'albergo che avevo scelto le sembra una topaia. Le sue previsioni si sono rivelate esatte, e lei non ha cessato di farmelo pesare. Per due settimane non c'è stato divertimento, non c'è stata pace tra noi. Tina continuava a rivangare la faccenda. È sempre stata così, del resto. Vuole sempre aver ragione. Anni fa, ricordo, mi ero appassionato alla coltivazione di fiori, e lei diceva: 'No, quelli non piantarli lì', oppure: 'Guarda che la buca non è abbastanza profonda.' Molte volte aveva ragione, ma sta di fatto che io ci ho rinunciato. Il giardinaggio per me non era più fonte di gioia, e ormai sono giunto al punto che in realtà non voglio fare più niente insieme a lei. Tina non è mai contenta, comunque vadano le cose. Impossibile persino farle un regalo: lo riporta indietro e lo cambia con la 'cosa giusta', e la 'cosa giusta' è sempre quella che lei sceglie, mai quella che i ragazzi o io o chiunque altro le regalino."

Tina ha scelto un modo disastroso di evitare l'intimità. Preferisce avere ragione che essere amata. Ha bisogno di avere ragione più di quanto non voglia essere amata, e chiunque abbia rapporti con lei se ne rende conto. Questa espressione della paura dell'intimità è fonte di gravi difficoltà per il coniuge, il figlio, l'amico o l'amante. Nella migliore delle ipotesi, comporta condiscendenza, ma più spesso è vissuta quale un'ostilità attiva, imbarazzante. Bisogna essere molto comprensivi, al di là di ogni ragionevole capacità umana media, per rendersi conto che quella persona ti ama e continuare a restarle accanto. E siccome farlo richiede maggiore pazienza che non il tentativo di tradurre questa tendenza ad aver sempre ragione in offerte d'amore, coloro che restano lo fanno perché ne sentono il bisogno.

Franz sente che la sua presenza – la sua persona, il suo *sé* – non ha importanza agli occhi di Tina. Lui è solo un personaggio, un ruolo in una *pièce* che ha per argomento l'avere ragione e di cui lei è la regista. Tutti questi sentimenti – "Io non sono importante...", "Io per lei non sono una persona..." – costituiscono altrettanti modi di descrivere l'assenza di intimità nel loro rapporto. Tina non è disponibile per lui, e ne attribuisce la colpa al marito, e viceversa Franz ha partecipato alla rappresentazione per anni. Ora vorrebbe che cessasse, ma non sa come fare. Che Tina abbia spesso "ragione", è evidente; ancora più evidente e senza dubbio di ben maggior peso, è il fatto che lei ha carenza di amore. Non ha scelto consapevolmente il *fare* dell'essere nel giusto a preferenza dell'*essere* dell'amore, ma in effetti è questa la sua scelta. Tina fa qualcosa alla sua natura, al suo ambiente, al suo mondo anziché essere in esso. Se Franz vuole che qualcosa cambi, deve accettare la responsabilità del proprio *sé* e smetterla di biasimare Tina. L'intimità è un dono. In quanto tale esige libera volontà. Non può esserci intimità senza questa, e Tina ha rinunciato alla propria: non compie nessuna libera scelta personale. Il suo bisogno di essere nel giusto è coattivo; essa ha abbandonato la scelta, gettato via il dono. L'aspetto triste è che *se* Tina accetta di sottoporsi a terapia, e *se* riusciamo a superare le sue difese, lei si renderà conto di saperlo, e probabilmente diverrà preda della tristezza e del dolore per la sua mancanza di scelta. Ma ci sono buone probabilità che, se Tina accetta di sottoporsi a terapia, si metta a sottolineare i nostri errori, quelli che compiamo nel trattamento di Franz. Il bisogno di essere nel giusto è una possente difesa contro l'intimità, capace di vanificare anche gli sforzi più impegnativi. L'atteggiamento di difesa è la manifestazione quintessenziale della volontà di essere sempre nel giusto, e rende impossibile l'accettazione. Ma senza l'accettazione, l'intimità è impossibile. Voler essere nel giusto non concede nessuna libertà di essere. Ha scritto John Locke: "Dove è l'uomo che possiede l'incontestabile evidenza della verità di tutte le sue opinioni, o la falsità di tutte quelle che respinge?" Più esplicitamente ancora è stato espresso da Voltaire: "Il dubbio non è uno stato mentale piacevole, ma la certezza è uno stato mentale ridicolo." E non è solo ridicolo: è anche autodistruttivo.

Essere nel giusto può agire a molti livelli. Ci sono persone che hanno bisogno di avere ragione nei fatti, altre a livello emozionale, altre ancora in maniera autorevole. Dover essere nel giusto in campo religioso ha costituito una delle difese più distruttive nella storia della civiltà; gli essere umani continuano a torturarsi e a uccidersi vicendevolmente al servizio di questa "ragione". Coloro che pretendono di averla vogliono sempre avere l'ultima parola, l'ultimo sguardo, l'ultimo sentimento, l'ultima azione, e persino l'ultima comprensione: "Io posso correggere ciò che dici, sono in grado di immaginare o scoprire ciò che senti, di sapere ciò che pensi e di decidere e poi di dirti chiaramente chi e come sei." E costoro sono pronti a farlo, anche se non vi conoscono e, peggio ancora, se non conoscono se stessi. Riusciranno sempre meglio a essere nel giusto, e sempre peggio a essere umani. Perderanno di vista la sostanza stessa dell'esistenza. Sacrificheranno la *sé-ità* ma, per Dio, saranno nel giusto. E sarà anche così ma, per Dio – chiunque, qualsiasi cosa, comunque Dio sia – saranno perduti, privi di contatto con la loro natura.

Rigidità personale

Patricia si chiede se mai riuscirà ad avere un rapporto "duraturo"; perlomeno, è questa la preoccupazione che la spinge a sottoporsi a terapia. Qualsiasi relazione istituisca sembra destinata al fallimento; lei e il suo amante finiscono per litigare e scontrarsi. Dice Patricia: "Non ricordo come sia cominciato. Non riesco a capire perché continui ad accadere. Di solito comincia con cose da nulla, ma poi si ingrandisce fino a coinvolgere l'intero rapporto. E poi ci separiamo." Questa è la vicenda come appare a Patricia, la quale si guarda indietro e si chiede come mai possano essere giunti a un tale punto di vicendevole incompatibilità, senza che lei se ne sia resa conto fin dall'inizio. "Da dove vengono tutte le differenze che ci separano?"

Sidney e Courtney vengono da noi pressoché settimanalmente da circa otto mesi. Hanno iniziato una crescita significativa, e ci sono riusciti accettando di mettere in discussione gran parte delle loro esperienze comuni, anziché fare di ogni mutua interazione un problema del *me*. Durante i quindici anni di matrimonio e i primi sei mesi di terapia, gran parte del tempo l'hanno trascorso ad affrontare i loro modi di essere diversi, che variavano da una cronica consapevolezza di come l'altro "non è come me" ad aperti conflitti che talvolta scoppiavano. Quest'atteggiamento, un ennesimo modo di bloccare l'intimità, è più sottile e insidioso di quelli esaminati in precedenza. Noi tutti entro certi limiti "viviamo nelle nostre differenze", perché è facile vedere il mondo in questa luce. La comodità di quest'atteggiamento, unito alla sua universalità, rende difficile identificare e catalogare come nevrotico l'ostinarci a vivere nelle nostre differenze. Dal momento che ciascuno lo fa, potrebbe non essere normale? Ma normale non significa naturale, e la normalità non è garanzia di salute e felicità umana. La naturalezza è l'unica condizione in cui possa darsi un sano equilibrio di intimità e vicinanza.

In quanto esseri umani, siamo più simili l'uno all'altro che non a qualsiasi altra cosa. Courtney è più simile a Sidney di quanto non lo sia rispetto a un albero, alla sua automobile, al suo cane, a un fiore. *Lui però questo non lo sa.* Può sembrare stupido, ma in realtà non ha vissuto come se fosse consapevole di questa verità, né lo ha fatto Courtney. Al pari di Patricia, hanno "scoperto" le differenze e hanno vissuto fino in fondo. Nostro marito, nostra moglie, i nostri fratelli, i genitori, figli, amici, amanti, e persino un nemico è più simile a noi di ogni altra cosa nell'universo. Nell'ampio quadro della natura, scarsa è la differenza tra esseri umani. La natura è una comunità; gli altri esseri umani sono i nostri consimili più vicini. Se ce ne dimentichiamo, perdiamo la possibilità di essere gioiosamente *noi stessi*. Dice William Blake in *Eternity* ("Eternità"):

Chi aggioga a sé una gioia
Distrugge la vita alata:
Ma chi bacia la gioia che s'invola
Vive nell'aurora dell'eternità.

Purtroppo, non è così che viviamo. Non che la differenza sia "cattiva". Al contrario, le differenze le notiamo, ce ne compiaciamo; la differenza ci assicura varietà e conferisce interesse alla vita. Ci rende curiosi, ci eccita, ci dà vitalità. Gran parte dell'attrazione che la differenza esercita su di noi è frutto della modalità di funzionamento del nostro cervello: percepire le differenze è una delle sue somme capacità. Il cervello poi si sforza di collocare queste "nuove" cose in vecchie categorie e di minimizzare le differenze, e accade così che, mentre riconosce la differenza, il cervello si sforza di stabilire similitudini. Perché i nostri cervelli non si atrofizzino, dobbiamo mantenere le differenze: i guai cominciano quando noi cominciamo a *viverle*. Nella nostra paura dell'intimità, ci serviamo della differenza per bloccare l'esperienza del *sé*. A effettivo detrimento dell'intimità e a prezzo di una lenta distruzione dell'autentica vicinanza, rinunciamo alla grande verità che siamo più simili che non diversi, e sulle differenze ci fissiamo. A volte temiamo l'intimità quasi rischiassimo di farcene totalmente assorbire, perdendo le nostre identità. Il nostro errore consiste nell'equiparare l'*io* o il *me* con l'identità. Non si perde la propria identità con l'essere intimi; si perde il proprio *sé* col non essere disponibili alla differenza.

Forse che così dicendo vogliamo rinunciare alle differenze, minimizzarle o mascherarle? Nient'affatto. Esse sono importanti, creative, vitalizzanti e accrescenti. Anzi, qualche piccola differenza costituisce sempre una parte assai significativa dell'esperienza intima. È l'esperienza dell'*altro* come leggermente diverso da noi che rende più profonda, capace di crescita e fautrice di maggiore intimità la vicinanza che ne deriva. Queste differenze (tra il proprio *sé* e l'*altro*) devono essere però *esperite*, non già vissute, vale a dire codificate (integrate nell'identità). Sebbene di enorme importanza, esse costituiscono non più di una piccola percentuale delle nostre persone. Per quanto attiene alla stragrande maggioranza dei nostri pensieri, sentimenti e comportamenti siamo molto simili, e se nel quadro includiamo anche la nostra costituzione biochimica, fisiologica e genetica, ecco che risultiamo ancor più simili nonostante le nostre piccole varianti anatomiche. Agli occhi di altre specie, può darsi che siamo indistinguibili come individui. I nostri nasi appaiono dissimili, eppure sono in larga misura simili, e certamente non somigliano ai nasi di formichieri o di elefanti, e anche gli organi dell'odorato di questi animali sono, al pari dei nostri, nasi riconoscibilmente tali.

Lo stesso discorso vale a livello psicologico. Le nostre collere, le nostre tristezze, le nostre reiezioni, le nostre gioie, la nostra sessualità sono più simili che non diverse da quelle di tutti gli altri. Variano, certo, sia pure in misura minuscola, ed è della massima importanza che queste variazioni siano riconosciute e ammesse nei rapporti. Ma è anche essenziale tenere presente che l'altra persona è, sia psicologicamente che fisiologicamente, più simile a te di quanto non sia da te diversa. Per piccola che sia la percentuale di differenze, è della massima importanza decidere se e quando, nel rapporto, val la pena di combattere per le rispettive differenze. Decidere in merito significa scegliere, e scegliere significa che non si vivono le proprie differenze ma semplicemente le si esperiscono. Quale delle vostre differenze è tale che val la pena di fermare, in nome di essa, il corso del rapporto? Per quale di esse siete disposti a battervi o a tracciare un rigido confine? A che punto vi ritirerete in voi stessi, limitandovi a dire: "Io sono fatto così, e basta!"? A che punto, al pari di Martin Lutero, farete vostro l'atteggiamento del "Questa è la mia posizione e non posso fare diversamente"? Se accettare di far qualcosa con qualcuno o di essere qualcosa con qualcuno sminuisce il tuo *sé* in misura significativa, ti induce a minor rispetto e amore per te stesso, meglio che tu non lo faccia. Meglio non cedere sulle differenze, se farlo ti cambierebbe in un modo per te profondamente inaccettabile. Impossibile, per esempio, scendere a compromessi con la propria integrità a favore dell'*altro* e conservarla nei confronti del proprio *sé*. Se il *me* dentro di te dev'essere diverso, dev'esserlo in conseguenza di una scelta che fai interiormente, non di una scelta determinata dall'*altro*. Dev'essere un'azione non una reazione, deve rendere manifesto ciò che sei naturalmente, non ciò di cui hai bisogno. Non fare ciò che non puoi essere. In un capitolo di *Wise Blood*, Flannery O'Connor si chiede: "L'integrità di una persona risiede in ciò che non è in grado di fare? Penso che di solito sia così, perché il libero arbitrio non significa un'unica volontà, ma la presenza di molte volontà in conflitto in un unico essere umano. La libertà non può essere concepita in termini semplicistici." E non può esserlo neppure la scelta.

Vivere in buona fede con il proprio *sé* origina un'integrale eticità, una moralità interiore anziché una imposta dall'esterno.

Non ci si illuda: un'eticità assai più esigente che non un codice esteriore di etica o morale. E non va confusa con il "farsi gli affari propri". Il sociopatico non ha moralità esterna, ma allo stesso modo non ha neppure moralità interna. I sentimenti etici sono esigenti, e lo diventano sommamente solo quando siano interiormente sentiti. L'autodisciplina trascende sempre l'obbedienza, esattamente come l'onore ha sempre maggior peso della paura. La disapprovazione, il disprezzo e la mancanza di rispetto di altri ci feriscono, ma la disapprovazione, il disprezzo e la mancanza di rispetto di noi stessi ci deprimono, ci alienano, ci minano, ci rendono innaturali. È la base di quello che noi definiamo *sé-icidio*. Come capiva con estrema chiarezza Martin Luther King Jr., "vivere nelle differenze, mantenere la separatezza su questioni di scarsa importanza" (come il colore della pelle di ciascuno di noi o la religione che si pratica) distrugge i nostri valori interiori, e pertanto, come si è già detto, la nostra personalità. La risultante distruzione del *sé* è *sé-icidio*.

Per fortuna, le differenze che sono di importanza decisiva per la nostra moralità interna costituiscono solo una piccola percentuale di quelle in cui di solito ci imbattiamo nei rapporti. Perlopiù si tratta di differenze accettabili, e dobbiamo imparare ad accettarle se il nostro interesse va all'intimità e a una vicinanza non nevrotica. È questa la convinzione a cui finalmente sono approdati Sidney e Courtney: "Non vogliamo più vivere nelle nostre differenze. Non è per questo che ci siamo sposati, né è questo che vogliamo. È una situazione priva di gioia." La capacità di accettare la differenza è ciò che Patricia deve apprendere se vuole finalmente trovare un partner "compatibile". E non è facile.

Sacrificare la nostra disponibilità all'intimità per scontrarci su bisogni – cioè su differenze insignificanti – è insieme sciocco e innaturale. Gli esempi supremi di questa follia sono il pregiudizio, il settarismo, lo sciovinismo e la virtuosità religiosa, ed è facile constatare come queste situazioni estreme impediscono alle persone di essere parte della natura, parte del tutto. È più facile constatare il perché e il come ci scontriamo per differenze prive di importanza nei nostri rapporti quotidiani. Siamo prigionieri di moltissime differenze di importanza tutt'altro che cruciale per il nostro essere noi stessi ma che ci fanno perdere di vista ciò che volevamo all'inizio, per esempio che ci siamo uniti in questo rapporto per vivere gioiosamente l'uno con l'altro. L'esperienza del *sé intimo* è l'unica in cui ci si possa rendere conto di ciò. Le differenze accettabili, che sono la stragrande maggioranza, sono una fonte costante di crescita, energia e creatività esistenziali. Scegliere di vivere in differenze insignificanti rinunciando a tutte le altre possibilità, è *sé-icidio*.

Di continuo, a coloro che si sottopongono a terapia nel nostro studio, noi chiediamo: "Perché ha istituito questo rapporto?" E "Qual è stata la ragione prima che l'ha spinto a sposarsi?", "Chi vuole essere?", "Che cosa cerca?", "Che cosa si aspetta dal suo rapporto?" Mai ci è capitato di sentirci rispondere da qualcuno: "Voglio lottare per le differenze, non voglio stabilire contatti, rifiuto il gioco, non voglio essere me stesso e neppure essere intimo." Nessuno lo dice; ma troppi lo vivono.

Dobbiamo affrontare le nostre paure. Dobbiamo accettare i modi di essere tra noi tanto simili, di avere tanto in comune, di reiterare, esplicitamente, che vogliamo esattamente le stesse cose. Accettare questa verità di natura significa imparare a vivere nel nostro *sé* sano, mantenerci disponibili all'intimità, mantenere funzionale la nostra vicinanza. Verso il 300 a.C., Chuang Tzu ha scritto: "Ai tempi della natura perfetta, l'uomo viveva insieme con gli uccelli e gli animali terrestri, e non c'era diversità tra le specie. Vivevano in uno stato di integrità naturale." Abbiamo perduto il contatto con la "perfetta natura" dei nostri *sé*, e pertanto perdiamo la nostra "integrità naturale".

L'accettazione di questa verità, il ritorno all'integrità naturale, è sostanzialmente un'accettazione della comunanza della vita, significa rendersi conto che tu sei tanto simile a me che respingere te significa respingere me stesso, negare il tuo valore vuol dire negare il mio stesso valore. Eccetto per le differenze che non siano letali, devo accettare le nostre differenze se voglio essere in grado di amare me stesso. E, amando me stesso, di amare me.

8

ESPERIENZA PERSONALE
ORDINARIETÀ E GIOCO

Ciò che conta è non smettere di porre interrogativi.
Albert Einstein

Accettare la "comunanza della vita" è un imperativo che può sembrare ingannevolmente semplice. Da esseri umani quali siamo, incontriamo grandi difficoltà a far nostra questa fondamentale, ovvia e tutt'altro che complicata esortazione.

Ned viene da noi circa una volta al mese per un controllo. Negli ultimi anni ha avuto una grande crescita interiore, e perlopiù vive la vita come vuole viverla. Sembra essere del tutto padrone della propria esistenza. Si è sempre dedicato ad attività fisiche, e continua a vedere la vita in termini di metafore sportive, sebbene oggi sia un sacerdote. "Vedete, è così che alla fine mi sono reso conto di essere fatto per il baseball", dice parlando dell'accettare se stesso qual è anziché sentire la necessità di essere ciò che altri si aspettano da lui. "Quando si è giovani, quando si comincia a giocare, e poi ancora per anni, ti dici. 'Già, lo voglio proprio.' In una situazione difficile, quando l'esito della partita è in discussione, esclami ad alta voce: 'Che mi prenda pure di mira.' Ma dentro di te stai mormorando: 'Oh, per amor di Dio, che prenda di mira Jimmy.' Chiunque vi dica che le cose non stanno così, vuol dire che mente. Mi ci sono voluti anni e anni, e poi all'improvviso, un giorno, mi sono trovato sulla seconda base e stavo gridando: 'Tirala a me!' e dentro di me lo volevo sul serio. E allora mi sono accorto di essere davvero un giocatore di baseball. Forse non molto bravo, ma finalmente ero entrato nel gioco."

Ned sta commentando l'ordinarietà della vita. Tutti noi esseri umani siamo ansiosi, tutti desideriamo far l'amore con qualcuno che neppure conosciamo, abbiamo paura di non piacere a nessuno, nutriamo segreti desideri di essere scelti tra gli altri, temiamo il fallimento, ci chiediamo di continuo se siamo "abbastanza accettabili". Tutti, a volte, sentiamo che ci piacerebbe uccidere madri, padri, fratelli, sorelle, amanti, mariti, mogli e figli. E tutti vorremmo anche impadronirci di ciò che non è nostro, e parimenti vorremmo correre ad abbracciare quella tale persona che non conosciamo ma che sembra così triste. Ci piacerebbe dire agli *altri* che li amiamo. Questa è umanità, ordinaria umanità. Ed è per questo che è assurdo dire ai bambini: "Non devi provare questi sentimenti." I sentimenti non possono essere comandati: solo la loro espressione può essere controllata. Letteralmente si sentono le cose prima di saperle, e non si può "non pensarle e non sentirle". Non è risibile parlare ai figli del significato dei loro sentimenti, delle ragioni, dei comportamenti a essi collegati o di ciò che essi rivelano di loro stessi. Ma è impossibile "non sentire questo o quello", perlomeno se si è un essere umano come tutti gli altri. Nel suo romanzo *Middlemarch*, George Eliot scrive: "Se avessimo una chiara visione di tutto quanto c'è di ordinario nella vita umana, sarebbe come udire l'erba crescere o sentire il battito del cuore di uno scoiattolo, e moriremmo di quel frastuono che è l'altra faccia del silenzio." L'ordinarietà, infatti, ha questo potere. Essa *è* ciò che *è*.

La nostra ordinarietà tende a smarrirsi nei nostri bisogni esterni. Noi ci comportiamo in ottemperanza a ciò che è esterno a noi, anziché comportarci secondo il nostro *sé*. Un esempio semplice lo si ha sott'occhio molto spesso in seno alle famiglie. Se abbiamo un figlio che è gravemente malato, al pari di noi tutti gli altri accettano, e anzi si aspettano, la nostra tensione, la nostra paura, la nostra incapacità di comportarci in maniera normale. Siamo coinvolti fino in fondo. Tuttavia, se a essere ammalato è il nostro rapporto con nostro figlio, il nostro coniuge o amante, né noi né altri accettiamo, e tanto meno ci aspettiamo, la stessa risposta. La differenza non appartiene all'ordinarietà, ma si tratta di umanità straordinariamente condizionale e che pertanto non riesce a essere del tutto "naturalmente" umana.

Di rado capita, alla stragrande maggioranza di noi, di pensare nei termini di ciò che realmente siamo in quanto esseri umani, e così facendo produciamo deformazioni di ogni genere relative ai nostri *sé*. Nessuno vuole essere "comune", nessuno vuole rientrare nella "media", nessuno vuole essere "banale". Siamo così legati al nostro bisogno di essere speciali, al punto da vivere sulla base dei nostri bisogni "speciali". In *Me: the Narcissistic American*, lo psicanalista Aaron Stern scrive: "I figli rappresentano un'estensione dei sentimenti irrealistici di esseri speciali di cui i genitori necessitano. Viviamo in un'epoca dove non si può evitare di essere colpiti dal livello delle aspirazioni che i genitori proiettano sui loro figli... La normalità non è più accettabile, essere speciali è l'imperativo del giorno." E questo non lo facciamo solo a noi stessi, ma lo insegniamo anche ai nostri figli.

Tale bisogno può manifestarsi nell'aspirazione a essere un protagonista, un grande giocatore di calcio, una celebre danzatrice, il presidente della repubblica. Questa forma di essere speciali è sostanzialmente benigna: i desideri e le fantasie o sogni costruttivi ci forniscono mete, motivazioni e contribuiscono a plasmare le nostre esistenze, e perlopiù si tratta di un impulso utile. Finché essi non divengono definizioni di noi stessi, non saranno autodistruttivi. Coloro che hanno vero talento, e doni eccezionali, possono senz'altro "vivere in conformità a essi", ma non devono permettere alla loro *sé-ità* di essere sostituita dalla *specialità* del loro talento. Talento e specialità non sono la stessa cosa. Il talento è un aspetto del *sé*; la specialità ci imprigiona e soppianta il *sé*. Come Faust aveva scoperto, non si può scambiare la propria anima (il *sé*) con la "specialità". Nella vita reale, pochi di noi hanno modo di cambiare il contratto quando è in scadenza.

Gran parte degli esseri umani sanno, interiormente, che non realizzeranno le proprie fantasie o specialità: a un certo punto continueremo a essere ciò che di solito siamo. Ci serviamo dei nostri talenti nelle nostre vite ordinarie. Alcuni, quei relativamente pochi che sposano la stima di *sé* con tali "fantasie", che non riescono a gettarle via e al contrario vivono fino in fondo le loro fantasie e specialità, finiscono per essere distruttivi per le proprie persone, anche quando siano dotate di talenti unici. C'è una composizione poetica di Chuang Tzu, riportata in *The way of Chuang Tzu* di Thomas Merton, che a tale proposito dice:

> L'uomo del Tao
> rimane sconosciuto
> perfetta virtù
> nulla produce
> "Non-Sé"
> è "Vero-Sé"
> e l'uomo più grande
> è Nessuno.

Questa non vuole essere un'esortazione a non perseguire tutto ciò che possiamo essere, significa solo che dobbiamo ricercarlo senza perdere ciò che siamo.

Ma questa forma di "specialità" non è il pericolo più comune per noi in quanto esseri umani. Le deformazioni delle quali gran parte degli esseri umani sono prigionieri, sono le semplici "specialità" che ci alienano dal mondo quale realmente è in modi di cui di rado abbiamo consapevolezza: essi sono il risultato dei nostri artificiali mondi di giudicalismo e pregiudicalismo, della nostra mancanza di reciprocità, della nostra paura dell'intimità e dei comportamenti che questa paura genera. Diventiamo "speciali". Abbiamo un insistente e vano bisogno di essere qualcosa di più di ciò che realmente siamo. Non possiamo essere semplicemente "ordinari". Purtroppo, ciò si traduce direttamente nel "non possiamo semplicemente essere i nostri *sé*". Queste semplici specialità si presentano in due forme generali: stress e sistematizzazione.

LA SPECIALITÀ DELLO STRESS

Paula si sottopone a terapia perché si sente iperstressata e presenta sintomi somatici. Il suo medico internista, previa valutazione dei dolori gastrici che accusa e dopo essersi assicurato che non esiste nessuna affezione, le suggerisce di recarsi da uno psicoterapeuta che la aiuti a vincere lo stress. Paula ci dice: "Ho subito troppi stress in vita mia. Non riesco proprio a venirne a capo. Ho la sensazione di aver un buco ardente nello stomaco. Il mio medico dice che finirò per avercelo davvero se non mi tranquillizzo, ma come posso fare? Faccio un lavoro che richiede scadenze precise, e il mio capo, una donna, non fa che starmi addosso ogni giorno, senza rendersi conto delle molte cose che devo fare. Sono preoccupata per papà: che è malato e può darsi che debba sottoporsi a un intervento chirurgico. Nick, mio marito, deve recarsi in un'altra città e ci resterà cinque giorni, e io non posso sopportarlo. A coronamento del tutto, la mia maledetta automobile è nuovamente guasta, sempre la pompa dell'acqua. Oggi nessuno sa fare le cose come si deve. Ho dolori allo stomaco, mi sento tutta un groppo. Non ce la faccio più, non ce la faccio proprio più."

Lamentele del genere suonano familiari a moltissimi terapeuti, e non solo perché le odono tanto spesso nei loro studi, ma perché anche loro sono esseri umani e hanno la loro buona scorta di guai. Tutti abbiamo ragioni particolari di stress, e quando questi si accumulano, superiamo un limite in fatto di capacità di combatterli con successo. È questo dunque il problema di Paula? Suo padre, la sua capufficio, suo marito, l'automobile? Noi pensiamo che non sia così.

Certo, gli stress concreti, quelli derivanti da tragedie, malattie, decessi di persone care, guerre, disastri, eccessivo sfruttamento di noi stessi, possono effettivamente segnare la nostra fine. D'altro canto, la catastrofe di regola non è la vita normale, non è l'esistenza ordinaria. Quelle particolari tensioni che Paula ha indicato sono, sì, problemi, ma non sono *il* problema. Non sono essi a schiacciarla, a renderla incapace di giungere a una soluzione, a farla ammalare. A distruggerla è il fatto che lei *identifica se stessa* con il proprio stress. Il primo tipo di semplice "specialità" nella quale noi esseri umani ci intrappoliamo consiste nel vivere nello stress anziché restare noi stessi. Forse un esempio ipotetico renderà più comprensibile questo fenomeno. Ammettiamo che possediate un'azienda, e che per il 98% tutto funzioni al meglio, mentre per il 2% si incontrano difficoltà. Avete due possibilità: in primo luogo, continuare ad apprezzare la situazione e a lavorare con quel 98%, facendo contemporaneamente il possibile per cambiare l'altro 2%, con la convinzione che forse non c'è nulla da fare. È una scelta che vi permetterà di mantenervi in salute. Oppure, l'alternativa: cessare di operare in maniera soddisfacente con il 98%, e lasciarsi monopolizzare da quel 2%, a proposito del quale, ancora una volta, può darsi non ci sia niente da fare. E sarà un disastro. Alla fine vi troverete a dedicare il 98% del vostro tempo e delle vostre energie a quel 2%, e lo stress raggiungerà un livello tale che sarete infelici, malati o come si preferisca definire il modo di maltrattare se stessi. È questo che intendiamo dire parlando di specialità: permettiamo al 2% di diventare speciale, e così facendo perdiamo di vista il nostro *sé* ordinario, la nostra solita persona di ogni giorno.

Questo squilibrio, questa deformazione dell'identità, è quanto è accaduto a Paula. La capufficio, l'automobile, il marito e il padre sono diventati "speciali" ai suoi occhi. Non sono più semplicemente concreti problemi di per sé, ma sono stati da lei introiettati e adesso hanno sede nel suo stomaco. Usurpano il suo *sé*, e Paula non è in grado di far in modo che i problemi siano ciò che effettivamente sono. Ma, in tal modo, si rende incapace di essere ciò che effettivamente è. È incapace di imparare, di crescere e di cambiare al modo che le occorre a pro di se stessa. La specialità la rende indisponibile all'intimità, *la quale ha sede nell'ordinario, nel naturale, nel comune e nella realtà della natura*. Il *sé* è esperibile solo nell'intimità; Paula ha perso i contatti con il proprio *sé*, fa ammalare il proprio *sé*. L'accettazione è il fondamento dell'intimità, e Paula non accetta gli *altri* quali sono, ma ha a che fare con essi come se fossero delle entità entro di lei. È intrappolata dal carattere speciale di questi problemi in una vicinanza che non solo non è per lei fonte di conforto, ma anche ne esacerba lo stress.

Questa specialità di stress, è il 2% della vita di Paula, al quale essa erroneamente dedica il 98% del proprio tempo. Non vogliamo dire per questo che la sua famiglia, suo padre, suo marito e il lavoro abbiano nella sua vita un posto pari solo al 2%. Non stiamo parlando della loro realtà, ma al contrario della *mancanza* di realtà di Paula. Trattandoli come speciali, Paula cessa di vederli quali realtà esterne a lei; al contrario, ricostruisce il proprio *sé* intorno a essi, e poi afferma: "Sono loro lo stress del quale non riesco a venire a capo."

La verità della vita è proprio l'opposto. Quel 2%, o magari il 10%, che è fuori dell'ordinario (non però speciale) si dimostra cosa per la quale possiamo fare ben poco. Si può essere presenti, sensibili, responsabili e disponibili, ma *non si può esser più di una persona, si può essere solo se stessi*. Non si può amare né essere solleciti più dell'essere semplicemente se stessi. Quando siamo noi stessi, siamo in grado di saperlo e accettarlo, ed ecco che allora lo stress decresce. Non scompare del tutto, ma diviene controllabile. Rientra nella norma: preoccupazioni per la malattia di un genitore, irritazione per il guasto dell'automobile. Se noi siamo noi stessi, questo non possiamo saperlo, e ci procuriamo malesseri, ulcere, cefalee, depressioni o ansie.

LA SPECIALITÀ DEI SISTEMI

A essere in effetti ancora più stressante per Paula è la seconda forma di semplice specialità, che è soltanto l'altra faccia della prima. Paula non vive il 98% della sua esistenza che è bello, funzionale e godibile così com'è. Paula non accetta il proprio *sé*, così come non potrebbe accettare l'*altro*. Si è lasciata imprigionare dal proprio sistema, e si atteggia nei confronti del proprio *sé* quasi fosse un *sistema* anziché, appunto, un *sé*. È una deformazione molto simile a quella di un adolescente con l'acne, la quale costituisce diciamo il 2% della sua esistenza, ma se viene interiorizzata, satura di sé la sua intera personalità. Ne deforma i rapporti agevoli, di accettazione, che ha con i suoi coetanei, annulla il fatto che magari due belle ragazze nella sua classe sono innamorate di lui, mina il suo essere, diciamo, uno dei migliori della sua classe. Ne logora la persona. Non viene esperito come realtà ordinaria, bensì come una cosa speciale. E in quanto tale guasta il magnifico, eccitante, bel 98% dei suoi successi di adolescente, così come l'uomo d'affari può mettere a repentaglio la propria azienda a causa di quel 2% che non funziona a dovere. In altre parole, in questi casi, non si lascia che il proprio *sé* sia.

Non essere noi stessi è ciò che in effetti ci stressa, ed è questo che fa ammalare Paula. Essere, esistere nella dimensione dell'ordinario, viene accantonato, e al suo posto costruiamo un mondo speciale, un mondo in cui ogni cosa e chiunque ha un significato che lo trascende e ne trascende la natura. Erigiamo un mondo fatto di "dovrebbe, deve, potrebbe, forse, magari, desidero, spero, ne ho bisogno" e via dicendo. E finiamo per essere "accanto" a noi stessi, ciò che costituisce una perfetta descrizione dell'essere nevrotici o psicotici: essere innaturali, non ordinari. Se il 98% del nostro stipendio lo sprechiamo scommettendo all'ippodromo, appare ridicolo affermare che il 2% che spendiamo per il mantenimento della nostra famiglia è quello che ci rovina. Può sembrare un'analogia azzardata, ma in realtà è esattamente quello che moltissimi di noi fanno (e tra questi certamente i governi e tutti i grandi sistemi). Ci comportiamo così, non tanto con il nostro denaro, quanto con noi stessi, nel senso che offriamo i nostri *sé* per i nostri bisogni speciali: dipendenza, paura, ansia, brama di denaro, lussuria, desiderio di aver ragione e di essere desiderati, e così via. Paula non si accontenta di quel 98% a proposito del quale può fare qualcosa, ed è questa la vera fonte del suo stress. Insiste nel ritenere che il problema consista in quel 2% che lei non è in grado di cambiare. L'esperienza intima è l'unica in cui Paula ha una probabilità di vedere e comprendere questa realtà, e così facendo di attenuare il suo stress esistenziale. Nel suo *sé*, può rimanere sana. Separata dal suo *sé*, resta malata.

Stress simili spessissimo sono da noi esperiti nelle nostre esistenze quale un problema "serio". Con fine umorismo descrive tale situazione una breve poesia di E.E. Cummings:

> un perfetto sconosciuto un brutto giorno
> mi ha fatto andare fuori di me –
>
> che ho trovato difficile perdonargli perché
> era lui (come succede) il mio sé
>
> – ma ora quel demonio e io siamo
> immortali amici l'uno dell'altro.

Io (*Patrick*) parecchi anni fa ho avuto un'esperienza che, per quanto nient'affatto gradevole, mi ha reso perfettamente edotto dell'intuizione del poeta. Mia moglie, i miei due figli e io eravamo andati a trovare la famiglia di mia sorella durante una vacanza. Erano presenti anche altri miei fratelli con i rispettivi familiari, sicché eravamo in tanti. Ed era oltretutto stagione di influenza, e tutti ce la siamo presa. Invece della festosa vacanza che avevamo sperato, tutti in casa stavamo malissimo e non facevamo che correre in bagno a vomitare. Nel cuore della notte, ho udito qualcuno che vomitava nell'atrio. Mi sono alzato dal letto e mi sono precipitato a prestare soccorso. Era la mia nipotina che piangeva e si vergognava moltissimo. Sapevo come si sentiva, perché anch'io mi trovavo nelle sue stesse condizioni. Ho cercato uno straccio, le ho strofinato la faccia, l'ho rimessa a letto. Poi sono sceso dabbasso a pùlire il pavimento. E, malato com'ero, provavo pietà per me stesso. Mi sono sorpreso a chiedermi: "Perché proprio io? E di me, chi si prende cura? Dove sono gli adulti?" All'improvviso mi è venuto da ridere: un vero riso del *sé*. Ero divenuto consapevole del mio *sé*. Nulla di speciale, un'esperienza normalissima. Semplicemente, mi ero reso conto che ero il più anziano in tutta la casa; *io* ero uno degli "adulti", perfettamente in grado di aver cura di me stesso, anche se la cosa non mi andava a genio. Sembra banale, e lo è: ed è proprio questo il punto.

Essere noi stessi nella nostra ordinaria banalità è divenuta una delle nostre più difficili imprese umane, e la ragione va ricercata nella mancanza di esperienza intima. Siamo prigionieri del sistema, della vicinanza in cui ha luogo la specialità. Ma in natura non c'è specialità. Per disgustoso che possa suonare, quella notte ero intimo col vomito: un'esperienza che mi ha dato modo di crescere, di imparare qualcosa circa me stesso. Il *sé* intimo non può sorgere che dal naturale e dall'ordinario.

Uno rincasa dal lavoro e parcheggia l'auto nel box. Stava ascoltando qualcosa alla radio e desidera sentirlo fino alla fine. Ci vogliono solo pochi secondi, al massimo un paio di minuti, e allora tutto va benissimo. Ma, se per qualche ragione, la faccenda dura cinque o dieci minuti, facile constatare che si verifica una cosa assai strana: l'insorgere, dentro di sé di un'inquietudine, la sensazione che si farebbe meglio a spegnere la radio e a salire in casa. Perché? Quelli sono la propria auto, il proprio box, la propria radio, il proprio tempo, la propria vita. E allora, perché non si riesce a fare ciò che si vorrebbe fare? La risposta è perché non si vuole che il proprio *sé* sia. Non si è disposti a permettere a se stessi di esistere semplicemente nell'ordinarietà. Si sono create aspettative di ciò che *si dovrebbe* essere. Il mondo artificialmente costruito ha imprigionato il nostro *sé*. Il sistema è diventato più importante delle nostre persone.

Di solito, questa costruzione artificiale noi la proiettiamo nell'*altro*: "I vicini la considererebbero una stranezza, se mi vedessero qui, seduto nella mia auto, nel mio garage." Oppure: "Janet si aspetta che salga subito, perché ha udito la porta del garage aprirsi e l'auto entrare." Sono scuse campate in aria, si accoppiano perfettamente con l'affermazione di Paula che vuole il suo stress connesso al padre, al marito, alla sua capufficio. Ma non è così. Siamo noi a crearci questa situazione, a renderci non ordinari. Non restare ad ascoltare ciò che volevamo udire dalla radio è il minimo dei prezzi che pagheremo. Ma, anche in questo semplice esempio, risultano evidenti sia il mondo artificialmente costruito del "non posso essere ciò che voglio essere, e questo per qualche ragione estranea a me", sia la conseguente perdita di *sé* che è il costo effettivo della nostra sistematizzazione.

Che cosa dunque facciamo? Come fare ad ascoltare la radio? E che cosa può fare Paula per uscire dalla sua malattia? Gran parte delle persone vivono in questo perpetuo vicolo cieco. Hanno una vaga intuizione della realtà del problema e ci "lavorano sopra". E così accade che ci siano molte persone con problemi, perennemente intente a "filarci su" ma che riescono di rado a giungere a una conclusione. Perché? E che cosa significa "filarci su"? "Lavorarci su"? Significa che io sono diverso, qualcosa di più, di più forte, di migliore, di molto speciale. Ma il problema era, in primo luogo, l'incapacità di permettere semplicemente a noi stessi di essere, ed ecco che ora tentiamo di risolvere il problema, ancora una volta, non dando modo a noi stessi di essere. Gli atleti in crisi per il superallenamento insistono ad allenarsi ancora di più, a loro esclusivo detrimento, e finiscono per peggiorare ulteriormente le proprie prestazioni. Gli esseri umani ci "danno dentro" come persone, con l'unico risultato di essere ancor meno personali. Non funziona. Al pari del giovane terapeuta, il quale sapeva ciò che il ragazzo adolescente voleva fare per essere "migliore", può darsi che siamo a conoscenza di quel che abbiamo bisogno di fare, ma se non accettiamo noi stessi quali siamo, non cambieremo un bel nulla. Accettare noi stessi rientra nell'ordinario; invece, eccoci in pieno stress. Lavoriamo più duro per superarlo, e l'unico risultato è di aumentare lo stress. È un circolo vizioso concretissimo, e il prezzo che per esso si paga è assai elevato.

Quali sono le altre strade? Sono intimità, *sé-ità*, accettazione non giudicativa, disponibilità a vivere nell'ordinario e, si potrebbe aggiungere, l'importanza della resa. Si rinuncia al proprio bisogno di specialità, ai propri bisogni speciali, a favore della realtà ordinaria, del vivere in maniera ordinaria accettando il modo con cui le cose e le persone sono in realtà. Nei nostri studi, ogni giorno ci sono persone che continuano a chiedere: "Che cosa posso fare?" Ma il problema è di *essere*, non già di fare, e forse la risposta migliore che possiamo dar loro è: "Può dedicarsi al gioco."

Quando lo diciamo ai nostri pazienti, per lo più essi prestano cortese orecchio, mostrano la tendenza ad accettarlo come consiglio, e poi continuano a "filarci su", a "lavorarci sopra." Molti di essi replicano, in maniera quanto mai rivelatoria: "Ci rifletterò." Alcuni si irritano moltissimo e pensano di aver a che fare con degli stupidi. Ma non si tratta né di un cortese consiglio né di idiozia. È davvero l'unica cosa che si possa *fare* per continuare a essere. Giocare, ecco l'unica cosa che si possa fare senza uscire dall'ordinario, la sola che si possa effettuare al fine di essere intimi, ma anche difficilissima da accettare per la maggior parte di noi.

Quello di gioco è un concetto grandemente frainteso. Moltissimi adulti non sono capaci né di giocare né di capire che cosa sia il gioco. In *Work, Play, and Worship,* Gordon Dahl afferma che il gioco ha tre qualità essenziali: è spirituale più che economico o sociale; è una qualità della vita e non consiste di frammenti di esistenza, ed è un fattore di sintesi in una civiltà "composita". A nostro giudizio, questa definizione è anche una descrizione dell'intimità. In *Gods & Games,* David Miller si chiede perché il gioco sia divenuto l'opposto della serietà. Così non era all'inizio: il gioco è cominciato quale un *modo naturale di essere.* Da questo punto di vista, l'origine dell'altro significato di gioco (la rappresentazione di un modo di essere naturale, che è poi l'origine del teatro) è assai più facile da capire. In *The Theology of Play,* Jürgen Moltmann dimostra che la religione dei nostri antichi progenitori era una forma di gioco e che solo in un secondo tempo è comparso in scena l'*homo faber,* l'uomo del mondo del lavoro. "Soltanto gli innocenti, vale a dire i bambini o coloro che sono affrancati dal senso di colpa, in altre parole coloro che sono amati, sono capaci di giocare... Se un uomo vede il significato della vita solo nell'essere utile e usato, inevitabilmente finisce per cadere in preda a una crisi esistenziale." Al contrario, "il giocatore è completamente assorbito dal gioco e lo prende sul serio, in pari tempo tuttavia trascendendo se stesso e il suo gioco, perché dopo tutto è soltanto un gioco. Così, questi attua la propria libertà senza perderla. Esce da se stesso senza rinunciare a se stesso". Per tradurre la descrizione di Moltmann nei nostri termini, diremo che essa è un suggerimento su come evitare di restare catturati dal sistema. La descrizione classica del gioco la si trova in *Homo ludens* di Johan Huizinga: la prima e principale caratteristica del gioco è di essere libero; la seconda è che il gioco non è vita "reale"; la terza consiste nel suo essere limitato (nel senso che contiene il proprio andamento e il proprio significato); la quarta è che il gioco è creatore di ordine; la quinta che una comunità ludica generalmente tende a diventare permanente anche una volta finito il gioco. Ancora una volta, vorremmo sottolineare che queste sono le qualità dell'esperienza intima, dell'ordinario, del *sé*, del "vivere nel mondo in buona fede".

Se osservate i bambini, potrete assistere al gioco quale attività in sé pienamente compiuta. Oggi tu sei un indiano e io un cowboy; domani io sarò un indiano e tu un cow-boy. Se il nostro gioco è ben riuscito, se nessun adulto ce l'ha guastato insegnandoci che dobbiamo convincerci che è meglio essere questo oppure quell'altro, piuttosto che come possiamo essere l'uno o l'altro, ecco che avremo imparato a essere il miglior cow-boy e il miglior indiano per noi possibili. Tu e io adulti possiamo a nostra volta imparare come essere il miglior cow-boy e il miglior indiano per noi possibili.

È del tutto privo di senso che adulti intenti a osservare questo gioco se ne escano a dire: "Quei due sciocchini non hanno idea di che cosa sia un cow-boy o di che cosa sia un indiano né di come vicendevolmente si comportano un cow-boy e un indiano, e ignorano persino che gli indiani non possono avere pistole a raggi laser." E non solo è privo di senso, ma sarà distruttivo se imporranno le loro definizioni ai giocatori, siano essi bambini o adulti. Noi siamo tutto ciò che possiamo essere, ed è questo il nocciolo dell'essere esistenzialmente sani. Non possiamo "lavorarci su"; possiamo solo giocarlo. I bambini lo fanno naturalmente, non invece gli adulti. A noi adulti riesce difficile fare ciò che vogliamo fare, essere il miglior cow-boy per noi possibile, starcene seduti in auto ad ascoltare la radio, essere semplicemente i nostri *sé*. Ci riesce difficile "essere nel mondo in buona fede".

Purtroppo noi adulti, anziché imparare dai bambini, pretendiamo di insegnare loro a comportarsi da adulti. "Crescete", diciamo loro. La prima volta che tu dici a un bambino: "No, non è così che un cow-boy è", oppure: "Non è questa la maniera di disegnare un topo", o ancora: "No, il comignolo non sta sul fianco delle case" o magari: "Non sono le parole giuste di quella canzone", ovvero: "Le tue sensazioni dovrebbero essere queste o quelle", cominci a distruggere la capacità ludica del bambino, la possibilità di essere intimo. Il gioco deve essere libero da giudizi e pregiudizi. Non giudicare neppure "simulazioni" è l'epitome dell'accettazione, ed è la più limpida manifestazione di reciprocità. Perché mai gli adulti vogliono impedire questa possibilità ai bambini? E perché qualcuno l'ha impedita a noi? Gli adulti non si comportano così per fare intenzionalmente del male ai bambini, né perché non li amino, né per impedire loro di divertirsi.

Incapacità di giocare

I bambini non riescono a capire gli atteggiamenti antiludici degli adulti. Si chiedono perché gli adulti preferiscano essere quali sono anziché giocare, dal momento che "essere come sono" significa depressione, irritabilità, ansia, malattia, risentimento per il fatto di avere responsabilità, sempre sperare e mai essere. Perché mai preferiscono questa situazione alla facilità del gioco? Perplessi, i bambini tentano di capire il motivo di questa idiozia degli adulti, e attribuiscono a loro tutta una gamma di moventi: per esempio, gli adulti ce l'hanno con chi se la spassa, non ci amano perché non vedono di buon occhio il fatto che noi ce la godiamo, ritengono che essere a loro volta gioiosi sia cosa cattiva o pericolosa. Com'è ovvio, ipotesi infantili del genere di solito non corrispondono al vero (anche se alcune di esse sono senz'altro accettabili, per esempio il puritanesimo e la sua vasta discendenza); pochi adulti sono a tal punto mentalmente disturbati, ma la maggior parte di essi senza vederlo assumono atteggiamenti scoraggianti perché vogliono che i loro figli siano "sicuri", persuasi che i figli debbano essere come loro, e scambiano questo presupposto per amore. Dimenticano il prezzo che hanno pagato essi stessi per la sicurezza; non ricordano quanto grande è il loro desiderio di essere capaci di giocare.

La triste realtà del prezzo pagato risulta evidente nella maggioranza degli adulti nostri pazienti, i quali hanno molte attività e interessi, si dedicano a hobby e svaghi di vario tipo, ma non giocano. Anche quando corrono, non lo fanno come i bambini:

"lavorano" correndo. Dedicano denaro, tempo ed energie a *lavorare* alla ricreazione. Di conseguenza, non sono affatto ri-creati, secondo l'etimologia del termine "ricreazione". Parlano spesso dei giochi cui, rammentano, si dedicavano da bambini, e allora i loro occhi si illuminano, nelle loro voci si avverte un momentaneo empito di energia. Ma si tratta di discorsi nostalgici, rimembranza di un passato ormai defunto. Sono persuasi che il gioco sia riservato ai bambini, e con questa credenza perdono la propria innocenza, la loro capacità di vivere, di essere. È tutt'altro che insolito, per gli adulti, passare da un'attività all'altra, dal tennis alla fotografia, dalla vela al ricamo, alla disperata ricerca di gioco, una ricerca della porta che consenta l'accesso all' "essere semplicemente ciò che voglio essere".

Ma la strada non è certo quella dell'attività: la strada è quella dell'*essere*. Chiedete al bambino disteso tra l'erba che cosa sta facendo. La risposta sarà: "Niente, sto giocando." Non capita mai di vedere bambini piccoli che abbiano bisogno di mettersi alla ricerca di un gioco, né mai accade di vederne intenti a un gioco che li faccia sentire a disagio. Giocando, si fanno male, si arrabbiano, restano esclusi, sbeffeggiati, umiliati, soffrono una serie di altri traumi tipici degli esseri umani, ma non si dedicano certo a un gioco per mettersi in condizione di star male. Non farlo, rientra nell'ordinario: gli animali giocano a questo modo anche nel loro vivere "serio". L'ordinarietà è qualcosa alla quale dobbiamo arrenderci: solo nell'ordinarietà possiamo essere liberi, possiamo giocare, possiamo ricreare, possiamo *fare* qualcosa per il nostro *sé*.

Se mai gli adulti hanno una visione intuitiva di ciò che è il gioco, lo considerano stupido. Coloro che vorrebbero iscriversi a un club tennistico "semplicemente per divertirsi", per giocare e spassarsela, verranno immediatamente messi da parte e invitati a ridarsi la "carica", a diventare competitivi. Osservate due coppie intente a "giocare" a bridge. Stanno davvero giocando? Forse che lui sorride quando la sua compagna gioca un asso? Al contrario, si comportano come se avessero quattro pistole a tamburo sotto il tavolo e siano pronti a far secco anche il loro partner se commette uno sbaglio. È forse ordinario? È naturale? È umano? Ma è normale e considerato civile. I "giochi" sono "gare" ultracompetitive, destinate a preparare chi vi partecipa a "vere lotte".

In molti quartieri è impossibile trovare bambini intenti a giocare liberamente. Molto spesso sono stati organizzati in gruppi competitivi da adulti che *ignorano come si fa a giocare*, e capita così di imbattersi in ragazzini di otto o nove anni "esausti", in dodicenni o tredicenni "spossati". Gli adulti distruggono il modo di giocare dei bambini nella loro disperata ricerca di gioco. Film come *Ghostbusters* sono popolarissimi non soltanto perché sono divertenti, ma anche perché i protagonisti sono adulti *ludici*.

L'evoluzione biologica ha un andamento lentissimo; quali che ne siano i meccanismi, questi producono mutazioni solo in lunghi periodi di tempo. Al contrario, l'evoluzione culturale ha una velocità straordinaria. Sotto il profilo biologico, la specie *homo sapiens* non è gran che cambiata negli ultimi cinque o diecimila anni, mentre sono sotto gli occhi di tutti gli incredibili mutamenti culturali avvenuti nello stesso periodo. La questione diviene dunque un problema di psicologia umana: qual è il ciclo evoluzionistico del nostro essere psicologico? La nostra ipotesi è che esso sia naturale (appartenente alla natura), e pertanto più vicino all'evoluzione biologica che non a quella culturale. Se questo è vero, ecco che l'uomo ordinario d'oggi è ancora simile all'uomo ordinario della tradizione dei cacciatori e raccoglitori. Con questo, non vogliamo dire che sia incolto, incivile o barbaro. L'arte, l'educazione, le norme e i codici sono in gran parte frutto di mutazioni culturali e di costruzioni sociali; ma lo stesso vale per l'inquinamento, il consumismo, il genocidio, il fanatismo religioso e infiniti altri mali. Quale tribù, centinaia o migliaia di anni fa, ha mai deliberatamente tentato di sterminare una razza o gruppo etnico? E lo fanno forse le tigri, le zebre, gli elefanti, i topi o le farfalle? No, non è una cosa naturale. Certo, c'erano violenza e lotta, ma del tipo cui è dato assistere negli animali, al servizio cioè della crescita, non di un'insalubre vicinanza. Se fosse altrimenti, significherebbe che l'essere umano non era parte integrante della natura. L'incivilimento non è per forza di cose sinonimo di civiltà nel senso di gentilezza e cortesia. Col rapido mutare delle culture in concomitanza con gli esordi dell'agricoltura e della vita urbana, lo stress dello squilibrio a favore della vicinanza è aumentato a dismisura. Per affrancarci dallo stress culturalmente imposto, abbiamo sviluppato ulteriori *sistemi* culturali intesi a darci "sicurezza", ma nel processo i nostri sistemi ci hanno imprigionato, minando i nostri *sé*. Abbiamo perduto l'arte che è il prodotto naturale dell'umanesimo, l'apprendimento che è la naturale ricerca di conoscenza, e le norme che sono le naturali leggi di natura. In cambio, ci siamo dati arti e sistemi, educazione e governi sistemici. E abbiamo anche fatto nostri quei comportamenti che sono un assunto dei sistemi.

Ecco quanto dice a tale proposito Robin Fox in *Encounter with Anthropology*:

Repressione, alienazione, sfruttamento, queste sono le chiavi del problema. E la tragedia è sotto i nostri occhi: per procurarsi un tipo di società "civilizzata", oggi l'uomo è abituato e impegnato a trasformare la società stessa in una macchina produttiva in cui le persone diventino a loro volta macchine e i loro rapporti siano meccanici anziché naturali. Per comprendere ciò che sono i rapporti naturali perduti dall'uomo, è necessario rifarsi ai primitivi, all'uomo ridotto al suo stato massimamente naturale, lo stato in cui è assente la tortura, ormai incorporata, dello sfruttamento. Al di là del selvaggio, c'è il mondo naturale, di cui l'uomo è pur sempre parte nonostante le sue finzioni... I conflitti delle società preclassiste, quelle cioè precedenti il tempo in cui l'intera società è divenuta una macchina produttiva, semplicemente non sono dello stesso genere dei conflitti di classe.

Non intendiamo con questo "romanticizzare" il primitivo cacciatore-raccoglitore, uomo o donna che fosse, considerarlo, rousseaunianamente, pieno di grazia e bontà "naturali". Gli uomini primitivi avevano senza dubbio sistemi loro propri. Come sostiene l'antropologo Marvin Harris in *Culture, People, Nature*, i sistemi costituiscono il fondamento della struttura sociale, dell'economia, della politica e di altri fenomeni di gruppo; ma, prive di sistemi consumistici, le società primitive purtuttavia sopravvivevano e veicolavano l'evoluzione umana, sebbene dovessero essere relativamente impotenti nei loro ambienti naturali. Il fatto che riuscissero a sopravvivere induce ad attribuire loro un alto livello di intimità, vale a dire di partecipazione alla loro natura, un elevato senso di connessione *dell'uno con l'altro* oltre che con la *natura*. La connessione non poteva che essere una realtà naturale, e gli esseri umani dovevano considerare se stessi parte del tutto. Giocando creativamente nella natura, nonché raccogliendo, cacciando ed esperendo tutto questo come ordinario, non potevano non avere un senso più intimo del *sé*, un più naturale equilibrio tra *io* e *me* di quello che abbiamo noi.

Questa separazione tra uomo e natura è stata a lungo oggetto di preoccupato interesse da parte dei filosofi. Nella sua *Etica*, Spinoza giungeva alla conclusione che "gran parte di coloro che scrivono di emozioni e umana condotta, sembrano trattare più faccende estranee alla natura che non fenomeni naturali obbedienti a leggi generali di natura. Si direbbe che questi concepiscano l'uomo collocato nella natura quale un regno entro un regno, ché questi credono... che l'uomo sia determinato esclusivamente da se stesso." Ma soltanto tramite la conoscenza del *sé* noi possiamo conoscere noi stessi nella nostra natura, nelle nostre nature.

Quanti di noi sono in grado di *sentire* in quale direzione è casa loro, in quale zona della foresta si trova il cervo, dov'è un pericolo? Quanti di noi sarebbero in grado di sopravvivere come *sé*? Non molti, di sicuro. E rendiamoci conto di che cosa questo significhi: *noi stiamo lentamente perdendo la capacità di vivere come un sé*. Il nostro non vuole essere affatto un insensato invito a tornare alla vita selvaggia, un appello alla sopravvivenza, un'esaltazione dell'"uomo naturale". Stiamo parlando di una realtà biologica. La nostra collocazione evoluzionistica è in contraddizione con il nostro modo di vivere, ed è assai probabile che periremo se non troviamo qualche rimedio a tale situazione. Troppi sono coloro che non sono in grado di far fronte al mondo sistemico in cui vivono (e troppi altri non sono in grado di vivere nel mondo che il sistema delega loro per venirne a capo). Il fatto che debbano *venirne a capo*, significa innanzitutto che semplicemente non vivono (o non vivono semplicemente). Il significato salubre di "venirne a capo", vale a dire di adattarsi a nuove circostanze, è stato sostituito da una ricerca della sicurezza in un futile tentativo di "tirare avanti".

Per una ridefinizione del gioco

E dunque, noi, quali adulti, possiamo metterci a giocare? E come possiamo imparare a essere? Come possiamo predisporci, non a *fare*, ma a *essere* in maniera ordinaria? In primo luogo, va tenuto presente che non possiamo *fare* il gioco; dobbiamo scoprirlo, e le due strade più facilmente accessibili agli adulti per riscoprire il gioco consistono nel far gettito della loro specialità e nell'abbandonarsi all'arbitraria spontaneità.

Rinunciare alla nostra specialità è, sostanzialmente, un'attività spirituale, che in sintesi significa: "Rinuncerò a qualsiasi cosa faccio che mi impedisca di giocare e allora, forse, se non impedisco alla ludicità di manifestarsi, può darsi che essa venga a me." E così sarà. È naturale. Questa verità è stata sottolineata in termini appassionati da Picasso nel corso di un'intervista riportata da Dore Ashton, in *Picasso on Art*:

DOMANDA: Ma allora, che cosa fa quando il dipinto è finito?

PICASSO: Lei ha mai visto un dipinto finito? Un dipinto o qualsiasi altra cosa? Disgraziata lei il giorno in cui si dice che lei è finita! Finire un'opera? Finire un quadro? Stupidaggini! Finirlo significa esserne arrivati a capo, averlo ucciso, privarlo della sua anima, dargli il colpo di grazia: la cosa più triste per il pittore oltre che per il dipinto.

Sempre a Picasso, un giorno è stato chiesto quale fosse stata la sorte dei suoi migliori dipinti, e si dice che abbia risposto che li aveva distrutti. Gli è stato allora chiesto perché, e lui ha replicato: "Perché li avevo finiti." Quando si scopriva intento a elaborare eccessivamente una tela, impugnava il pennello con la mano sinistra, la meno controllabile, la meno addestrata, quella capace di minori tecnicismi, la mano più naturale, e con essa continuava a dipingere finché non aveva ripristinato l'equilibrio. Rinunciava al bisogno di perfezione in cambio del gioco con il dipinto, con la tela, con i pennelli, e da questa sua rinuncia veniva la ri-creazione, la rinascita della sua creatività. Tutti possiamo farlo, tutti possiamo rinunciare al nostro bisogno di vincere, e in tal modo goderci il gioco; abbandonare il nostro desiderio di essere primi, e pertanto goderci semplicemente l'essere; recedere dalla nostra necessità di mantenere il predominio, e così goderci l'*altro*. Ma per questo occorre un atto di fede: occorre volere ciò che davvero si vuole.

L'arbitraria spontaneità è più facile, per noi, che non la rinuncia. E per arbitraria spontaneità non intendiamo un comportamento stupido o pericoloso, bensì un comportamento semplicemente "spontaneo". E l'impulso "spontaneo" che proviene dal bambino che è tuttora vivo in ciascuno di noi, nonostante quanto noi gli facciamo. Abbiamo pensieri, sentimenti e impulsi spontanei, ai quali mai obbediamo: li lasciamo sfumare. Ma devi allora renderti conto che sei *tu* che te ne vai e sfumi. Ti capita mai di dirti: "Penso che sarebbe divertente mandare oggi stesso un telegramma anonimo a Jill per dirle 'Ti amo.'" "Non sarebbe divertente far recapitare a Mel e Trish un'enorme pizza durante il loro party perbenistico?", "Questa notte potremmo andare al lago a farci una nuotata". Sono ghiribizzi che ci passano per la mente, ma non li attuiamo né li apprezziamo. Definendoli atti arbitrari, vogliamo semplicemente dire che bisognerebbe consapevolmente, intenzionalmente assegnare a se stessi il compito di dare attuazione a queste fantasticherie: non già sottoporle a elaborazioni, a riflessione, o tentare di cancellarle. Lasciati semplicemente essere chi sei: e se per esempio l'automobile tu la parcheggiassi in garage in retromarcia anziché a marcia avanti? E se baciassi la tua innamorata sul naso o sul gomito anziché sulla guancia? E perché non fare una passeggiata all'ora di pranzo anziché bere un aperitivo? E che ne pensi di startene disteso sull'erba anziché falciarla? E di raccogliere un mazzolino di denti di leone per la tua amata anziché farle recapitare delle rose?

Quale effetto hanno su di noi decisioni del genere? Si tratta di vero gioco? È perlomeno un inizio di demolizione del nostro mondo artificialmente costruito. La spontaneità arbitraria liquida la specialità e dà campo all'ordinarietà. L'ordinario è nuovo e diverso, al pari di quella vecchia quercia che mai avevamo notato prima e che ci invita all'intimità. Possiamo, senz'altro possiamo essere noi stessi per un istante se ce ne stiamo lì distesi sull'erba, e facendolo ecco che recuperiamo qualcosa del bambino in noi. Siamo meno abituati e legati ai nostri costrutti e alle nostre specialità. È assai più insidioso delle nostre abitudini ovvie e insalubri, come fumare e mangiare smodatamente, il fatto di farci la doccia e di fare all'amore sempre allo stesso modo, di istituire i medesimi rapporti con i nostri figli. Siamo prigionieri del nostro sistema, e il prezzo che paghiamo è una diminuzione del *sé*. Ma è un pessimo affare. Smarrire la possibilità di essere ordinari, di essere se stessi, di essere intimi e di giocare, significa perdere moltissimo. Vivere con qualcuno disposto a permetterti di essere chi tu sei, e al quale tu sei disposto a permettere di essere chi è, è una dimensione fondamentale e un'esigenza parimenti basilare di umanesimo.

UNICITÀ E ORDINARIETÀ

Le persone a volte dicono: "Ma io non voglio essere semplicemente come chiunque altro." L'individualità non ha nulla a che fare con ciò che intendiamo per essere ordinari. Essere speciali non è la stessa cosa di essere unici. Ciascuno di noi è unico, e questo è il *sé*. Nessuno di noi è speciale, non perlomeno agli occhi della natura: non lo è Shakespeare né Mozart né Madame Curie; non lo è il ricco né il celebre, non lo sei tu né lo sono io. Per la natura, siamo tutti esseri umani, parte ordinaria di un mondo ordinario, un mondo che, nella sua ordinarietà, è assolutamente straordinario. Quanto facciamo, fin dove arriviamo, e in che modo, è determinato da noi, che abbiamo il dono del libero arbitrio. Ma la nostra natura non dipende da noi. È una realtà comunitaria.

C'è un modo facile per cogliere la differenza, ricorrendo a un esempio che è insieme realtà fisica e metafora. Ciascuno di noi ha una sua posizione dalla quale guarda il mondo. E dal momento che non è possibile per due persone trovarsi esattamente nello stesso punto, esattamente nello stesso momento, nessun altro può vedere il mondo come noi lo vediamo. È questa la nostra unicità. Parimenti, ognuno sta da qualche parte e vede un certo mondo, ed è per questo che non siamo speciali. Se per noi è terrorizzante essere soli, scegliamo la specialità e crediamo che altri possano, dovrebbero o effettivamente sono in grado di vedere allo stesso nostro modo, di osservare ciò che noi vediamo, di vedere il nostro mondo speciale. Paghiamo questa nostra scelta con la rinuncia a "essere nel mondo in buona fede", in altre parole a fare ciò che vogliamo, a essere *noi stessi*, a essere quali siamo nella situazione relazionale, permettendo contemporaneamente ad *altri* di essere chi sono: unici e ordinari insieme.

La stragrande maggioranza di noi non vive a questo modo l'uno con l'altro. Nei nostri rapporti e nei nostri matrimoni, finiamo per scontrarci con amanti e coniugi più di quanto con loro non giochiamo. A differenza di due bambini che giocano, poi litigano, quindi tornano a giocare liberamente, gran parte degli adulti accoppiati si invischiano in cronici litigi di basso livello che alla fine si sostituiscono totalmente al gioco e distruggono l'intimità. Perché mai accade? Succede perché abbiamo cercato modi tali per cui individualmente sminuiamo la nostra personità, limitiamo la nostra crescita, miniamo il nostro sé intimo. È anche evidente che questa stessa riduzione noi la effettuiamo insieme; in altre parole, formiamo coppie con particolari *altri* e portiamo questo squilibrio nella vicinanza con loro. Capire questi accoppiamenti esperienziali può aiutarci a trovare modi di reinserire il gioco nei nostri rapporti e pertanto di ritrovare la nostra ordinaria natura.

L'accoppiamento non incomincia come riduzione, ma al contrario di solito ha inizio con quell'espansione che chiamiamo "innamoramento". Dale e Beth passeggiano lentamente lungo la spiaggia; ogni tanto, si fermano e stanno abbracciati a lungo. Non vedono le altre persone che passeggiano, non vedono le ville, non hanno occhi per lo scenario. Sentono il calore del sole al tramonto, la frescura della brezza serale, il rumore delle onde sulla battigia. Queste sensazioni le avvertono, ma non ne sono consapevoli. Sono intimamente connessi l'uno all'altra e al mondo. Ordinariamente, non possiamo trascorrere le nostre vite passeggiando sulle spiagge, ma la domanda fondamentale è perché, ciononostante, non riusciamo a essere ordinariamente l'uno con l'altro in questo stesso modo di vibrante connessione.

9

ACCOPPIAMENTO PERSONALE
COPPIE ESPERIENZIALI E ACCOPPIAMENTO

Ciascuno vuole essere qualcuno: nessuno vuole crescere.
Wolfgang Goethe

Che cosa intendiamo per *accoppiamento esperienziale*? Semplicemente, che l'esperienza di ogni persona tende a cercare l'esperienza reciproca nell'altra persona – reciproca nel senso che la nostra esperienza sembra sempre protesa all'espressione e alla chiarificazione nell'*altro*. Noi vi cerchiamo l'altra parte di noi stessi. Come nel mito di Platone, siamo perennemente alla ricerca del resto delle nostre persone. L'esperienza che così condividiamo con l'*altro*, illumina, incrementa, accresce e chiarifica la nostra; essa può portare la nostra esperienza a un livello nuovo e diverso di euforia e consapevolezza, oppure può portarci alla depressione. L'esperienza percorre l'intera gamma del nostro essere umani. Quando diamo inizio al tentativo di limitare le scelte che abbiamo di fronte, non compiamo esperienze, ma al contrario ci chiudiamo. Scrive John Berger in *Ways of Seeing*: "Non appena siamo in grado di vedere, ci rendiamo conto che possiamo anche essere visti. L'occhio dell'altro si combina con il nostro occhio per rendere pienamente credibile il fatto che siamo parte del mondo visibile." Se ci "nascondiamo" dall'"essere visti" nella vicinanza, perdiamo la "visione" dell'intimità.

Donna viene da noi per la sua prima seduta terapeutica. È vivace ed energica. Ha solo trentasei anni, ma è già passata attraverso quattro matrimoni e non riesce a capire perché tutti i suoi mariti si siano dati all'alcool. La risposta è che nel nostro accoppiamento inconscio troviamo ciò che non cerchiamo a livello conscio, e in tal modo poniamo in essere la nostra scelta inconscia, spesso reiteratamente e a nostro stesso danno. L'accoppiamento insalubre è una ricerca di identicità e sicurezza. Nell'accoppiamento esperienziale sano ricerchiamo estraneità, novità e differenze con l'*altro*, andando in cerca di un'esperienza diversa da quella di noi stessi, di una maniera di crescere.

I nostri cervelli funzionano, guardando al nuovo, al diverso, allo strano, al futuro – a sentimenti, cognizioni ed esperienze esterne ai nostri confini correnti. In tal modo, il cervello si accresce, si chiarifica, diviene consapevole della propria esperienza, inserisce il nuovo in ciò che è già noto. Abbiamo già parlato di come l'intimità induca la crescita in un rapporto e di come la vicinanza ne mantenga la stabilità. Entrambe le peculiarità coesistono quale matrice, sono egualmente importanti e dipendono l'una dall'altra. Così ora vorremmo sottolineare il fatto che, mentre la vicinanza prospera sulla familiarità, l'intimità trae profitto dall'estraneità. Ricordatevi che può capitarvi di vedere realmente l'albero, la casa, vostra figlia – di vederli in maniere nuove, di scorgerne i contrasti, i particolari, le stranezze, i cambiamenti. Questo aspetto dell'intimità, un risvolto di continua ricerca e assorbimento, si nutre di estraneità, e lo si trova soprattutto in persone diverse da noi. Con ciò, non intendiamo affermare che Donna vada in cerca di alcolizzati: semplicemente, che è alla ricerca di una esperienza che in *apparenza* è reperibile solo in persone dedite all'alcool; ma essa la vuole per ragioni interiori che hanno a che fare con la sicurezza della vicinanza, non con la crescita dell'intimità. Donna va alla ricerca di un rapporto familiare anziché estraneo e potenzialmente intimo. Ha cercato il vecchio e il familiare, e così facendo è rimasta la stessa. Si accoppia in maniera insalubre.

Questa estraneità possiamo cercarla anche nel mondo circostante. Vedere una rosa in modo diverso, spiccare il volo con un uccello o avvertire la realtà dell'oscura foresta, sono cose che nutrono l'intimità in noi. Il creatore che c'è in ciascuno di noi può far buon uso della realtà di ogni novità, si tratti di un luogo, di un oggetto, di un'associazione o di una persona. Esattamente come nell'intimità impersonale, nel nostro accoppiamento noi andiamo alla ricerca di un altro modo di vedere noi stessi, di un altro tipo di "visione". Tutta l'esperienza è accrescitiva.

ACCOPPIAMENTO ESPERIENZIALE

Se sei con un amico che ti è vicino, vale a dire con una persona simile a te, avrai una sensazione di familiarità, non di estraneità. Ma se per un istante, per il fatto di essere te stesso nel tuo spazio, vedi e accetti l'*altro* in un modo nuovo nello spazio condiviso, sperimenterai qualcosa di strano, di diverso: sentirai lo spostamento, il passaggio all'intimità. Al pari degli amici che si ritrovano nel film *Il grande freddo*, stabilirete un contatto in modo nuovo, tale che permetta a te e all'*altro* di diventare vicendevolmente diversi. Lo spostamento lo esperirai come un cambiamento senza equivalenti nell'essere in rapporto, come un altro e differentissimo luogo in cui stare. L'intimità prospera sulla nuova esperienza apprenditiva per *sé*. Nell'intimità, l'estraneità nell'*altro* permette, anzi genera, il nuovo e lo strano che scopriamo in noi stessi, ed è per questo che l'esperienza intima è fonte di tanta energia: essa cambia il rapporto ma, cosa ben più importante, aumenta la nostra consapevolezza di noi stessi. Ci permette di cambiare. Rendersi conto della nostra ricerca di questa differenza, di questa estraneità, ci aiuta a comprendere l'accoppiamento esperienziale, e perché in esso noi cerchiamo l'altra faccia di noi stessi.

L'accoppiamento esperienziale è il contesto fondamentale in cui si forma la diade intima. Per *diade intima* intendiamo l'esperienza tra due persone che produce i sentimenti di intimità, la maggior consapevolezza del *se stesso* che insieme si sente unito all'altro. Per certi versi, *esperienza* è un termine più efficace di *relazione* per descrivere questa diade. *Relazione* suggerisce la costanza, il cognito, qualcosa che continua: descrive soprattutto la vicinanza. L'esperienza intima è di solito di breve durata, dura secondi, minuti, ore, di rado un giorno intero. E assai raramente capita di avere un intero fine-settimana che sia sentito in siffatto modo atemporale, dissociato dal familiare, colmo di momenti di semplice consapevolezza del flusso delle nostre percezioni ed esperienze. Ogni percezione ed esperienza è di per sé autosufficiente, e il passaggio dall'una all'altra sembra non richiedere sforzi, essere affatto naturale. Ma fine-settimana del genere sono infrequenti, e appaiono come un interludio irreale nelle nostre esistenze. "Fine-settimana perduti" ma splendidamente trovati. Di solito, nei nostri rapporti i momenti intimi non sono appunto che momenti. Il rapporto ci arreca vicinanza e familiarità; l'esperienza è apportatrice di intimità ed estraneità, ed è per questo che la gente, quando accade qualcosa di strano o nuovo, esclama: "Che esperienza è stata!", "Avresti dovuto sperimentarlo!". "Ho avuto quello che si dice un'esperienza!" Hanno sentito l'intimità, ne sono stati energizzati, animati, cambiati.

Ormai dovrebbe risultare chiaro perché sia più facile essere intimi con un estraneo che non con qualcuno di più vicino. L'estraneità è prontamente disponibile; la mancanza di familiarità ci libera dal nostro sapere già, dal nostro giudicare e pregiudicare. Le esperienze intime più eccitanti e importanti si verificano tuttavia quando la stessa estraneità la avvertiamo con persone familiari. Siamo massimamente intimi quando siamo capaci di essere estranei con la persona alla quale siamo più vicini. Basti pensare ai propri rapporti di vicinanza, e ci si avvedrà che nulla è altrettanto eccitante o energizzante quanto esperire l'estraneità di qualcuno che è sempre stato familiare. Già, quel momento sulla spiaggia quando l'hai vista camminare da sola sulla battigia, ma nel tempo hai scorto in lei qualcosa di nuovo, di diverso ed estraneo: hai esperito lei e te stesso con lei, in un modo in cui mai hai visto o esperito prima, e come ti ha eccitato, quanto ti ha fatto desiderare di essere con lei, di toccarla, di esserle più vicino, di condividere te stesso con lei. È questa l'energia dell'intimità, e un piccolo flusso di energia intima può essere indimenticabile.

Certo, sia il rapporto che l'esperienza, la familiarità e l'estraneità sono necessari e importanti tra amanti e amici. Ma nella maggioranza di noi si verifica una deformazione di questo equilibrio generata dall'apprendimento; ed essa non è naturale, non è secondo le modalità della natura. La nostra cultura e la maggior parte delle famiglie che ne fanno parte attribuiscono grande valore alla familiarità, alla sicurezza e alla vicinanza, ed evidenziano la tendenza a considerare l'intimità pericolosa o immorale. Molto spesso rendono l'esperienza più difficile e meno probabile. L'adagio "L'abitudine genera noia" non è necessariamente vero, ma la familiarità, l'abitudine, troppo spesso impediscono l'intimità. E in assenza di intimità, il disprezzo in seno al rapporto può accrescersi e minare entrambi i sé in esso coinvolti. Come ha scritto, seppure con una mancanza di consapevolezza del *sé*, Ogden Nish nei versi di *Family Court* ("Corte di famiglia"):

> Uno sarebbe meno esposto
> Agli allettamenti dell'estraneo
> Se i propri parenti e amici
> Fossero più divertenti.

RELAZIONE CONTRO ESPERIENZA

L'esempio più ovvio è costituito dall'abrupto passaggio dall'esperienza intensamente intima e vicina del corteggiamento al "rapporto" che si instaura dopo che la coppia ha convissuto per un certo periodo. Le esperienze del corteggiamento vengono rapidamente istituzionalizzate in una relazione "matrimoniale". (Non occorre che il "matrimonio" sia quello tradizionale, legale. Con il termine *matrimonio* intendiamo una condizione di esistenza fra due individui che formano una coppia.) Gran parte delle coppie che si sottopongono alle nostre terapie sono individualmente consapevoli della perdita della loro pristina intimità, ma di rado accade che lo riconoscano esplicitamente. E tuttavia, cosa sorprendente, a volte i loro componenti affermano che il rapporto è cambiato già durante la luna di miele. La seduzione paralizzante della vicinanza e della sicurezza deve essere davvero possente per riuscire a deformare, così rapidamente, così a fondo e così tristemente il rapporto.

Jack viene in terapia una volta al mese, l'ha già fatto cinque volte. Vorrebbe che sua moglie "fosse com'era un tempo". Con questo intende dire: com'era prima che si sposassero. Ci dice che un tempo le piaceva il sesso, che era sempre pronta a divertirsi, per esempio andando alle partite di baseball con lui, e altre cose del genere. Non ci descrive se stesso né ci parla di come lui sia cambiato. Non è davvero consapevole di essere cambiato. Tempo fa ha delegato alla moglie la responsabilità riguardo alla vitalità del matrimonio. Vuole semplicemente che gli antichi tempi ritornino.

Familiarità e rapporto quasi immediatamente divengono la meta di gran parte delle coppie. L'esperienza viene evitata perché può mettere in pericolo il rapporto facendo sì che qualcosa cambi. Per troppe coppie, mantenere il rapporto diviene, nel giro di pochi mesi o al massimo di pochi anni, l'obiettivo primario. L'esperienza è sminuita e evitata in quanto minacciosa. Noi crediamo di essere intenti ad accrescere la nostra sicurezza, ma nulla potrebbe essere più lontano dalla verità, e mantenere la rotta costante ha come risultato finale il fatto che i componenti della coppia se ne stiano seduti in silenzio su sedili contrapposti a bordo di un battello ben stabile ma immobile, che non va da nessuna parte, pesantemente annoiati, psicologicamente morti o morenti, e di norma in preda a profonda tristezza. Evitando l'esperienza, perdiamo la nostra passione. La semplice verità della natura è che ciò che non cresce muore. La natura non conosce stati immutabili. "Solo mettendo a repentaglio le nostre persone di ora in ora possiamo vivere" (William James, *La volontà di credere*).

Marlene parla spesso, agli amici, della sensazione di non ricavare niente dal suo rapporto. Ne parla con gli amici, ma non con il suo amante, e non sembra che le sue lamentele la inducano a cambiare qualcosa, se stessa o il rapporto. La sua insoddisfazione è reale, ma non lo è la sua risposta a essa. Dimentica la passione, il gioco, la gioia, allo scopo di "mantenere" il rapporto, allo scopo di essere sicura. Gran parte delle sedute terapeutiche nel nostro studio le passa a parlare del rapporto, non di se stessa, e poi si chiede perché nulla cambi. Al pari di troppi esseri umani, Marlene vive *nel suo rapporto* anziché *in se stessa*.

James e Millie sono sposati da otto anni, e scoprono che è sempre minore il tempo che trascorrono insieme giocando, parlando o semplicemente godendo l'uno della presenza dell'altro. Discutono dei due figli, della casa, delle attività lavorative, di altre persone, ma si tratta di una conversazione che non è per loro fonte di energia, anzi li stanca. Ben poca è la vitalità o la passione che ricavano dallo stare insieme, con altri o anche solo in se stessi. Eppure, i loro amici non di rado affermano che si amano moltissimo, che sono un'"ottima coppia", che costituiscono un'"eccellente famiglia". Anch'essi condividono questa illusione. Ma, a un esame più attento, è facile scoprire, sia in James che in Millie, una certa inquietudine, un malessere coniugale. Qualcosa manca. Nella fase iniziale del matrimonio, il malessere di solito è ancora inesplicito e solo vagamente conscio. Di tanto in tanto, si esprime nei momenti di stizza e petulanza che fanno irruzione nel "perfetto" matrimonio. Al pari di Jack e di Marlene, né James né Millie capiscono cos'è che non funziona, ma sotto sotto hanno l'istintiva sensazione che qualcosa di difettoso ci sia.

Quando coppie del genere si sottopongono a terapia, quasi sempre lamentano una mancanza di "rapporto": cosa paradossale perché, semmai, hanno proprio un eccesso di "rapporto"; e in effetti la carenza è di esperienza e di intimità, non certo di "rapporto". Senza intimità, l'afflusso di energia diminuisce; la vivacità, il gioco e la gioia se ne sono andati. Le coppie passano mesi a parlare del loro "rapporto", anziché mettersi in correlazione. Un nostro paziente, ricordiamo, è uscito da questo vicolo cieco quando la moglie gli ha detto che voleva "parlare" del loro rapporto, e lui ha replicato: "Non mi interessa parlare del nostro rapporto, preferisco averne uno."

Se il comportamento nevrotico è, come abbiamo detto, un ipercoinvolgimento nell'*io*, qui lo vediamo in tutte le sue manifestazioni. È possibile che James e Millie possano, col tempo, giungere alla constatazione che il valore principale del rapporto non risiede in aspetti pragmatici come la sicurezza (per esempio, disporre di cibo e di un tetto), bensì nel fatto di permettere, anzi facilitare, a ciascuno di essi l'esperienza in seno alla coppia: una presa di coscienza che renderebbe più probabili la crescita, il cambiamento e il successo nella vita. Sarebbe un ritorno alla natura, alla naturalità. Il problema è quasi sempre, non già la mancanza di "rapporto", bensì la carenza di esperienza nel rapporto. E la carenza di esperienza nel rapporto significa assenza di intimità.

ACCUSE

Questa modalità è talmente diffusa, da metterci in grado di predire con sufficiente sicurezza l'andamento terapeutico. I componenti di una coppia passeranno mesi a lanciarsi vicendevoli accuse, sinceramente persuasi che l'altro sia responsabile della propria personale infelicità e del fallimento del rapporto. Al pari di Jack e della moglie "sessualmente morta", semplicemente non riescono a capire come l'altro abbia potuto cambiare tanto. L'unico valore terapeutico di questo incessante scambio iniziale di accuse, risiede forse nel fatto che l'inanità e la vacuità dell'approccio, che si verifica in presenza di un terapeuta accettante, può risultare evidente ai componenti della coppia assai più rapidamente che se si limitassero a continuare lo stesso comportamento privato. Spesso, in quest'ultimo caso, esso mai risulta loro evidente, e questo futile scontro può continuare per anni, addirittura per decenni, finché uno dei due "molla", alla lettera o metaforicamente. La presenza di un altro adulto, imparziale ma sollecito, che accetta senza cambiare, sembra ostacolare la nevroticità. Prima o poi, la coppia rinuncia a queste vacue accuse reciproche e i suoi componenti cominciano a scendere vicendevolmente a patti.

PATTEGGIAMENTI

In questa seconda fase, James e Millie, che prendiamo come esempio, superano lo scambio di accuse finché uno dei due ammette: "So di essere spesso autoritario. Voglio che le cose vadano come dico io, ma comincio a rendermi conto che questo non ti concede molto spazio per essere te stesso, e che non di rado ti senti represso e incompreso. Mi riprometto di comportarmi meglio, e spero di essere diventato più consapevole del mio atteggiamento nei tuoi confronti. Forse riuscirò a fare marcia indietro e a concederti maggiore possibilità di essere quello che sei. Ma da parte tua devi comprendere che tu non sembri affatto desideroso di impegnarti, mentre io ho bisogno di sapere che tu sei comunque al mio fianco. Ho l'impressione che tu sia sempre in lotta con me. Anche quando ho la sensazione che tu sia d'accordo con me, non sembri molto disponibile a dirlo. Persino quando ho l'impressione di essere d'accordo con te, tu continui a essere so-spettosa, come se io ti stessi manipolando, imponendomi a te, ne-gandoti la libertà di decisione. Non so che farci. C'è modo per cia-scuno di noi di rinunciare a qualcosa e di ottenere in cambio qual-cos'altro insieme?" La risposta dell'altro membro della coppia è: "Sì, può darsi che tu abbia ragione. So di essere troppo spesso sulla difensiva, non di rado chiuso in me stesso, con la tendenza a risolvere i nostri problemi non muovendo un dito e dicendo an-cora meno. Non so che fare con te. È vero, ho l'impressione che darti ragione molto spesso ha significato cedere a te. Forse, se tu potessi stemperare leggermente le tue molestie, imparare a non es-sere tanto imperioso, e mi lasciassi essere me stesso, e se io a mia volta trovassi il coraggio di esprimere quello che sento, forse si ar-riverebbe da qualche parte."

Entrambi sono intenti a patteggiare. Sempre meglio che non lanciarsi accuse, ma il patteggiamento tocca soltanto il rapporto di vicinanza, la parte della loro esistenza che riguarda il manteni-mento del rapporto stesso. James e Millie non sono ancora di-versi, anche se adesso hanno una concreta possibilità di diven-tarlo; hanno fatto un primo passo avanti.

Il patteggiamento può continuare per mesi o anni, sia nell'am-bito della situazione terapeutica che all'esterno di essa. Quando noi terapeuti ci siamo resi conto, per la prima volta, che la nego-ziazione era quasi altrettanto futile del precedente scambio di ac-cuse, siamo rimasti confusi e perplessi. Perché? Ognuno dei componenti la coppia si mostra leale, ragionevole e razionale; e d'altra parte, a ben guardare, i contratti funzionerebbero anche se le persone fossero semplicemente razionali, come macchine o computer. Ma per fortuna non lo sono. I patteggiamenti ren-dono il rapporto più piacevole, più reale e più accettabile, ma non assicurano significativi e duraturi cambiamenti nell'ambito del rapporto stesso. Nel migliore dei casi, i negoziatori diven-tano robot più piacevoli, disposti a una più accettabile sicurezza basata su una nuova familiarità; nella peggiore delle ipotesi, il contratto viene infranto e i due divorziano senza neppure affron-tare i loro reali problemi personali. Difficile dire quale delle due soluzioni sia la peggiore.

Il vero problema è quello dell'intimità. "Sono in grado di vivere con te quale realmente sono?" "Sono in grado di continuare ad amarti a patto che tu sia capace di vivere con me quale realmente sei?" "Siamo in grado di vivere, senza lanciarci vicendevoli accuse e senza patteggiamenti, essendo semplicemente chi siamo?" Come possono le coppie giungere a questo punto? Ce ne sono alcune che ci chiedono: "Perché non ci dite semplicemente che cosa dobbiamo fare, così si risparmia un sacco di tempo? Spiegatecelo voi." Ancora una volta, la cosa funzionerebbe se le persone fossero puramente razionali. Ma per fare il terapeuta bisogna essere parte integrante di un'esperienza, non semplicemente il miglior negoziatore. Se le persone fossero davvero interamente razionali, non avrebbero problemi. D'altro canto, non avrebbero neppure moltissime di quelle cose che rendono l'esistenza ricca di significato. Fare l'amore non è razionale; la creatività non è razionale; il rispetto non è razionale. È impossibile raggiungere una significanza relazionale, facendo l'amore e amando razionalmente. L'intimità non è né razionale, né negoziabile: è naturale.

L'avvertita inanità dell'infinito scambio di accuse tra i membri della coppia, alla fine li induce a patteggiare. Per futile che sia, l'*esperienza* della negoziazione, non già le negoziazioni in quanto tali, fornisce a loro e al terapeuta un contesto esperienziale nell'ambito del quale tutti sono in grado di affrontare con maggiore efficienza la deforme convinzione della coppia che il rapporto sia più importante dell'esperienza o che la sicurezza lo sia più che non la vivacità del rapporto stesso. In questo contesto, i membri della coppia e il terapeuta hanno maggiori probabilità di rendersi conto che il rapporto può essere negoziabile, ma non lo è l'esperienza, e a partire da questa constatazione possiamo cominciare a prendere in esame i parametri dell'intimità. L'intimità non si verifica mai quando si cercano accomodamenti o si è intenti a patteggiamenti nell'ambito del rapporto. L'intimità è bellamente aliena da compromessi, esattamente come la vicinanza è perfettamente pronta a essi. L'intimità aumenta e energizza la vicinanza, e questa a sua volta arricchisce e accresce l'intimità. Sono possenti reciproci e insieme costituiscono la matrice dell'amore. Ma l'intimità può senza difficoltà distruggere la vicinanza, e questa è facilmente in grado di isolare e bloccare l'esperienza intima.

Nella maggior parte di noi, come in James e Millie, c'è uno squilibrio a favore della vicinanza, della sicurezza e del mantenimento del rapporto. Dobbiamo imparare a essere *noi stessi* con l'*altro* in maniera sana. Anche quando sia intermittente, l'esperienza intima può assicurare una maggiore vicinanza, la quale a sua volta può rendere l'intimità indicibilmente più possente ed energizzante di quella che potremmo avere con l'estraneo, con il marciapiede o con l'albero. Eppure anche se l'intimità può accrescersi e dilatarsi, essa peraltro può mettere in pericolo e soffocare il rapporto: si può essere a tal punto coinvolti nell'intimità da rendere impossibile la vicinanza. E la vicinanza può essere a tal punto importante, da rendere impossibile l'intimità. Nel corso della nostra attività terapeutica, ci troviamo di fronte a entrambi i dilemmi. Il prototipo del primo (l'intimità che preclude la vicinanza) è il cow-boy, il vagabondo, l'avventuriero, e non è certo solo dovuto al puro caso se cinema e televisione rispecchiano ciò di cui nella nostra società avvertiamo disperatamente il bisogno, sebbene di solito lo raffiguri con metafore di estrema violenza. Shane, Dirty Harry e Indiana Jones sono chi sono, fanno quello che vogliono fare ma non riescono ad adattarsi sanamente alla vicinanza, esattamente come non ci riuscivano precedenti figure romantiche, per esempio Cathy e Heathcliff nel romanzo delle sorelle Brontë, oppure Anna Karenina e Vronsky di Tolstoj. In *Guerre stellari*, i due protagonisti rappresentano simbolicamente le due facce di questo squilibrio, Luke la vicinanza, Han Solo l'intimità. Robert Redford in *Il cavaliere elettrico* e Jessica Lange in *Un amore, una vita* hanno ritratto senza eccessi di violenza la persona eccessivamente intima, e pertanto hanno raffigurato con maggior accuratezza i dilemmi relazionali di questa posizione esistenziale. Il prototipo del secondo squilibrio (la vicinanza che preclude l'intimità) è dato dall'uomo d'affari maniaco del lavoro, il professionista perennemente preoccupato, oppure la persona disposta all'autosacrificio. Com'è ovvio, gran parte di noi si colloca, non già agli estremi dello spettro, ma in una posizione eccentrica, di squilibrio a favore della vicinanza. Solo di tanto in tanto ci capita di imbatterci nell'esperienza equilibrata di vicinanza e intimità, a volte nella vita reale, più spesso nella fantasia o nella finzione. I film di Spencer Tracy e di Katharine Hepburn continuano ad attrarci perché conferiscono forma drammatica (cioè, suggeriscono la possibilità di) a un rapporto perfettamente equilibrato tra *sé-ità* e uguali.

Come terapeuti, spesso ci capita di riuscire ad aiutare una coppia a capire che l'eccessiva preoccupazione per il rapporto ne diminuisce la profondità e la gioia. Possiamo per esempio far notare che, nel corso della nostra esperienza con loro, ciascuno dei due sembra deprecare proprio le qualità dell'altro che inizialmente lo hanno attratto, affermando: "All'inizio mi sono sentito attratto da lei perché era così indipendente ed era tanto se stessa." E lei commenta: "Mi sono sentita attratta da lui perché era così disposto a starmi ad ascoltare, così propenso ad accettarmi. Non discuteva mai." E allora, perché adesso lui è tanto turbato dal fatto che lei è indipendente? Perché lei è così stizzita se lui tanto di rado ne condivide le emozioni: irritazioni, disaccordo e rabbia compresi?

Le qualità specifiche che turbano e separano le coppie sono proprio quelle che dovrebbero incrementare l'intimità del loro rapporto. Lui si lamenta dell'indipendenza di lei, laddove era proprio questa indipendenza che in origine gli aveva dato la sensazione di un possibile affrancamento dall'incessante bisogno di prendersi cura di *altri*, perché l'assenza, in lei, della necessità che ci si prendesse cura di lei era ciò che in origine aveva attratto lui. Lei, d'altro canto, aveva sempre avuto l'impressione che *altri* non avessero mai accettato la sua indipendenza: volevano che fosse ciò che loro pretendevano che fosse, mentre lui era entusiasta del suo essere se stessa, compiaciuto del fatto che non aveva bisogno di un suo contributo per essere se stessa. E lei era attratta dall'entusiasmo di lui per l'indipendenza di lei. E ora invece lui litiga con lei per la "mancanza di impegno" di lei, mentre lei è indignata della sua "possessività". Il conflitto è incominciato pochi mesi dopo l'inizio del loro rapporto, e nel giro di qualche anno è divenuto un perenne scontro. I due combattevano proprio per quelle cose che all'inizio li avevano indotti a unirsi. Come mai?

È sorprendente constatare quanto tenace sia la persuasione delle persone che, se riuscissero ad avere proprio ciò che vogliono o perlomeno quello che pensano di volere, allora tutto andrebbe a gonfie vele; non avrebbero più altri problemi. "Se fossi semplicemente amato e fatto oggetto di sollecitudini, per me sarebbe la situazione ideale." In effetti, moltissime persone oggi sono assai meno propense a essere amate di quanto non lo siano alla collera e al disprezzo. Dimentichiamo che il problema è in noi, e insistiamo a vederlo nei termini di quelli che sono al di fuori di *noi stessi*. Agli occhi di codeste persone, credere che immediatamente e automaticamente si possa pervenire all'amore e all'accettazione costituisce una seducente illusione. Può darsi che abbiano avuto scarsa esperienza di questo tipo di amore e accettazione. Per quanto meravigliosi possano essere, in ultima analisi, amore e accettazione sono fonte di disorientamento per coloro tra noi che non ne hanno l'abitudine: ci rendono più ansiosi che sereni. Il vero amore induce al confronto, ci obbliga a vederci in modi che per anni ci siamo sforzati di evitare. La familiarità è assai più confortevole, sebbene sia l'esperienza del "non amare" e del "non accettare", condizione del nostro essere in maniera prevedibile. Purtroppo, noi crediamo di poter dipendere da tale prevedibilità, supponiamo che collocarci nella sfera del familiare sia apportatore di pace. Questo non accade mai, ma continuiamo a restare aggrappati all'idea che nell'identicità ci sia sicurezza. Uno dei problemi più ardui che un terapeuta deve affrontare è il tentativo di indurre il nevrotico a cambiare. La nevrosi comporta una sorta di comodità e sicurezza. Se sei nevrotico, sai che cosa aspettarti, sai come va l'esistenza, e rinunciare a questa sicurezza è assai difficile, anche se a sostituirla sono amore e accettazione. La nozione che le persone sistematizzate si fanno della salute emozionale è priva di senso. La responsabilità nei confronti del proprio *sé* è paurosa, soprattutto perché non è la norma, non è familiare, è qualcosa di estraneo. Scrivendo di intimità, parliamo di estraneità ed è la sua importanza cruciale ai fini dell'essere sani, dell'importanza di essere attratti entusiasticamente dall'estraneo, dal nuovo, dal diverso. Per questo, ci vogliono tempo e apprendimento. Se non ci si è mai arrivati, ci vuole *esperienza* per approdarvi facilmente. Ne *L'Anticristo* Nietzsche ha scritto che "la vita diviene sempre più ardua a mano a mano che si procede verso la cima: il freddo si fa più intenso, la responsabilità aumenta". È la responsabilità di *sé*.

A molti che sono stati in preda al nervosismo durante tutta la loro esistenza, possono occorrere mesi o anni perché riescano a distinguere tra l'ansietà e l'eccitazione che deriva dal sentirsi vivi e intimi. Non è facile abituarsi a essere maturi. Una delle massime disillusioni della nostra infanzia riguardava il fatto che ci era stato promesso un giardino pieno di rose, con aiuole familiari e cancellate sicure: una promessa che di rado viene esplicitata chiaramente, ma è piuttosto la falsa, esteriore eco della familiarità. Ci viene promessa la sicurezza, non già la vivacità, e finiamo per non avere né l'una né l'altra.

Abbiamo parlato di coppie che all'inizio affrontano il loro rapporto scambiandosi vicendevoli accuse, e gran parte delle coppie fanno così. Abbiamo visto il loro spostarsi verso il patteggiamento, e abbiamo constatato che, sebbene la negoziazione possa sembrare un progresso, molto spesso non fa che perpetuare l'*impasse*, perché i componenti della coppia non si arrischiano ad andare oltre. Hanno trovato una più confortevole familiarità, dotata di una possente capacità di imprigionarli.

Se la coppia e il terapeuta riescono a superare queste due fasi apparentemente necessarie, a un certo punto, di solito all'improvviso, può verificarsi un evento meraviglioso: uno dei membri della coppia esperisce il terapeuta come intimo suo o del suo partner, e allora i due vivono effettivamente l'esperienza tra il terapeuta e il loro *altro*. In quel momento, conoscono la differenza tra scagliarsi accuse o ricorrere a patteggiamenti nell'ambito del rapporto e avere un'esperienza relazionale. Fare il terapeuta richiede pazienza, perché è inevitabilmente a lungo termine lo sforzo inteso a cambiare le persone. I pazienti si sottopongono a terapia con un bagaglio di centinaia, di migliaia di significative interazioni emozionali con genitori, coniugi o amanti, e anche se il terapeuta li tratta per anni, lui o lei avranno a disposizione solo relativamente poche esperienze relazionali per facilitare il cambiamento delle loro proprie esistenze. Il fatto che a volte questo si verifichi, è di per sé un miracolo. Gli esseri umani effettivamente hanno una capacità di *scelta*. Come ha scritto Léon Blum in *Del matrimonio*: "La vita non si concede che a chi tenti di ricavarne subito tutti i vantaggi. Spesso mi sono chiesto se la morale non consista forse null'altro che nel coraggio di compiere una scelta."

Come possa verificarsi un cambiamento nell'esperienza della terapia, lo può evidenziare un esempio per alcuni versi drammatico ma non insolito. Arch e Mary sono una coppia che si sottopone a terapia da sei o sette mesi. Sono sposati da venticinque anni. Negli ultimi venti, Arch è stato alcolizzato, e questo ha finito per indurli a sottoporsi a terapia. Ha avuto perlomeno otto ricoveri, con brevi intervalli di sobrietà, dopo però è sempre tornato all'alcool. Adesso ciò non accade da tre o quattro mesi, ma l'astensione di Arch dall'alcool ha le stesse connotazioni emozionali dei suoi precedenti periodi di sobrietà: tiene sotto controllo la sua tendenza all'alcool ma si sente a disagio e gli riesce difficile essere se stesso. Lo si direbbe qualcuno che aspetti di sentire che al piano di sopra accada qualcosa. In effetti, è solo questione di tempo, poi Arch tornerà a bere.

È il periodo natalizio e sulla tavola nella saletta d'attesa dello studio fanno bella mostra punch e dolci. Arch e Mary passano accanto al tavolo, il terapeuta chiede alla donna se vuole un bicchiere di liquore, quindi rivolge la stessa domanda all'uomo. Ma Mary rifiuta e Arch lancia alla moglie un'occhiata peritosa quanto virtuosa, poi un'altra breve occhiata al terapeuta. Quindi accetta un bicchiere di punch, entra nello studio e si accomoda. Altra occhiata a Mary; Arch sembra adesso perplesso. I due coniugi e il terapeuta siedono senza parlare. Lui tiene il bicchiere tra le mani, rigirandolo. Non vi accosta le labbra. Mary si limita a fissarlo. Nessuno parla. Dopo dieci o quindici minuti, Arch comincia a piangere. Non a singhiozzi, ma di quel pianto sommesso con lacrime che colano lungo le guance e scivolano silenziose sul mento. I tre continuano a restare. L'ora di terapia termina. Arch depone il bicchiere col suo contenuto intatto sul tavolo ed esce con la moglie. Durante l'ora, non è stata scambiata una sola parola. Sull'uscio, l'uomo si volta a dire: "La ringrazio moltissimo." Arch e Mary se ne vanno.

Questo è accaduto dodici anni fa. Da allora, Arch non ha più bevuto un goccio, ed è disposto a raccontare che la sua guarigione non è stata frutto di "forza di volontà". Semplicemente, dopo quell'esperienza non ha più provato il desiderio di bere, e la conseguenza è stata che la sua vita è cambiata sotto molti aspetti. Ma, cosa soprattutto importante, è mutato anche, e in misura enorme, il suo rapporto con la moglie. Durante quell'ora, Mary ha avuto anche lei la sua esperienza: ha esperito l'interazione tra Arch e il terapeuta in tutta la sua estraneità, novità e differenza, e nel corso di quella esperienza intima anche lei è cambiata. Da allora, si è accontentata di lasciare che Arch facesse le proprie scelte senza timori di recriminazioni, e lui le ha compiute in modo da incrementare la sua esistenza e il suo rapporto con la moglie.

Com'è avvenuto nel caso specifico, se la coppia e il terapeuta superano le iniziali fasi di accuse reciproche e patteggiamenti, può verificarsi qualcosa di diverso. Nell'esempio testé riportato, Mary ha esperito un Arch al quale veniva indotta una scelta, posto di fronte alla quale ha deciso di non bere. Ha constatato che poteva scegliere, un sentimento ben diverso da quello che aveva provato durante le sue precedenti otto "guarigioni". E lei ha scoperto che non poteva far nulla a proposito di quella scelta, ha esperito ciò che per anni aveva avuto il bisogno di sapere, che il suo bere non era tutt'uno con *chi* era lei. Mary poteva scegliere di continuare a vivere con lui o di lasciarlo, e finalmente si è resa conto, a livello emozionale, che giudicare il marito aveva risultati catastrofici. Ha scelto di restare con lui, e lui ha scelto di smettere di bere.

Non osiamo certo raccomandare, come trattamento per gli alcolisti, l'offerta di bevande ad alta gradazione alcolica. Sebbene l'idea abbia importanti implicazioni, non è questo il punto. Il punto è che le persone cambiano solo nel momento dell'esperienza intima. E non si tratta di una strategia, né di qualcosa che si possa consciamente fare: è un evento esperienziale, che appartiene al mondo dell'essere intimi dentro il rapporto. Non si può far sì che il cambiamento avvenga per questa via, ma il cambiamento può verificarsi, ed effettivamente si verifica, quando gli esseri umani sono disponibili all'esperienza.

I patteggiamenti cessano quando uno o l'altro dei componenti della coppia decide, e quindi rende nota la sua ferma intenzione di continuare nel rapporto qual esso è ora e quale un *sé*: un annuncio che a volte è quanto mai improvviso. Mike e Diane si sono sottoposti a terapia solo tre volte. Diane parla con tono sommesso e pacato al terapeuta di un problema concretissimo riguardante uno dei figli, e Mike con ogni evidenza si fa sempre più irritato, e alla fine esplode: "Voi due state perdendo tempo, queste faccende non hanno nessuna importanza. Io sono qui per scoprire se possiamo vivere l'uno con l'altra e, in caso affermativo, che cosa posso fare io al riguardo. E tutto il resto non mi interessa." Poi si zittisce, e quindi borbotta una scusa. Ma la realtà è che il rapporto si è spostato su un diverso livello: Mike ha annunciato la sua presenza nel matrimonio come un *sé*.

Non di rado, per le coppie giunge come una sorpresa la constatazione che in precedenza non avevano mai chiaramente deciso se volevano continuare a stare insieme. È come se, dopo la cerimonia nuziale, sia reale o simbolica, il problema scompaia dalle loro esistenze. Ovviamente, non è così che un qualsivoglia essere umano esiste come un *sé*. Quando uno dei componenti della coppia comunica la decisione di continuare nel rapporto quale lui o lei realmente è, la nozione, ingenua e penalizzante, che ci vogliono due persone per cambiare un rapporto, viene messa in forse. Uno dei due cambia, e grazie a quel cambiamento ecco che il rapporto immediatamente si fa diverso.

Mike e Diane hanno deciso di continuare il rapporto, non però com'era prima. Adesso sono ben decisi a restare in esso quali realmente sono, pienamente se stessi: essendo chi e ciò che realmente e sinceramente sono, condividendo i propri sentimenti indipendentemente dalle previste risposte dell'altro, comportandosi coraggiosamente con i sentimenti in questione, lasciando che l'*altro* risponda come gli pare e piace, quale un *sé*. Rischiano la disapprovazione, la collera e persino la fuga dell'altro, ed è qui che si colloca la cruciale transizione all'esperienza intima, la quale li toglie dalla preoccupazione per il rapporto – di vicinanza, stabilità e familiarità – portandoli all'interesse per l'esperienza – intimità, animazione, connessione e coesione creativa. La relazione, caratterizzata da dipendenza e preoccupazione per la sicurezza o dall'esercizio del controllo sull'*altro*, si trasforma in un rapporto che permette, anzi esige, nuove esperienze. Quando ciò si verifica unilateralmente, il risultato è di solito un matrimonio sano o, forse non meno importante, un sano divorzio.

Sterling è in uno stato di sofferenza perché vorrebbe mettere fine alla relazione in cui è invischiato, ma non sembra riuscirci e non capisce perché. Dopo cinque anni, è annoiato, non trova più piacere nel legame, e ne attribuisce la colpa alla partner. Dice: "Non capisco come una persona possa essere in un certo modo, non rendersene conto e non cambiare." Ancora non gli è passato per la testa di porre a se stesso la medesima domanda.

Cindy, che ha trentatré anni, è sposata da docici ed è madre di tre figli. È intelligente e carina, ma è molto infelice e in preda a un profondo turbamento. È in terapia da otto mesi. Afferma che il suo matrimonio ha bisogno di un cambiamento, intendendo perlopiù che suo marito, Carl, deve assolutamente cambiare. Ed è in uno stato di depressione perché non riesce a convincere Carl a sottoporsi a terapia insieme a lei per "salvare" il matrimonio o "rafforzare" il rapporto: la depressione è il risultato della sua convinzione che nulla può cambiare finché lui non cambia. E neppure lei.

La più importante implicazione del passaggio dalla nevrosi degli scambi di accuse o dai patteggiamenti al coraggio di essere il proprio *sé*, è la constatazione che i rapporti possono venire cambiati unilateralmente. Non occorre che entrambi i componenti di una coppia lo facciano. La tua vita, ivi compresa il tuo esistere nell'ambito dei tuoi più importanti rapporti, dipende da te. Puoi rinunciare all'evasiva persuasione di essere la vittima involontaria e impotente delle nevrotiche azioni ed emozioni dell'*altro*. Questa triste e paralizzante convinzione erronea può impedire a ciascuno di noi di essere intimo. Scegliere l'autoresponsabilità significa riprendere possesso della propria esistenza, soprattutto nell'ambito dei rapporti più significativi. Il semplice fatto di sentirsi nuovamente padroni di se stessi, conferisce nuova energia al rapporto e promuove l'intimità. Attendere l'*altro* è non solo mancanza di responsabilità personale, ma anche segno di autocompatimento e ostilità. L'autoresponsabilità è responsabilità verso e per il proprio *sé*, e non significa affatto esercitare il predominio sull'*altro* o sull'andamento del rapporto. Albert Camus, ne *La caduta*, *l'esilio e il regno* lo dice esplicitamente: "Ti rivelerò un grande segreto, amico mio: non attendere il giudizio universale, esso ha luogo ogni giorno."

Si può avere quel che si desidera in un rapporto a patto che si voglia essere *sé* stessi senza recriminazioni o giudizi nei confronti dell'*altro*. Può darsi che la meta non la si raggiunga né immediatamente né facilmente, ma prima o poi ci si arriva. Non si può essere diversi senza che anche l'altra persona divenga diversa: è una realtà dei rapporti umani, e parte integrante della reciprocità relazionale, è un aspetto della natura. E si tratta anche di un rischio. L'altro può essere diverso in modi tali di rendere più intimo, più sincero il rapporto: oppure differenziarsi in maniere tali da rendere evidente che il rapporto in questione non è di nostro gusto. Ma nell'uno come nell'altro caso, si è liberi di essere più *sé* nell'ambito di questo rapporto oppure al di fuori di esso. La convinzione che i rapporti cambiano solo bilateralmente è la ragione principale della grande difficoltà con cui i rapporti stessi cambiano. Accettare la propria unilaterale capacità di mutare relazioni importanti, è il principale passo avanti che si può compiere determinando l'avvio del processo di cambiamento nella propria esperienza di vita. Il rischio è quello di accettare, quale che possa essere nell'*altro*, il cambiamento che ne risulti.

È proprio questo che intendiamo dire quando, da psicoterapeuti esperienziali, sosteniamo che la dinamica della terapia risiede nella persona del terapeuta. L'intimità, che è l'esperienza entro la quale le persone cambiano, può essere determinata dalla personale partecipazione del terapeuta. Non di rado è prodotta dal paziente, ma il terapeuta non può basarsi su questa eventualità, non più di quanto si possa far conto, in questo senso, sul coniuge o sull'amante. Se il terapeuta è interessato soltanto al "rapporto" psicoterapeutico – vale a dire con la sicurezza frutto di dipendenza, al mantenimento della familiarità, oppure al vivere in quanto motivati da aspettative – ecco che l'intimità sarà minata o il tentativo di raggiungerla fallirà. Le aspettative modificano la partecipazione di lui o di lei nel rapporto, e di conseguenza l'esperienza e l'intimità risulteranno corrispondentemente sminuite. Non è una situazione diversa da quella che si verificherebbe in ogni rapporto importante, matrimonio incluso. Se un terapeuta ha bisogno di pazienti, sarà per loro di poca utilità e li perderà, perché il bisogno in questione renderà impossibile l'esperienza e l'intimità. Se si è prigionieri del proprio interesse per il rapporto, si è inevitabilmente spinti al divorzio.

Ma se invece si è interessati all'esperienza, il frutto ne sarà l'intimità. Si può scegliere di mantenere la familiarità che, in terapia come nell'accoppiamento primario, può fungere da principale ostacolo sia all'esperienza che all'intimità, e dunque alla crescita, al cambiamento, alla novità. Oppure si può scegliere di promuovere esperienza e intimità, le quali assicurano cambiamento e afflusso di energia, e pertanto offrono una nuova e più sana vicinanza. Il problema non è di liberarsi dalla vicinanza, ma di assicurare l'equilibrio tra questa e l'intimità e di apprendere ciò che dobbiamo esperire perché la vicinanza stessa rimanga vitale e si accresca. Un terapeuta deve essere in grado di scegliere, e contemporaneamente di promuovere sia la vicinanza che l'intimità.

In precedenza, io (*Patrick*) parlavo delle difficoltà che ho incontrato con i pazienti all'inizio della mia pratica terapeutica. Non riuscivo né a mantenere la vicinanza in maniera concreta (dedicandomi alla consulenza) né a permettere e a favorire l'esperienza (a essere cioè un vero terapeuta). Ma dovevo essere in grado di fare sia l'una che l'altra cosa. L'obiettivo della psicoterapia consiste nel fare in modo che il paziente si senta maggiormente se stesso, in pari tempo sentendosi legato al terapeuta. Può essere per lui fonte di conforto creare uno stretto rapporto con il terapeuta, ma a meno che il paziente non vada più in là, provando, nel rapporto in questione, una più intima consapevolezza di se stesso, ne ricaverà solo conforto, ma tuttavia non sarà in grado di cambiare. Il conforto può essere, e spesso lo è, un'esperienza importante, utile nei momenti difficili, ma non è l'esperienza capace di cambiarti. Ciò che è vero e possibile nel rapporto terapeutico è ancora più vero e decisivo, oltre che possibile, nell'accoppiamento primario.

La diade intima è dunque l'esperienza con un'altra persona nell'ambito della quale ci si sente più in contatto con la propria persona, in pari tempo sentendosi correlato con l'altro. Ci si sente accettati, coerenti, integrati, e si ha punto o poca necessità di essere altri da quelli che si è. Non si ha necessità di adattarsi ai bisogni, alle aspettative o alla precedente storia personale dell'altro. *Mantenere la sé-ità mentre si è correlati all'altra persona,* ecco l'ingrediente di maggior importanza nell'esperienza intima. Gran parte delle esperienze del sentirsi vicini a se stessi che avvengono nel proprio spazio personale, si verifica al di fuori dei rapporti poiché esse pur essendo importanti non sono intime. La stessa intimità impersonale cambia la nostra esperienza di altre *persone* solo lentamente e indirettamente. Il *sé* esperito nell'intimità impersonale può generare arte di grande livello, ma non contribuisce direttamente ad approfondire rapporti personali, se non con molta lentezza. Le vite infelici, autodistruttive di tanti artisti, musicisti e scrittori, costituiscono un'evidente riprova.

Allo stesso modo, le esperienze di "sé" frutto di stimolazioni esterne (per esempio, mediante le droghe divenute popolari negli ultimi decenni) possono produrre una certa intimità impersonale, ma non contribuiscono affatto ad aumentare la connessione personale. Fare un "viaggio" non è vivere. Al contrario, le droghe spessissimo rendono il consumatore ancora più solitario, più isolato e più alienato. L'intimità personale può essere esperita nell'arte, nella musica, nella cultura, nella poesia o nella letteratura, tuttavia deve essere personalizzata dallo spettatore o dal lettore perché ne possa derivare per lui un vero cambiamento. E non "personalizzata" nella vicinanza, bensì "personalizzata" nel *sé*, cosa che può avvenire a livello inconscio. I più profondi cambiamenti che si verificano nell'esperienza intima avvengono con quegli esseri umani ai quali siamo più vicini, e questo è nutrimento del *sé* nella sua condizione più immediata.

IL TRANSFERT E LA DIADE INTIMA

Quali sono, se esistono, le caratteristiche prevedibili, descrivibili e diffuse della diade intima? In qualità di psichiatri, il nostro training iniziale si è fondato sulla nozione freudiana che le preferenze matrimoniali o dell'accoppiamento, fossero comandate innanzitutto dal transfert, il che significa che inconsciamente noi siamo attratti da persone simili alle nostre madri o ai nostri padri, o magari ai nostri fratelli o sorelle: oppure, al contrario, il nostro bisogno, generato da paura o sentimento di colpa, di evitare proprio persone simili, può portarci a cercare partner che siano esattamente l'opposto. Nell'uno come nell'altro caso, precoci esperienze familiari determinerebbero la nostra scelta. Alcune, poche persone possono essere esenti da queste coazioni precoci e scegliersi un partner liberamente, ma si tratta appunto di casi rari, di individui cioè che, in fatto di scelta, hanno trasceso la propria storia. Ci veniva insegnato che molto spesso le persone si accoppiavano indottevi da una coazione a ripetere nevrotica, allo scopo di colmare le deficienze della loro infanzia. Carattere e personalità, in quanto determinati da precoci esperienze di sviluppo secondo questa concezione detterebbero la storia e la risultanza di quegli importanti rapporti. Il carattere, affermavano i greci, è un destino che si svolge inesorabilmente a meno di interferenze da parte di qualche possente forza esterna – una qualche esperienza o rapporto instaurantesi al di fuori dei parametri della situazione familiare, come potrebbero essere per esempio una guerra, una relazione amorosa, una malattia grave, una conversione religiosa, una terapia, la presenza a scuola di un insegnante d'eccezione. Queste le situazioni che possono sottrarre al proprio destino. Di norma, tuttavia, il carattere, plasmato in seno alla famiglia, era da considerarsi un destino.

Jean ha quarant'anni. Ha appena posto fine a un matrimonio durato quindici anni, e si chiede che cosa sia andato storto. È risultato che suo marito era "infedele", e si meraviglia di aver potuto sposare un uomo capace di fare una cosa simile nei suoi confronti. In breve tempo, tuttavia, ha scelto con molta cura il suo prossimo marito, che sembra devoto, sollecito e assai "gentiluomo". Abbandona pertanto la terapia, senza aver trovato una risposta per i suoi veri interrogativi, sposa quest'uomo e ci riprova. Nel giro di due anni, il marito è profondamente coinvolto in una relazione con una donna più giovane, una sua collega di lavoro. Jean divorzia e ritorna dal terapeuta, avendo ancora solo una vaghissima idea di come lei, proprio lei, sia stata implicata in vicende matrimoniali del genere. Non ha ancora scoperto che nessuno è innocente. Si sceglie con ancor maggior cura un terzo marito, un uomo sulla cinquantina, sicuro di sé, in apparenza non dipendente, già sposato per venticinque anni, fino alla morte della sua prima moglie e non è mai stato infedele. Ma ecco che, nel giro di pochi anni, anche il suo terzo marito è preso dal desiderio di frequentare altre donne, e Jean continua a non capire quale parte abbia lei in questa infedeltà.

Ammette che sembrerebbe che esista una situazione di cui lei è parte integrante, ma che non *conosce* profondamente e sentitamente, in pieno contrasto con il riconoscimento della sua partecipazione a tutti questi fallimenti coniugali. Non è stata lei a rendere infedele il marito, il quale è divenuto tale pur restandole accanto. E d'altra parte, era stato sempre fedele alla prima moglie. Jean ne è rimasta ferita e sconvolta, convinta, come lei stessa afferma, che se avesse sposato Francesco d'Assisi anche il santo sarebbe diventato un gigolò. Cosa che, com'è ovvio, non corrisponde al vero: non è che una persona faccia di per sé diventare l'altro questo o quello: ci vuole un particolare accoppiamento di due persone. Jean era persuasa che le fosse sufficiente scegliere l'individuo "giusto", e così ha fatto per ben tre volte. Ma non si può rendere infedele qualcuno: si può soltanto scovare una persona con quella potenziale tendenza e aver parte nella sua decisione di ingannare se stessa, di venir meno alle sue promesse. Questo è un accoppiamento esperienziale in atto. L'infedeltà di

Jean è stata nei confronti del proprio *sé*; la riluttanza a vedere e a essere *sé* stessa, a essere la sua sessualità, la sua propria realtà: in questo è consistita la sua partecipazione. Ha scelto la sicurezza dell'identicità a un prezzo spaventoso.

Il carattere (il nostro *me*, le nostre qualità interiori innate) determinano in misura enorme ciò che avviene a una persona nel corso dell'esistenza. La speranza è legata all'evidenza che ci sono molte Jean che si sposano una seconda volta e trovano una relazione soddisfacente, gratificante. Ciò che accadrà dipenderà dall'accoppiamento in seno a ciascuna diade, e l'accoppiamento è tutt'altro che fortuito: il carattere è un fattore di primaria importanza nella nostra scelta della persona con cui ci accoppiamo. Questo non toglie che quanto accade in quella relazione dipende dall'*accoppiamento*, non soltanto dal carattere e dalla personalità di ciascuno dei due. Di importanza cruciale è l'accoppiamento esperienziale. Non è una diversa Jean o un diverso marito a dar modo a un cambiamento di verificarsi: a produrlo è invece una diversa esperienza fra loro.

Simone si sottopone a terapia perché vuol sapere come mai "finisce sempre per essere maltrattata". E non intende riferirsi a maltrattamenti fisici, ma al fatto che ognuno dei suoi amanti ben presto "l'ha repressa", "ha cominciato a criticarla", "a trovare in lei mille difetti". Simone afferma di avere amici che non assumono nei suoi confronti un atteggiamento critico, e d'altra parte non si sente mai "attratta" da essi. E chiede: "Perché amo proprio coloro ai quali non piaccio?" Simone si accoppia in rispondenza ai propri bisogni, ma finora ignora quali siano questi bisogni, e non sa neppure perché le cose possono essere tanto diverse con amici che non siano amanti. Non si rende conto di essere lei a determinare questa differenza dentro di sé, di esserne responsabile.

Jerry è stato sposato una prima volta per otto anni, e durante quel periodo non ha fatto che lamentarsi di quella che chiamava l'"isteria", l'"impulsività" e la "stupidità" di sua moglie. Due anni dopo il divorzio si è risposato. Stando a quello che ci dice, giungiamo alla conclusione che la sua nuova donna è altrettanto impulsiva della prima moglie, non meno di questa obbediente alle emozioni anziché alla voce della ragione (che probabilmente è ciò che Jerry definisce essere stupidi). Tuttavia, l'attuale moglie ai suoi occhi non è "isterica" bensì allegra, gioiosa, sorprendente, piena di energia. In che cosa consiste la differenza? Essa non va cercata in Jerry, che non è cresciuto affatto e, da un certo punto di vista, il suo modo di considerare la seconda moglie non è più sano della sua concezione della prima. Non vede né l'una né l'altra come persone reali, semplicemente vede come diverse due donne simili. La differenza risiede nell'accoppiamento. La combinazione non è semplicemente la somma delle due parti. Le persone si cambiano a vicenda in misura enorme, soprattutto nelle coppie. Che Jerry possa essere diverso è evidente; che possa crescere, è tutt'altra questione. Lo psichiatra Harry Stack Sullivan, descrive questa situazione definendola personalità *emergente* nel rapporto.

Carattere e personalità non sono immutabili, anche se spesso tali sono definiti da autori behavioristi. Il carattere, entro certi limiti, e la personalità, in misura maggiore, variano a seconda della persona con la quale interagiscono. E persino con la stessa persona, allorché (per motivi estranei al rapporto) essa sia discernibile in maniera differente, si sarà diversi. Smettere di fumare può cambiare la personalità di un partner, e la personalità dell'altro in quanto in relazione al primo sarà a sua volta evidentemente diverso. La personalità è relazionale. Non è inflessibile, immutabile e neppure prevedibile. Dipende in larga misura dall'esperienza nell'accoppiamento della diade in quel momento. Può cambiare in maniera significativa in quell'accoppiamento se una delle persone che compongono la coppia è diversa sia pur solo momentaneamente, se il cambiamento è più duraturo, o l'*altro* cambia a sua volta, oppure se la coppia si scinde. Queste mutazioni più permanenti sono cambiamenti a livello del carattere. Se prima avevo paura della vita, se ero chiuso in me stesso e poi cresco e mi espando, tu ti espanderai con me oppure la "distanza" tra noi non farà che accrescersi.

Questa natura reciproca dell'accoppiamento conferma la nostra precedente affermazione che i rapporti possono cambiare unilateralmente. Il cambiamento sarebbe più facile se entrambi gli interessati operassero ai fini del cambiamento, ma uno solo, se partecipa alla diade in modo significativamente diverso, potrà cambiare i sentimenti e i comportamenti dell'altro. Ne consegue che l'accoppiamento esperienziale deve essere definito in termini relazionali. La mia esperienza cambia, e con essa cambia la mia personalità. Nella stragrande maggioranza dei casi, i cambiamenti sono di minor importanza: sono per esempio più loquace con una persona un po' più taciturna di me. Ma se l'altro componente della coppia è radicalmente diverso rispetto a tipi di persona con cui di solito ci accoppiamo, i nostri sentimenti e comportamenti possono risultare radicalmente diversi. Non è forse questa la sostanza dei nostri sogni e delle nostre fantasie, dei nostri film e dei nostri romanzi d'amore? Incontriamo in un caffè uno straniero alto, bruno: non siamo più ritrose, silenziose, asessuate, spente o noiose; al contrario, siamo sensuali, spiritose, sessualmente ben disposte. L'interazione di cui stiamo parlando è il fondamento manifesto di queste fantasie. Il problema con le fantasie è che in esse noi continuiamo a vedere noi stessi che diventiamo diversi (più liberi, più vivaci, più reali) come una funzione dell'*altro*. Al pari di coloro che si sentono pieni di vita nelle loro avventure amorose, mentre i loro matrimoni restano "stagnanti", continuiamo a non essere autoresponsabili.

In noi, sentimenti e comportamenti possono subire un cambiamento ancora più singolare, vitale, se il componente la coppia tanto diverso con noi è, in effetti, qualcuno con il quale abbiamo grande familiarità. Qui, com'è ovvio, va vista l'esperienza suprema della reciprocità di vicinanza e intimità, quella di cui andiamo alla ricerca quando combiniamo un appuntamento segreto in un albergo con un partner che pure è il nostro da lungo tempo, oppure quando partiamo per una vacanza.

ACCOPPIAMENTO ESPERIENZIALE E CAMBIAMENTO

Max non fa che "reprimere" Tracy nella loro vita privata. Tracy è intelligente, sensibile, attraente: quasi tutti coloro che la conoscono la trovano simpatica, ma Max sa avere con lei solo rapporti negativi. Le rende difficile essere all'altezza delle situazioni, tentare di crescere, di migliorare la sua posizione professionale. Con le altre donne, Max si mostra sensibile, le sa apprezzare, è persino premuroso. Ancor più singolare è l'orgoglio con cui parla ad altri di Tracy e delle sue realizzazioni; ed è una incoerenza che fa imbestialire Tracy. A livello più profondo, la ferisce nell'intimo in un modo che non riesce a capire, e d'altra parte non si rende conto del ruolo che ha lei stessa nel modo con cui Max instaura il rapporto.

Al pari di Tracy, non possiamo neppure cominciare a capire un rapporto se partiamo dal presupposto che la personalità sia una costante. Se ci rendiamo conto che è invece reazionale, che dipende dall'esperienza dell'accoppiamento, ecco che all'improvviso comprendiamo perché nei rapporti accade che gli isterici possano divenire coercitivi, i nevrotici emozionalmente psicotici, i paranoici fiduciosi e persino gli psicotici sani e capaci di vedere la realtà. Non si dimentichi che coloro tra noi che considerano se stessi sani e reali sono molto spesso, almeno momentaneamente, nevrotici, a volte per giornate intere, e che possono avere persino momenti di psicosi passeggera. Il nostro modo di essere dipende dall'esperienza che abbiamo con l'*altro*. L'esperienza nell'accoppiamento determina il nostro modo di sentire e di comportarci in misura non minore di quanto facciano la nostra personalità e il nostro carattere "normali". Biologia e genetica sono possenti e penetranti cause determinanti del comportamento umano, al pari di personalità e carattere, quali sono andati plasmandosi nel crogiolo dei nostri primi anni in seno alla famiglia. Tuttavia, nessuno di questi fattori è immutabile. Se tali fossero, sarebbero del tutto incoerenti con il resto della natura, che è caratterizzata da continuo cambiamento. È un fenomeno che non è limitato alle specie, ma è all'opera anche negli individui. Il cambiamento è sempre determinato dall'esperienza con l'ambiente circostante, ivi compresa quella con un'unica altra persona. Siamo parte dell'ambiente di ciascun altro; esistiamo solo in un'ecologia della vita.

Il fatto che le persone siano in grado di cambiare radicalmente nell'ambito dei rapporti, può indurre a credere che la *séità* è costantemente mutevole, cosa indubbiamente vera a livello cellulare e biochimico, ma che ovviamente non è tale al livello macroscopico della personalità e del carattere. In fin dei conti, abbiamo situazioni esistenziali "costanti". Quanto a carattere e personalità, gli individui cambiano con riluttanza e con lentezza, opponendo resistenza, e troppo spesso non cambiano affatto. È innegabile anche che questa inerzia non significa affatto che abbiano minor capacità di cambiamento, a patto che il loro accoppiamento esperienziale sia significativamente "estraneo" (cioè non familiare). È questa la chiave di volta. Se persistiamo nel nostro atteggiamento egoico, attinente all'*io*, è probabile che non cambieremo mai; se persistiamo nel nostro atteggiamento del *me*, è altrettanto probabile che mai subiremo un cambiamento. Nel primo caso, non siamo mai sufficientemente consapevoli di quanto accade dentro noi stessi, perché siamo troppo attenti all'ambiente circostante; nel secondo caso, non siamo mai abbastanza consapevoli di ciò che avviene negli *altri*, troppo presi come siamo dal nostro mondo personale. In entrambe le evenienze, ci siamo resi indisponibili alla nostra capacità di cambiare; siamo stati catturati dal sistema e torneremo alla sicurezza della nostra posizione saldamente tenuta, della nostra routine cristallizzata, delle nostre risposte predeterminate.

A complicare e a rendere più triste il quadro, è il fatto che in gran parte dei rapporti le persone *io* tendono a cercarne *altre* che permettano loro di ignorare la propria esperienza interna, e le persone *me* sono portate a rintracciarne *altre* che consentano loro di restare inconsapevoli di ciò che accade nel mondo circostante, soprattutto per quanto riguarda gli altri. Questa predilezione per il proprio simile è il motivo per cui le persone così di rado cambiano. La nostra cecità viene a essere costantemente rafforzata; per quanto riguarda gli amici, trascegliamo quelli che mantengono la cecità che si accompagna alla familiarità; al contrario, correttamente scegliamo come amanti i nostri "diversi", ma subito cominciamo a rinnegarli, a combatterli, a respingerli. Così facendo, combattiamo, rinneghiamo e respingiamo *noi stessi*. Ci accoppiamo esperienzialmente, ma non cresciamo naturalmente: siamo troppo uniti, troppo prigionieri.

L'importanza dell'intimità deriva dal fatto di fornirci, e non soltanto di permetterci, un'esperienza nel nostro accoppiamento, anzi di solito esige e ci obbliga a cambiare. L'intimità ci rende capaci di unire il nostro *io* e il nostro *me* in un modo che ci porta al *sé*, ristabilendo simultaneamente la connessione con l'interno e con l'esterno. Torniamo, seppure brevemente, a "vivere nel mondo in buona fede". Questo tipo di accoppiamento esperienziale cambia entrambe le persone. Se avviene in un'intera famiglia, e non semplicemente in una diade, può cambiare un numero ancora maggiore di persone. Se si verifica in un quartiere, in una scuola, in una fabbrica, in un gruppo etnico, in una città, in un partito politico, in un paese, o persino in un'intera società, può risultare di inaudita potenza. È questo che conferisce energia al cambiamento e rende possibili rapporti più sinceri, più soddisfacenti. In sua assenza, noi restiamo gli stessi, e la sola identità, per quanto stabilizzante, inevitabilmente si conclude con la morte.

La natura, il bell'ordinamento del caos che connette tra loro tutte le cose viventi, indubbiamente contiene garanzie innate contro la totale familiarità. Non assicurazioni, bensì garanzie che la crescita e la vita implicano un cambiamento almeno nella stessa misura in cui comportano identità e morte. La lotta in natura si svolge tra vita e morte, ordine e caos, crescita e stabilità, sofferenza e consolazione, caldo e freddo, movimento e immobilità, nuovo e vecchio, rumore e silenzio, ed è la differenza che corre tra una galassia rotante, pulsante, e un buco nero. Sono lotte, non scelte; coppie, non opposti. Parti del tutto, dal momento che entrambe le componenti di ogni coppia sono sempre e inevitabilmente integrate in un movimento ciclico. Quel che importa è che la vita ha sempre almeno altrettanto potere, altrettanta persuasività della morte. Non di più, ma neppure meno. La vita è ribelle in modi quanto mai significativi ancorché perversi. Creiamo inquinamento in un'epoca in cui, per sottrarci a esso, possiamo andare sulla Luna. L'eccessiva crescita demografica comincia a soffocarci, ed ecco che produciamo nuovi, efficaci contraccettivi. L'agronomia può rivelarsi in grado di sconfiggere lo sterminio per fame. La medicina moderna tiene il passo con le cosiddette affezioni cancerose e virali a diffusione sociale. Vita e morte procedono di pari passo nella ciclicità della natura: un andamento che appartiene palesemente al mondo del *sé*. Noi partecipiamo di questo ciclo, anche se molto spesso sembra che procediamo in senso contrario a esso. Se non la facciamo saltare in aria, la Terra può sopravvivere per noi, e comunque sopravvivrà per se stessa. La vita è possente, non al punto tale da poterci permettere di affidarci passivamente a essa o di abusarne, quasi ne fossimo al di fuori, ma lo è sufficientemente per garantire coloro che della vita fanno parte – a patto che non confondano la garanzia con l'assicurazione. La natura è equa. La vita racchiude in sé la morte. Natura significa crescita e cambiamento.

Scrive Stephen Crane in *War is Kind* ("La guerra è benevola"):

> Disse un uomo all'universo:
> "Sì signore, io esisto!"
> "Tuttavia," replicò l'universo,
> "questo fatto non mi ha indotto
> a sentirmi in obbligo."

La struttura della vita è fatta perlopiù di natura. Che cosa significa quest'affermazione, quando si parla di accoppiamento e rapporto intimo? Significa che la natura, la vita nella natura, in maniere sagge e strane farà di tutto per obbligarci, o per lo meno per darci occasione, di crescere e cambiare. Non garantirà quella crescita o quel cambiamento, non darà la sicurezza che il risultato sarà "buono" (sicuro), ma ce ne offrirà l'occasione. Non esiste altro modo di intendere l'evoluzione. Questa non ci obbliga a cambiare, a crescere, a divenire organismi migliori e più efficienti: semplicemente, promuove le possibilità che questo avvenga. Non preclude né assicura il cambiamento a livello individuale. Semplicemente mette a nostra disposizione sia gli ingredienti sia il contesto nell'ambito del quale il cambiamento può verificarsi. L'evoluzione comporta una crescita, non un cambiamento di per sé. Dirlo, può suonare teleologico, in quanto attribuisce alla natura un procedere indirizzato a una meta, ma noi riteniamo che la natura si limiti a rendere gli organismi migliori, senza minimamente assicurare che ogni cambiamento sarà l' "ideale" o anche solo "il migliore". La natura istituisce il contesto, sicché abbiamo perlomeno l'opportunità della crescita. "Meglio" in natura significa crescita; ed è un nostro "problema" umano, il fatto di ritenere che "migliore" significhi "più sicuro". Si potrebbe anche dire che la natura, al pari di Dio, o in quanto Dio, ci fa dono della scelta, fornendoci gli elementi della scelta. Possiamo cambiare, ma possiamo anche non cambiare affatto. Se, come si è dianzi detto, una parte della spinta allo sviluppo del cervello umano va attribuita al rapporto interpersonale ne deriva che la nostra posizione non è affatto teleologica, bensì biologica.

Che cosa ha a che fare tutto questo con rapporto e intimità? Noi partiamo dal presupposto che l'evoluzione non si limiti alla procreazione di specie, ma riteniamo che essa continui a essere una forza poderosa anche in quanto a rivelazione e incremento della nostra consapevolezza, della nostra cultura e, cosa sommamente importante, nell'ulteriore genesi della nostra capacità di istituire rapporti, relazioni e connessioni. Noi riteniamo che l'evoluzione sia altrettanto attiva in fatto di cambiamento delle condizioni che rendono l'intimità più o meno probabile, di quanto lo è nella proliferazione di nuovi virus e degli organismi che un giorno magari li ospiteranno, compresi quelli più distruttivi. Nei confronti dell'evoluzione, non assumiamo atteggiamenti degni di Pangloss, non riteniamo che questo sia "il migliore dei mondi possibili" né che in esso tutto vada per il meglio. L'evoluzione non ha maggior "investimento" nell'esito costruttivo di quanto ne abbia nel distruttivo, ma l'uno e l'altro sono "modi di vedere" specificamente umani. L' "investimento" della natura è inteso a fornire gli elementi e il contesto in cui il processo di cambiamento possa verificarsi, affermazione questa che è un riflesso della nostra profonda e sostentatrice convinzione che, sebbene la natura non offra sollievo, conforto o garanzia, essa è equa: per essa vita e morte sono parte dello stesso processo. La natura assicura la crescita, ma non la definisce.

Nei termini degli esseri umani, l'elemento fondamentale che la natura sembra averci fornito è il nostro bisogno insistente, formidabile, ardente, di completare il nostro essere, di cercare estraneità. E il contesto per il suo possibile verificarsi è l'esperienza intima, l'espressione di questa opportunità di crescita nell'esperienza intima è l'accoppiamento esperienziale.

Il nostro impulso all'accoppiamento non è in realtà molto diverso dal fototropismo delle piante nel contesto della fotosintesi o dalla difficile metamorfosi del bruco in farfalla. Ci sono milioni di metafore del cambiamento e della crescita evolutiva in natura, a parte il fatto che non si tratta di metafore, bensì di esempi del processo: così si può dire che il bruco è esistenzialmente alla pari con la farfalla; eppure si ha una certa sensazione che, sebbene una farfalla sia un bruco, questo sia un bruco che attenda di diventare farfalla. In questo senso, tutti gli esseri umani hanno un'equivalenza esistenziale, ma è altrettanto vero che tutti siamo esseri umani in attesa di divenire umanamente migliori.

ACCOPPIAMENTO CON LE NOSTRE OMBRE

Più volte, nella situazione terapeutica, trovandoci ambedue alle prese con coppie (o perlomeno con gran parte delle coppie che si sforzano di attingere a un rapporto caratterizzato da maggiore unità e intimità), ci è balenata l'idea che, se potessimo magicamente fonderne e amalgamarne le personalità e i caratteri, il composto sarebbe un essere umano pressoché completo. I membri di coppie del genere sembrano alla ricerca di un rapporto con l'altro che abbia quelle caratteristiche e quelle capacità che mancano a ciascuno di essi. Per ricorrere a concetti junghiani, sembriamo tutti protesi alla ricerca delle nostre "ombre". La parte in ombra della nostra persona è quella che non conosciamo a livello conscio, la parte che desideriamo ma di cui abbiamo paura, quella di cui abbiamo bisogno per integrarci interiormente. Troppo spesso questa parte la vediamo come aliena, e tale la manteniamo indottivi dalla massa di ansie a proposito delle quali sappiamo punto o poco. Ciononostante, siamo attratti dall'*altro* che abbia proprio quei tratti, e il fatto che la fonte dell'attrazione non sia conscia, rende la situazione ancor più sopraffacente. Siamo vicini, compiaciuti e gratificati da coloro che sono simili a noi, ma di rado con essi ci accoppiamo. Il nostro accoppiarci per infatuazione ha a fondamento la proiezione delle nostre fantasie; e, crescendo al vero amore, cominciamo ad avere incontri con *altri*, molti dei quali all'inizio sono per noi fonte di irritazione, ma sono proprio queste le persone con le quali procediamo allo sviluppo di relazioni durature e impegnative. È questo l'accoppiamento esperienziale di esseri umani, sono queste le persone dalle quali siamo attratti e con le quali restiamo coinvolti in maniera duratura, e poi magari contro di esse lottiamo per decenni, esasperati e ostili a quelle peculiarità che inconsciamente all'inizio ci hanno attratto. Dimentichiamo, nella nostra relazione, l'ammonimento di Freud: "Essere del tutto sinceri con se stessi è un ottimo esercizio."

Tendiamo ad accoppiarci con persone essenzialmente diverse da noi, e abbiamo brevi avventure con persone essenzialmente simili a noi. Il modulo di siffatto accoppiamento sembra universale, e comporta ben poche eccezioni, che non sembrano destinate a durare a lungo. Le poche che resistono sono matrimoni volutamente senza figli; altre riguardano rapporti di "cameratismo" oppure tra amici che la pensano allo stesso modo. Comprendere l'accoppiamento esperienziale significa rendersi conto che gli esseri umani sono sostanzialmente e priscamente intesi a completare se stessi, inconsciamente spinti a diventare più pienamente umani e pertanto a cercare un rapporto che li obblighi a comportarsi empiricamente con quelle qualità ed esperienze umane che sono al di fuori della loro consapevolezza. Inconsciamente, essi si accoppiano esperienzialmente con *altri* che li obbligheranno a completare il loro *sé*. A giudicare dall'attuale 50% di matrimoni falliti, l'accoppiamento esperienziale non sempre, anzi piuttosto raramente, ha successo. Dal momento che siamo più attratti e catturati dalla vicinanza, sempre meno frequente è l'esperienza intima nella quale possa aver luogo la crescita verso la *sé-ità*, e con la diminuzione della *sé-ità* la persistente spinta a trovarla porta sempre più a "cercare altrove". La mancanza di responsabilità verso il proprio *sé*, l'incapacità di comprendere che possiamo essere unilateralmente un *sé* e cambiare i nostri rapporti, induce appunto a queste "cerche". L'accoppiamento esperienziale è un sorvegliante severo; una relazione *funzionante* richiede una grande somma di *lavoro*.

Allora sembra operare un insistente impulso, un elemento di natura, che induce moltissime persone, anche quando un rapporto del genere si sia per loro concluso con un fallimento, a cercarne un altro essenzialmente simile nonostante alcune differenze superficiali. Pochi sono invece quelli che in un secondo e in un terzo matrimonio trovano un amico o un'amica e si adattano a un rapporto "cameratesco". Costoro optano a favore della stabilità della vicinanza, con tutti i vantaggi che ciò comporta. La nostra esperienza terapeutica ci dice che le persone che decidono in questo senso, rinunciano alla possibilità dell'intimità, e dunque della crescita e del cambiamento.

10

RELATIVITÀ PERSONALE
PERSONALITÀ E RELAZIONE

Quanto più "altri" essi divengono nell'associazione,
tanto più trovano se stessi quali "sé".
Teilhard de Chardin

Come mai Donna è arrivata a sposarsi quattro volte, e, più ancora, a sposare quattro alcolizzati? Abbiamo esaminato in precedenza la spinta all'accoppiamento esperienziale e alcune delle dinamiche a essa sottese. Esaminiamone ora forme ed effetti. L'accoppiamento esperienziale non è semplicemente una costruzione psicologica, una metafora per capire la natura: è un aspetto della natura che spinge le nostre vite in direzioni particolari, le quali non tolgono di mezzo il libero arbitrio, ma al contrario forniscono una cornice entro la quale le nostre scelte hanno luogo.

Si continua a discutere riguardo alla misura in cui il comportamento umano sarebbe determinato "biologicamente o geneticamente" anziché "culturalmente". In *Promethean Fire*, Charles Lumsden e Edward Wilson scrivono:

Tutto il nostro comportamento è predestinato nella misura in cui abbiamo mete e principi profondamente radicati che organizzano le nostre esistenze quotidiane. Le libere scelte che compiamo sono perlopiù pensieri e azioni messi al servizio di queste guide interne. Certi studiosi ritengono che mete e principi siano attinti quasi completamente dalla cultura in cui siamo immersi, senza nessun condizionamento genetico. Ma, anche posto che questo sia vero, gli individui continuerebbero a essere determinati da forze a loro esterne, e in tal caso sarebbero programmati dalla loro cultura. Il determinismo culturale può essere una camicia di forza non meno del determinismo genetico.

A nostro giudizio, si tratta di una diatriba priva di senso. Il concetto dell'uomo in natura, connesso come un *sé*, è tutt'uno con il nostro libero arbitrio, nel senso che è inclusivo di tutto ciò che siamo, geni, cultura e *spiritus*. Il nostro libero arbitrio può sussistere solo in un contesto del genere; è il contesto nel quale noi esistiamo.

Per quale ragione ti sei sposato, o sposata, con tua moglie, o con tuo marito? Che cosa ti ha indotto a scegliere la persona con la quale vivi? Per quale ragione hai eletto a tuoi migliori amici Tony e Charlotte? Con ogni particolare evidenza, li hai conosciuti in qualche luogo, in un momento particolare, in uno stato d'animo particolare, avvertendo dentro di te un certo bisogno, e il rapporto lentamente è andato sviluppandosi. Ma perché proprio con quella particolare persona? I tuoi stati d'animo e i tuoi sentimenti variano giorno dopo giorno, mese dopo mese, anno dopo anno. E come si spiega che si verifichi proprio quella particolare connessione? Forse la scelta è assai più limitata di quanto si creda. È altamente probabile che, dati i numerosi possibili rapporti e i tuoi inconsci bisogni, solo due o tre scelte fossero realmente probabili. Nonostante il variare dei nostri stati d'animo, emozioni e fasi esistenziali, a guidare la nostra scelta è un qualche processo individuale.

Tony viene in terapia una volta alla settimana da quattro mesi. Ha trentadue anni, non si è mai sposato, ma ha la netta sensazione che sia giunto il momento di farlo: una necessità che sembra venirgli dall'interno, non già da spinte esterne, siano esse di genitori, amici o colleghi. Il problema che ci sottopone è che ignora con quale delle due donne che frequenta da tre anni gli convenga sposarsi. Evidentemente, è un dilemma che lo turba ma, parimenti, è per lui fonte di orgoglio. A noi terapeuti risulta evidente che Tony con ogni probabilità non sposerà nessuna delle due: né l'una né l'altra costituiscono il suo completamento, sono più simili che non diverse da lui. Tony non è disposto a darsene per inteso, ma non vuole saperne di crescere. Se le frequenta entrambe, è per evitare di doversi confrontare con la propria ombra, con quella parte di se stesso che ha bisogno di conoscere ma che non vuole riconoscere. A un certo livello *sa* che scegliere una delle due equivarrebbe a sprecare se stesso. Se fosse desideroso di trovare semplicemente una compagna, non avrebbe difficoltà a farlo, e anzi l'avrebbe già fatto. Le scelte di Tony sono limitate dall'interno impulso a trovare l'altra parte di se stesso e dalla concomitante paura di fare proprio questo. E si sottopone a terapia appunto per risolvere il dilemma. Entrambe le parti di lui sono presenti nello studio del terapeuta – la parte che desidera il benessere e il conforto di essere vicino a qualcuno assai simile a lui, e la parte più assillante, quella che desidera differenza e crescita. Tony può benissimo sposare una delle donnecompagne, ma è improbabile che lo faccia, perlomeno finché prova una sana scontentezza che lo spinge a crescere e ha una vaga ma possente consapevolezza che, sposare l'una o l'altra, ostacolerebbe la sua personale evoluzione.

I rapporti, una volta formati, mutano costantemente a patto che ci sia un dislivello di differenza creativa. Come s'è già detto, l'identicità eccessiva procura stagnazione psichica e genera l'innaturale, confortevole assenza di inquietudine ispirata, laddove le differenze possono portare a cambiamenti creativi. Naturalmente i nostri stati d'animo e i nostri sentimenti variano di continuo, e le varie combinazioni del tuo essere particolare che insieme esperisce il particolare *altro* qual è o potrebbe essere in un momento determinato, sono infinite. Questa è la nostra natura. Le persone sono più simili che non diverse, ma le differenze forniscono l'aroma, il sapore e l'interesse del rapporto. Le differenze indubbiamente energizzano il rapporto e costituiscono il sostrato della crescita. Le differenze tra te e l'altro sono quelle che rendono unico il vostro rapporto; sono esse a generare la miriade di cambiamenti che si manifestano nel tuo essere vivo, nel tuo trovarti in situazioni diverse a ogni istante.

Sarai diverso anche dai tuoi amici, amanti, fratelli, coniugi ed estranei, perché ognuno di essi ha la sua particolare gamma di stati d'animo, atteggiamenti e modi di vedere e di essere in ogni dato istante. I rapporti non sono così prestabiliti e prevedibili come vorrebbe farci credere qualche nostro collega terapeuta. In seguito a ogni cambiamento in te *o nell'altro*, il rapporto diverrà in qualche modo diverso. Diverso ma naturale. La personalità è relazionale e dipende dalla vostra esperienza dell'altro, e il modo in cui sarete con determinati individui è dato da come essi sono, e in particolare da come sono con voi in ogni momento particolare.

Può sembrare che, stando così le cose, la via non possa che essere confusa e caotica, perfino nei rapporti tra i singoli; i nostri rapporti primari sarebbero sottoposti a spostamenti e cambiamenti, a tal punto capricciosi da impedirci di funzionare in maniera coerente e costante, e da rendere impossibile ogni vicinanza. Ma, com'è ovvio, questo non accade. Come si spiega? In primo e importantissimo luogo, perché come si è appena detto, le persone sono assai più simili che non diverse tra loro. Noi tutti condividiamo personalità culturali (la nostra comune esperienza nel nostro particolare settore della cultura) e personalità sociali (la nostra comune esperienza di ciò che ci è stato insegnato). Sicché, l'estraneità nell'esperienza non è la nostra posizione "mantenuta". Essa è fonte di energia ma a intermittenza, e si presenta a intervalli nella nostra abituale stabilità solo quanto basta ad assicurare vita e continuo cambiamento. Le somiglianze assicurano una base all'istituzione di rapporti e sufficiente coerenza per rendere le differenze importanti ma non schiaccianti. Inoltre, ci sono rassicuranti quanto ricorrenti moduli nella vita, nelle stagioni, nel tempo atmosferico, negli alberi, nei cani, nei fiori, nelle rocce, e, ovviamente, negli esseri umani. Il nostro cervello naturalmente rileva strutture costanti, e da molti punti di vista *funziona* attraverso l'uso che ne fa. Quali parti dell'edificio universale, abbiamo la stessa stabilità di rocce e sequoie. La stabilità è in continuo movimento a livelli inferiori (gli alberi, al pari delle cellule del nostro organismo, cambiano giorno per giorno), ma si presenta sotto forma di costanti alle nostre ordinarie prospettive. I nostri cervelli riconoscono queste costanti e se ne servono, può darsi anche che esse siano eco riflesse delle medesime costanti nel cervello stesso. Possiamo godere delle nostre caotiche, impetuose differenze, e su di esse prosperare, pur mantenendo la certezza della perdurante stabilità delle nostre somiglianze costanti.

Inoltre, le costanti prevedibili e ricorrenti con ogni evidenza si manifestano, nell'ambito dei rapporti, persino nelle tensioni dell'accoppiamento esperienziale. Per quanta estraneità, per quanto caos creativo l'esperienza intima introduca nella relazione di vicinanza, questa è quasi sempre sufficiente a contenere le nuove ed energizzanti esperienze. Noi non possiamo essere chiunque o qualsiasi cosa, camaleonti psichici con *personae* radicalmente cangianti; ma, tramite l'esperienza intima, possiamo esser tutto il *sé* che naturalmente siamo. E per dirla con le parole, un tantino minacciose, di Albert Einstein: "Ci sono momenti in cui ci si sente liberi della propria identificazione con le limitazioni e le insufficienze umane. In momenti del genere, ci si immagina di essere in qualche punto di un piccolo pianeta, intenti a osservare, stupefatti, la fredda e tuttavia profondamente commovente bellezza dell'eterno, dell'insondabile: vita e morte confluiscono, e non c'è evoluzione né destino, ma c'è solo Essere." Nell'intimità, la persona che siamo è l'essere che possiamo essere.

L'accoppiamento esperienziale può, in effetti, venire descritto nei termini di alcune delle sue più comuni costanti relazionali. Le interfacce delle costanti relazionali, per quanto soggettivamente uniche, rientrano in categorie facilmente riconoscibili. Nella stragrande maggioranza dei casi noi assumiamo piena consapevolezza di queste categorie perché la coppia che stiamo osservando sembra un'esagerazione caricaturale di una costante comune. Quando le persone parlano di una nuova coppia composta, diciamo, da David e Patty, con ogni probabilità descrivono una di queste costanti diventata palese. Ciononostante, anche quando non sia altrettanto ovvia o appariscente, in ogni rapporto stretto è presente una qualche forma di costante accoppiativa, che opera a partire dal nostro inconscio.

SENZIENTI E COMPORTAMENTALI

Rachel e Barry hanno entrambi un'età tra i trenta e i quarant'anni. Sposati da diciassette anni, hanno tre figli e sono persone funzionalmente "normali". Lei è un avvocato di successo, lui è un impiegato in carriera. Costituiscono una famiglia medio-borghese che vive nel rispetto dei vicini, dei colleghi, degli amici e dei parenti. E tuttavia, Rachel e Barry in tutti questi anni sono stati impegnati in una guerra dura anche se piuttosto sommessa. Lei vuole una casa linda, bene ordinata, lui preferisce un casuale accumulo. Lei si attiene a un preciso bilancio, che lui ignora, non già con atteggiamenti di ostilità ma con un certo disprezzo. Lei si preoccupa della casa, delle automobili, degli studi dei figli, lui lascia tutto a mezzo. Lei vorrebbe che lui "crescesse", e Barry la vorrebbe più romantica.

Ciononostante, a volte, i due ricavano piacere l'uno dall'altro. Vanno in montagna con altre coppie e in certi momenti tranquilli riscoprono perché si sono sposati. Probabilmente non sarebbero più insieme, non fosse per quei pochi momenti. Ma ritornano di continuo ai loro fondamentali atteggiamenti esistenziali: lei, alle sue responsabili preoccupazioni per tutto quanto è reale e pratico, lui ai suoi interessi, fantasiosi e ludici, per la sfera emozionale. Rachel e Barry, in quanto "tu" e "io", si lasciano facilmente imprigionare dalla loro vicinanza e familiarità, dal loro bisogno di sicurezza. Difendono le proprie fortezze individuali anche quando ciò li stanca, li annoia e non ne hanno davvero voglia, e persino nel caso in cui si rendono conto della futilità e follia di farlo. Nel corso degli anni, hanno finito per mandare a mente le rispettive battute (giudizi e pregiudizi) come attori di una *pièce* che duri ormai troppo a lungo: sono in grado di recitare i loro ruoli senza pensarci davvero, senza essere realmente presenti.

Il modo secondo il quale Rachel e Barry vivono, è quello abituale di tutte le coppie esperienziali, il modo più comune con cui le persone si rapportano l'una all'altra. Il loro accoppiamento è quello tipico dei *senzienti* e dei *comportamentali*. Si potrebbe ricorrere anche ad altre definizioni, ma i termini "senzienti" e "comportamentali" sono insieme sintetici ed elementari. Gran parte delle persone riconosce senza difficoltà qualcuno che sia "tutto sentimenti" e, allo stesso modo, qualcuno che sia "tutto comportamento". Se un bambino si fa male giocando, un genitore automaticamente chiederà: "Dove ti fa male?" E l'altro, invece: "Che cosa ti è accaduto?" Il primo è un senziente, il secondo è un comportamentale. Se consideriamo questo modulo il tipo base di accoppiamento esperienziale, è semplicemente perché è di gran lunga il più comune. Ci sono molti altri accoppiamenti, e del resto i senzienti e i comportamentali sostanzialmente tali possono formare coppie d'altro genere, e non mancano certo i casi. I moduli si prestano a essere descritti, ma la natura è incessantemente inventiva. La reciprocità garantisce sorprese senza fine.

Senzienti

Chi sono i senzienti? Nella mitologia culturale occidentale, le donne sono considerate più "sensibili" degli uomini. Innumerevoli coppie, come Rachel e Barry, smentiscono questo stereotipo di origine culturale. Nella cultura occidentale, perlopiù alle donne si concede una maggiore *autorizzazione* a essere sensibili, ciò che però non basta a farne esseri umani *naturalmente* più sensibili. Come è facile rendersi conto da ciò che avviene nelle nostre scuole, i maschi vengono socializzati e lodati per i loro atteggiameti aggressivi, "insensibili", e le femmine in quanto "deferenti" e "sensitive". I senzienti, maschi o femmine che siano, si affidano in primo luogo alla loro capacità di istituire rapporti con l'*altro*; sono interessati soprattutto alla *loro* esperienza dell'*altro* nell'ambito del rapporto. Vivono nel loro mondo interiore, in cui hanno sede i loro fondamentali valori, e questa esperienza interiore è la più importante, il cuore del rapporto che si può instaurare con essi. Quanto accade all'interno di ogni persona è, ai loro occhi, più importante di quanto accade tra i due nel mondo "reale" esterno.

Stando al suo amante, Meryl "fluttua attraverso la vita", e ciò significa che, all'età di ventotto anni, non è diventata più "reale" di quanto non fosse a diciotto o otto. Com'è ovvio, ciò che è "reale" è assai diverso agli occhi di ciascuno di loro. Meryl percepisce se stessa come parte esistente di un mondo quanto mai reale; ed essendo una senziente, le sue ferite, le sue gioie, e il sentimento del fluire della vita sono per lei la "realtà", e le riesce difficile capire che qualcun altro non se ne renda conto. In lei c'è una giocosità nei confronti della "confusione" del suo amante, ma anche una distanza, una separazione di cui lei si duole, ed è di questa che parla durante le sedute terapeutiche. Creatrice di moda, è in grado di assemblare i colori e di farne insiemi significativi, ma nella vita relazionale si sente separata.

Sherry ha trentun anni. Si sottopone a terapia perché: "Mio marito mi ci ha mandato. Pensa che io sia pazza, o perlomeno che lo faccia impazzire." Lo dice con una strana mistura di tristezza e di ironia. La tristezza è frutto della disarmonia che regna tra loro, dovuta al fatto che lui non capisce. Il sorriso le deriva dalla consapevolezza della complicità di lui nel suo renderlo pazzo e del legame che lo lega a lei proprio per questa complicità. "Lui si turba moltissimo quando gli dico che desidero che mi parli, che si apra con me, e lui afferma che vuole farlo, ma in realtà non lo fa. È rimasto profondamente sconvolto quando gli ho chiesto di abbandonare il lavoro e di venire all'ospedale quella volta che Kim si è fatto male al ginocchio. Non era un gran taglio, ma ho pensato che mio marito avrebbe dovuto esserci. Era la prima volta che Kim si trovava in un ospedale. No, di solito non è un tipo molto divertente. Non vorrei essere fraintesa, è un brav'uomo e ama me e i bambini."

I senzienti, come Barry, Meryl e Sherry, vivono in spazi personali assai ampi e sconnessi, talmente vasti e slegati che ci sono ben poche correlazioni tra le cose esterne del "mondo là fuori". Quello che accade dentro i senzienti, ha ben poco a che fare con quanto accade fuori di essi. Se hanno un'avventura amorosa, le sensazioni suscitate in loro dall'amante non avrebbero nulla a che fare con le sensazioni suscitate in loro dal coniuge. Essi scindono la realtà interna in cui vivono dal mondo esterno degli *altri*. I senzienti riescono a sentirsi a proprio agio rifiutando di vedere in essi. Sono dei dissociatori.

Danny ha trentacinque anni ed è stato "portato" in terapia da sua moglie, Bev, che ritiene che "a trentacinque anni sia giunto il momento di crescere". Dice anche che per Danny "la vita è un luogo in cui vagabondare. È capace di uscire di casa e andare a comprare un'auto nuova per farmi una sorpresa, senza pensare minimamente al bilancio. E non è neppure questione di non potercelo permettere, perché lui ha un buon lavoro; semplicemente, non è un comportamento da adulti. È impulsivo. È capace di trascorrere ore intere a giocare a nascondino con i bambini, senza preoccuparsi del giardino". Danny annuisce, è d'accordo con la moglie. Non ha difese, o perlomeno non ancora. In realtà, non riesce a vedere le cose come "un problema".

Terry ha un rapporto che dura da sette anni. Sventato e privo di senso pratico com'è, è capace di dare, a un estraneo, l'impressione di essere pieno di comicità o di umorismo, anche se questa non è la sua intenzione e anche se di sicuro non è così che lo vede la sua partner. Le sue "smemoratezze", come per esempio quella di mettere lo shampoo nel frigorifero anziché nell'armadietto in bagno, finiscono per provocare la collera, non risa. Con l'andar del tempo, la sua "incapacità a trovare qualsiasi cosa" diviene fonte di irritazione, non di sorrisi. Terry ci dice: "Non credo di far niente di male, ma non so perché finisco per sentirmi in colpa, come se lo avessi fatto apposta. Sul lavoro, i colleghi non pensano che io sia un completo idiota, ma in casa è questa invece la mia impressione."

I senzienti sono spesso in preda a vergogna, imbarazzo, ansia e sensi di colpa, e questi sono metasentimenti infrapersonali, dentro di loro. Cercano di ovviare allo stress mediante rimozione o sublimazione, e quando queste strategie falliscono, passano alle ansie, alle fobie, all' "esternare" e ai malesseri fisici. Sono spesso ingenui nei confronti del mondo esterno, soprattutto perché nutrono scarso interesse per esso, e di conseguenza accade facilmente che restino colpiti e sorpresi da cose esterne. Il fatto che la banca giunga a chiudere il loro conto corrente perché sono "in rosso" li sconvolge – possibile che la banca non sappia che sono persone oneste? Parlano di cose esterne, e ne sono turbati, ma in realtà non cercano risposte ai reali problemi esterni a loro. Sono interessati alla risposta interna, al come il problema li tocca, non all'effetto che produce su altri. I soggetti comportamentali definiscono infantile il loro atteggiamento, e lo vedono manifestarsi nell'agire del senziente ("Se sei in collera per qualcosa, spacca un piatto"), nelle loro decisioni avventate e a volte sciocche (come per esempio acquistare un bel cucciolo che non si sa dove tenere), nell'iniziare e nell'interrompere rapporti sulla base dell'impulsività, nel comportarsi in maniera bizzarra, nel cacciarsi nei guai quando, come affermano i comportamentali, "dovevano ben sapere come andava a finire". I senzienti spesso si inseriscono nel mondo degli *altri* in forme estremistiche, con modi che sembrerebbero dettati da voyeurismo o da esibizionismo. Dicono: "Ma sì, sia quel che sia!" Si comportano in maniera emotiva, esagerata e "casuale". Il mondo interno è per loro il più importante, e il centro intorno al quale organizzano le proprie persone.

Caroline e Walter sono sposati da ventisei anni. Lui è quasi sempre teso e nervoso, e ne attribuisce la colpa a Caroline. Dice al terapeuta: "Siamo lì a letto, sono le undici di sera, sono stanco, sto per chiudere gli occhi, e lei se ne viene fuori a dire: 'Beh, forse dovremmo divorziare.' Accidenti, uno non può fingere di non aver udito, per cui mi tiro a sedere e le chiedo che cosa sia successo, e lei: 'Questa sera non hai voluto venire a fare una passeggiata con me.' Ora, dottore, le sembra che abbia senso, tutto questo? Come si può dormire dopo un'uscita del genere? Mi aveva chiesto di uscire con lei sei ore prima, e io le ho risposto che dovevo fare i conti. Tutto qui, e poi quella bella sorpresa!"

I comportamentali, al contrario dei senzienti, si preoccupano soprattutto del mondo esterno. Vivono nel mondo del comportamento, della responsabilità, dell'interazione, ed è in questo che hanno sede i loro valori. Walter non vede Caroline come "senziente": vede il suo *comportamento*, e lo giudica irresponsabile, e lo traduce nell'assunto che "lei sia pazza". I comportamentali sono interessati alla vicinanza e alla stabilità, e l'esperienza relazionale appare loro secondaria rispetto a queste qualità. Per i comportamentali, tutte le cose sono tra loro collegate; ogni cosa sta in un preciso scompartimento, e tutti gli scompartimenti sono contigui. Anche il mondo esterno lo vedono a questo modo. Ogni cosa è correlata, ognuno sa tutto di ogni altro, ognuno è tenuto d'occhio e giudicato, troppo spesso in termini negativi. Ma questo non lo avvertono come qualcosa di paranoico, di individuale, perché a loro giudizio tutta la vita in realtà è così. I loro metasentimenti sono quelli legati all'esterno: colpa e ostilità.

Lamont detesta sottoporsi a terapia, la ritiene una perdita di tempo. Pensa che, se Marilee si decidesse a crescere, tra loro non ci sarebbero problemi. Prova risentimento nei suoi confronti perché l'ha "obbligato" a venire da noi, a parlare di sentimenti. In sostanza, questi sentimenti li vede come un tentativo da parte di Marilee di averla vinta, di tenerlo sotto controllo, di fare di lui quello che vuole, e lui considera gli sforzi di Marilee doppiamente ridicoli perché è lui, ritiene, quello equilibrato. È lui l'unico che non si lamenta, che si cura delle questioni pratiche, e che quasi mai "perde la testa". Ritiene che i genitori di Marilee l'abbiano viziata, che le abbiano impedito di crescere. Avere a che fare con Lamont nella situazione terapeutica, è tutt'altro che

231

divertente, sia per Marilee sia per il terapeuta. Lui è sempre intento a tener d'occhio gli *altri*, nel tentativo di coglierli in fallo. Prova il continuo bisogno di correggere l'altro, ma purtroppo, nulla di tutto questo sembra essere fonte di gioia per Lamont, che è un comportamentale esageratamente tale.

Spesso accade che i comportamentali proiettino sentimenti negativi su altri, ragion per cui, dal momento che s'aspettano il peggio dal mondo esterno, di rado sono sorpresi e infantili. A spaventarli è il fatto di essere accettati, di essere amati, il fatto che le cose vadano davvero bene. I comportamentali tentano di venire a capo dei propri stress con la negazione, la chiusura in se stessi o la razionalizzazione, e quando questi espedienti falliscono tendono alla depressione o ad ammalarsi fisicamente; in altre parole, somatizzano. Altri spesso li vivono come inibenti, imperiosi od oppressivi.

Com'è facile aspettarsi dopo quanto s'è detto a proposito del "sapere già", senzienti e comportamentali parlano linguaggi differentissimi, e le differenze in questione riducono in misura cospicua le loro probabilità di essere intimi. I comportamentali parlano in bianco e nero, i senzienti per sfumature. Nei nostri studi, assistiamo a una non comunicazione senza fine tra i due, come se un tedesco e un cinese cercassero di conversare nelle rispettive lingue, ciascuno dei due sostenendo che l'altro capisce, o perlomeno dovrebbe capire, ciò che sta dicendo. Il linguaggio dei comportamentali è letteralistico ed esatto. Intendono dire ciò che dicono; e prestano orecchio agli altri alla lettera. Ciò che è stato detto in precedenza ha la massima importanza: l'*altro* deve attenervisi. Le connotazioni non verbali non vengono prese in considerazione. Impossibile canzonare i comportamentali, i quali prendono sempre sul serio ciò che si dice, anche se si pensava di farlo per scherzo. Non c'è spazio per altro che non sia ciò che viene effettivamente pronunciato.

Parlando il loro linguaggio, i senzienti non sono mai assolutamente certi di alcunché: sono metaforici, iperbolici. Di rado vogliono dire esattamente ciò che pronunciano, e non s'aspettano che gli altri lo prendano alla lettera. I letteralismi li sbalestrano. Se dicono: "Non ti ho mai amato", restano sbalorditi se gli fate osservare che hanno spesso goduto il vostro amore e l'hanno ricambiato. Bart è un comportamentale. Se dice che ti odia e che non vuole più rivederti, con ogni probabilità fa sul serio, e non è escluso che agisca in conformità alla sua affermazione e che si aspetti che l'altro accolga il messaggio esattamente in questi termini. Le sue parole hanno il significato di intenzioni attive, non sono semplicemente una descrizione della sua condizione interiore. Sue è una senziente. Se dice: "Non voglio mai più vederti", esprime il suo modo di sentire in quel momento, senza che ci siano intenti futuri, senza che le sue parole implichino obblighi precisi. I problemi insorgono perché, quando Sue presta orecchio a Bart, presume che quello che lui dice valga solo per il momento, che ne sia o meno a conoscenza, esattamente come fa lei. Al contrario, quando lui la sta ad ascoltare, interpreta le affermazioni di Sue quali intenzioni e decisioni e lo fa anche se lei gli dice e ridice che era solo quello che le passava per la testa in quel momento, ed è sbalordita che lui l'abbia presa proprio sul serio. Entrambi ascoltano l'altro come se fossero loro stessi a parlare.

Questo tipo di non comunicazione rende improbabile il contatto. Nella stragrande maggioranza dei casi, le conversazioni tra i componenti di coppie del genere vanno da insidiose negazioni reciproche ad aperti conflitti, e in questo caso risultano con perfetta evidenza i presupposti del reciproco scambio di accuse di cui abbiamo dianzi parlato. La vicinanza malsana, contrassegnata da giudicalismo, pregiudicalismo e mancanza di reciprocità, ha imprigionato la coppia, e il linguaggio, lungi dal tradurne gli atteggiamenti, non fa che isolarli.

Avere Bart e Sue nello studio può essere un'esperienza assai istruttiva per i terapeuti. Ammettiamo che i due descrivano la stessa conversazione, interazione o evento: le loro versioni non avranno nulla in comune. Sono in disaccordo riguardo alle parole che ognuno ha pronunciato, su quello che intendevano dire e perché volevano dirlo, su che cosa avrebbero dovuto invece dire, e così via, al punto che il terapeuta non può non chiedersi se siano sani di mente, o non domandarsi se lui stesso lo sia, o non rendersi conto che sta assistendo a un processo esperienziale nell'ambito di una diade e che il processo in questione è l'*unica* vera realtà presente: i fatti di cui ciascuno dei due si fa assertore, sono irrilevanti.

Com'è ovvio, cercare di sfondare a furia di urla una barriera linguistica esperienziale non è certo un modo efficiente o funzionale di comunicare, e che anzi fin troppo spesso si rivela assai penoso per entrambi i partner. Bart sa ascoltare molto meglio di quanto non sappia parlare; è in grado di cogliere molte connessioni nelle parole che ascolta, ma continua a credere che ciò che dice abbia una certa pregnanza. Sue parla meglio di quanto non sappia ascoltare. È fantasiosa ma sbadata. Lui, invece, è attento ma prosaico; preoccupato della sequenza delle cose, del tempo e del luogo in cui si trova, mentre lei, al contrario, è indifferente a tutto questo; a importarle sono lo stato d'animo, i modi, l'ambiente. La sua memoria è correlata al passato, alla sequenza di eventi che hanno portato le cose alla condizione odierna, e al futuro al quale la sequenza condurrà. Lui rammenta, lei dimentica. Per lui, sono importanti le parole; per lei, il tono con cui vengono pronunciate. Se lui insiste a vivere esclusivamente in un mondo comportamentale, e lei soltanto in un mondo senziente, il loro rapporto non potrà che basarsi sulla confusione, come quello di Georges e Albin nel film *Il vizietto*. Dovranno approfondire la loro vicinanza per mantenere il rapporto, per giungere alla familiarità e alla sicurezza a partire dalla confusione, per rendere almeno familiari le loro differenze. Ciò che perderanno in questo processo è proprio quella intimità che dovrebbero esperire per cambiare, per imparare un nuovo, mutuo linguaggio: l'intimità di cui hanno bisogno per apprendere ad accettarsi a vicenda, e tanto più a vedere ciascuno l'altro come persona separata, diversa ma egualmente valida (come, in sostanza, hanno fatto Georges e Albin).

Le differenze tra comportamentali e senzienti non si prestano a giudizio. Né gli uni né gli altri sono migliori o peggiori, nel giusto o nell'errore. Il loro è semplicemente un modo di essere. Nella nostra cultura sono più numerose le donne che tendono a essere senzienti, mentre gli uomini tendono a essere comportamentali, ma il sesso, d'altronde, non determina personalità e carattere. Il sesso biologico è ovviamente *parte* della nostra natura, ma esso non confina né definisce. Uno dei prezzi più alti che dobbiamo pagare per il deficit di esperienza intima è la perdita di partecipazione tra "mascolinità" e "femminilità" nell'ambito di noi stessi e tra noi come persone, si tratti dei rapporti tra uomo e uomo, tra donna e donna o tra uomo e donna. La partecipazione intima è l'unica esperienza esistenziale che infranga questa tipizzazione sessuale. Nel suo *The Hero with Thousand Faces*, Joseph Campbell afferma: "Per un uomo non allontanato da se stesso da sentimenti che promanano dalla superficie di ciò che vede, ma che risponde coraggiosamente alle dinamiche della sua stessa natura – per un uomo cioè che, per dirla con Nietzsche, è 'una ruota che gira da sola' – le difficoltà scompaiono e, lungo il suo cammino, gli si spalancano imprevedibili strade maestre." Noi perdiamo la libertà in quanto definiti dalle nostre "superfici" – la libertà di essere tutto ciò che potremmo essere.

Molto spesso la disparità tra le coppie formata da un comportamentale e un senziente, risulta più evidente nei loro rapporti sessuali. Il terapeuta deve ascoltare clamorose e stridule lamentele riguardo alle loro differenze sessuali. Di regola, anzi, i due non lamentano in realtà differenze sessuali, bensì differenze di *carattere*. Le descrizioni che forniscono dei ruoli propri e di quelli del coniuge o amante nell'ambito del rapporto, sono perlopiù molto precise. A livello intuitivo, hanno l'effettiva capacità di vedere gli *altri* quali sono, ma non vedono invece se stessi, né la natura esperienziale del loro rapporto. La loro semplicistica soluzione a un dato problema consiste nella richiesta che l'*altro* cambi per diventare come loro, senza rendersi conto di quale catastrofe relazionale ciò causerebbe.

Marvin è un senziente. Viene nel nostro studio e parla del suo matrimonio. A proposito della moglie dice: "Non la capisco. A me piace giocare. Lei non gioca mai. Ha per la testa solo il lavoro. A letto devo essere sempre io a prendere l'iniziativa, lei si limita a rispondere. Tutto va bene finché sono io a cominciare. Non credo che sia giusto che tocchi sempre a me. Mi piacerebbe proprio che qualche volta fosse lei a fare la prima mossa." Si noti quel "sempre", l'iperbole così tipica dei senzienti. Prosegue Marvin: "Penso che preferirebbe perseguire i suoi programmi o mettersi a fare le pulizie di casa. Ma no, non è esattamente così, anche a lei piace dedicarsi al sesso. Semplicemente, non gioca mai con me, né a livello sessuale né in altro modo." La moglie di Marvin è una comportamentale. È portata ai toccamenti, agli abbracciamenti, ma ha minori spinte erotiche, è meno "romantica", meno portata al piacere: e sono differenze che possono rivelarsi assai dolorose e distruttive del rapporto. In mancanza di intimità, possono essere assolutamente rovinose; nutrite invece di esperienze intime, si possono tramutare invece in fonte di vera crescita.

Le differenze "sessuali" con cui sono alle prese Marvin e sua moglie non fanno che rispecchiare una molteplicità di altre differenze consimili che a loro volta riflettono il fondamentale modulo senziente-comportamentale. I senzienti giocano di più, sono più spontanei, sono più pronti a dare il via a nuovi comportamenti. I comportamentali danno prova di minore spontaneità, lavorano di più, affrontano minori rischi, si mostrano più responsabili nei loro rapporti, è più probabile che facciano ricorso a comportamenti familiari, e sono più "manageriali" che creativi. I senzienti sono rivolti al nuovo, all'insolito, al non familiare, attratti dal processo e dall'esperienza. I comportamentali hanno come punti di orientamento l'antico, il familiare, il passato o il futuro; hanno di mira obiettivi e rapporti.

Sono modalità esistenziali, cioè atteggiamenti e posizioni, non già definizioni psicologiche o giudizi *ad personam*. Rappresentano moduli esistenti in natura e, come dice Gregory Bateson in *Mind and Nature*, "sono moduli connettivi". Qui di seguito, forniamo un elenco illustrativo di alcune di queste differenze, confrontate al livello esperienziale: tratti che non costituiscono descrizioni di personalità diverse, bensì di esperienze relazionali. L'accoppiamento esperienziale, nell'uso che noi facciamo del termine, è sempre un'esperienza relazionale, non la prossimità spaziale di due personalità distinte. Una persona che rivela caratteristiche solo dell'uno o dell'altro tipo, sarebbe a tal punto squilibrata, da doversi definire in preda a turbe della personalità o del carattere. La stragrande maggioranza degli esseri umani, nelle loro personalità "normali", sono spostati in una direzione o nell'altra, ma capaci di manifestare se stessi entro una certa gamma dei moduli.

Senzienti	*Comportamentali*
Concettuali	Percettivi
Vedono le cose nel loro insieme	Vedono le cose composte di parti
Preoccupati soprattutto della loro vita interiore	Interessati soprattutto ad altri e alla vita esteriore
Esperiscono e dimenticano	Osservano e registrano
Stabiliscono contatti e partecipano	Guardano e ascoltano
Orientati al processo	Orientati al risultato
Sono in qualche luogo	Vanno in qualche luogo
Creativi	Produttivi
Inventori	Attuatori
Inventivi	Pragmatici
Idealistici	Pratici
Si identificano con il genitore di sesso opposto	Si identificano col genitore dello stesso sesso
Sanno ciò che vogliono	Sanno che fare
Disorganizzati	Sistematici
Dotati di consapevolezza spaziale	Dotati di consapevolezza temporale
Obbediscono al cuore	Obbediscono alla mente

Ci sono molte altre sfumature di questo particolare accoppiamento esperienziale, talmente tante che è quasi impossibile farne un elenco. Comunque sono profondamente avvertite in ciascuna di queste coppie. Così, per esempio, i senzienti sanno di essere amabili, ma a quanto pare mettono in discussione la loro amabilità – laddove il loro amore (anzi, ogni loro sentimento) è autentico, duraturo, profondo, responsabile e reale. I comportamentali sanno di amare, e il loro amore è duraturo, profondo, responsabile e reale, ma a quanto pare dubitano della propria amabilità, e ne soffrono. Più specificamente, sembrano non essere mai sicuri che *altri* li apprezzino davvero quali persone.

I comportamentali sono del tutto affidabili. Se dicono che faranno una certa cosa, la faranno davvero. Sono costretti a farlo, a muoversi con l'*altro*, e a seguire le regole. I senzienti a volte obbediscono, e altre no, alle loro dichiarate intenzioni. Impulsivi come sono, hanno la tendenza a rispondere al miscuglio dei sentimenti propri e di quelli dell'*altro*, anziché dare una risposta *profonda* alle aspettative, personali o sociali che siano. Il comportamentale considera l'ira distruttiva, sebbene sotto sotto sia più iracondo del senziente. Per questi, la collera è semplicemente una delle tante emozioni.

Si tratta di differenze fondamentali ai fini del loro modo di *esistere* nel mondo: da un lato il senziente pronto a rischiare e creativo, dall'altro il comportamentale stabilizzatore e conservatore. Entrambi sono ugualmente importanti e validi, dal momento che la creatività senza la stabilità equivale al caos, e la stabilità senza la creatività equivale alla morte.

Questa tipologia, o mezzo di considerare i moduli del rapporto, è senza dubbio ipersemplificatrice. Tentare di definire le persone mediante parole lo è del resto sempre, esattamente come una mappa può dirsi un'ipersemplificazione del territorio che rappresenta. Sempre Bateson, in *Mind and Nature*, osserva che "per ciò che non è conscio, il linguaggio non fornisce mezzi di espressione". Tuttavia, al pari di una mappa, una tipologia può essere molto utile ai fini della comprensione di modelli e per trovare la propria strada. Da certi punti di vista, i senzienti possono sembrare isterici e i comportamentali coattivi, ma in realtà non è così. Esiste una differenza tra una personalità e un sistema difensivo. E nel caso specifico si ha probabilmente a che fare, almeno entro certi limiti, con predominanze dell'emisfero destro del cervello destro o di quello sinistro. È probabile in altre parole che nei senzienti si abbia un predominio del cervello di destra e nei comportamentali un predominio dell'emisfero di sinistra; ma anche questa categorizzazione, per quanto più vicina alla realtà, è pur sempre un'ipersemplificazione. Il cervello non ha poi una valenza così assoluta; gli esseri umani non sono così semplici. Le posizioni di comportamentali e senzienti non sono del tutto fisse e immutabili; ciascuno di noi possiede tutte queste qualità e rivela variabili combinazioni di "sentire" e "comportamento" in ogni momento della sua vita.

Perché gran parte degli accoppiamenti rispondono a questo particolare modulo? Come si spiega che l'accoppiamento riveli un modulo comune diverso dalle ovvie, eterne classificazioni visibili a prima vista, come denaro, status sociale, disponibilità, bellezza o potere? Noi crediamo che l'evoluzione non avvenga in maniera casuale ma che spinga questa o quella cosa a essere alcunché di più completo, di più totale. La vita mira a completare se stessa. Il processo è sempre un divenire. I fallimenti evolutivi non si traducono soltanto in non sopravvivenze: i fallimenti sono quelle cose che non si sono mosse verso ciò che avrebbero potuto essere più pienamente. Il punto fondamentale che cerchiamo di mettere in rilievo a proposito dell'accoppiamento esperienziale, è che le coppie si combinano nel rapporto allo scopo di completare se stesse, né si tratta di un processo casuale, e neppure di un processo promosso da qualità esplicite, esteriori, quali quelle dianzi menzionate, cioè status sociale, potere, ricchezza. Noi scegliamo, con stupefacente precisione, quell'altra persona che può insegnarci quello che abbiamo bisogno di sapere per diventare un essere umano più completo; ci accoppiamo con le differenze di cui abbiamo bisogno appunto per completare noi stessi, modulo questo che costituisce il fondamento dell'accoppiamento esperienziale e che è uno dei fattori determinanti di primaria grandezza di quanto avviene nei nostri rapporti primari, oltre a essere la ragione principale dell'assoluta necessità di ristabilire un equilibrio, tale che permetta di esperire regolarmente il *sé intimo*.

Il modulo senziente-comportamentale è il più comune in quanto costituisce l'espressione più diretta dell'accoppiamento, nel cervello, di emisfero sinistro e di emisfero destro; in altre parole, è una modalità fondamentale di accoppiamento accrescitivo, mediante il quale ciascuno di noi mira a diventare più di ciò che un umano può essere. È un accoppiamento di livello primitivo, come maschio-femmina, giorno-notte, estate-inverno, intimità-vicinanza. La coppia senziente-comportamentale è diffusissima perché gran parte degli esseri umani sono in larga misura sani, e come tali partecipi della fondamentale corrente del processo evoluzionistico. Esistono però anche altri accoppiamenti, altri moduli che passeremo a esaminare, i quali a volte si verificano tra esseri umani sostanzialmente sani, anche se molto spesso costituiscono il rifugio di persone più psicologicamente deboli.

L'ACCOPPIAMENTO TRA SIMILI CONTRAPPOSTO ALL'ACCOPPIAMENTO CON L'OMBRA

Possiamo accoppiarci con qualcuno che sia diverso da noi stessi, ma quasi sempre ci sentiamo immediatamente vicini a coloro che sono simili a noi. Può capitarci persino di cercare persone simili a noi per trovare sollievo nell'arduo e spesso doloroso compito di completare se stessi. Con i nostri simili, possiamo sentirci tranquilli e soddisfatti. Ed ecco qui dunque due degli altri accoppiamenti occasionali, quello di un senziente con un senziente e quello di un comportamentale con un comportamentale. Costoro preferiscono la tranquillità alla crescita. Prendono una decisione esistenziale, per quanto inconscia, che costituirà il fattore determinante di come essi esisteranno in seguito. Queste coppie sono spesso viste, da estranei, come composte da un fratello e una sorella, da due amici o da due soci d'affari.

Le coppie tra simile e simile sono una piccola minoranza; gran parte degli accoppiamenti primari sono infatti tra un senziente e un comportamentale, i quali cercano ciascuno nell'altro quanto non sono in grado di trovare in se stessi. Non che questo non ci sia: semplicemente, non riescono a trovarlo, per essi è come se fosse perduto. Essi "sposano" la loro ombra, e immediatamente cominciano a lagnarsi proprio delle differenze che li hanno indotti alla scelta. Nella situazione terapeutica, di coppie del genere ne vediamo molte, coppie che hanno fatto del conflitto circa le loro differenze l'essenza stessa del rapporto. Tuttavia, la stragrande maggioranza degli esseri umani trascorre la propria vita relazionale lottando con le differenze pur senza farne il centro della propria esistenza quotidiana.

L'accoppiamento avviene a livello inconscio, e al pari dell'evoluzione è una forza possente e duratura. Se l'accoppiamento fosse semplicemente il risultato di una decisione consapevole, pragmatica, molti sarebbero coloro che non si accoppierebbero, e se lo facessero il loro impegno razionale e sociale sarebbe troppo debole per durare al di là della luna di miele. La gente sceglie, per accoppiarsi, amici, non già ombre; ma l'accoppiamento non è una decisione razionale, e l'impegno è ben oltre che sociale. Noi continuiamo a cercare il diverso, le parti ignote di noi stessi. La natura difende se stessa dalla morte che si accompagna alla identicità. Siamo guidati a cercare la parte non sviluppata del nostro proprio essere da un bisogno di rivitalizzazione.

Il pensiero ortodosso in psichiatria e in psicologia suggerisce che le differenze nel rapporto sono sostanzialmente caratteriali: una personalità isterica sarebbe attratta da una personalità coattiva. Le persone sono attratte dai propri opposti, ed è così che si determinano gran parte dei matrimoni e delle relazioni. Non riteniamo certo che l'accoppiamento sia un evento semplice o privo di scopi.

Così, per esempio, le persone di regola non hanno avventure amorose con i propri opposti, ma al contrario scelgono persone simili a loro, qualcuno da cui ricavare affermazione e conforto, non già atteggiamenti di sfida. È come se avessero *una storia* con se stessi. Ma di rado accade che formino un accoppiamento permanente con una persona del genere; l'accoppiamento è un'esperienza diversa, che risponde a bisogni diversi. La persona coinvolta vi dirà che *la storia* sostiene e mantiene il suo essere, e può darsi davvero che sia così, ma il suo essere non ne viene cambiato. Il cambiamento dipende dal confronto con la differenza, che non è garantita o automatica ma solo possibile nelle coppie esperienziali. In effetti, seguendo questa strada sono più le coppie che falliscono che non quelle che possono dirsi riuscite. In altre parole, bloccano la crescita anziché favorirla: essersi lasciati catturare dalla vicinanza ha deformato il processo. La mancanza di intimità soffoca e mina la crescita. Nell'intimità, noi cresciamo con e in ciascun altro. Troviamo nella nostra esperienza con l'altro una consapevolezza e una cognizione delle parti di noi stessi con cui non siamo in contatto, parti che non abbiamo mai conosciuto o accettato; e possiamo crescere a questo modo solo in un ambiente equilibrato di intimità e della sana vicinanza indispensabili al mantenimento del rapporto.

Soltanto la ricorrente esperienza intima può apportare crescita, cambiamento, energia, creatività e stabilità al rapporto. Accettando la nostra ombra nell'*altro* noi accettiamo *noi stessi*, e accettando *noi stessi* impariamo ad amare l'*altro*. È questa l'importanza del mantenersi disponibile all'esperienza di queste differenze. Precludere quest'esperienza, lasciarsi imprigionare nel non vedere le differenze come un'esperienza, ma solo come una problematica di confronto tra giusto e sbagliato (come coinvolgimenti al livello dell'*io*) oppure tra buono e cattivo (coinvolgimenti al livello del *me*), significa rinunciare a ogni opportunità di compiere il più profondo investimento che ciascuno di noi abbia nei propri rapporti primari.

Per dirla con Confucio: "Per natura gli uomini sono quasi simili; in pratica, sono lontanissimi l'uno dall'altro." Quando siamo "lontanissimi" non possiamo istituire contatti e l'intimità è impossibile.

Inoltre, contrariamente a molte teorie psicologiche, noi siamo convinti che quella parte dell'accoppiamento esperienziale che non è caratteriologico, non sia fissa. Il carattere è, entro certi limiti almeno, relazionale. Ci si interfaccia con un altro quale un noi particolare, con l'*altro* quale particolare lui o lei, in un particolare momento. L'accoppiamento determina gran parte di ciò che sarà esperito nel rapporto di quel determinato momento. Quello che la mia personalità sarà in ogni casuale momento esperienziale, non è dato, ma dipende da chi io sono con l'altro, da come io sono con l'altro, e da chi e come l'altro o l'altra sarà con me in quel determinato momento. Il carattere più stabile, più lento a cambiare e più profondamente radicato nella personalità, è più probabile che si riveli mobile in periodi di tempo più lunghi. E tuttavia, anch'esso cambia: gli esseri umani non sono prigionieri del fato, sia esso genetico o storico.

Io posso essere un senziente quasi sempre, ma sempre con coloro che si rapportano a me quali comportamentali. In presenza di qualcuno che sia un senziente più ancora di me, sarò io il comportamentale. La mia personalità si adatta alla possibilità di cambiamento e crescita, uno spostamento che sarà automatico e immediato se io sono pronto a rischiare la crescita, anziché essere disposto ad adattarmi a una stabilità tranquilla (o magari dolorosa). Non sarà nulla di consapevole o di voluto. L'accoppiamento mirerà a un equilibrio, e io sarò automaticamente parte di questo bilanciamento. Sarò ciò che ho bisogno di essere per mantenere l'equilibrio nell'ambito della coppia, oltre che tra l'*io* e il *me* in me stesso, in modo che il mio *sé* possa attualizzarsi. Sarò diverso nella misura in cui sia diverso l'accoppiamento, ed è questa reciprocità a rendere esperienziale l'accoppiamento. Carattere e personalità saranno sempre subordinati all'accoppiamento relazionale. Lo stato esistenziale che mi permette di essere consapevole, di capire, di imparare, di essere in contatto con questa realtà, è l'intimità. A molti riesce difficile accettare che il carattere possa essere reciproco, mentre a nostro giudizio si tratta di una significativa indicazione di quanto lontani dal potere dell'intimità siamo divenuti.

La ricerca di differenze nell'*altro* spiega molti divorzi e rotture di rapporti. Se per esempio uno dei partner cresce per conto suo, scopre più aspetti di se stesso e trova nuovi ambiti ignoti da indagare, avvertirà il bisogno di esperienze diverse nell'*altro*: ed è questa la ragione per cui è preferibile che le coppie crescano insieme in terapia, piuttosto che puntare solo sulla crescita di uno dei due membri. Ma se uno ha deciso di crescere, lo farà comunque, con o senza l'aiuto del terapeuta, e si può solo sperare che la crescita cambi l'*altro* in modi tali da spingerli a stare insieme. Ma comunque cambierà l'*altro*. Una parte del lavoro di crescita consiste nel crescere in direzione del rapporto anziché distaccandosene.

ALTRI TIPI DI ACCOPPIAMENTO

Ci siamo serviti dell'accoppiamento "normale" per spiegare il fenomeno della scelta delle nostre "ombre" e abbiamo esaminato gli accoppiamenti dissimili. Questi possono essere indicati quali due stati fondamentali. Vediamo adesso quali siano gli altri comuni accoppiamenti esperienziali nei rapporti, tenendo presente che possibili variazioni sono, com'è ovvio, infinite. L'accoppiamento più accrescitivo è quello tra persone molto equilibrate, dotate cioè di un naturale equilibrio di intimità e vicinanza; ciascuno dei due possiede un miscuglio di tratti sia del senziente che del comportamentale. Questi individui elaborano informazioni ed esperienze esistenziali altrettanto bene con il lobo sinistro che con il lobo destro del loro cervello, e riescono a mutare facilmente posizione a seconda di quanto accade. Uno di essi può correlarsi senzientemente al gioco fantasioso del figlio treenne, ma contemporaneamente assumersi piena responsabilità per quanto attiene alle proprie finanze. Questi individui sono meno portati, di quanto di solito avvenga, a polarizzazioni personali. Ma relazioni del genere sono rarissime, sono ciò che il sano accoppiamento di senziente e comportamentale può divenire se si continua a condividere ed esperire intimamente le proprie differenze.

Un altro accoppiamento, di solito meno felice, in cui capita a volte di imbattersi, è quello tra una persona schizoide (qualcuno che sia un "solitario") e una persona concreta che si orienti sul mondo esterno. Lo schizoide vive essenzialmente nel proprio mondo interiore, mostrando la tendenza a istituire rapporti simbolici con la realtà; la persona concreta invece evita la propria vita e i propri sentimenti interiori e con il mondo si comporta in maniera quasi esclusivamente pragmatica. Uomo o donna che sia, è soprattutto uno che sopravvive: uno psicopatico, non coercitivo, ma assai pratico e orientato verso la realtà. A volte, accoppiamenti del genere sono accrescitivi; più spesso, però, i due componenti non apprendono l'uno dall'altro. Nella migliore delle ipotesi, si ancorano a vicenda nella vita: funzione utile, ma che ben di rado porta l'uno o l'altro a una maggior completezza umana.

L'accoppiamento sadomasochistico comporta un'altra comune dinamica esperienziale. Ci riferiamo non soltanto al microcosmo del sadomasochismo sessuale, bensì al più generale accoppiamento esperienziale sadomasochistico personale, con il fondato sospetto che anche in questo caso la motivazione sia inconsciamente la ricerca di crescita. Il sadico e il masochista cercano di apprendere, tramite l'esperienza, qualcosa circa la parte in ombra di se stessi. Sono paragonabili all'alcolista che beve, erroneamente persuaso di asseverare il proprio diritto a formulare le proprie scelte, ma che lo fa in modo che ovviamente mina e distrugge il *sé*. Per quanto sana sia la loro motivazione all'accoppiamento, essa è improduttiva a meno che l'attuazione non ne sia altrettanto reale e salubre. Ed è evidente che non si cresce in modo da sentirsi meglio con se stessi, sottoponendo a punizioni se stessi o qualcun altro.

Un altro accoppiamento abbastanza simile è la tendenza, alquanto strana invero, di persone molto intelligenti a unirsi a persone notevolmente meno intelligenti, a loro paragone "ritardate". In questo contesto, "ritardato" è erroneamente inteso, dal partner intelligente, quale sinonimo di "realtà" (come per il personaggio interpretato da Peter Sellers nel film *Oltre il giardino*). La persona intelligente, dotata di un talento che spesso sia stato oggetto di complimenti e lodi, cerca maggiore "umanità" e s'accoppia con una persona non molto sveglia, scambiando questa caratteristica per umanità. La persona non troppo intelligente cerca qualsiasi cosa erroneamente ritenga che le procurerà accettazione e ammirazione, ma è una ricerca sempre destinata al fallimento. Non si può imparare a essere intelligenti né si diventa umani attraverso l'essere ritardati. Coppie del genere sono correttamente guidate dalla ricerca di ciò che manca ai loro componenti, solo che la loro operazione avviene nella direzione sbagliata.

Diversi sia dagli accoppiamenti genuinamente accrescitivi che da quelli strani, che in apparenza sono motivati solo da un desiderio di crescita mal indirizzato e generalmente falliscono, sono gli accoppiamenti dettati dal bisogno di evitare ogni cambiamento. Si tratta, com'è ovvio, di casi estremi, nei quali rientrano l'accoppiamento dell'adorato e dell'adoratore: un'esperienza in cui non è possibile nessuna relazione reale. In effetti, l'impossibilità sembra essere proprio l'impegno nell'ambito di siffatte coppie. Narciso ed Eco non sono reali nei confronti di se stessi, per cui non possono neppure essere reali con l'*altro*. Narciso è totalmente *io* ed Eco totalmente *me*; non possono essere *sé*, per cui non possono essere intimi.

Una variazione su questo tema è quella del cinico solitario e dell' "ingenua" in cui la paura di nuove esperienze risulta ancora più chiara. L'adorato e l'adoratore possono fingere un rapporto, ma la loro è con ogni evidenza una sentimentalistica simulazione di un vero rapporto. I solitari e le "ingenue", non tanto fingono quanto mettono in satira veri rapporti; essi esistono nei loro propri spazi e modi, senza neppure l'apparenza esterna di connessione. Sono come caricature che esternano i loro ruoli separati, come se due attori recitassero copioni diversi contemporaneamente su uno stesso palcoscenico.

Il rapporto tra interdipendenti è l'accoppiamento di due sorveglianti. Al pari di due bambini costretti a vivere in un mondo adulto, essi si proteggono a vicenda nei confronti del mondo crudele. Qui non può esserci crescita perché l'impegno è a evitare l'esperienza, a evitare il rischio, il che inevitabilmente significa evitare l'intimità.

L'impegno a restare sempre gli stessi è frequentemente reperibile nell'accoppiamento tra coniugi entrambi alcolisti, situazione di cui ci siamo già occupati. L'alcolista non può essere un *sé* e, partecipando della sua condizione, il partner perde a sua volta il proprio *sé*. Al pari della coppia martire-peccatore, in cui un partner è sempre "cattivo" o "ingiusto", e l'altro è sempre "perdonante" o "donante", la coppia di coniugi entrambi alcolisti è diffusa ed efficace quanto a bloccare, non solo l'intimità, ma anche la sana vicinanza. A parità di tutte le coppie distruttive, anch'essa ha un effetto fortemente devastante sui figli. La difficoltà che il figlio incontra nell'istituire una condizione di intimità può essere il più tragico retaggio di siffatti accoppiamenti malsani.

La coppia voyeur-esibizionista può avere connotazioni sia esplicite che nascoste. Che sia esplicita implicando la manifestazione sessuale di altri comportamenti, o che sia celata, implicando che solo uno dei componenti la coppia "vive" la vita, mentre l'altro sta a osservare, essa comunque blocca l'intimità e la crescita. Non si può vivere per qualcun altro o avere qualcun altro che vive per noi. Nessuna di queste posizioni è autentica; si tratta di ruoli, e i ruoli non consentono cambiamenti. Una variazione di questo accoppiamento è costituita dalla coppia allenatore-atleta (come quella tra il professor Higgins ed Eliza Doolittle in *Pigmalione*), nella quale i comportamenti esibiti sono più "sani" ma il modulo sotteso è lo stesso. Come si è ripetutamente detto, la persona intima deve essere capace di giocare, laddove l'allenatore non gioca e l'"atleta" non è più una persona reale.

L'accoppiamento tra due cinici solitari è meno comune ma a modo suo è altrettanto distruttivo. Molto spesso, i componenti coppie del genere si mascherano da "indipendenti", mentre in realtà si celano insieme al mondo, e la loro "indipendenza" non è che un camuffamento. Hanno ben poco rapporto reale l'uno con l'altro e di norma conoscono ben poco dell'altro o di se stessi come persone. L'oggetto del loro accoppiamento sembra essere semplicemente quello di raggiungere lo scopo che s'è detto.

Più estremistico ancora è l'amaro, rabbioso accoppiamento esperienziale di due personalità paranoidi, un'unione di difese contro quello che i due considerano un mondo ostile, minaccioso e del tutto incapace di comprenderli. La crescita, umana o altro che sia, non può avvenire in stato d'assedio, con gli aculei drizzati a difesa. Coppie siffatte mai si uniscono alla vita: non solo, essa è combattuta dai suoi componenti.

Ma forse il più distruttivo di tutti gli accoppiamenti è il rapporto che potremmo definire "tra tossicomani," e la sostanza cui si fa ricorso o il comportamento che ne risulta non fa differenza alcuna (e non occorre neppure che sia una sostanza chimica: può trattarsi semplicemente di un comportamento). Codeste coppie sono apertamente autodistruttive e l'unione sembra essere un muto accordo inteso a tale scopo. E nel raggiungimento di questo fine, i due sono eminentemente quanto tristemente coronati da successo.

Sono, questi, alcuni degli accoppiamenti più frequenti. Ma ce ne sono molti altri, alcuni accrescitivi, altri che promettono crescita ma di rado la apportano, altri ancora evidentemente motivati dal bisogno di evitare il cambiamento. Nei primi due casi, l'accoppiamento è un'estensione o un pervertimento di quello esperienziale tra senziente e comportamentale, che sembra essere il prototipo di gran parte dei rapporti, è l'accoppiamento che si presta meglio alla crescita e al cambiamento esperienziale intimo. Nell'ultimo caso (inteso a evitare il cambiamento) gli accoppiamenti sono i più gravemente deviati.

La coppia senziente-comportamentale costituisce la più piccola esperienza sistemica dell'equilibrio tra intimità e vicinanza. È il tentativo, promosso dalla natura, di bilanciare una diade, di impedire l'imprigionamento dell'uno o dell'altro estremo. Sgorgante dall'inconscio, questo impulso rappresenta l'universale tendenza della natura all'autocorrezione. In essa, noi vediamo la nostra naturalità e la nostra partecipazione al processo. La spinta verso la nostra evoluzione avviene, che se ne sia o meno consapevoli.

11
CREAZIONE PERSONALE
SESSUALITÀ E INTIMITÀ

Mai la natura dice una cosa e la saggezza un'altra.
Giovenale

Quando io (*Thomas*) ero ancora sottoposto al training, che all'epoca era psicoanalitico e di tipo abbastanza tradizionale, ebbi a che fare con un uomo anziano, un contadino ignorante. Nel corso della seduta, gli chiesi, come ero stato addestrato a fare, di parlarmi della sua sessualità. L'uomo non mi comprese, e io gli ripetei la domanda; parve ancora non capire affatto di che cosa stessi parlando. Dopo parecchi altri tentativi, finalmente mi chiese a sua volta, con tono pacato, se per caso volevo che mi parlasse della sua "natura". Non sapevo affatto che cosa intendesse per natura, ma replicai: "Sì, c'è qualcosa che non funziona nella sua natura?" Rispose, con tranquilla dignità e un sorriso comprensivo: "Dottore, il peggio che mi è toccato non è stato affatto male." Il tono con cui lo disse mi diede la certezza che la sua affermazione non era né ironica né rispondente a un cliché: stava semplicemente affermando una verità circa la vita come la conosceva.

Il vecchio non faceva confusioni tra vicinanza e capacità di istituire rapporti. Diceva semplicemente che la sua sessualità-intimità era naturale e, in quanto tale, per lui buona in entrambe le accezioni del termine. *Era la sua natura.* L'uomo non era alle prese con problemi dell'*io*, preoccupato dell'altro, né lo era con problemi del *me*, cioè con l'esercizio di poteri e di controlli. *Naturalmente* vedeva la sua natura quale parte integrante della sua vita, la esperiva quale parte del suo essere, non già del suo fare. Si trattava di una componente della sua vita che era qual era naturalmente. Essendo in grado di permettere alla sua sessualità di esplicarsi a quel modo, faceva qualcosa che molti di noi riescono a emulare solo con gravi difficoltà.

Chiedere "Che cosa è la natura?" paradossalmente non farebbe che allontanarci vieppiù dalla sua essenza. È meglio prendere in considerazione ciò che noi *intendiamo* per *natura* e per *naturale*, termini che derivano dal latino *nasci*, "nascere", *natus*, "nato", e *natura*, "nascita", e che pertanto designano una caratteristica innata: in altre parole, il modo con cui le cose sono inizialmente. Non è certo un caso che *nasci* sia anche la radice etimologica di *naïve* (ingenuo, in francese e in inglese) e di *nativo*. Nella vera *naïveté* siamo naturali, infantili; e nell'essere nativi, riconosciamo il nostro legame con il resto della natura.

Scrive Denis Postle in *Fabric of the Universe*: "Non soltanto siamo all'oscuro della vera natura dell'universo, cosa di cui possiamo sentirci giustificati, ma ignoriamo anche la vera natura di noi stessi." Oseremmo affermare che le due cose sono tutt'una e a noi conoscibili soltanto nel *sé intimo*. La natura è correlata, è sempre connessa. Ha tutte quelle qualità della *è-ità* di cui abbiamo in precedenza trattato. È agevole, interconnessa, inintenzionale, inconscia, senza programmi celati; non richiede riflessioni per essere immediatamente riconosciuta. La natura è ciò che l'umanità non deformata automaticamente considera buona, perché riflette il *sé* naturale. La natura non ha metasentimenti, ma solo sentimenti primari. Sebbene la sessualità, intesa quale natura, ci connetta soltanto l'uno all'altro, essa ha per risultato di spalancare l'uscio alla connessione con tutto il resto, perché l'esperienza diretta della natura in qualsivoglia forma è la suprema esperienza integrante. Essa non conosce né meglio né peggio, ignora il giudizio, conosce solo ciò che è. Al pari del vero "nome" che maghi e stregoni devono conoscere per celebrare l'incantesimo, la natura compie magie per noi quando ne diveniamo parte, e quella magia è la agevole esperienza del *sé*.

L'illuminante seduta con l'anziano di cui dianzi, è assai diversa dalla nostre esperienze di terapeuti alle prese perlopiù con appartenenti alla classe media. Entrambi abbiamo constatato che la maggior parte delle coppie che si sottopongono a terapia perché hanno problemi sessuali, di solito invece sono alle prese con difficoltà relative ai loro rapporti personali. In altre parole, hanno problemi con la loro vicinanza. Esempio tipico: Dan è impotente, cosa che fa sentire Ruby respinta e frustrata. Risulta chiaro, dopo solo poche sedute, che in realtà Dan ce l'ha con il bisogno di Ruby di esercitare il controllo su di lui. Non è dunque un problema sessuale, bensì un problema personale, che con la massima facilità e, detto per inciso, anche con la massima insincerità, trova espressione nell'agone sessuale.

Al contrario, quello che tanto spesso all'inizio è presentato da coppie quale un problema personale, si rivela chiaramente, dopo altrettante poche sedute, un problema sessuale. Katie si lamenta che Fred non è mai sensibile ai suoi sentimenti quotidiani: sembra non rendersi conto che lei è stanca, stizzita, ferita, che si sente sola o semplicemente annoiata. Dal canto suo, Fred ha l'impressione di essere continuamente giudicato, pre-giudicato e accusato: "Non mi dà mai la sensazione che sto comportandomi nel modo giusto, che sono degno di attenzione." In realtà, nessuno dei due ha ragione. Fred è effettivamente sensibile alle emozioni di Katie, sa immediatamente quando lei si sente ferita, e lei a sua volta costantemente lo sostiene e lo conferma. La sensibilità di lui e il sostegno di lei sono entrambi evidenti al terapeuta. E dunque, come stanno le cose? Ben presto risulta evidente che Katie avverte Fred come chiuso, insicuro, conciliante, tentennante, inconsapevole e insensibile ai sentimenti *erotici* di lei, e Fred la avverte quale sessualmente dispotica, predominante, totalmente incapace di raggiungere, almeno con lui, la piena soddisfazione sessuale. Quello che è stato presentato come una difficoltà a livello di rapporto e di vicinanza personali, si rivela essere invece un problema della sfera sessuale, un'*impasse* intima.

In questa luce, è più facile comprendere perché i problemi sessuali siano così difficili da affrontare, e spesso anche solo da identificare. L'incertezza riguardo all'esatta definizione dei limiti della sessualità e la nostra tendenza a confondere questioni sessuali e questioni personali, fanno insorgere problemi in moltissime esistenze, e per avvedersene è sufficiente osservare amci, parenti e fors'anche se stessi.

Dice Helen: "Hal sembra totalmente inconsapevole di ciò che io sento sessualmente. Non sa che cosa fare o non fare, che cosa mi piace e che cosa mi infastidisce. So che è un brav'uomo e tutt'altro che stupido e allora, come si spiega? Dove ha la testa? Non sono neppure in grado di dire se qualche volta ci pensa." Il tipo di insensibilità di Hal, che potremmo chiamare stupro emozionale, in realtà è molto spesso un problema personale. Il sentimento è perlopiù di collera. Quale che sia l'ira di Hal ancora non lo possiamo sapere, ma Helen è stizzita, non per il sesso come tale, ma perché ha l'impressione di non esistere agli occhi di lui in un modo da *io-altro*; Hal non le è abbastanza unito e vicino da adattarsi a lei. Non riesce a essere nello spazio condiviso con lei. Come nel caso di tante lagnanze di carattere sessuale, la vera questione è la loro mancanza di sana vicinanza.

Dice Kevin: "Io ho un forte impulso sessuale, ma lei non è interessata. Mi si avvicina, mi abbraccia, ma va fuori dai gangheri se tento di toccarla o mi spingo oltre." Kevin desidera più attenzione che sesso, e lei non riesce a mostrarsi abbastanza sincera "personalmente" per dirgli che sente di non avere abbastanza spazio per essere il proprio *sé*.

Dice Denise: "Lui non prende mai iniziative sessuali, e ne sono molto seccata. Non l'ha mai fatto, ormai ne sono stanca. Non è giusto, ho l'impressione di dover essere io a portare l'intero fardello". Denise vuole più essere desiderata di quanto desideri. Il suo partner è dipendente, e vuole che lei si assuma la responsabilità di qualsiasi evento. Entrambi sono alle prese con la parte vicinanza-rapporto delle loro esistenze. Il problema risiede nella loro relazione personale, ma viene presentato e consciamente esperito da essi quale un problema sessuale e di intimità.

Dice Karen: "Lui è un eiaculatore precoce. Non riesce ad aspettarmi. È interessato soprattutto al proprio godimento, e sono giunta al punto che non ho più voglia neppure di provarci." Ancora una volta, il problema è in realtà di vicinanza, personale più che sessuale. Lui vive il loro rapporto con ostilità, evasivamente, non è in grado di funzionare in un modo da *io* sano che gli permetterebbe di essere in uno spazio condiviso con Karen, la quale d'altra parte ha un *me* nevrotico: smarrisce la propria sessualità nel suo bisogno di affermazione.

Dice Randy: "Lei è frigida, non riesce a raggiungere l'orgasmo con la penetrazione." Questo problema, ostensibilmente sessuale, è di norma ancora una volta personale: lei è a tal punto focalizzata sulla parte personale-vicinanza-rapporto della vita, che l'intimità le appare come un'invasione, e lui è così insensibile quale *io-altro*, che lei lo vive in modo invadente.

Al contrario, la forma con cui il problema viene esposto può farlo sembrare personale, ma esso appare sessuale, e anche questo aspetto del dilemma è non meno comune e fonte di confusione.

Dice Lynn: "Lui non fa che lavorare, non è mai in casa. Lavora persino durante i fine-settimana. Tanto varrebbe che non avesse nessun rapporto con me. Mi chiedo perché lo fa. Non si diverte a stare con me, non se la spassa in mia compagnia, non gli piace neppure giocare con me." Nel caso specifico, Lynn parla della loro sessualità, ma la presenta come un problema attinente al loro rapporto di vicinanza, e non è che eviti le allusioni al sesso per educazione o imbarazzo; semplicemente, non ha contatto con la propria sessualità, con la propria natura, come del resto deve succedere anche a lui. Lynn presenta il problema quale lei lo sente, quasi si trattasse di una questione di adeguamenti esistenziali personali, del sistema del loro vivere insieme.

Dice Douglas: "Lei passa tutto il suo tempo con i figli. Il nostro matrimonio non è più stato lo stesso dopo la nascita del nostro primogenito. Da quel momento, è andato di male in peggio." Douglas ritiene che sua moglie si senta sicura solo nell'essere madre, non nell'avere rapporti sessuali o intimi con lui, non nel desiderare di giocare con lui. Ai suoi occhi, lei non è più *naturale* con lui. Le problematiche sono sessuali ancorché l'enunciazione che ne venga fatta sia in termini di questioni personali. Douglas non è in contatto con la propria sessualità, per cui parla in termini personali.

Dice Josh: "Vuole che in casa fili tutto a modo suo. Spende tutto il nostro denaro per arredarla, per renderla esattamente quale vuole che sia. E credete che chieda mai la mia opinione? Credete che sia disposta ad ammettere che io possa avere qualche ragione? Nossignore. Devo stare bene attento a dove mi siedo nella mia stessa maledetta casa. Vi sembra ammissibile?" La sofferenza di Josh è effettiva, ma riguarda proprio l'arredamento? Macché, Josh afferma che la moglie non accetta lui o la sua sessualità, quali sono: non accetta ciò che gli piace che sia fatto o che gli piace fare, ha l'impressione che non gli sia permesso essere se stesso, persino in casa propria. È la natura del loro mettersi in contatto intimo, non già la vicinanza di mobili e carte da parato, che lo feriscono.

Dice Bernadette: "Lui è così privo di carattere... Se compra un oggetto e questo non funziona gli riesce difficile riportarlo indietro. È che si fa mettere sotto i piedi. Non è in grado di camminare con le proprie gambe. Lo mettono sempre nel sacco, si approfittano di lui. È una situazione che mi dà la nausea." Che cosa dice effettivamente Bernadette? Con ogni evidenza, si sente priva di passione e di capacità di convinzione quale persona; tradotto in termini sessuali, ciò significa che nel suo amore e nel suo modo di fare l'amore manca la passione per se stessa. Parla di come lei e il marito vivono, ma il vero problema è come fanno, o meglio come non fanno l'amore.

Che cos'è questo strano e disorientante legame tra modi di relazionarsi, uno quello della vicinanza personale e l'altro quello dell'intimità sessuale? E come si spiega la confusione che tanti fanno parlando dell'una mentre in realtà è l'altro? Noi siamo convinti che questa frequente deviazione (il fatto che la gente parli in termini sessuali di problemi personali e in termini personali di problemi sessuali) sia un riflesso dello squilibrio a vantaggio della vicinanza. Non si ha più chiaro ciò che si sente come *sé* e si usa la personalità come una metafora nell'ambito dei propri sistemi, anziché sperimentarlo quale una realtà nelle proprie persone.

E perché riesce così difficile mettere insieme i due elementi? Quali sono queste forze così possenti da separare il sesso dalla relazione, da rendere facile la loro suddivisione? Che cosa rende per alcuni il sesso tanto più agevole ed eccitante quanto più illecito o insolito esso sia? È una realtà che per esempio trova riscontro nell'affermazione di Norman Mailer, che togliere il peccato dal sesso e renderlo normale e accettabile lo ridurrebbe a nient'altro che un debole, occasionale impulso. Ricerche come il *Rapporto Hite* dimostrano che le donne hanno risposte organiche assai più appassionate con il cunnilinguo e la masturbazione che con la penetrazione. Si è sempre ipotizzato che la coabitazione sia la suprema metafora del rapporto di connessione tra uomini e donne. Non è dunque così? La metafora in questione senza dubbio ha enorme peso. Già molto tempo fa, Ippocrate affermava che "maschio e femmina hanno la capacità di fondersi in un tutto unico, sia perché entrambi trovano alimento in entrambi, sia perché l'anima è la stessa in tutte le creature viventi, sebbene il corpo di ciascuna sia diverso". Dove risiede la realtà?

Norma è sposata con un uomo gentile e premuroso, passivo ma "buono", che lei "ama" profondamente e al quale si dice molto vicina. E tuttavia, ogni pochi mesi esce di casa e, sempre sentendosi molto in colpa per questo, va a letto con un meccanico che in fin dei conti non le piace poi molto. Una volta hanno fatto l'amore sulla capote della macchina che lui stava riparando nel suo garage; poi, lei gli ha chiesto un asciugamano per pulirsi del grasso di macchina che durante l'amplesso le aveva sporcato le cosce ma, anziché darglielo, il meccanico le ha detto di tornare a casa e di pulirsi da sola, e lei è rincasata tutta scarmigliata, discinta e umiliata. Il meccanico la usa, e lei lo sa. Che cosa la induce a tornare da lui? Il marito di Norma le è vicino, ma gli riesce difficile raggiungere l'intimità. Ha rapporti con la moglie, ma non ce la fa a essere davvero "sessuale". Sono esperienze diverse. L'uomo si dedica alle azioni fisiche, ma la sua non è un'esperienza sessuale. È premuroso e sollecito, ha buone qualità, ma nessuno di questi attributi è intimo, e pertanto essi non sono "sessuali". L'uomo non condivide la propria natura con Norma, non è naturalmente con lei. Lei ne esperisce l'*io* accomodante, non però il suo *sé* naturale. Il meccanico non è per niente sollecito, non ha nessuna premura per lei né è educato. E allora, perché Norma ci va? Il meccanico è tutto *me*: ciò che vuole, come lo vuole e quello che lo fa godere. Ad attrarre Norma a lui, è il fatto che sente che lui gode di lei. Norma è alla ricerca dell'esperienza del *sé*, quella davvero sessuale. Purtroppo, come tanti altri, dice: "Il vero sesso deve essere l'opposto di ciò che ho con il mio partner, perché quello che ci trovo non è l'esperienza che desidero." E quando, dopo qualche tempo, ha scoperto che il *me* del meccanico non è neppur esso quello che stava cercando, finalmente si decide a sottoporsi a terapia.

Norma è alla ricerca di un modo di stabilire il contatto e di essere toccata pur essendo se stessa, vicina a un altro, apertamente e facilmente. Desidera essere "sessuale" non nella sicurezza delle sue fantasie private, ma entro un'esperienza reale. Ha bisogno di esperire vicinanza e sessualità insieme, ed è alla disperata ricerca di intimità, l'esperienza di essere nel proprio spazio pur avendo la sicurezza e il conforto di uno spazio condiviso, di essere intima, di essere realmente "sessuale".

Gary vede la sessualità con la sua amante quasi come un lavoro. Non proprio come una faccenda da sbrigare, ma qualcosa di assai simile a un servizio. Sa di ricavare poca gioia da se stesso nella loro "sessualità", e accetta questa mancanza di desiderio con una punta di tristezza, quale inevitabile componente di un "rapporto" di lunga durata. È divenuto meno se stesso in maniera estremamente reale, sebbene consciamente non si renda davvero conto di ciò che è accaduto. La lenta erosione del rapporto, mentre crescono in lui malessere e risentimento, farà sì che alla fine non avrà né il rapporto né la propria sessualità. Esplicitamente, Gary sacrifica la intimità a favore della vicinanza. Dice: "Per me, conta avere qualcuno al mio fianco." In realtà, non "ha qualcuno": ha semplicemente un "senso di sicurezza" che non è né reale né di sostegno alla sua personità. Essere "sessuale" trascende il mero fare del sesso.

Todd si sottopone a terapia perché il suo matrimonio non va certo a gonfie vele. Sua moglie non è contenta né di lui né del matrimonio stesso, e Todd si sente perduto. Parla con tono spento finché non arriva alla questione del sesso. Ma non è della moglie che sta parlando, bensì della sua segretaria, e dice quanto questa lo fa divertire, quant'è allegra, quanto le piace far l'amore con lui. Quando gli si chiede quali eccitazioni gli procuri la moglie, la sua risposta, data con tono indignato, suona: "Mia moglie queste cose non le fa. Che tipo di donna credete che sia?"

L'aspetto triste è che, quando anche la moglie viene da noi, risulta evidente che lei è più che bramosa e capace di essere "sessuale" come lui sembra desiderare con tanta intensità. Semplicemente, Todd non è né pronto né capace di accettare e volere la sessualità di lei. È talmente spaventato all'idea di mescolare vicinanza (l'aspetto personale) e intimità (l'aspetto sessuale), da vivere in un limbo sessuale. Mai gli riesce di essere contemporaneamente sessuale e vicino. Forse sua moglie non è in grado di tradurlo in parole, ma sa quel che sta accadendo. Il suo matrimonio non le permette di essere se stessa. Che cosa farà, diventerà una brontolona, un'iraconda, una musona, si troverà un amante, rinuncerà al sesso, gliela "farà pagare"? Comportamenti del genere si verificano assai spesso. Ciascuno è una realtà, che l'amante o il coniuge lo sappia o meno. La moglie di Todd è una persona e reagirà alla perdita del *sé*, e che lo faccia in maniera sana o meno, dipenderà dalla scelta che compirà.

George è un marito assente, spesso in viaggio per affari, con una sua propria vita. Tuttavia, "scarica la moglie" al nostro studio perché il terapeuta la "aiuti a diventare più sessuale" e, malgrado il marito, dopo alcuni anni di terapia, lei più sessuale lo diviene davvero. Scopre la propria natura, vuole esperirla sovente, e quando lo fa è tutta estasi e gemiti. Forse che questo rende George felice? Nient'affatto. Tant'è che adesso viene lui stesso da noi, depresso, ansioso, un tantino emaciato; vuole sapere che cosa gli sta accadendo con la moglie, dice di aver minor prestanza sessuale di un tempo, che è preoccupato all'idea che lei si cerchi altri uomini e che sta prendendo in considerazione l'eventualità di assoldare un investigatore privato che la tenga d'occhio. George ha avuto quel che voleva o che pensava di volere sul piano sessuale. Tuttavia, sia su quello personale che su quello sessuale, evidentemente è meno felice e meno soddisfatto. Avrebbe dovuto rendersi conto che tutti dobbiamo essere prudenti riguardo a ciò che chiediamo: rischiamo di ottenerlo.

L'accoppiamento è esperienziale. Viviamo insieme in un equilibrio di squisita precisione; ci affidiamo all'altro per rimanere all'incirca in questa situazione. È il nostro contratto nevrotico. Se l'altro cambiasse in maniera cospicua, faremmo meglio a prepararci a significativi riaggiustamenti in noi stessi. È solo una leggenda che per cambiare le cose bisogna essere in due. George poteva sentirsi "sessuale" (fuori città) mentre sua moglie era in casa, invischiata nel suo bisogno di essere vicina e personale; e quando è diventata sessuale con lui, ecco che George si è esperienzialmente spostato nel personale. Non era preparato a quello che ha sempre pensato di volere. Non ha potuto essere intimo con lei quando lei è stata pronta a esserlo.

La difficoltà di esperire insieme sentimenti personali e sessuali, risulta con la massima evidenza nella reazione di George, il quale non è certo unico. Il problema con cui ha a che fare è forse il più comune nei rapporti di coppia, e assai probabilmente esso spiega i bar frequentati da *singles*, le serate nei circoli parrocchiali per *singles* e in altre istituzioni analoghe. Che cosa cercano in realtà le persone in posti del genere? Sesso o rapporto personale? E hanno cognizione della differenza? È assai probabile che persino nei bar per *singles* i loro frequentatori siano penosamente alla ricerca sia di sessualità che di rapporti, non avendo però la minima idea di come mettere insieme le due cose. I loro incontri non sembrano mai avere buon esito a causa della diffusa difficoltà, che è di tutti noi, di esperire contemporaneamente vicinanza e intimità.

La soluzione consiste dunque nell'imparare a praticare un sesso "personale"? Qualsiasi cosa sia il sesso "personale", a quanto sembra non è ciò che le coppie cercano. Quando due persone che nutrono interesse effettivo l'una per l'altra fanno l'amore, e nel culmine della passione lei dice: "Ti amo davvero... Vai avanti, non aspettare me... Ti piace come lo faccio? Segui il tuo ritmo." Che cosa succede? Accade che, per quanto siano tutte affettuose espressioni personali, a lui viene meno l'erezione. Oppure lui chiede. "Ti va bene così, tesoro?... Se ti faccio male non hai che dirmelo... Sei la miglior donna che conosca... Ci sei?" Ancora una volta, tutto è assai personale, ma a lei passa la voglia. Come si spiega?

Una nuova coppia si sottopone a terapia. Da circa un anno a questa parte, i due si sono sentiti più vicini e più amorevoli che in tutti i precedenti anni del loro rapporto. Purtroppo, lei ha in pari tempo perduto quasi ogni interesse sessuale per lui. Come spiegarlo? Viene da noi un uomo di mezza età che da oltre un anno non ha avuto rapporti sessuali con la moglie, e quando finalmente si giunge a parlarne, afferma di avere ancora desideri. Gli chiediamo perché non riesca a farlo con sua moglie, e lui non ha risposte. Non lo sa. Lo ascoltiamo, e lui condivide con noi la sua pena, ma non è in grado di spiegarla. Niente di insolito: molte persone si trovano nelle sue stesse condizioni.

Il paradosso è che sovente capita di sentirci attratti quando non siamo davvero vicini all'altro e di essere spenti quando l'altro ci ricorda che gli siamo vicini. Si direbbe quasi che sessualità e vicinanza personale siano incompatibili. Di solito, le coppie risolvono il problema semplicemente separando i due sentimenti. Ed è stata questa la soluzione radicale di Norma la quale usciva di casa per avere rapporti sessuali con un tale con il quale non aveva rapporti personali. Lo stesso accadeva a Todd che si godeva la sua segretaria pur difendendo la cosiddetta virtù della moglie. Sia Norma che Todd scindevano sessualità e vicinanza e agivano di conseguenza. Gary si limitava a sacrificare una delle due, secondo il presupposto che un rapporto di lunga durata comporti una perdita di sessualità, erroneamente persuaso di poter compiere per sempre il sacrificio. Gran parte delle coppie in realtà non lo traducono in atto, ma in compenso dividono i sentimenti nel reciproco rapporto, con il risultato di non essere "sessuali" o di non goderne, o di tentare, nei più disparati comportamenti, di separare la propria sessualità dal loro rapporto personale. Lon compra a sua moglie abiti e parrucche. Miriam ha fantasie in cui si immagina di avere per amante l'uomo tuttofare. Gloria si dedica alla messinscena di ruoli, una sera è una schiava e quella successiva una principessa. Kerwin finge di avere per amante ogni notte un uomo diverso. Molte di queste persone preferiscono fare l'amore al buio per potersi creare delle fantasie, anche se non le riconoscono consciamente come tali. Quasi tutti abbiamo avuto migliori esperienze sessuali con i coniugi e gli amanti in un motel o in un altro luogo lontano da casa, distante da ciò che associamo con la vicinanza e l'ambito personale. Per giocare, essere liberi, essere *sé* incuranti, sessualmente sfrenati, siamo disposti a rischiare tutto o perlomeno moltissimo. O quel rischio o, purtroppo, nessun tentativo.

C'è un bellissimo aneddoto che è stato raccontato a me (*Thomas*) qualche anno fa a proposito di un uomo che passava il suo tempo a fare l'amore con gran parte delle donne che conosceva. Quando aveva finito, voltava loro le spalle e si addormentava. Questo avvenne finché non incappò in una donna del tutto diversa. Fece l'amore con lei, e poi come al solito si voltò sul fianco e si mise a dormire. Lei lo strinse teneramente, e lui restò sbalordito sentendo la mano di lei che gli si allungava oltre l'anca e gli afferrava il pene ormai moscio. Il suo primo pensiero fu: "Ecco un'altra di quelle che non ne hanno mai abbastanza." Ben presto, tuttavia, la udì respirare piano, si era addormentata, e continuò a dormire, tenendo sempre in mano il suo "coso" ancora molle, e lui rimase sveglio in preda all'ansia tutta la notte, senza osare di allontanare la mano di lei. Al mattino, quando se ne andò, non aveva intenzione di rivederla mai più, ma constatò di non riuscire a dimenticarla. La cercò, ed ebbe l'identica esperienza, e alla fine cominciò a capire che era davvero diversa dalle solite. E una volta, dopo aver fatto l'amore, anziché voltarle la schiena restò faccia a faccia con lei, serrandola tra le braccia. Per la prima volta in vita sua gli riuscì di dormire tra le braccia di una donna. Aveva scoperto il segreto dell'uscire ed entrare senza difficoltà nella vicinanza e nell'intimità: di essere vicino nel preludio e intimo nella passione sessuale, per tornare agevolmente alla vicinanza. La separazione non funziona, come non funziona il semplice essere vicini. Soltanto la danza del passaggio dall'uno all'altra viene avvertita come naturale.

La separazione non funziona, sebbene molti sessuologi sostengano che "il sesso è sesso e deve essere considerato tale, non già visto come qualcosa che abbia molto a che fare con il rapporto". Se nulla ha a che fare con questo, può essere divertente, può risultare un buon esercizio, può portare all'orgasmo. Ma il sesso come tale è soltanto una "scopata", con tutte le implicazioni meccaniche del termine, non è fare l'amore.

Purtroppo, molti sono coloro ai quali sfugge l'idea, l'associazione che nell'atto sessuale noi letteralmente *facciamo l'amore*, termine che contiene una profonda verità sessuale. Dopo aver *fatto l'amore* resta qualcosa che semplicemente non c'è dopo una "scopata". Sia l'una che l'altra cosa possono essere divertenti, ma "scopare" non contribuisce affatto a incrementare il rapporto o a conferirgli energia, al contrario di quanto avviene con il *fare l'amore*. Questo crea qualcosa. E dal momento che entrambi sono piacevoli, come stabilire la differenza? La si conosce in base a come ci si sente dopo. Dopo aver "scopato", volti le spalle e te ne dimentichi; dopo aver fatto l'amore, vedi l'altro in maniera un po' diversa, con una dolce allegria, persino con una certa gratitudine per il fatto che l'altro ti abbia lasciato essere vicino, che abbia condiviso qualcosa con te, che ti abbia permesso di conoscerlo, o conoscerla, tanto intimamente. *È questo che fa amore*, in altre parole crea più amore di quanto ce ne fosse prima, sia pure per un istante. La sua essenza creativa lo rende intimo, energizza il rapporto, incrementa la vicinanza in esso.

Abbiamo parlato dell'importanza sia della vicinanza-rapporto che dell'intimità-relazione e della necessità di un equilibrio tra i due poli per costituire la matrice dell'amore. La sessualità è uno dei perni. In essa, il *me* e l'*io* sono fusi, sono simultaneamente esperiti come *sé*. La vera sessualità è il prototipo dell'esperienza dell'intimità-relazione, cioè l'essere se stessi pienamente, pur accettando l'*altro* qual è pienamente.

A nostro giudizio, due sono i motivi fondamentali della difficoltà che osta all'esperienza contemporanea di sentimenti personali (vicinanza) e sessuali (intimità). Parecchie invece sono le teorie, spesso abilmente elaborate, che sono state proposte in risposta alla problematica. Una delle più degne di nota è l'opera di Geza Róheim, l'iniziatore della psicanalisi antropologica che fu collega di Freud. Róheim avanzava l'ipotesi che, cessando dalla condizione di cacciatore-raccoglitore per diventare agricoltore, l'uomo ha avuto bisogno di un qualche metodo per provocare paura, senso di colpa e ansia come mezzi per controllare i suoi simili, onde assicurare la trasmissione ereditaria della proprietà, fondamento della legge e dell'ordine in una società permanente, e il sesso gli sarebbe apparso come il comportamento-sentimento più prontamente disponibile per poter essere ansiosi, peritosi e in preda al senso di colpa. (Di conseguenza, le donne sarebbero divenute proprietà sessuali e la loro castità la garanzia di eredità legittima.) E così la sessualità sarebbe stata "catturata dal sistema". Gli atteggiamenti antisistemici – prostituzione, pornografia e via dicendo – sarebbero pertanto divenuti distortamente "sessuali". La *natura* del sesso ne sarebbe rimasta deformata per molto tempo.

La deformazione stessa è una manifestazione di civiltà, di sistema. A un livello più semplice, possiamo indicare anche due moventi fenomenologici. Il primo è che abbiamo un sesso innaturalmente genitalizzato. Quando noi, la cultura (il sistema), co-optiamo il sesso, facciamo dell'uomo un "cazzo" e della donna una "fica". La fusione genitale è un'esperienza meravigliosa, ma se la nostra esperienza sessuale non compenetra il *sé* oltre all'*io* o al *me*, la nostra persona, il nostro corpo, la nostra mente, il nostro spirito, tutto in noi – dalle dita dei piedi ai nostri gusti in fatto di arti e libri – resta separato dalla nostra propria natura. Non si è più umani di quanto si fosse prima dell'esperienza; non si è resi più energici, cresciuti e ri-creati. Non si è *fatto l'amore*. Si resta lo stesso *me*.

Il secondo movente è l'opposto del primo, ed è la totale rimozione dell'esperienza del *me* (genitalità) dal rapporto sessuale. Le persone si lasciano a tal punto coinvolgere nell'esperienza dell'*io*, da non riuscire ad adattarsi all'altra persona abbastanza a lungo da essere genitalmente con essa. Se si è incapaci di esistere naturalmente come sé, nella propria natura, non si può essere veramente "sessuali".

Per quanto importante e gratificante sia la genitalità, essa non è che una componente della sessualità. Il sesso ha altre dimensioni le quali non sono più importanti, ma altrettanto importanti della genitalità. E, cosa di ancora maggior momento, queste varie dimensioni formano un tutto che è maggiore e diverso dalla somma delle sue parti e nel quale si manifesta la nostra vera natura. La sessualità è il nostro rapportarci alla totalità del mondo fisico in cui viviamo, è il come siamo nel mondo in cui viviamo, il mondo degli alberi e dello smog, il mondo di Joe e di Emma, il mondo dei pesci e delle stelle. Non è ciò che facciamo nel mondo, è come lo facciamo: questa è unità. Sessualità è "vivere nel mondo in buona fede", e in primissimo luogo essa ha a che fare con il piacere che ricaviamo dal mondo in cui viviamo. La sessualità ha a che fare con la gioia di stare al mondo, con la soddisfazione che ce ne viene, con la connessione con esso. In altre parole, è sentirsi intimi con qualsiasi cosa l'*altro* sia, si tratti di una donna, di un uomo, di una rosa o dell'aria fresca.

La sessualità include ben più che non un impulso genitale trofico e la gratificazione. Se fosse solo questione di copula, non ci saremmo evoluti più dei ragni o dei roditori, oppure al di là del punto in cui, nella linea evoluzionistica, collochiamo qualsivoglia nozione di "identità" individuale. L'evoluzione coinvolge l'intera, imprevedibile complessità di tutti gli aspetti del nostro essere volti ad assicurare la nostra sopravvivenza. La sessualità degli umani è più complessa di quella di altri mammiferi, e non semplicemente perché è condizionata da, e coesiste con, sentimenti personali e sociali come colpa e vergogna, ma in quanto è generalmente plurisfaccettata. Essa produce queste sfaccettature oltre a esserne il prodotto; e tale è stata plasmata dal processo dell'evoluzione onde aumentare le probabilità della nostra sopravvivenza, e in tal modo finendo con il favorire il progresso evoluzionistico. Sono problematiche affrontate dai paleoantropologi Donald Johnson e Maitland Edey in *Lucy, the Beginnings of Human Kind*, dove tra l'altro si afferma:

Chi sia destinato ad avere pochi discendenti, è meglio che disponga di un cervello di dimensioni maggiori per prendersene cura... Nel caso dell'evoluzione dei primati, la retroreazione non è semplicemente l'andirivieni tra due poli di uno stimolo A-B, ma è multipolare e circolare, con molti aspetti anziché solo con due, tutti rafforzantisi a vicenda. Per esempio, perché un bambino possa disporre di un grosso cervello bisogna che abbia il tempo di imparare a servirsene prima di dover affrontare il mondo per conto suo, cosa questa che comporta una lunga infanzia. La migliore modalità di apprendimento durante l'infanzia è il gioco, il quale implica compagni di gioco, cosa che a sua volta significa un sistema sociale di gruppo in grado di fornirli. Ma per poter funzionare in un gruppo del genere, è necessario apprendere il comportamento sociale accettabile, e il comportamento in questione lo si può apprendere solo a patto di essere intelligenti.

La complessità della retroreazione risulta pertanto evidente e inevitabilmente coinvolge la complessità della nostra sessualità, essendo questa lo strumento primo del processo. A meno di non comprendere e di non apprezzare appieno queste multiple sfaccettature, non riusciremo a renderci conto delle difficoltà sessuali umane. La piena umanità si eclissa nella contorta preoccupazione per la ginnastica, gli orifizi e le posizioni che sostiene l'intera industria della moda e dei dispositivi sessuali. La nostra ossessione per il sesso come genitalità, come tecnica sessuale, equivale ad abbassare l'umanità a un livello di gran lunga inferiore al suo comun denominatore, il quale è la nostra natura, quella fonte di creatività inesauribile che è l'intimità.

SESSUALITÀ SPIRITUALE

Alice si sottopone a terapia perché desidera parlare del suo amante, e lo dice immediatamente: vuole sapere perché nutra punto o pochi interessi sessuali per lei. Non è preoccupata per le sue eventuali infedeltà. Alice è abbastanza esplicita in merito: l'uomo, dice, manca di sessualità, e gradatamente ci fornisce l'immagine di una persona che ha ben scarsi interessi per qualsiasi cosa, nella quale non c'è passione per nessuno degli aspetti della sua esistenza. Com'è ovvio, ci rendiamo conto che per noi è impossibile conoscerlo tramite lei: Alice non fa che metterci al corrente delle sue esperienze. E tuttavia avvertiamo un triste vuoto nell'andamento del loro rapporto. Alice è alla ricerca di una risposta; a differenza di tanti altri, ha deciso di sottoporsi a terapia prima di riempirsi di rabbia o risentimento al punto da non poter più continuare ad avere a che fare con l'amante. Se ne preoccupa ancora, e i due non hanno esaurito le loro possibilità.

Negli esseri umani, la sessualità è fondamentalmente spirituale, aggettivo con il quale intendiamo sottolineare che la sessualità umana è più psicologica che non semplicemente istintuale; e ci serviamo dell'aggettivo spirituale nel suo antichissimo significato di "respiro", di entrata e uscita dell'aria nel nostro organismo, che è la fondamentalissima esperienza della nostra connessione con il mondo in cui viviamo. In quanto tale, la necessità di essere spirituali costituisce una verità pragmatica, un fondamentale aspetto biologico ed evoluzionistico della nostra sessualità. Come diceva il vecchio contadino cui abbiamo in precedenza accennato, la sessualità è la nostra natura, il nostro essere una parte della natura; essa implica il bisogno inconscio, che nella sua esplicazione migliore può diventare conscio, di essere ininterrottamente consapevoli della nostra interdipendenza con ogni cosa e ogni persona del nostro ambiente. Da molti, importantissimi punti di vista, ciò che abbiamo fatto, stiamo facendo e faremo nel nostro spazio vitale in quanto appartenenti a una cultura, evidenzia le vere difficoltà con cui siamo alle prese nell'ambito della sessualità. Dal punto di vista ecologico, noi siamo in stato di totale squilibrio. Gli impulsi e gli atti sessuali, se sono pienamente umani e perciò intimi, costituiscono l'esperienza più primitiva e naturale che abbiamo della nostra connessione e interdipendenza. La tua natura *è* la tua natura; non lo sono i tuoi genitali. Se non sei spiritualmente connesso alla tua natura al di fuori di te stesso, non puoi essere connesso alla natura e alla passione dentro di te. Per dirla con il critico inglese Cyril Connolly, "l'uomo che è padrone delle sue passioni è schiavo della ragione". E, aggiungiamo, di norma è anche schiavo di sistemi.

Non è solo lirismo l'affermazione, tanto spesso udita a proposito del godimento sessuale: "Esco fuori della mia stessa mente, esco dal mio stesso corpo, mi sento completo." Questo sentimento di connessione con il tutto costituisce un importante aspetto esperienziale della sessualità, è quella stessa sensazione sottesa alle parole che uomini e donne pronunciano gridandolo durante l'orgasmo. "Oh, mio Dio", o semplicemente "Ooohhh" (ed è come la cantilena di una mantra); non di rado, uomini e donne sono allora spirituali, in connessione e capaci di trascendimento. Per vivere bisogna respirare; per essere vivi bisogna avere *spiritus*.

Queste non sono speculazioni teoriche sulle componenti aggiuntive, spirituali, della sessualità umana, bensì realtà con cui i terapeuti hanno a che fare di continuo: i problemi sessuali nell'ambito delle coppie sono perlopiù di carattere esperienziale, non già fisico, e di queste realtà noi dobbiamo occuparci, chiamati come siamo a facilitare le esperienze di intimità-vicinanza in seno alle famiglie in modo che ne sia incrementata la salubrità sessuale sia di genitori che di figli. Le videocassette, l'erotizzazione della pubblicità, le pellicole di educazione sessuale per adolescenti, i cinema a luci rosse certamente non servono a tale scopo. Se ci è chiaro che aumentare l'esperienza del bambino per quanto riguarda la sua connessione e il sentimento della sua appartenenza alla natura, significa aumentare in misura cospicua la probabilità che maturi sessualmente in maniera sana, avremo anche chiaro il modo con cui favorire questa crescita. Se nell'ambito dell'esperienza di tutta la famiglia facilitiamo l'esperienza di connessione, di interdipendenza e di ecologia della famiglia stessa intesa quale entità *naturale*, incrementeremo le probabilità, per tutti i suoi componenti, di essere più pienamente e sanamente sessuali.

Juanita e suo marito vengono nel nostro studio. Lui è riluttante a farlo perché conosce le ragioni che spingono lei a farlo. È imbarazzato. Juanita vuol sapere se la sua propria sessualità è normale, dato che preferisce fare l'amore in soggiorno, in ore diurne, in modi ludici e diversi, e suo marito sostiene di avere già abbastanza difficoltà a farlo con lei a letto e che queste stesse preferenze ella le mostra in ogni cosa. Juanita ne è confusa, teme che in lei ci sia qualcosa che non funziona. Gran parte delle persone si sono a tal punto distaccate dal loro *spiritus*, che coloro i quali sono sessualmente vivi (in tutte le accezioni del termine) sono indotti a mettere in dubbio la propria normalità.

CURIOSITÀ E GIOCOSITÀ

A parte quella che abbiamo definito qualità spirituale, ci sono altri aspetti non genitali della sessualità che siano parte integrante dell'esperienza relativa? Innanzitutto, la sessualità sembra inseparabile dalla curiosità. Gli umani sessuali sono curiosi, e gli umani curiosi sono sessuali. La curiosità non consiste semplicemente nell'essere interessato o attratto da qualcosa, ma è la gioia del conoscere, una bella mancanza di paura del nuovo e dell'ignoto, è una posizione di connessione tale per cui si è parte della natura e la si esplora con gioia e delizia. I bambini curiosi ricavano gioia dall'apprendimento e, proprio perché per loro questo è una fonte di piacere, imparano bene e facilmente: per essi non è un lavoro, bensì un gioco. Ogni nuova scoperta è, in piccolo, una sorta di orgasmo. I bambini sessualmente liberi sono bambini curiosi, persone che vogliono sapere, e tali rimangono una volta cresciuti. Libera sessualità non significa promiscuità, che ancora una volta è una confusione tra genitalità e sessualità. Al contrario, le persone sessualmente libere non tendono alla promiscuità, non sentono il bisogno di metterla in atto. L'affermazione più comune che ci capita di udire a proposito della vita sessuale delle persone è che essa è monotona, scarsamente interessante, mai innovativa: una noia che si verifica solo allorché nessuno dei due sia curioso oppure voglia *essere* curioso. Gli umani intimi sono disponibili al nuovo; per dirla con Nietzsche nell'*Eterno ritorno*, "persino un pensiero, persino una possibilità, può scuoterci e trasformarci". E siffatta trasformazione è parte integrante della sessualità.

Un altro aspetto correlato alla curiosità è il gioco, il quale è essere non intenzionale. È la coerenza tra essere e fare negli umani. L'*homo ludens* è l'uomo ludico, esplorante e apprendente. È la disponibilità a rischiare di essere nel mondo quali siamo, senza intenzioni o mete, semplicemente per esserci. La giocosità ci dà modo di non restare imprigionati da quanto nella nostra cultura vi è di familiare, di quanto vi è di familiare nei nostri rapporti. Il gioco è l'unica maniera di avere a che fare con il sistema senza farsene imprigionare. Denominando "preludio" e "postludio" alcune fasi sessuali, riconosciamo la confusione che regna in noi circa la nostra sessualità, dal momento che tutto il sesso è ludico, se naturale. La sessualità, per dirla con Freud, è il tranquillante naturale, l'opposto dell'ansia imposta dall'adattamento e dalla civiltà, vale a dire dall'unità, dal rapporto, dalla familiarità e dal sistema. La sessualità in quanto non intenzionale, fisica, connettiva, rischio di esplorazione, costituisce l'essenza dell'intimità. È un giocare nel quale noi adulti possiamo imparare tutto da capo, come imparavamo da bambini; non soltanto il nuovo dell'*altro* ma, cosa ancora più importante, il nuovo di *noi stessi*.

IMMAGINE CORPOREA

Clayton è venuto da noi già quattro volte, senza che finora abbia davvero detto perché. Se accettiamo con pazienza il suo ritmo, alla fine si deciderà a comunicarcelo, e finalmente eccoci: due anni fa ha avuto un incidente automobilistico in cui ha riportato una grave ferita alla gamba. È guarito, ma la gamba è adesso un po' più corta dell'altra, ha perduto una parte della muscolatura e gli è rimasta una cicatrice. Si è trattato di una guarigione soltanto fisica. Clayton ha perso la spinta sessuale, senza saperne consciamente il perché. Per qualche tempo, ha supposto che fosse dovuto al trauma dell'incidente e al suo superamento, ma adesso sa che c'è ben altro.

Immagine corporea e coscienza corporea sono anch'esse aspetti della sessualità, riflesso del nostro sentirci a nostro agio nella nostra sessualità. L'importanza dell'immagine del corpo spiega in parte perché il culto della bellezza fisica sia così distruttivo: pura bellezza, non già salute corporea. Per ricorrere a un vecchio detto, la nostra sessualità non è solo questione di pelle.

In quanto parte della natura, ogni salubrità è bella. Nell'accezione reale dell'immagine corporea, le probabilità che ci si trovi in stato di stress a livello cellulare (somatizzazione) o a livello personale (problemi emozionali con se stessi) o a livello interpersonale (problemi emozionali con altri), dipendono in larga misura dal fatto di essere o meno sessualmente attivi: tali non genitalmente, bensì totalmente, vale a dire insieme psicologicamente, spiritualmente, curiosamente, ambientalmente e ludicamente. La nostra immagine sessuale completa, a quanto sembra, plasma la nostra immagine corporea. Quelli di noi per i quali la sessualità costituisce una manifestazione intima della connessione con la vita, percepiscono il proprio corpo come sano (e ne hanno cura in quanto tale), senza tener conto della diffusa moda sistemica di privilegiare "ciò che sembra bello". La capacità di farlo a sua volta condiziona la predisposizione alla somatizzazione, all'internalizzazione o all'esteriorizzazione degli stress. D'altra parte, il nostro modo di sentire i nostri corpi, quelli altrui, l'appartenenza a un sesso in generale, l'umanità, l'ambiente in cui si colloca il nostro corpo, l'ecologia e il mondo riflette esattamente ciò che siamo sessualmente. In quanto parte della natura, è impossibile sottrarsi alla propria natura.

SESSUALITÀ CREATIVA

L'aspetto creativo della sessualità è palese. Con ogni evidenza la sessualità crea nuova vita, e lo fa sia alla lettera sia, cosa non meno importante, anche metaforicamente. Ne traggono origine anche altre forme di nuova vita, dipinti, sculture, sinfonie, poemi, romanzi, ponti, progetti, idee, innovazioni culturali, impulsi personali nell'ambito dei nostri rapporti. La sessualità ci spinge, non semplicemente alla clonazione, bensì a creare, a evolverci, a muoverci, a crescere e a cambiare. La natura è pragmatica; la nostra natura ha ragioni e intenzionalità. La sessualità conferisce energia al nostro sfidare il familiare e il sicuro, e possiede tutte quelle qualità dell'esperienza intima che abbiamo in precedenza descritto: per essere pienamente sessuali bisogna, per esempio, sentirsi accettati e non giudicati. La sessualità è anche la nostra migliore garanzia contro la seduzione della morte. Vivendo siamo perennemente in lotta, e la morte significa che possiamo finalmente metterci a riposo, essere tranquilli, non discussi, senza più interrogativi né domani, autorizzati a dormire. La morte è l'assoluto, definitivo tranquillante, e come potrebbe pertanto non essere seducente? I poeti lo sanno da molto tempo, come per esempio Edmund Spenser in *The Faerie Queene* ("La regina delle fate"):

> Il sonno dopo la fatica, il porto dopo i mari tempestosi,
> Pace dopo la guerra, morte dopo la vita, sì, assai piacciono.

Familiarità, sicurezza, far parte del sistema, ogni esperienza che ciascuno di noi fa in vita, ha uguale seduttività. Sottrarsi all'attrazione di un vivere da morti non è facile: l'unico antidoto certo è l'intimità. Tra le varie esperienze intime, la sessualità è la più immediatamente ri-creativa e capace di affermare il primato della vita sulla morte. Essa è natura.

Creatività e caos sono parenti prossimi. Il caos è l'inevitabile conseguenza del rischio creativo, sempre che ci sia null'altro che rischio creativo, senza unità e familiarità, senza sistema. Una volta ancora, è l'equilibrio che dobbiamo avere come obiettivo: il familiare e il nuovo, il sicuro e il rischioso, il vicino e l'intimo, il sistema e la diade. Possiamo trovare un equilibrio? La sessualità in questo senso costituisce la cura naturale (pragmatica) dell'inerzia culturale, essa infatti controbilancia il nostro essere civilizzati con il rischio creativo che assicura il cambiare, l'evolversi e il rimanere organica della cultura; in altre parole, il suo restare parte della natura.

Nella nostra sessualità, noi inventiamo quella che, fra tutte le esperienze, è la sommamente importante da conoscere per un essere umano: l'esperienza della sopravvivenza. La sessualità è fondamentalmente indirizzata alla sopravvivenza, biologica e psicologica, degli individui come della specie. Essa ci insegna che siamo assai più simili che non diversi, ed è forse a questo livello, più che in ogni altro modo, che è dato constatare fino a che punto tanti di noi siano privi di connessione con la nostra sessualità reale. Nel *fare l'amore*, anche se siamo persone diverse con anatomie differenti, si manifesta una bella verità della natura. Subito dopo l'esperienza orgasmica, a un livello assai profondo e primitivo, ci rendiamo sottilmente conto di essere più simili che diversi; e siamo a tal punto simili, che anatomia, colori, orifizi, genitali o preferenze in fatto di desiderio comportano ben poche differenze. In mancanza di questa condizione, finiremmo per essere separati, entità distinte e in competizione. Con essa, sappiamo, sentiamo, avvertiamo la nostra parentela organica, naturale. Il fatto di concepire la nostra cultura come caratterizzata da estrema competitività (sessuale e d'altro genere) è semplicemente un'ulteriore indicazione del nostro squilibrio. L'aspetto di vicinanza-familiarità-rapporto induce a vedere noi stessi quali diversi da quegli altri – uomini diversi da donne, americani diversi da russi, neri diversi da bianchi, "nordici" diversi da "meridionali". L'*io* vede *me* come diverso da te; solo nel mio *sé* mi è dato di vedere il tuo *sé* più simile che diverso. Quello tra te e l'*io-me* è un rapporto naturale. È già sufficiente che l'essere umano completamente tale sia alle prese con la naturale solitudine esistenziale della vita: rimanere isole, a sé stanti in quanto diversi, è più di quel che possiamo sopportare.

Quali isole di differenza, noi inquiniamo le nostre acque; non vediamo la nostra sopravvivenza nella sua totalità; siamo interessati solo alla nostra sicurezza. E se questo accade, vuol dire che il sistema ci ha catturati, sia che si tratti di politica nazionale o di economia locale, oppure dei rapporti primari.

Più di ogni altra esperienza umana, la sessualità ci è maestra in fatto di morte e fine. Una definizione rinascimentale dell'orgasmo era quella di "piccola morte". La sessualità è l'unica esperienza a noi nota che abbia una fine in cui non sia insito il sentimento di perdita, reiezione e separazione. Al contrario, dopo l'orgasmo ci sentiamo più insieme, più vivi, più connessi, anche se abbiamo finito, ed è questa l'importanza del *fare l'amore* anziché "scopare". Questo ci insegna che anche la morte è parte della vita e che non può essere separata dal resto dell'esistenza. Tramite il sesso esperiamo nell'intimità il viaggio della vita, ci affranchiamo dal sistema. Nella vicinanza e nella familiarità, la vita è una serie di gradini, luoghi, mansioni, compiti e altre attività distinte, separate; nell'intimità, apprendiamo che la vita è un essere continuo.

I due modi di esperire la vita, vicinanza e intimità, sono differentissimi. Come ebbe a dire mia madre (di *Thomas*), "se una persona triste e lacrimevole ti dice perché sta piangendo, bene, questo vuol dire che non è più così triste come era quando non riusciva a comunicartelo". Nell'intimità, io non spiego ma condivido le mie lacrime con te, io sono me stesso con te. In me stesso, io sento ciò che sono con te. Quando mi sposto verso il mio *io*, il mio sentire te è perlopiù composto di reazioni e adeguamenti: la mia è una relazione, non un essere. Se fossi intento a piangere da solo, sentirei *me*, soltanto ciò che sono interiormente. Noi esseri umani abbiamo difficoltà a consentire a noi stessi semplicemente di essere, a permettere a noi di piangere in presenza dell'altro, di ridere in presenza dell'altro, di essere esclusivamente e naturalmente quali siamo. In altre parole, non ci sentiamo affatto liberi di essere i nostri *sé*, ed è riluttanza questa che acquista la massima evidenza nella nostra sessualità.

Se chiedete alle persone il perché della loro riluttanza a parlare della propria sessualità, di solito le sentirete accampare il pretesto che è una questione "troppo personale", risposta che paradossalmente rivela che non esperiscono la propria sessualità quale una dimensione del *sé*, bensì come un rapporto con l'*altro*, tra due persone. La fonte interpersonale dei loro sentimenti risulta ancora più evidente quando poi chiediamo se parlano l'uno con l'altro della loro sessualità: la risposta è assai spesso negativa, perché ciò che dicono potrebbe lasciarli vulnerabili a ferite o a ritorsioni inferte loro dall'altro. Noi tutti sentiamo la nostra sessualità minacciata perché purtroppo siamo giunti alla convinzione che essa è relazionale, nel senso che è definita da *altri*, tutt'al più aperta al dibattito e alla discussione nel rapporto di vicinanza, anziché essere relazionale nel senso della vicinanza-intimità.

Ma una sessualità così sentita non è tale: non c'è passione in un atteggiamento esistenziale del genere. Osservate una coppia durante un party. Lei scorge dall'altra parte della stanza un uomo che trova sessualmente attraente; ma il suo partner la sta tenendo d'occhio, si sente minacciato, ne è stizzito. E a questo punto lei comincia a sentirsi in colpa, e allora lui si vergogna di se stesso, e così la situazione continua a ripetersi. È questa la modalità secondo la quale i due inscenano la loro lotta "sessuale". Nella sessualità autentica, per lei guardare l'uomo che trova sessualmente attraente è vitalizzante e per il suo partner la nuova vitalità di lei è fonte di energia, e quella notte fanno l'amore, ulteriormente ri-creandosi ed energizzandosi a vicenda. Anche se il mio amante mi lascia per un altro, questo significa la mia neutralizzazione? Eppure, è questa la maniera secondo cui tendiamo a considerare quella che definiamo sessualità. In realtà, però, la mia sessualità (in quanto aspetto della mia realtà, parte della mia natura) non è rifiutabile né eliminabile. Non è *definita da altri*, ma al contrario è *esperita* con *altri*. Abbiamo parlato di alcuni aspetti non genitali dell'esperienza sessuale genuinamente completa: del senso di connettibilità ovvero di ecologia spirituale, della curiosità, del linguaggio del corpo e della connessione con l'ambiente, della ludicità, del mettere a repentaglio e della sfida alla familiarità, della creatività e della risposta a nuove esperienze, dei comportamenti che negano l'inerzia della cultura. Abbiamo parlato di ciò che possiamo apprendere, il fatto cioè di essere più persone che non uomini o donne o addirittura esseri umani, del fatto che possiamo morire, finire e rinascere, di essere parte della natura.

Ma ci sono altre cose che evidentemente la sessualità non è. Sesso non è una motivazione allo stupro, mentre lo è alcunché di personale, perlopiù la rabbia, la paura, il bisogno di dominio dello stupratore. Una persona che sia davvero sessuale non è in grado di commettere uno stupro, e ben pochi dubbi possono sussistere circa il fatto che il sadomasochismo ha poco a che spartire con la sessualità, nonostante le somme di denaro che vengono spese per le sue manifestazioni culturali. Il sadomasochismo in effetti ha a che fare con una perversione personale: il comportamento sessuale ne è soltanto il veicolo. Per perversione sessuale intendiamo il profondo bisogno nevrotico di dominare o di essere dominati. Il fatto che l'esperienza abbia luogo nel contesto del rapporto sessuale costituisce un esempio della riduzione della sessualità alla genitalità. Il sadomasochismo non è correlato a quell'altro 98% che costituisce la sessualità naturale. E, se lo si considera alla stregua di un problema sessuale, è impossibile intervenire aiutando o cambiando le persone. Il problema è il bisogno, che sia i masochisti che i sadici avvertono, di essere in larga misura dipendenti; i sadici semplicemente attendono il loro turno.

Forse che l'esibizionista è teso alla ricerca di autorizzazione e affermazione sessual-genitale, o non piuttosto intento a porre l'interrogativo, ben più personale, se, pur agendo in modi che egli stesso percepisce come inaccettabili, sarà pur sempre accettato e amato? Un giorno, un esibizionista di sesso maschile è venuto nella nostra clinica, con indosso solo il tradizionale impermeabile; ha bussato agli usci degli ambulatori e, quando gli venivano aperti, faceva la sua "sparata". La polizia è arrivata, avvertita da qualcuno, quando stava finendo il giro, e l'esibizionista è stato tratto in arresto. Alla domanda perché per "sparare" avesse deciso di recarsi proprio nella clinica psichiatrica, ha risposto con tono triste e sconsolato: "Non lo avevo mai fatto prima, ma avevo sempre desiderato provarci. Pensavo che sarei stato più al sicuro in una clinica psichiatrica, credevo che sarei stato compreso. Mi sono sbagliato." Poi ha cominciato a piangere. Si era sbagliato, non nel senso che lo si sarebbe compreso, dal momento che il suo problema *personale* era stato compreso appieno, ma a causa dell'inaccettabilità del suo comportamento pseudo-sessuale. Come s'è visto in precedenza, ci si trova di fronte a un caso di dubbio personale che si presenta sotto forma di problema sessuale.

E che dire del voyeur o della voyeuse? Che cosa cercano? Sesso, la scena primaria? La nostra ipotesi è che forse cercano, al contrario, relazione e vicinanza: uno si avvicina per vedere l'*altro*. E il feticista del piede, è sessuale? Non accade per caso che una scarpa sia il simbolo feticistico di una persona non sessuale oltre che di una vagina? E gli stupratori dei propri o degli altrui figli, sono forse sessuali? Nutriamo forti dubbi in merito: il loro comportamento più probabilmente è la risultanza di problemi primariamente e psicopatologicamente personali. In tutti questi problemi "sessuali" non c'è intimità, né connessione, né capacità relazionale, né spiritualità, né creatività, non esiste l'essere naturalmente ciò che si è, il lasciare l'altro essere ciò che è. In assenza di questi sentimenti, la problematica fondamentale non è sessuale bensì personale. Si tratta di problemi dell'*io* e del *me*, non del *sé*, che di certo non sa comportarsi in questi modi squilibrati.

Purtroppo, gran parte del comportamento "sessuale" è insieme non sessuale. Attiene all'*io* e al *me*, non al *sé*. Quando a predominare è il *me*, il sesso è ipergenitalizzato; nel caso che invece sia l'*io*, la vicinanza preclude l'intimità, dal momento che i partner si adattano in maniera conciliante l'uno all'altro. Ancora una volta, i problemi divengono personali, non sessuali. Il centro della lotta diviene il rapporto, la vicinanza, la familiarità e la sicurezza, e dall'esperienza resta escluso il nuovo, il creativo, il ludico, il curioso, lo spirituale e l'ecologico. Ma questa patologia non ha soltanto dimensioni distruttive: comporta anche segni di crescita. Al pari del bambino timido che tenti di attrarre l'attenzione, individui che nei loro scambi sessuali sono soltanto personali avvertono il bisogno di muoversi, di cercare ciò che loro manca, e quasi sempre a spingerli a questo movimento è la loro insoddisfazione. Per quanto dolorosi la crescita renda i rapporti, essa perlomeno offre loro l'occasione di cambiare. La natura è vita; è sempre in movimento, in una direzione o nell'altra.

Io (*Patrick*) sono stato presente una volta a una riunione durante la quale un gruppo di uomini se ne stava da una parte, a fare commenti sulle donne che entravano e uscivano, ed erano scambi di battute triviali, piene di allusioni sessuali, soprattutto quando compariva una donna in minigonna o con un pullover attillato. A un certo punto ne è entrata una che ispirava vera sessualità, e allora non soltanto non ci son stati commenti di sorta, ma quegli individui se ne sono andati, imbarazzati, ciascuno per proprio conto. La vera sessualità intimidisce moltissimi di noi perché siamo estranei alla nostra reale sessualità, e non riusciamo a sopportare di essere messi di fronte all'alienazione dalle nostre passioni e realtà personali. Non siamo in grado di essere semplicemente ciò che siamo, e ci inquieta essere alle prese con qualcuno che invece è in grado di esserlo.

Se vogliamo insegnare una sana sessualità in seno alle famglie, dobbiamo trovare modi di evocare, elaborare e approvare, nei nostri figli, nei nostri coniugi e in noi stessi, il rischio di essere nella famiglia in modi nuovi: modi nuovi di essere ciò che noi e gli altri componenti della famiglia stessa, prima non eravamo disposti a rischiare, innanzitutto una disponibilità a riconoscere che siamo tutti dipendenti l'uno dall'altro a causa delle nostre connessioni naturali più che dei nostri bisogni. In secondo luogo, l'eccitazione frutto del gioco e della creatività spontanei. E ancora, come terzo punto, una curiosità per il non familiare; poi, in quarto luogo, una consapevolezza spirituale, empatica, della nostra comune umanità. Sono esperienze, queste, infinitamente più importanti, ai fini del nostro divenire esseri umani pienamente sessuali, che non ore e ore di lezione di acrobazie genitali. Ché, qualsiasi altra cosa sia la sessualità, essa è innanzitutto un'esperienza intima, anzi l'esperienza intima prototipica. La genitalità costituisce non più di una minuscola percentuale del nostro essere sessuali. Una persona in grado di essere pienamente intima in tutti gli altri modi dianzi descritti, può senza difficoltà divenire capace anche della piena e gratificante esperienza genitale del sesso. A fungere da insegnante è la nostra ordinaria umanità, non già i manuali di *know-how*.

12

PRASSI PERSONALE
MATRIMONIO E INTIMITÀ

La libertà non è altro che un'occasione di essere migliori.
Albert Camus

Abbiamo parlato dell'accoppiamento esperienziale come di una forza naturale, partendo dal presupposto che è una situazione verificatasi precocemente nello sviluppo della specie umana, assai prima che qualcuno creasse difficoltà aggiungendovi una parola come "matrimonio". Tuttavia, le parole contengono verità, e uno degli aspetti significativi del termine "matrimonio" è la sua confusa etimologia. Il latino *maritus* e *mās* e il sanscrito *maryas* designavano il maschio; il greco *meirax* designa la femmina al pari del gallese *merch* e del lituano *merga*. Sicché fin dall'inizio c'è stata confusione circa l'istituzione di questo *merger* (per usare il termine con cui si definisce la "fusione" commerciale) e la lotta tra maschio e femmina riguardo alla quantità di impegno, potere e presenza che ciascuno deve avere nell'accoppiamento – circa cioè quali debbano essere i loro ruoli in un "matrimonio" – e che è in atto dacché la storia ha avuto inizio, trascendendo gli aspetti *relazionali* dell'accoppiamento stesso. L'umanità ha creato a se stessa delle difficoltà. sistematizzando un'esperienza naturale. Acculturando l'accoppiamento e riducendolo a un contratto sociale implicante diritti di proprietà e di eredità, a un'istituzione religiosa lontana dalle sue originarie radici spirituali e a una regola politica supportante sistemi culturali, noi diamo origine proprio a quegli equivoci che sono impliciti nell'etimologia di *matrimonio*.

Queste problematiche di politica sessuale, ruoli maschili e femminili e sistemi cultural-religiosi-economici, sono ricorrenti, e senza dubbio continueranno a riemergere nel corso dell'ulteriore evoluzione del matrimonio. Al momento attuale, ci troviamo nel pieno di una drammatica e formidabile lotta tra maschi e femmine intesa ad assicurare una migliore base relazionale nell'ambito del matrimonio, tale da renderlo un sostegno istituzionale più vitale e creativo per le famiglie che non il matrimonio unicamente "sistemico", che ha cominciato a crollare già durante il secolo scorso.

Se ci rendiamo conto che "matrimonio" nell'accezione culturale è un'istituzione in quanto opposto ad "accoppiamento", che in natura è un'esperienza naturale, non possiamo non chiederci in che direzione vada il matrimonio quale "istituzione". Ma, prima ancora, in che senso definiamo il matrimonio un'istituzione? Questa è, per la società e la cultura, ciò che un elemento come il ferro e l'idrogeno è per il mondo fisico: un fondamentale mattone da costruzione. Inoltre, essa può venire mutata dal suo rapporto con altri elementi fondamentali, come lo è il ferro dall'ossigeno quando con il passare del tempo si arrugginisce. Allo stesso modo, il matrimonio, elemento culturale, subisce alterazioni quando sia esposto all'azione dell'elemento famiglia, o anche solo al variabile senso di ciò che una persona è, di ciò che è una donna, di ciò che è un uomo o, cosa ben più interessante, di ciò che è un'anima. Gli elementi culturali mutano ruoli e istituzioni culturali, esattamente come avviene nel caso delle mutazioni naturali. In altre parole, una mutazione che cambiasse l'"accoppiamento" quale prototipo della natura con ogni evidenza cambierebbe quello che, a livello culturale, noi consideriamo "matrimonio".

Il matrimonio come istituzione senza dubbio sopravvivrà, nonostante il mutare dei tempi e le incertezze culturali, per la semplice ragione che ha perlomeno radici in una realtà di natura, vale a dire nell'accoppiamento esperienziale. Per vedere il matrimonio in evoluzione, dobbiamo prendere in considerazione i più duraturi cambiamenti culturali, tenendo presente che certi apparenti mutamenti delle sue forme esteriori non sono effettivi.

Così, per esempio, in tempi recenti si è manifestata la tendenza a un più aperto esame e a una più manifesta messa in discussione del matrimonio ortodosso, vale a dire sancito dallo stato o dalla chiesa oppure da entrambi. È in atto una maggiore accettazione (a volte addirittura un incoraggiamento) a convivere in maniera alternativa. Questa trasformazione culturale, che troppo spesso maschera con giochi di parole la messa in discussione del concetto di impegno, può determinare problemi assai significativi nei rapporti accoppiativi. Le questioni politiche, economiche e sociali, hanno ampia incidenza sui sentimenti relazionali. Ruoli e posizioni culturali sono condizionati dall'accoppiamento naturale (in maniere perlopiù inconsce), ma essi influiscono anche, in misura estremamente concreta, sul nostro modo di vivere e di rapportarci emozionalmente a vicenda. Dalla convergenza dei due elementi (il naturale e il culturale) deriva l'effettivo equilibrio tra intimità e vicinanza di cui ci occupiamo in queste pagine. Dice l'antropologo Weston La Barre in *The Human Animal*: "Se la nostra attuale analisi della natura umana è esatta, né la cultura né l'uomo sono onnipotenti." Come si è detto, noi siamo un prodotto dell'equilibrio, e in esso esistiamo.

Per quanto attiene alla loro capacità di istituire sani rapporti al livello di accoppiamento, le persone che convivono non sono meno sposate o separate l'una dall'altra di un corrispondente gruppo di individui "sposati". La domanda che ci poniamo è: qual è il rapporto reciproco dei componenti della coppia, e in che senso va inteso il loro impegno? Il matrimonio così conseguito non è un artificio legale o sociale, bensì una relazione primaria, uno stato naturale evoluto che si pone a fondamento della famiglia. Come diremo più avanti, la famiglia non significa necessariamente avere figli, ma è invece una posizione esistenziale, un modo di esistere nel mondo qual è.

Un'evoluzione assai significativa, meno evidente per quanto riguarda i cambiamenti a livello contrattuale, sta effettivamente verificandosi nei matrimoni: si assiste a un movimento, che noi riteniamo salutare, di distacco dal matrimonio quale supremo fondamento della sicurezza sistemica in direzione della sua valorizzazione quale possibile fonte di gioia e di crescita. Rilevare questo movimento può sembrare semplicistico, ma in effetti il concetto di matrimonio come fonte di autosviluppo e creatività nonché quale fonte di sicurezza, costituisce una modificazione culturale di grande entità, ancorché non un totale cambiamento di accenti: la sicurezza continua a essere una preoccupazione importante nella situazione matrimoniale. Come nota lo storico della società Lawrence Stone (parlando di individualismo affettivo), e come hanno fatto rilevare anche altri, la modificazione si è verificata nell'equilibrio, nel senso di una più equa distribuzione tra sicurezza e creatività, intesa a rendere più facile quella che abbiamo definito l'esperienza della relazione intima. È un salutare movimento di distacco dalla cattura a opera del sistema rappresentato dalla vicinanza insalubre. Questo imprigionamento sistemico e le sue conseguenze in particolar modo sulle donne ma anche sulla personità di tutti noi, sono stati descritti dalla sociologa Nancy Chodorow che, in *The Reproduction of Mothering*, illustra gli effetti che esso ha sulle pratiche parentali e quindi sulla perpetuazione dei sistemi. Se la situazione cambiasse, "i figli potrebbero dipendere, fin dall'inizio, da persone d'ambo i sessi e far proprio un senso preciso del sé in rapporto a entrambi. In tal modo, la mascolinità non sarebbe legata a una negazione dell'indipendenza e la personalità femminile sarebbe meno preoccupata dell'individuazione..." Lo squilibrio tra sicurezza e creatività nel rapporto rispecchia i nostri errati concetti di maschio-femmina, vicinanza-intimità, sistema-diade.

DALLA SICUREZZA ALLA CREATIVITÀ

Una domenica mattina io (*Patrick*) mi sono svegliato di cattivo umore, senza sapere perché. In effetti, in quel periodo non mi prestavo sufficiente attenzione per pormi interrogativi del genere. Sono sceso da basso, sono entrato in cucina dove mia moglie stava tranquillamente leggendo il giornale, e subito mi sono messo a inveire protestando perché il caffè non era buono, perché mancavano i cereali, e altre inezie del genere. Le ho rivolto frasi sferzanti, poi ho cominciato a prendermela con i titoli del solito quotidiano, ce l'avevo con la giornata tutta quanta. In quel momento, non ero molto consapevole del mio umore: mi stavo appena "svegliando". Dopo un po', mia moglie ha alzato gli occhi dal giornale e con voce pacata mi ha suggerito di tornarmene a letto. Le ho chiesto perché con l'aria più innocente del mondo, e lei: "Quando ci siamo sposati, non ho accettato di permettere che tu mi rovinassi l'esistenza." E aveva perfettamente ragione. Noi tutti, quali persone, stiamo iniziando a comprendere questa verità. Se l'esperienza quotidiana del matrimonio (e dell'accoppiamento a esso sotteso) fosse bene aperta a questa cognizione, le persone cambierebbero nel senso che troverebbero i loro *sé intimi*.

Insistere sul diritto alla *sé-ità* per entrambi i partner, non è solo una moda culturale passeggera. Com'è reso evidente dal fatto che negli Stati Uniti il 50% dei matrimoni si concludono con il divorzio, è in atto una grande rivalutazione del concetto di matrimonio. Con una forza-lavoro per metà femminile e con donne che lentamente assurgono a posizioni di comando, la nozione sia di uomo che di donna sta cambiando in maniera concretissima. Il matrimonio tradizionale, pietra angolare dei diritti di proprietà, delle religioni istituzionali, delle gerarchie politiche, degli ambiti economici a predominio maschile e di un sistema didattico che alleva consumatori, concorrenti e confusi comunicatori, com'è ovvio, è tuttora in vigore. Quegli aspetti che risultano utili a una sana conservazione sociale e a validi rapporti umani, continueranno a sussistere ma non sono più sufficienti di per sé. E stanno cambiando le componenti distruttive del sé, perché non possono non cambiare se vogliamo sopravvivere.

Teresa è sposata da ventidue anni con un uomo di successo. Hanno una grande casa, grosse automobili e tre figli che frequentano con profitto le migliori scuole. Teresa appartiene a una grande chiesa, è una brava moglie, madre e padrona di casa, e può acquistare tutto ciò di cui la sua famiglia ha bisogno e voglia. È pronta ad affermare che Russell, suo marito, è un brav'uomo, eppure si sottopone a terapia. Perché? Perché ha avuto pochissima felicità, gioia e piacere da molti anni a questa parte, e vuole qualcosa di più, non perché sia egoista o bisognosa di alcunché. Semplicemente, la sicurezza del matrimonio non le basta: le manca l'esperienza del *sé* e pertanto l'intimità che potrebbe cambiare il suo matrimonio, facendone un'esperienza generativa e accrescitiva. Teresa vuole essere una persona. Con ogni probabilità, anche Russell lo vuole, sebbene non sia consapevole di questo desiderio.

Come s'è già detto, l'accoppiamento di due individui crea una famiglia; una famiglia è una situazione esistenziale primaria, e cambiamenti nell'ambito di essa determinano mutamenti in tutta la cultura. Un modo di cogliere le radici di questa trasformazione culturale, consiste nel registrare il mutare dei concetti dell'individuo, perché questi influenzano e dirigono il comportamento della coppia, anche se non alterano in misura significativa il processo di accoppiamento. Il modulo evolutivo dei concetti dell'individuo è rintracciabile nei nostri sistemi religiosi, filosofici e psicologici. Cambiando le nostre percezioni delle nostre identità, leader religiosi come Gesù, Buddha, Maometto e Lutero hanno dato nuovo slancio alla cultura; filosofi come Locke, Nietzsche, Hegel e Marx hanno esercitato un'influenza determinante quali promotori culturali d'altro tipo; studiosi della psicologia come Freud, Pavlov, Jung e Rogers hanno contribuito, più di recente, al cambiamento dei nostri valori culturali, ridefinendo le nostre concezioni della natura umana. In questi ultimissimi anni, scrittrici e teoriche hanno fornito nuove prospettive delle nostre nature in quanto femmine, maschi e persone. Le icone della cultura popolare, le nostre pellicole, la nostra musica, le nostre tecnologie eccetera, esercitano forse un'influenza ancor più immediata e penetrante sulla nostra visione di noi stessi (e basti citare l'esempio dei Beatles). Tutti questi nuovi

275

concetti dell'individuo trovano riflesso nei nostri concetti di rapporto, si tratti del matrimonio o del suo equivalente emozionale, influendo così sulla sua evoluzione culturale.

Parlando di vicinanza nel rapporto, abbiamo illustrato l'idea del sacrificio del *sé* (la subordinazione della persona) all'istituzione o al sistema. La relegazione a questi ruoli sacrificali, artificiali, è in grado di trasformare una relazione accoppiativa amorosa in un meccanismo grave, serioso e privo di gioiosità. Provochiamo cioè uno squilibrio che ci rinserra in carceri personali noiosi, fastidiosi, nient'affatto gratificanti e tutt'altro che ri-creativi. Perdiamo l'eccitazione del corteggiamento insieme con la creatività, espansiva e sostentatrice, del nostro amore originario. Non facciamo più quella passeggiata l'uno accanto all'altra sulla spiaggia; quel sentimento non si manifesta più in noi. Com'è accaduto che i nostri correnti concetti dell'individuo ci abbiano portato a questo squilibrio? Si guardi all'errata nozione di *sé* che si è imposta con tanta forza in recenti decenni, e si vedrà quale influenza essa abbia avuto sulla nozione di matrimonio; si tenga presente che sono i decenni del "fatti gli affari tuoi", i decenni che sono detti anche "generazione del *me*", del "culto del narcisismo", dell' "egoismo creativo" eccetera. Una concezione distorta che si è imposta lentamente, ma che ha avuto formidabile impulso con la seconda guerra mondiale. L'idea che l'identità fosse un problema dell'*io* stravolto e trasformato in una parte di noi manipolatoria-controllante, oppure un problema del *me* deformato e ridotto a essere una presenza nel mondo totalmente interiorizzata e intenta solo alla soddisfazione dei propri bisogni, ha cominciato a mettere in crisi i matrimoni tradizionali in maniera evidentissima.

Donald afferma che Rose lo ha obbligato a venire in terapia con lei. Lui però sostiene di stare benissimo, che vuole solo essere lasciato in pace, "a farmi gli affari miei". A quanto sembra, è ciò che fa anche Rose o perlomeno ha continuato a farlo finché non si è resa conto che nella sua esistenza c'era un vuoto, e che non poteva sentirsi una persona né con Donald né con se stessa.

Un matrimonio di persone dissimili, ciascuna delle quali per conto suo tende "a farsi gli affari propri" è quasi una contraddizione in termini linguistici, e costituisce la premessa di una lotta e di un confronto senza fine. Come si può "farsi gli affari propri" nell'ambito di un rapporto, quando quest'atteggiamento implica l'autoesclusione dal rapporto stesso? Si finisce così a dover scegliere tra due possibilità entrambi inaccettabili: o un matrimonio "tradizionale", in cui il *sé* è sacrificato a una prescritta e costrittiva serie di norme, oppure un'indipendenza di individui scissi l'uno dall'altro ma eguali, che costituisce l'antitesi del matrimonio comunque lo si voglia definire. Come può accadere che i due partner siano sposati e nel contempo mirino a una realizzazione individuale? È questo l'autentico problema, il vero interrogativo del quale dobbiamo occuparci.

Fuga nella "libertà"

Soffermiamoci brevemente a considerare come la situazione sia andata sviluppandosi negli ultimi decenni. Inizialmente, mentre si insisteva sempre più sull'importanza della libertà personale, la nostra risposta è consistita, non già nel dilatare lo spazio matrimoniale, ma nel cercare maggiori esperienze personali extramatrimoniali. Molte donne, persuase che gli uomini raggiungessero la *sé-ità* attraverso il lavoro (in realtà non è affatto così), hanno cercato a loro volta la *sé-ità* al di fuori del loro rapporto primario, istituendone altri con altri uomini e altre donne, amici e colleghi d'ambo i sessi, allo scopo di incrementare la relazione intima (non genitale) – una relazione in cui fosse loro concesso di essere se stesse. Questo proiettarsi verso *altri* era senz'altro positivo, solo che, purtroppo, veniva usato come mezzo di aggirare il problema del che cosa fosse carente nel rapporto primario (ed era molto simile ciò che gli uomini facevano con il lavoro e con altre attività). Allo stesso modo del marito stereotipo che, seduto davanti al televisore, guarda la partita di calcio o, prima di arrivare a casa, si ferma al bar per bere qualcosa con i "ragazzi", una vita fatta di lunghe ore passate lavorando o instaurando nuovi rapporti con *altri* può trasformarsi in una semplice fuga dalla noia di una relazione primaria inappagante. Il romanticismo originario, la tensione creativa delle differenze esperite nel rapporto intimo, si dissolve. E, in preda alla confusione, rifuggiamo dalla nostra incapacità di istituire relazioni personali, sessuali, intime e durature: una situazione lontanissima da quella del "si sposarono e vissero felici e contenti per sempre".

Carla ha quarantun anni e per nove ha avuto una relazione impegnativa. È una manager, e per lei la carriera è più "intima" di quanto lo sia il suo amante. Non solo dedica lunghe ore al lavoro ma, cosa forse ancora più importante, continua a compiere scelte che rivelano come il lavoro sia per lei assolutamente prioritario. Anziché uscire al più presto dall'ufficio per celebrare festosamente l'anniversario del loro rapporto, continua a lavorare fino a tardi, per poi rincasare tardi, arrivare tardi a teatro e solo "in ritardo" rendersi conto che il suo partner è irritato. Al pari di molti di noi, è riuscita a trovare un modo per evitare l'intimità nel proprio rapporto. Può essere intimamente coinvolta nel lavoro, ma è proprio questo il punto. Le persone aperte all'intimità, che esperiscono il fatto di essere un *sé* in un modo, di solito lo fanno anche in tutti gli altri: è la loro natura. Non sempre le cose stanno così, com'è ovvio. Ci sono persone in grado di istituire un'intimità *impersonale*, in arte, in campo musicale, scrivendo, ma che sono incapaci di istituire rapporti personali intimi. La crescita di persone del genere ha avuto un andamento diverso da quello di gran parte di noi: costoro hanno trovato una finestra dalla quale accedere all'intimità, ma hanno cessato di cercare la porta. Nel caso di Carla, tuttavia, la nostra impressione è che sia alle prese con problemi dell'*io* e del *me*, nel senso che non è in grado di trovare il *sé* né sul lavoro né in casa.

Dennis e Barbara hanno all'incira quarantacinque anni. Sono sposati da oltre ventitré, e hanno due figli che frequentano il college. Dennis è un medico, lavora dalle sei del mattino alle sei di sera, esce dallo studio solo per recarsi a "lavorare" in palestra, e di là fa una scappata al bar per bere qualcosa con gli amici. Durante i fine-settimana gioca a golf e partecipa a vari incontri e attività sociali e civiche. Il suo tempo libero, Barbara lo trascorre giocando a tennis (fa parte di tre differenti squadre) e dedicandosi alle attività di tante utili organizzazioni, da non riuscire più a ricordare gli impegni che ha preso. I due si passano accanto come navi che s'incrociano a notte fonda. La loro vita sessuale è praticamente inesistente, e per entrambi sarebbe un grosso shock sentirsi in intimità con l'altro, perché tutto il loro rapporto matrimoniale è incentrato sullo star lontani l'uno dall'altro.

Com'è ovvio, la spinta alla *sé-ità* è tutt'altro che nuova, poiché è promossa dalla natura stessa dell'accoppiamento esperienziale. La modificazione alla quale assistiamo consiste in ciò: essa è più esplicita di un tempo, provocando effettivi cambiamenti comportamentali e culturali, in primo luogo la frequenza con cui si divorzia. I tentativi di evitare lo scontro tra contraddittorie aspirazioni alla libertà personale ci hanno portato a "matrimoni di prova" e "vite separate", gli uni e le altre inetti a risolvere il problema. Troppi rapporti diventano linee parallele e solitarie, rettilinee ma che mai s'incontrano, né toccano. Avventure, scambi di coniugi, promiscuità, pornografia eccetera, servono a evitare l'intimità, scindendo il sesso dal rapporto personale. Il divorzio evita la questione del come essere se stessi nel matrimonio, facendo balenare la falsa speranza di risperimentare sentimento ed eccitazione in un altro "matrimonio"; ma l'*impasse* si ripresenta, di solito più presto a ogni successivo "matrimonio". Sempre più spesso i partner appaiono ossessionati dalla realizzazione personale, cercano se stessi in *altri* e lasciano che le esigenze di "intimità" velino l'accettazione e la capacità di accettare le differenze nel rapporto.

Nell'*Amleto* di Shakespeare si legge:

> Questo innanzi tutto: sii vero con te stesso,
> E ne consegue necessariamente come la notte al giorno
> Che non potrai esser falso con nessuno.

Dobbiamo essere fedeli al nostro *sé*, perché così potremo "essere ciò che siamo" (non essere falsi) col nostro *altro*. Impossibile trovare il *sé* in *altri*, e l'"identità" non è differenza.

Marge ha solo venticinque anni ma sta ormai liquidando la sua sesta relazione. Si sottopone a terapia perché i suoi genitori lo vogliono, ma non sembra che personalmente sia in crisi. Parla in maniera abbastanza esplicita dell'eccitazione che le viene dal conoscere un uomo nuovo, corteggiamento, sesso, romanticismo. Quello che la lascia perplessa è la ragione per cui la passione scompare, e riesce solo a formulare l'ipotesi che "secondo me, diventare seri la rovina". È un'affermazione che ci capita molto spesso di udire nei nostri ambulatori: "L'impegno distrugge l'atmosfera romantica." È come il cartello che si legge tanto spesso fuori dalle chiese e in cui si annuncia che "amore è il supremo sacrificio di sé". Se questo è il risultato reale dell'amore e dell'impegno chi ne sente il bisogno?

È evidente che la carenza più palese nel matrimonio o nella relazione impegnativa quale istituzione (nel senso che risponde a questi mutevoli concetti dell'individuo) è la loro incapacità di soddisfare i più profondi bisogni personali, sessuali e spirituali dei partner, e nella nostra pratica psicoterapeutica questa lamentela la sentiamo di continuo avanzata da coppie, in forma di solito facilmente prevedibile, dal momento che il sistema tradizionale ha imposto specifici ruoli maschili o femminili, culturalmente obbligatori. È tipico del marito affermare: "Lei è fredda, non risponde, non si eccita, non è interessata al sesso, non è eccitante né creativa, è noiosa, piatta, troppo presa dai figli." In altre parole, è sessualmente depressa e non cresce, e lui non ne comprende i motivi ma semplicemente ne è offeso e indignato. Tipico da parte della moglie è affermare: "Lui non vuole istituire con me un rapporto da persona a persona. Non vuole parlare, ascoltare, evita toccamenti e abbracciamenti. Non fa che lavorare. Ignora i figli al pari di me. Se gli riferisco un mio sogno, mi sento chiedere che importanza abbia e perché glielo racconto." In altre parole, l'uomo è tagliato fuori dalla sua stessa personità, dalla sua sensibilità, dalle sue emozioni, dalla sua creatività, e lei non afferra il perché di quel ritirarsi in se stesso; e ne è anche lei furibonda. Per quanto questo sia l'esempio "tipico" (cioè stereotipo), il suo vero significato risiede nell'essere la dimostrazione che la mancanza di intimità distorce entrambe i partner, e la deformazione avverrebbe anche se i ruoli fossero capovolti.

C'è speranza per una coppia del genere? Sì, ma porre rimedio a siffatta deformazione è tutt'altro che facile. Di solito, nel matrimonio in quanto istituzione c'è molta instabilità, ed è in continuo e notevole aumento la mobilità personale dei coniugi. Inoltre, la cultura ha aperto a continue indagini la segretezza e la privacy del matrimonio: un fiume di informazioni scorre da libri, periodici, radio, da schermi televisivi e cinematografici. Alcune di queste informazioni sono utili, altre inutili e dannose; alcune hanno un senso, altre sono risibili. Ma tutte sono frutto dell'esame, dell'esplorazione e della messa a nudo delle partite che giochiamo tra noi. Enfatizziamo gli aspetti carnevaleschi del divorzio facile, delle avventure amorose, dei rapporti superficiali, della "libertà sessuale", della noia, della solitudine e delle ferite che ne derivano. Sta di fatto che le cattive notizie fanno spettacolo; c'è un aspetto di realtà dei mutamenti. Basta dare un'occhiata alle percentuali dei divorzi, dei suicidi e dell'alcolismo, che sono una concreta realtà. Sia il matrimonio tradizionale che le sue alternative sono messe in discussione, e spesso giustamente.

Agli occhi di certuni, l'inquietante spinta all'autorealizzazione è un'altra manifestazione di edonismo in un mondo che ha perduto i propri fini etici. Per coloro che fan proprio il culto del "me" o le gratificazioni egoiche dell'"io", questo presupposto può rispondere al vero. Ma di edonisti e narcisisti ce ne sono sempre stati; il loro modo di concepire il sé e il rapporto è semplicemente una manifestazione di antiche problematiche che hanno assunto nuove forme in un'altra cultura. È indubbio che, nella nostra cultura, di persone del genere ce ne sono moltissime, tuttavia, per la stragrande maggioranza la vera modificazione è costituita dal desiderio, come fondamento naturale e culturalmente accresciuto, di ritorno a un atteggiamento più spirituale ed esperienziale, a una messa in discussione culturale del matrimonio patriarcale. È una modificazione che si rende manifesta nei realissimi cambiamenti di atteggiamento riguardo ai diritti individuali di tutti gli esseri umani, a parte i ruoli etnici e maschili-femminili; nel nostro impellente bisogno di un equilibrio, in cui la realizzazione personale possa divenire un modo di esperire il sé, un modo di esperire l'intimità. È una posizione naturalmente etica, dal momento che è sempre morale la natura che sia se stessa. Il desiderio e la richiesta di questa esperienza intima è un desiderio spirituale, una brama dello spirito umano, ed è per questo che prima parlavamo dell'importanza che i sentimenti dell'individuo in ambito religioso, filosofico e psicologico hanno per i nostri concetti di rapporto sano. Ripercorrendo l'evoluzione dello spirito umano, possiamo imparare come due persone possano unirsi senza perdere la personalità che le umanizza e le personalizza, il naturale spirito umano.

In *The Soul of the Indian*, Ohiyesa scrive: "La vicinanza alla natura... mantiene lo spirito sensibile a impressioni non comunemente avvertite e in contatto con i poteri invisibili."

Dal momento che molti mariti hanno cessato di sperare che il rapporto matrimoniale assicuri loro un effettivo aumento di gioiosità, e poiché al contrario con i loro comportamenti rivelano la convinzione che piacere, gioia e libertà siano reperibili solo in relazioni extraconiugali; e poiché d'altra parte molte mogli hanno cessato di sperare che il rapporto matrimoniale offra l'occasione di dilatazione dell'esperienza personale e di aumento della crescita, e si comportano in modo da rivelare la loro persuasione che l'identità e la realizzazione personale siano reperibili solo fuori del matrimonio, ecco che il rapporto coniugale è divenuto penosamente instabile. Sia i mariti che le mogli si trovano improvvisamente proiettati in situazioni esistenziali caratterizzate da alta mobilità, inconsistenti e moralmente incerte, che li spingono verso l'alienazione di una solitudine caotica e di identità frammentarie. Chi è dunque il marito capace di conversare senza imbarazzi con una donna sul posto di lavoro o in un bar, ma che a casa trascorre ore in silenziosa comunione con il televisore? Chi è costui? E chi è la moglie che chiacchiera con tanta vivacità e in maniera così personale con i vicini, che sa essere tanto persuasiva sul posto di lavoro, e che in casa si limita a ciondolare, intenta ad attività apparentemente insensate mentre il coniuge sta fissando il piccolo schermo, non meno assente di lei? Chi è costei? È proprio sua moglie? E lui è suo marito? Come si spiega che mentre possono mostrarsi così pieni di spontanea vivacità nei rispettivi mondi extradomestici, non riescano a esserlo l'uno con l'altro? (È il dilemma che può presentarsi, esattamente uguale, in un rapporto di coppia; ci serviamo di termini "marito" e "moglie" solo per designare situazioni esistenziali.)

IL MATRIMONIO PRIVATO ESPOSTO AL PUBBLICO

La nostra descrizione non è un'irrealistica parodia del matrimonio, e non è neppure una novità: entro certi limiti, anzi, è valida per la maggioranza dei matrimoni. A volte i ruoli sono rovesciati, ma la vicenda rimane identica. A essere nuovo è il fatto che questo comune fallimento è ora esposto al pubblico, che televisione e libri han fatto sì che non sia più un segreto. La segretezza e la privatezza del matrimonio sono state messe a nudo agli occhi del pubblico, con la conseguenza di portarci a una nuova sincerità verso il sessismo, la sessualità e le strutture sociopolitiche, che a loro volta condizionano l'ecologia, la religione e il conflitto globale. Abbiamo annullato quel silenzio protettivo intorno al matrimonio che, ancora un secolo fa, era d'obbligo quale fondamento del silenzio, non meno obbligatorio, relativo ad altre istituzioni culturali. Infatti, come s'è detto all'inizio, il rapporto di accoppiamento umano costituisce la base di tutte le nostre altre forme di correlazione. È questo il più piccolo dei sistemi, e in quanto tale il prototipo di tutti gli altri sistemi.

L'infrangimento del segreto risulta particolarmente esplicito tra singoli mariti e mogli. Costoro parlano, a familiari e ad altri con cui siano intimi, di se stessi, dei loro rapporti e a volte della loro vita sessuale. E sotto molti aspetti, questa loro schiettezza è proprio quella che rende loro evidente che nel matrimonio c'è qualcosa di carente. Ma non è solo questione di "parlare" dei nostri matrimoni: la gente ha "parlato" dei propri matrimoni durante tutta la storia umana. L'attuale cambiamento consiste in ciò, che non se ne parla più nel contesto della segretezza – nel contesto dell'istituzione tradizionalmente fondata.

Paradossalmente, siamo più liberi nei nostri discorsi con altri, ma meno liberi in quelli con i nostri coniugi. Possiamo litigare davanti ad altri, ma non siamo in grado di risolvere i nostri litigi a quattr'occhi. Sappiamo parlare liberamente di rapporti, ma non di profonde connessioni, di vicinanza ma non di intimità. La gente parla liberamente dello stato matrimoniale; ma ciò di cui discute, perlopiù a base di battute, sono non matrimoni, spiegano che il loro non è un matrimonio vero, che non è in grado di soddisfare i loro bisogni. Uno sfavorevole effetto collaterale di questo negativo "mettere tutto in piazza", è che di solito otteniamo il sostegno e l'approvazione dei nostri amici, familiari e confidenti, i quali di rado ci fanno toccare con mano i *nostri* peccati o deficienze coniugali, i *nostri* modi di bloccare l'intimità che diciamo di volere, e la loro approvazione spesso non fa che complicare il problema, in quanto ci incoraggia a continuare a ritenere che le nostre insoddisfazioni siano causate dai nostri coniugi.

Naomi è sposata da diciott'anni, il matrimonio non la rende felice. All'età di trentotto anni, non fa ancora nulla per ovviare alla sua insoddisfazione. Da dieci anni a questa parte, sempre più ha visto in suo marito, Willis, la fonte del problema; lo suppone indifferente, incurante, sciocco, immobile, incapace di comunicare. Ma, anziché tentare di instaurare con lui un dialogo, cerca la comprensione di sua sorella Madeline, che si sente a sua volta insoddisfatta del proprio matrimonio. Protesta Naomi: "Vorrei che Willis si decidesse a crescere. Lui continua ad aver bisogno della mamma." Madeline non può permettersi di individuare i parallelismi nel proprio matrimonio, per cui si rifugia in un: "Oh, lo so bene. Che vuoi farci, loro sono tutti fatti così." Insiste Naomi: "In sei mesi, non siamo usciti una volta, che io mi ricordi. Non faccio che badare a lui, alla casa, ai bambini, e, accidenti!, anch'io lavoro." Madeline, che continua a sentirsi minacciata, replica: "Evidentemente lui non si rende conto di quanto dura sia per te la vita", e la conversazione va avanti di questo passo. Ciò che Madeline non chiede a Naomi è: "Cosa fai per cambiare questa situazione? Come ti senti con lui? E che cosa fate tutt'e due per voi stessi?" Madeline offre sostegno, ma non è di nessun aiuto. Lo stesso accade con l'uomo che lamenta le deficienze della moglie con un amico il quale risponde, senza eccessiva partecipazione: "Be', sai come sono fatte le donne, no?" È una forma di sostegno che non è di nessun ausilio, nel senso che non induce la persona ad affrontare se stessa: non fa che evidenziare la situazione difficile, che infrangere la segretezza, ma non porta a nessuna esperienza emozionalmente connettiva o correttiva.

IL TENTATIVO DI "STABILIZZARE" IL MATRIMONIO

L'insoddisfazione che proviamo per il matrimonio è oggi dunque manifesta. L'istituzione non è più un sacro monolito, ma è messa dappertutto in discussione, alla televisione e dai pulpiti, mentre noi cerchiamo modi e ragioni di renderla migliore. Il guaio è che gran parte delle soluzioni proposte hanno a che fare soltanto con il rapporto, con la vicinanza, con l'aspetto del matrimonio attinente ai ruoli, ed ecco per esempio libri che insegnano a migliorare la propria "vita sessuale", articoli relativi a modi di favorire le due differenti carriere, trattazioni sul come "dividere le responsabilità". Di conseguenza, per quanto corretti e sani possano sembrare i cambiamenti proposti, null'altro cambia, e i tentativi rischiano di moltiplicare i problemi, anziché favorire la soluzione.

Un presunto rimedio al conflitto matrimoniale è consistito nello *scambio* dei ruoli. Lui e lei si scambiano le responsabilità tradizionali, legate all'appartenenza all'uno o all'altro sesso, e tuttavia questa inversione non permette di trovare il *sé*, così come nessun reperimento del *sé* si dava nei ruoli originari tradizionali, trattandosi di comportamenti *fattuali*, che ben poco hanno a che fare con l'essere. In quanto tali, quali che ne siano attribuzioni e compiti, i ruoli sono spesso vissuti con rancore e sono di detrimento al processo creativo, accrescitivo, del *sé*. Lui semplicemente si indigna e vorrebbe fare qualcos'altro anziché "sprecar tempo con lei", e lei è furibonda quando si rende conto che lui non si diverte affatto e anzi vorrebbe non averla mai tra i piedi. Possono essere "più vicini" ma non sono più intimi. La soluzione imposta, preorganizzata, ha per effetto di rendere più acuto il problema. Lui non riesce a sapere ciò che desidera davvero per essere con lei, e lei non sa che cosa vuole per potergli stare accanto. Non ci liberiamo certo dal sistema costruendo nuovi sistemi.

Un altro supposto rimedio è la *libertà personale* nei ruoli, dove la funzione di ciò che un marito o una moglie "dovrebbe essere" è lasciata nel vago, ed "essere una persona" viene prima dell'essere un marito o una moglie. Ancora una volta, risulta evidente come questo affrancamento dai ruoli (in sé e di per sé salubre) possa diventare parte integrante del problema (divenire a sua volta un ruolo). I componenti delle coppie in difficoltà vogliono sapere perché "essere liberi" li lascia meno liberi. Lei e lui sono più legati all'aspetto di vicinanza del loro matrimonio perché devono scendere a patti e trovare accomodamenti per evitare ruoli, e così facendo com'è ovvio non possono non divenire "più vicini". Coppie del genere tendono a essere meno riservate, e anzi ad ammettere apertamente che c'è qualcosa che non va. Lui magari dice esplicitamente che non prova ciò che desidera; non gli va l'idea di "dover tornare subito a casa dopo il lavoro" né di "farsi una vacanza con la famiglia", e lei non ha voglia di "andare a trovare i genitori di lui durante le vacanze", né di "metterlo al corrente di quel che avviene nell'azienda dove lavora". Entrambi sono persuasi che essere una persona sia necessario e importante, ma non sanno come essere *sposati* in quanto persone. La loro schiettezza spesso li porta a "vivere" all'infuori del rapporto, per esempio facendo propri stili di vita completamente diversi, frequentando amici completamente diversi, e fingendo che questo non abbia effetti negativi sul matrimonio. Se una coppia del genere ha figli, si crea una disgiunzione tra matrimonio e famiglia; ciò che questi genitori fanno è visto come meno importante e significativo per i loro figli, i quali ci si aspetta che automaticamente comprendano che i loro genitori sono persone. Entrambi vogliono essere ciò che in effetti vogliono essere, non quello che ci si aspetta che siano; e sono indotti a credere che la personità possa essere trovata nell'evitare i ruoli più di quanto sia possibile vivendoli. Ma dover "non essere qualcosa" è altrettanto un ruolo del "dover essere qualcosa". Nell'uno come nell'altro non c'è libertà.

Oggi accade che la famiglia sia meno legata al matrimonio, che il comportamento sia meno correlato al sentimento e la personalità non sia affatto connessa al rapporto. Nelle nostre concezioni di matrimonio è in atto un significativo mutamento, ma la transizione si manifesta in modi quanto mai ambigui e confusi: una confusione che continua anche dopo il divorzio, dal momento che non mancano coppie i cui membri restano in contatto fra loro e mantengono una certa parvenza di rapporto, oppure si risposano e formano insolite reti familiari di varia combinazione. Metter fine al matrimonio non significa metter fine alla confusione.

MATRIMONIO E INTIMITÀ

Famiglia e matrimonio sono inestricabilmente legati, dal momento che l'accoppiamento crea famiglie. Ne consegue che la famiglia è, da ogni punto di vista importante, uno stato naturale. Non è definita dal fatto di aver figli, ma è al contrario una condizione di potenzialità. *Matrimonio* è il termine di cui ci serviamo per designare l'accoppiamento creatore di questo stato naturale. Solo comprendendo che nella sua naturalità il matrimonio è una condizione spirituale, saremo in grado di rispondere alla domanda, come ci si possa sposare e in pari tempo essere *se stessi*, personalmente realizzati. L'altra condizione spirituale dell'esistenza è quella individuale, e l'unica connessione che permette alle due spiritualità di coesistere come tali è l'intimità. Questa è necessaria perché ci sia vero matrimonio. La personità non è "farsi gli affari propri" né "essere liberi di essere se stessi", ma *consiste nell'essere capaci di essere il proprio sé*. L'intimità è quella condizione in cui i due partner sono *se stessi*, e si accettano come tali a vicenda. La corrente composita di forme esperienziali di sequenze matrimoniali, comportamenti sessuali e stili di vita basati sull' "io per primo" insieme con l'indebolirsi dei modelli e delle tradizioni familiari, rivelano fino a che punto il pendolo sia spostato, nella sua oscillazione, lontano dall'intimità e quanta sia la sofferenza prodotta da questo squilibrio. Soprattutto nell'ambito della civiltà occidentale, il problema esiste da un pezzo; nuove sono solo la schiettezza con cui se ne parla e la sua diffusione. Essendo andate in pezzi, le forme tradizionali non possono (né devono) essere obbligate a riconnettersi, raggiungendo uno stato originario, attraverso lo zelo religioso, la propaganda governativa o le mode culturali: il loro collasso costituisce un cambiamento evolutivo che ha prodotto dolore e insoddisfazione, e del quale bisogna occuparsi.

Lo ripetiamo: è evidente che il matrimonio risponde a precisi valori sociali che sono stati a lungo gestiti con successo dagli aspetti tradizionali delle istituzioni. Si tratta di funzioni di mantenimento della vicinanza: la protezione della proprietà e il rispetto dei diritti legali, l'educazione dei figli, il controllo politico e territoriale. Stabilità e mantenimento sono necessità reali, ma il nostro eccessivo interesse in merito ha ridotto la capacità, sia degli uomini che delle donne, di essere *se stessi*, oltre ad averci indotto a lasciarci eccessivamente coinvolgere dai nostri sovrasistemi. Miniamo l'ecologia esterna a noi perché viviamo in un'ecologia interna guasta. Ciononostante, per quanto un ritorno a certi valori tradizionali possa essere doloroso, commettiamo un errore facendo gettito dell'intera tradizione solo perché ne abbiamo fatto cattivo uso. Ci sono valori tradizionali che equivalgono ad aspetti positivi, funzionali, di relazione-vicinanza e, come abbiamo detto più volte, è l'equilibrio di cui abbiamo bisogno. I valori tradizionali reperibili nella cortesia, nel rispetto, nell'impegno, nella partecipazione e simili, sono componenti necessarie di una sana vicinanza. Liberarci dall'insalubre imprigionamento a opera del sistema è imperativo, ma non va dimenticato che una sana vicinanza è altrettanto importante dell'intimità.

Il matrimonio può rispondere in maniera efficace ai bisogni personali e sessuali degli individui che l'hanno contratto. Non sopravvivrebbe come istituzione se non permettesse e non promuovesse potenzialmente la crescita, in altre parole non continuerebbe a essere parte integrante della natura in evoluzione. È il fallimento del matrimonio in questa sfera individuale, a causa di una mancanza di intimità, a costituire il nucleo delle difficoltà con cui siamo alle prese. Su base individuale, il matrimonio non può esistere quale mera istituzione sociale, ma dev'essere la cosa più importante della nostra vita personale, il perno attorno al quale avviene la continua crescita e l'evoluzione della nostra personalità.

L'accoppiamento primario ha abitualmente assicurato agli adulti la soddisfazione dei bisogni fondamentali che, durante la loro infanzia, era fornita dalle famiglie di origine, come per esempio sicurezza, dipendenza, familiarità, identità di gruppo sociale, ovvero base operativa e matrice di socializzazione e continuo apprendimento circa il vivere con *altri*. È una funzione di enorme importanza, che rappresenta la base della vicinanza e della capacità umana di creare rapporti; ma essa non è sufficiente a garantirci la salute in quanto persone. Altrettanto necessari sono gli intimi aspetti del gioco, dell'autoespressione, della crescita individuale della *sé-ità*, nonché l'esplorazione di sentimenti e azioni sessuali. Come erano in grado di fare le nostre famiglie, il nostro accoppiamento deve offrirci intimità oltre che vicinanza, ed è semplicistico credere che problematiche riguardanti la vicinanza, come sicurezza e identità di gruppo, siano più o meno importanti, nella nostra infanzia, delle funzioni attinenti alla nostra autoidentità, espressione, gioco e crescita. Purtroppo, è probabile che un'esperienza intima deficitaria nel nostro rapporto adulto sia una continuazione dello squilibrio esistente nella precedente esperienza familiare. Nell'accoppiamento esperienziale, nello scegliere il nostro rapporto primario, sotto certi aspetti noi cerchiamo il modo di completare la nostra crescita infantile e di divenire una persona intera. Qui risiedono le scontentezze e i profondi bisogni non soddisfatti che rendono insostenibile il matrimonio basato solo sulla sicurezza. La ricerca della sicurezza non fa che perpetuare i nostri conflitti infantili bloccando la nostra crescita.

Abbiamo assistito a un cambiamento in profondità della società in cui viviamo. La donna che un tempo si sposava per assicurarsi la sicurezza economica e territoriale, è oggi sostituita dalla donna che aspira all'autosufficienza economica e territoriale e che cerca qualcuno che le "permetta di essere se stessa". L'uomo che in precedenza cercava la sicurezza di un "campo base", di una custode del focolare domestico che gli permettesse di vagabondare e di darsi alla competizione "là fuori", ha ceduto il posto all'uomo in cerca di qualcuno in grado di "liberare in lui il divertimento, il gioco e la sessualità". Ma sia all'una che all'altro sfugge il punto vero. L'aspetto rapporto-vicinanza del matrimonio, la sicurezza in ogni sua forma, non sono sufficienti a fornire ciò che ognuno dei partner in realtà sta cercando, e lo stesso errore risulta evidente in coloro che si scelgono un partner che soddisfi i loro bisogni di dipendenza o che ne rafforzi l'identità. Ma non si può trovare il proprio *sé* nell'*altra* persona; non si può avere dall'altra persona il permesso di essere se stessi, né si può far sì che l'altra persona ci porti a trovare il nostro *sé*. Non si può essere se stessi senza aver bisogno dell'altra persona. Non può esserci matrimonio tra uomo e donna derivante da una combinazione figlio-genitore, genitore-genitore, figlio-figlia, figlio-adulto, genitore-adulto o altra combinazione fissa e sicura. Queste diffuse deformazioni sono intese al mantenimento e di regola poste al servizio di una familiarità e vicinanza malsane, anziché essere al servizio della creazione, della ricerca, della crescita e del divenire.

Sicché, un matrimonio deve trovare il modo di essere insieme uno spazio di ruoli e rituali e un posto del *sé* e dello spirito. In *Contributi alla psicologia analitica*, Jung ha scritto: "Di rado, e forse mai, un matrimonio si trasforma in un rapporto individuale senza difficoltà e senza crisi; impossibile giungere alla consapevolezza senza dolore." E la sofferenza in questione è opera dell'accoppiamento esperienziale. Idealmente il "matrimonio" dovrebbe fornire un habitat ideale nell'ambito del quale ogni individuo possa crescere e assicurarsi la propria personale realizzazione; dovrebbe favorire la maturazione, accrescere la consapevolezza di ogni singolo riguardo al suo essere, ai suoi sentimenti e desideri e al modo di viverli. Lungi dall'essere antitetico alla nostra capacità di trovare un *sé*, un matrimonio sano mai mette in pericolo il senso di identità, di chi si è realmente; al contrario incrementa, ravviva, energizza e rinnova, fino al punto in cui essere noi stessi ed essere in rapporto diventino indistinguibili. La moderna lotta di cui ci siamo occupati (l'idea cioè che impegno e relazione limitino la libertà personale) costituisce un triste equivoco riguardo a ciò che il *sé* è effettivamente. La responsabilità nel rapporto non comporta una diminuzione del *sé*, ma è un diretto prodotto proprio del *sé*. L'incapacità di molti a scoprire l'intima esperienza nei loro matrimoni, è la causa della crescente sofferenza e della mancanza di realizzazione personale che i terapeuti si trovano di fronte ogni giorno nei loro ambulatori.

L'unica vera libertà è quella di essere quali si è in quanto *sé*. La completa responsabilità verso il *sé* è l'unica via che porta alla completa libertà. Apprenderlo, comporta che sempre minori siano le scelte riguardo a *che cosa* essere. Se si riesce ad essere liberamente *se* stessi, si è ciò che si è; il mantenimento della libertà consiste unicamente nel crescere ed espandersi, non nell'essere qualcos'altro. Una quercia non può scegliere di essere un agrifoglio. Se lo potesse, non sarebbe libertà, non sarebbe natura: sarebbe licenziosità. Cambiare rapporti non porta a essere il proprio *sé*, ed essere il proprio *sé* non è definito dal rapporto, ma al contrario viene *reperito* nella propria capacità di creare connessioni. Gran parte delle coppie non se ne rendono conto, e tanto meno moltissime famiglie. La fiducia in sequele di relazioni come via per la realizzazione di se stessi, è forse attribuibile alla mobilità della nostra società e alla scomparsa di sistemi familiari allargati, stabili ma aperti al cambiamento. In epoche precedenti, le esperienze necessarie sia al cambiamento come all'apprendimento alla socializzazione erano disponibili *dentro le famiglie*, mentre oggi è più probabile che le si cerchi al di fuori della cerchia familiare. Non è neppure escluso che le coppie odierne siano convinte che la famiglia non abbia attinenza alcuna con le problematiche esperienziali. È un'ipotesi, questa, che ci permette di far luce in quello che è stato definito lo "iato generazionale", una situazione in cui la mancanza di valori e moduli esistenziali endofamiliari ha portato a un sempre più vasto distacco dall'esperienza intima. Per troppi di noi c'è stata e c'è una spinta centrifuga verso l'esterno, lontano dalla famiglia e dal rapporto, alla "ricerca di se stessi", in sostituzione di un movimento centripeto, verso l'intimità con coloro che ci sono più vicini. Ma quest'ultimo è l'unico modo di trovare alcunché, in particolare il *sé*. La nostra natura noi la troviamo solo partecipando della natura, della natura dell'essere un *sé*, della natura della relazione primaria, della natura della famiglia.

13

ADDESTRAMENTO PERSONALE
FAMIGLIA E INTIMITÀ

Per legge di natura tutti gli uomini sono uguali.
Domizio Ulpiano

Come nel caso della nostra potenzialità di vicinanza e socializzazione, la nostra *disponibilità* all'esperienza intima viene insegnata e appresa tramite l'esperienza iniziale in seno alla nostra famiglia d'origine. La plasmazione della nostra natura innata ha luogo in quello che è il più semplice dei nostri sistemi, la famiglia. In questo senso, non esiste dicotomia tra natura ed educazione. L'intera progressione, dalla costituzione genetica a un genitore il cui figlio sia giunto all'età adulta, è parte integrante della natura. Il presente capitolo non ha la pretesa di esplorare a fondo la psicodinamica della vita familiare; vogliamo invece descrivere i modi in cui l'originaria esperienza familiare determina, plasma o perlomeno condiziona la nostra disponibilità sia all'intimità che alla vicinanza naturale.

Ci sono famiglie unite? Moltissimi tra noi risponderebbero: "Sì." Noi riconosciamo e ricordiamo famiglie che riteniamo o ritenevamo unite. Molto spesso, ciò che ricordiamo è un sentimento che esse suscitavano in noi: erano famiglie delle quali, lo sentivamo, ci sarebbe piaciuto far parte: i loro membri sembravano tutti adeguarsi perfettamente l'uno all'altro, andare perfettamente d'accordo tra loro. Ci sono famiglie intime? Queste sono molto più difficili da riconoscere. A tutti sono note, per averle sott'occhio o averne memoria, famiglie che sembrano o sembravano spontanee, in cui non c'erano chiusure tra singoli membri e dove straordinaria era la mancanza di ruoli: famiglie che magari sono o erano sedi di clamorosi litigi, ma che si mostravano anche grandemente sincere e concrete nella compartecipazione dei loro sentimenti positivi. Sono ed erano famiglie caratterizzate da appassionato attaccamento ma piuttosto caotiche, e certamente non corrispondenti al modello culturale accettato. Eppure, molto spesso, le case in cui abitavano erano luoghi di raduno dei bambini dei dintorni. Ci sono famiglie che siano insieme intime e naturalmente vicine? Senza dubbio ce ne devono essere, ma sono talmente rare che ben pochi di noi con ogni probabilità le riconoscerebbero come tali.

Abbiamo descritto il rapporto tra intimità e vicinanza, quelle esperienze che assicurano un equilibio naturale ottimale tra le due, e quei fallimenti esperienziali che creano invece squilibri. Fino a questo momento, ci siamo occupati del rapporto tra due, della diade, tipo di relazione che offre la potenzialità di profondità, passione e crescita in fatto di esperienza personale, a patto che si riesca a fondere efficacemente vicinanza e intimità. La fusione creativa di queste – la vicinanza naturale e l'intimità fonte di energia – ci porta all'esperienza del *sé*. La possibilità di intimità diminuisce proporzionalmente al grado di vicinanza interpersonale, ma se siamo capaci di farla sussistere, la nostra crescita e la nostra gratificazione personali possono essere intense e in espansione. Che cosa accade allora in seno a una famiglia? Le famiglie sono intricate, spesso indescrivibili, reti di rapporti stretti e intime esperienze reali o possibili. A prima vista, a causa delle pressioni sia organiche che culturali a vantaggio della vicinanza, sembrerebbe che le esperienze intime della famiglia debbano risultare improbabili, ancor più improbabili, ancor più difficili che nell'accoppiamento di due singoli. Le pressioni a favore della vicinanza sono organiche per via della natura biologica dell'"allevamento" del bambino che richiede legame e cure. Il legame è una possente spinta. L' "allevamento" dei bambini, sia pure con le deformazioni culturali che gli sono state da noi imposte, è un formidabile istinto biologico; pure, nonostante queste forti spinte alla vicinanza, le naturali tendenze e impulsi intimi dei bambini forniscono un benefico contrappeso. Per dirla con Henry Wadsworth Longfellow in *My Lost Youth* ("La mia perduta giovinezza"):

> La volontà di un bambino è la volontà del vento,
> e i pensieri della giovinezza sono lunghi, lunghi pensieri.

Questi lunghi, lunghi pensieri aiutano a impedire la totale cattura da parte del sistema, perlomeno finché i bambini non siano "civilizzati", il che molto spesso significa fino al momento in cui non entrano nella società andando a scuola, all'asilo o a far parte di altri sistemi sociali. Finché restano in casa, a meno che i genitori non siano già cospicuamente nevrotizzati, l'equilibrio tra intimità e vicinanza culturale rimane sano. Non c'è ancora sufficiente esigenza a cambiarlo da parte del sistema o dei genitori.

Le nostre istituzioni didattiche sostanzialmente insegnano sistemicità, in altre parole vicinanza. La parola "educazione" viene dal latino *e-ducare* cioè guidare fuori; ma, anziché portare verso una più piena espressione del *sé*, le nostre scuole si sono ridotte a essere strumenti che ci portano verso una maggiore identità, un maggiore imprigionamento. Anziché insegnarci a pensare creativamente, ci insegnano a fornire la risposta voluta dal "sistema", la risposta "giusta". Scolari e studenti che diano risposte creative spesso vengono dissuasi, più o meno esplicitamente, dal rischiare di essere diversi. Qui non ci interessa se le "risposte" alla tavola pitagorica siano facoltative o meno: com'è ovvio, non lo sono affatto; stiamo parlando invece di quello stesso imprigionamento a opera del sistema che impedisce alle persone di apprendere sulla scorta della loro esperienza, ed è una cosa autodistruttiva, sia letteralmente che metaforicamente, per la specie. Noi insegniamo coordinatamente, insegniamo a vivere per il sistema, anziché cooperazione, anziché vivere come *sé* nell'ambito del sistema. È soprattutto la paura del rischio e della creatività che si è impadronita della nostra cultura come risulta con la massima evidenza dalla nostra "educazione".

Dice Jacob Needleman in *A Sense of the Cosmos*: "Ma ciò che è degno di ammirazione nel bambino è la sua integrità, la quasi perfetta unità della sua mente innocente con il corpo. *Che qualcosa di questa unità organica dovrebbe continuare a esistere a mano a mano che la sua mente raccoglie informazioni circa la vita su questo pianeta, pare a me dover essere il fondamentale scopo e problema dell'educazione.*" E, vorremmo aggiungere, della vita. Imparare ad apprendere quale totalità e *imparare ad apprendere* dall'esperienza del *sé*, sarebbe un obiettivo migliore. Il *sé* insegna e apprende naturalmente. Scuole quali una comunità di *sé*, sarebbero insieme più efficienti e più umane e maggiormente in sintonia con la nostra natura.

L'evidenza del fatto che gli esseri umani che cosa sia l'intimità lo apprendono sostanzialmente in seno alla famiglia, rende l'esperienza dell'equilibrio tra vicinanza e intimità, che all'interno di una famiglia del genere sussiste, l'elemento dominante della disponibilità all'intimità in rapporti di vicinanza. Questo continua a essere vero per la "famiglia", per quanto cambiato sia, nel corso degli anni, il nostro concetto culturale di che cosa essa sia. Noi oggi la pensiamo in termini di "famiglia nucleare", laddove un tempo c'era la "famiglia allargata" e prima ancora la "famiglia tribale". La forma culturale determina il modo con cui ha luogo questo insegnamento e apprendimento, senza d'altro canto mutare la realtà operativa del fatto che la "famiglia" è là dove viene posta in essere. Ma forse sarebbe più esatto dire che la capacità naturale di intimità è rafforzata oppure ostacolata in seno alla famiglia, essendo naturale la capacità di intimità.

È cosa triste che ai bambini venga negata la gioia creativa di compiere esperienze intime entro la famiglia, ma più spiacevoli e dolorosi sono gli effetti a lungo termine che questa carenza ha su di loro come esseri umani. È nelle nostre famiglie che impariamo a essere o, troppo spesso, a non essere persone. Impariamo a *comportarci* nella vita familiare, o perlomeno dovremmo, ma impariamo anche o dovremmo imparare come *essere* persone. Il paradosso è che se davvero impariamo a *essere* in seno alle famiglie, avremmo punto o poche difficoltà a imparare anche come comportarci; se invece impariamo come comportarci, può darsi che impariamo come essere, ma può verificarsi anche il contrario. L'obbedienza non assicura umanità. L'assicura invece l'autodisciplina, che si fonda su un sincero amore delle nostre persone. Autodisciplina significa essere alla lettera un discepolo, uno che segue per amore il proprio *sé*. Si attua l'autodisciplina imparando a essere se stessi con altri, a essere il proprio *sé* con *altri* apertamente e sanamente nell'esperienza primaria che si ha vivendo in una famiglia naturale quale figlio, fratello o genitore.

Tutti proveniamo da famiglie. In quanto tale la famiglia è il prototipo della natura, certamente almeno della natura umana. La famiglia è, per tutti noi, un simbolo interiorizzato. La "famiglia" può aver sede nei pensieri, nella memoria o nella fantasia, ma il simbolo è sempre presente, in te e in me, nell'orfano e persino nell'alienato; esso assorbe l'attenzione dello psicotico, è un simbolo di primaria importanza che determina il posto della vita del nevrotico. Un essere umano senza famiglia è inconcepibile, anche se la famiglia in questione è una vaga e confusa introiezione (un'immagine attiva interiorizzata). Le uniche eccezioni concepibili potrebbero essere il sociopatico e lo psicopatico che però hanno anche loro proprie famiglie, forse a noi irriconoscibili, ma che comunque esistono. Il bambino picchiato e maltrattato ha un suo concetto della famiglia, anche se gran parte degli esseri umani non sono disposti ad accettarlo come "valido". L'umanità non può esistere senza famiglia, dal momento che la natura dell'umanità è relazionale.

Sotto il profilo biologico, la famiglia comincia con l'accoppiamento. L'accoppiamento esperienziale crea la famiglia. L'accoppiamento esperienziale che ha a fondamento il possente bisogno di tutti noi di completare noi stessi, costituisce la base naturale per la creazione di altri, e dunque di famiglie. Sotto questo profilo, accoppiamenti transeunti e successivi rispecchiano una riluttanza a impegnarsi non tanto al "matrimonio" o alla "relazione", bensì al lavoro, alla sofferenza e alle durezze del compito dell'accoppiamento esperienziale. Il compito di unirsi a un'altra persona (abbastanza diversa da noi da garantirci la possibilità di trovare quelle parti delle nostre persone che ancora devono crescere) è una difficile opera psichica. L'ombra junghiana diviene il nostro coniuge potenziale, e coloro che evitano questo possente prototipo si accoppiano con qualcuno con cui possono essere solo intimi. In ambedue i casi, le potenzialità di un equilibrio accrescitivo, naturale, di vicinanza e intimità vengono a essere diminuite. Sia l'uno che l'altro atteggiamento escludono possibilità naturali di accoppiamento esperienziale. Coloro che sono in grado di essere soltanto dipendentemente vicini, si affidano all'*altro* per fare, essere, sentire e pensare ciò che non sono in grado di fare, essere, sentire o pensare se stessi. Di conseguenza, costoro mai conoscono la propria totalità. Quelli tra noi che possono essere solo indipendentemente intimi fanno assegnamento sul fatto che l'*altro* non è che una versione di essi, e il rapporto è paragonabile a un vivere con se stessi; non si cresce mai, perché non si è mai posti di fronte a un'umanità diversa da quella che si è già esperita. Si è prigionieri della propria somiglianza. Da questi due modi di evitare l'accoppiamento esperienziale derivano protervia, crescente infelicità e l'alta percentuale di divorzi delle società attuali. L'unica reale base di una relazione nel suo farsi, e quindi di una famiglia *in fieri*, è l'accoppiamento esperienziale.

Si impara ad affrontare l'accoppiamento esperienziale nella famiglia d'origine, la famiglia operativa, e ciò significa semplicemente che in essa si apprende come rapportarsi a qualcuno che, per alcuni significativi aspetti, è diverso da noi stessi. Tuo padre è chiaramente diverso da tua madre. Tuo padre è diverso, si comporta con tua sorella diversamente da te, e tua madre si comporta con tuo fratello in maniera diversa da te o da tua sorella. Tuo fratello e tua sorella sono entrambi diversi, e ciascuno dei due è diverso da te. Tu sei diverso dal tuo primo cugino e diversissimo dal tuo miglior amico. E, cosa forse ancora più importante, tutti questi rapporti risultano diversi in tempi diversi.

Come può il bambino, inizialmente portato dalla natura a essere se stesso, venire a capo del mobile caos di queste differenze in perenne cambiamento? Il modo con cui il bambino affronterà il caos in questione, determinerà il modo con cui in seguito si atteggerà nell'accoppiamento esperienziale. Ciò che i bambini imparano, determinerà la maniera, efficace o meno, con cui riusciranno a combinare vicinanza e intimità naturali nei loro futuri rapporti e, cosa massimamente significativa, l'efficacia con cui sapranno gestirle nelle loro proprie famiglie.

IL RISCHIO DI INTIMITÀ NELLE FAMIGLIE

Kenny ha sei anni ed è il minore di tre figli. Suo padre è una persona ragionevole ma autoritaria e coercitiva, che comanda a bacchetta in famiglia. La madre di Kenny è una persona piuttosto passiva, che per anni ha sofferto di depressione ed è stato questa a indurla finalmente a venire in terapia da noi con i familiari; il trattamento è in corso da tre mesi, ed essa ha appena cominciato a vedere nuovamente se stessa come una persona. Oggi, Kenny se ne sta seduto sul divano a fissare intensamente il terapeuta. Silenzio. Il terapeuta chiede a Kenny: "C'è qualcosa che desideri dirmi?" Il bambino volge lo sguardo ai familiari; interviene suo padre: "Se hai qualcosa da dire al medico, dillo." Kenny ha l'aria perplessa, ma comunque torna a guardare il terapeuta e gli chiede: "Che cosa fanno papà e mamma a letto quando non dormono?" Segue un pesante silenzio. Il suo fratello maggiore ridacchia imbarazzato. Alla fine, il padre replica: "Ci sono cose delle quali non si parla, Kenny. Quando sarai grande forse comprenderai." Non molto persuaso della sua stessa risposta, il padre continua, rivolto al terapeuta: "Forse lei è in grado di rispondere alla domanda di Kenny in maniera che gli riesca comprensibile." Replica il terapeuta: "Credo che Kenny preferirebbe che la risposta gli fosse data da lei e da sua madre." Apre allora bocca la madre, fino a quel momento rimasta zitta, e con tono carico di emozione dice: "Se non avesse bisogno di sapere, non lo chiederebbe. Io penso che la nostra famiglia sia troppo riservata. Perché non rispondergli? Anche lui ha dei diritti."

Kenny ha corso un rischio, si è differenziato dalle usuali modalità relazionali della sua famiglia, ed è riuscito nell'impresa. Come spesso capita di constatare in bambini piccoli, viene alla luce l'innata propensione al rischio. Il fatto che Kenny lo abbia affrontato ha permesso agli altri di essere diversi. La sua capacità di sano accoppiamento esperienziale è cresciuta; e se la crescita continua, con ogni probabilità Kenny trasferirà questa sua capacità alla famiglia alla cui creazione a sua volta un giorno contribuirà.

Carson ha quattordici anni, ed è un ragazzo creativo, sicuro di sé, battagliero ma amorevole. Susan, sua madre, è di carattere identico e il padre, Roger, esercita un'influenza moderatrice sul loro rapporto. Non è passivo, semplicemente il suo modo di rapportarsi è più pacato. La sorella minore, Robin, spesso è testimone di discussioni accalorate tra Carson e la madre, per questioni che vanno dalla scuola alle faccende domestiche. Una sera, non molto diversa dalle altre, Susan e Carson sono impegnati in un'accesa discussione che ha per oggetto il desiderio di lui di imparare a guidare l'auto prima di avere la patente. Le voci salgono, ma ben presto la disputa finisce. Carson si calma e si chiude in camera sua, la sua clamorosa logica non essendo riuscita a convincere i genitori più di quanto ci siano riuscite le sue appassionate implorazioni; ha accettato le loro decisioni. E Susan allora commenta, rivolta a Roger: "Sai che ti dico? Che io ammiro davvero quel ragazzo. Ha una grossa carica." Carson non l'ha udita mentre lo diceva, ma sa che la madre la pensa così. Roger ride, compiaciuto della moglie e del figlio come persone. Robin, che è presente, ode tutto questo, e sono cose che la fanno crescere. Roger e Susan stanno creando, nei loro figli, un sano fondamento di accoppiamento esperienziale. Carson con ogni probabilità riuscirà più facilmente di moltissimi altri a creare un equilibrio tra intimità e vicinanza naturale, ed è facile prevedere che lo stesso varrà per sua sorella.

I due esempi comportano qualche differenza. Kenny è in un momento di eccitante inizio, Carson in una fase di eccitante realizzazione. Entrambi sono fuori del comune, o perlomeno rientrano in una ben delimitata minoranza. Assai più comuni sono due altri diffusi risultati di queste situazioni: Kenny avrebbe potuto non esprimere la propria curiosità e conformarsi, e Carson avrebbe potuto continuare a lottare, assumendo un atteggiamento di ribellione e forse avrebbe finito per scassare l'auto e far del male a se stesso. In altre parole, Kenny avrebbe potuto rinunciare alle proprie differenze, rinunciare all'intimità e piegarsi alla sicurezza di divenire uno di loro, restando familiare, sprofondando nella sicurezza, per quanto precaria, del mantenere la vicinanza e rinunciare al proprio essere. E Carson avrebbe potuto rinunciare alla sua vicinanza, ai suoi rapporti e procedere nella vita da ribelle, affermando distruttivamente le sue differenze pseudoindipendenti, la sua intimità fasulla. Entrambi avrebbero trasferito questi accoppiamenti esperienziali male appresi nelle loro future famiglie, e Carson avrebbe rischiato anche lui di non avere mai una famiglia. Ma, se una ne avesse avuta, con ogni probabilità avrebbe allevato figli dediti a un rigido conformismo, e Kenny invece una prole ribelle, autodistruttiva. Lo spaventoso fenomeno di generazioni "alterne" di comportamento nevrotico (il ribelle e poi il conformista, la persona di successo e poi il fallito, colui che si muove e poi colui che sta fermo), i terapeuti l'hanno di continuo sott'occhio. Il modulo comportamentale oscilla avanti e indietro per generazioni, valida testimonianza del potere dell'erroneo apprendimento. È per questo che equilibrio di intimità e vicinanza, e la correttiva esperienza, nell'accoppiamento, che questo equilibrio genera, hanno importanza tanto decisiva.

VICINANZA NELLE FAMIGLIE

Per loro natura, le famiglie rendono difficile l'intimità. La vicinanza, per tutta una serie di motivi difficilmente comprensibili, ha la massima priorità nella vita di famiglia, dove il rapporto è assai più importante dell'esperienza, e ne deriva la maggior importanza della vicinanza rispetto all'intimità. La famiglia è un sistema. La vita familiare deve essere mantenuta, si deve assicurare ai suoi componenti un tetto e un letto, bisogna preparare i pasti; i componenti della famiglia devono alzarsi, fare colazione, andare al lavoro o a scuola, i bambini piccoli devono essere nutriti, anche alle due del mattino. Sono responsabilità fondamentali che devono essere assolte perché la famiglia possa sopravvivere. Di importanza decisiva sono pertanto stabilità e prevedibilità. Bisogna che madre e padre abbiano ambedue la certezza che l'altro si alzerà, andrà a lavorare, porterà i bambini a scuola, si prenderà cura della casa, vigilerà sulla loro salute, guadagnerà uno stipendio per pagare le spese; ciascuno deve essere certo che l'altro continuerà ad assolvere a questi doveri, ai fini della sopravvivenza loro e dei figli. Stabilità e costanza sono valori primari, i pilastri del mantenimento e della prevedibilità. E se diventano valori primari, è perché sono realisticamente necessari al buon funzionamento della famiglia, il che significa sopravvivenza della famiglia quale sistema. E tutti questi valori, come è ovvio, favoriscono la vicinanza. La quale nelle famiglie è una realtà. I bambini piccoli devono davvero venire nutriti nel cuore della notte, i pannolini devono essere cambiati, i conti vanno pagati. Qualcuno deve assicurarsi un introito, il gabinetto va pulito, colazione, pranzo e cena devono essere preparati, i piatti lavati. Sono tutti compiti concretissimi: se si ha un giardino l'erba va tagliata, il bucato va fatto, le riparazioni non possono essere evitate, gli indumenti vanno rammendati, le malattie curate, e bisogna gettare le basi finanziarie per l'educazione dei figli e la vecchiaia dei genitori. I bisogni di un figlio in ogni momento devono essere adeguati ai bisogni dell'altro. I bisogni di entrambi i genitori, individuali o nel loro vicendevole rapporto, devono essere tangibilmente soddisfatti. Senza unità, le famiglie non possono sopravvivere.

Dal momento che la vicinanza in seno alle famiglie è insieme concreta, reale e funzionale, si enfatizza la continuità del rapporto rispetto all'esperienza nella relazione, ed è pressoché inevitabile, dal momento che la vicinanza assicura stabilità e costanza in un gruppo primario. Sei persone che vivono insieme in una casa rendono inevitabile unità e vicinanza, tali alla lettera. I membri della famiglia non possono che essere familiari l'uno all'altro. Prendersi cura di neonati e bambini esige che si sia vicini e uniti: evitare che un piccolo cada dalle scale o che finisca sotto un'auto implica che si sia fisicamente vicini. Questa prossimità si aggiunge all'attenzione, marginale ma perenne, e alla costante vigilanza sulla mente dei bambini che tutti i genitori sono chiamati a esercitare. In siffatte circostanze, le possibilità di incrementare l'esperienza (di promuovere cioè l'intimità) diventano in un certo senso un rischio e un lusso.

È a questo punto che ha luogo la cattura a opera del sistema. L'intimità *sembra* un lusso, ma senza di essa la vicinanza si riduce a meri ruoli e atteggiamenti, e la famiglia vien meno alla sua funzione primaria, che è quella di produrre esseri umani maturi, senzienti e capaci di istituire rapporti. Il rischio connesso all'enfatizzazione dell'esperienza deriva dalla creatività dell'intimità, che non è né prevedibile né costante e, com'è facile capire, le famiglie temono il rischio, il cambiamento, l'estraneità. Il mantenimento è una forza possente in seno alla famiglia, sistema che diviene più importante degli individui che lo compongono. L'errore, com'è ovvio, consiste nel credere che l'una debba essere sostenuta a spese dell'altro. Non è così, né ci troviamo a dover scegliere tra intimità e vicinanza, esattamente come non siamo obbligati a scegliere tra inspirare ed espirare. Se la vicinanza esclude l'intimità, vuol dire che siamo stati catturati, che abbiamo perso la capacità di scelta.

Il ragazzino di cinque anni sta giocando da solo in un angolo del soggiorno. Gli chiede il padre: "Che stai facendo?" Risponde il bambino: "Sto parlando con te." È una risposta diretta, esperienziale e intima, di quelle che ai bambini piccoli vien fatto di dare naturalmente. Replica il padre, con una punta di irritazione: "Non è questo che ti ho chiesto. Si può sapere che fai?" E questa volta la risposta suona: "Niente." Il padre sta insegnando al bambino la relazione (vicinanza) anziché rafforzare la sua esperienza (intimità). Al bambino viene in altre parole insegnato a non condividere l'esperienza immediata, ma a fermarsi a un momento a riflettere su ciò che il padre gli sta effettivamente chiedendo, e solo allora dargli una risposta. Il bambino sta imparando a essere un membro della famiglia e della società; purtroppo, sta anche cominciando a perdere la sua capacità di immediata esperienza intima, la capacità di essere semplicemente chi e come è in quel momento con un altro essere umano.

Ellen ha nove anni. È la primogenita. Come spesso accade, sua madre è stata una genitrice assai migliore con il figlio più piccolo, Brad, che adesso ha quattro anni. Brad è la gioia dei suoi genitori. È affettuoso, estroverso, allegro, intraprendente e splendidamente giocoso; Ellen è spesso stizzita con il fratellino, e i suoi malumori sembrano, a prima vista, del tutto immotivati. Urta, sposta, colpisce e spesso gli rompe i giocattoli. Il suo comportamento (non poi molto insolito tra fratelli) è da attribuire alla vicinanza. La madre tuttavia, non lo affronta in questi termini: non parla a Ellen del suo comportamento, come invece dovrebbe fare, trattandosi di atteggiamenti che con ogni evidenza ledono profondamente i rapporti familiari, la capacità alla convivenza del gruppo. Al contrario, parla a Ellen della rabbia che questa prova per il fratellino, insiste a fargliela smettere, fa appello agli aspetti di esperienza e intimità. Ma Ellen è piena di rabbia, ed è questo che sente, ed ha diritto di sentirlo, anche se non ha il diritto di colpire il fratellino e di distruggergli i giocattoli. La sua capacità e volontà di esperire, di essere intima, viene minata dalla risposta della madre e, se questa continuerà nel suo atteggiamento, Ellen crescerà ribelle, diventerà un'adulta stizzosa o, cosa altrettanto triste, una persona "carina", terribilmente controllata, inibita, piena di sensi di colpa. L'esperienza intima, nell'ambito della quale sarebbe accettata con il suo modo di sentire, permette il cambiamento, mentre non lo permette il "controllo dei sentimenti".

Patrick ha quattordici anni. Sta giocando nel giardino di casa sua con gli amici, uno dei quali ha diciassette anni. Per una qualche ragione tra Patrick e questo scoppia un litigio. Il padre di Patrick se ne sta sul portico, e da lì osserva l'inizio della rissa. Un diciassettenne è molto più robusto e piazzato di un quattordicenne. All'inizio, Patrick sembra destinato a prenderle, e il padre è incerto: deve intervenire o no? Decide di non farlo. Alla fine, Patrick riesce ad avere la meglio, e dopo un po' i due la smettono. Il diciassettenne se ne va, e Patrick, il quale sapeva benissimo che suo padre stava osservando la scena, entra in casa. Passando accanto al genitore, senza alzare gli occhi gli dice: "Accidenti, l'hai proprio sopravvalutato, quell'altro." Sì, nell'intimità, nell'essere genitore, nel vivere, c'è un effettivo rischio.

Tutti e tre gli esempi riportati, comportano una decisione da parte dei genitori: a che cosa dare la preferenza, al rapporto o all'esperienza, alla vicinanza o all'intimità? Si tratta di una decisione che di rado è razionale o conscia: perlopiù, è emozionale e preconscia. Nostro figlio ci piace al punto da indurci a iperproteggerlo? Oppure lo amiamo tanto da accettare il rischio? Abbiamo bisogno della costante stabilità che esige che tutti sentano allo stesso modo, o siamo in grado di accettare una più ampia globalità, comprensiva della differenza?

Simpatia e amore sono, nel rapporto, sentimenti frammischiati e a volte sono soggettivamente indistinguibili. Ciò vale soprattutto nel caso delle famiglie. Certo, ciascuno è una parte e un frammento sia della vicinanza che dell'intimità. Tuttavia, la simpatia è leggermente più importante nella vicinanza, e l'amore ha una certa preminenza nell'intimità, e il nostro linguaggio riflette questa accentuazione. Piacere ed essere simili; in inglese *to like* e *to be alike*, hanno sostanzialmente lo stesso significato. In origine, il termine *like* significava "corpo comune", in seguito designò la "salma" e solo più tardi significò "piacere", provare piacere, provare simpatia. Oggi, significa "provare piacere" e *to be liked* significa "piacere all'*altro*". Si tratta, nella vita familiare, di motivazioni primarie. Gran parte dei componenti una famiglia erroneamente sono alle prese col bisogno di essere simili (*to be alike*), di essere parte del "corpo comune", secondo un impulso che deriva dall'imbarazzo che i genitori provano per le loro proprie differenze; ed essi hanno l'impressione che per istituire un rapporto due persone devono essere d'accordo, essere simili (*to be alike*). Ma, per dirla con Schopenhauer, "noi cediamo tre quarti di noi stessi allo scopo di essere simili ad altri". E anche il bambino fa propria la stessa erronea credenza, e lotta e si sforza di essere simile (*to be alike*) e pertanto di piacere (*to be liked*). Il bambino giunge alla conclusione che essere diversi, cosa che spesso significa essere se stessi, comporta il non essere amato. E siccome per un bambino essere amato equivale a esistere, la confusione e la deformazione possono risultare profonde: i bambini possono crescere persuasi di esistere solo quando siano "amati", cosa evidentemente non vera. E crederlo è anche doloroso, molto doloroso.

Si esiste quali se stessi. La relazione non è definizione. Credere il contrario, significa rassegnarsi a una vita intera di dipendente ricerca del significato nei sentimenti che altri provano per te. Tu puoi crescere persuaso che l'unico modo per essere amato è di divenire simile all'altra persona, e puoi finire con l'equiparare vicinanza, sicurezza e stabilità con amore e intimità, col rischio di finire per ridurti a un robot, a un cadavere psicologico, di crescere cercando la sicurezza al prezzo della non crescita, del non essere la tua propria persona. Il risultato in realtà non è affatto la sicurezza, bensì la nevrosi, l'essere un morto vivente.

Le persone sono, in effetti, assai più simili tra loro che non diverse. Non occorre sforzarsi per essere simili (*alike*). A che scopo sforzarsi di essere simile ai tuoi genitori o ai tuoi fratelli, quando già esistono enormi somiglianze specifiche genetiche familiari? Tuttavia, la somiglianza non è l'identicità. La natura produce miliardi di fiocchi di neve, tutti simili ma nessuno uguale a un altro, e lo stesso vale per le persone. Non ce ne sono due che siano tutt'uno, neppure i gemelli monozigotici. Ciascuno di noi, durante l'infanzia, ha il diritto di crescere con la propria singolarità, dal momento che possiamo non preoccuparci affatto dei mille e mille modi con cui siamo simili. Il nostro compito di maggior momento quali genitori in seno a una famiglia consiste nel creare uno spazio in cui ogni figlio possa crescere nella sua accettata unicità.

Insegnare metasentimenti come se fossero sentimenti

A essere indispensabile è lo spazio, l'opportunità, la libertà di essere. Non occorre insegnare sentimenti in seno alle famiglie, occorre insegnare solo comportamenti. Si sente naturalmente, si sente prima di essere consapevoli di sentire. I tuoi sentimenti sono parte della tua natura. Prima senti, e solo successivamente pensi a ciò che stai sentendo. I sentimenti sorgono dal tuo *sé* naturale. Noi impariamo al livello del *sé* solo nell'esperienza intima; in altre parole, possiamo cambiare davvero soltanto noi stessi; nessun altro può farlo. L'autoapprendimento, l'apprendimento del *sé* è l'unico possibile a quel livello dell'essere. Se *altri* potessero insegnarci sentimenti, potrebbero cambiare la nostra natura.

Affermando che non si possono insegnare sentimenti in seno alle famiglie, ma solo mettere a disposizione lo spazio e l'occasione dell'esperienza intima, entro la quale i sentimenti si verificano, intendiamo riferirci a quelli primari: sentimenti con i quali siamo nati, come gioia, tristezza, collera, paura, sessualità. Le famiglie possono, ed effettivamente lo fanno, insegnare una molteplicità di altri sentimenti secondari e più complessi, quelli che abbiamo definito metasentimenti. Perlopiù, si tratta di sentimenti riguardo all'avere sentimenti. La famiglia può insegnare ai bambini a sentirsi in colpa per essere iracondi, a vergognarsi perché si piange, a essere imbarazzati perché si provano sentimenti sessuali, modesti circa i propri corpi naturali, restii a far mostra di sentimenti primari e timidi in fatto di relazioni umane. Le famiglie possono convertire la collera, sentimento naturale e sano, in ostilità, sentimento innaturale e nevrotico. Possono convertire la sessualità in una violenta espressione di potere su un altro essere umano, e a partire da questa deformazione costruire l'intero incubo sadomasochista. Possono convertire la tristezza empatica nell'ipocrisia della sdolcinata condiscendenza, trasformare un assertivo sentimento del *sé* in ipocrisia, oppure trasformare la paura in ossequiosità o tirannia. Le famiglie questo lo possono fare esattamente come possono insegnare il rispetto, la gentilezza, la considerazione per gli altri e la buona educazione. Sì, le famiglie possono insegnare tutti questi metasentimenti, ed effettivamente lo fanno; ma se essi sono messi al servizio della vicinanza rassicurante, della stabilità, della somiglianza, della continuità e dell'obbedienza, e in generale dell'opera di civilizzazione e socializzazione del bambino per adeguarlo allo stampo familiare e sociale, proliferano i metasentimenti di dominio e controllo i quali costituiscono la materia prima di cui sono fatti i mondi della nevrosi e della psicosi. Non tutti i metasentimenti sono negativi (così per esempio, buona educazione e considerazione per gli altri favoriscono i rapporti). Il problema, ancora una volta, è dato dallo squilibrio. La sana vicinanza cede il posto alla cattura da parte del sistema; l'utile socializzazione diviene distruzione della capacità di esperire.

Noi non siamo in grado di fare una distinzione netta tra consulenza e psicoterapia, al pari di una descrizione delle differenze in seno alle famiglie: differenze tra enfatizzazione della vicinanza o dell'intimità, dell'insegnare sentimenti o di favorirne lo sviluppo, dell'assumersi la responsabilità del cambiamento di *altri* in quanto contrapposta al fornire un rapporto entro cui l'*altro* assuma la responsabilità di se stesso. La consulenza attiene alla vicinanza: re-insegna metasentimenti in modo che siano meno distruttivi; il consulente si assume la responsabilità di cambiare il paziente. La psicoterapia si occupa di intimità anziché di ristrutturazione della vicinanza, e si propone di fornire una relazione appropriata entro la quale sentimenti primari si sviluppino e maturino nell'essere naturalmente se stessi. La psicoterapia esperienziale mira a sviluppare nel paziente il senso della responsabilità esistenziale. La stessa differenza di accento risulta evidentissima nelle due principali modalità di terapia familiare. Le terapie familiari strategiche sono efficacissime forme di consulenza; nella terapia familiare esperienziale, invece, l'accento è posto sull'educazione e sul rafforzamento della capacità di ciascun membro della famiglia di essere intimo entro i confini del gruppo. La terapia esperienziale mira a prevenire la cattura.

Le famiglie, al pari della consulenza, generalmente sono efficaci quanto a costruire vicinanza, a insegnare metasentimenti e ad assumersi la responsabilità della crescita e del cambiamento nei bambini, ma per esse risulta molto più difficile promuovere l'intimità, nutrire sentimenti primari nel rapporto e favorire un senso di autoresponsabilità, di responsabilità del *sé* verso la felicità o infelicità dei suoi membri. In generale, nasce assai più facile, in una famiglia, approvare ed essere completamente d'accordo, o perlomeno farlo in superficie, assai più semplice decidere di evitare di confrontarsi con problematiche significative che indurrebbero i componenti della famiglia a rivelare se stessi. Di rado accade che genitori e figli vogliano essere diversi, che vogliano esplorare le differenze in maniera rischiosa. Le differenze che traduciamo in comportamenti concreti, come per esempio essere ribelli, non comportano rischi: sono semplicemente un'altra modalità di cattura. Tende a essere assai più facile, per il genitore o il figlio, discutere il fatto che qualcuno nella famiglia è egoista o disonesto (metasentimenti) di quanto non lo sia, per essi, parlare distesamente con gli altri familiari della loro collera o sessualità (sentimenti primari). È assai più probabile che il biasimo sia l'argomento di una discussione familiare che non un aperto scambio in cui un membro della famiglia, genitore o figlio, affronti il problema della propria responsabilità, della sofferenza e infelicità degli altri.

Perché è così difficile essere intimi nella famiglia, essere semplicemente chi si è e condividere ciò che si sente? Si tratta di una difficoltà tutt'altro che rara o casuale, ma tipica del modo con cui viviamo insieme in seno alle famiglie, e la sua universalità è resa evidente dal desiderio travolgente, tanto spesso espresso da tante persone, di essere qualcos'altro da quel che sono. Non di essere *qualcun altro*: come perlopiù questi dicono, "mi piacerebbe essere questo o quello che non sono". Il genitore vorrebbe giocare di più, essere meno responsabile, essere simile al bambino; i figli aspirano a essere indipendenti, come erroneamente ritengono siano i loro genitori; preferirebbero andare a lavorare piuttosto che a scuola. La bambina vorrebbe fare ciò che fa il bambino, il maschietto quel che fa la femminuccia. Il padre preferirebbe costruire mobili anziché lavorare in ufficio, gli piacerebbe di più essere uno scrittore che non un contabile, e la madre vorrebbe essere un medico o un'attrice anziché un'impiegata, un avvocato, una donna di casa. Sempre qualcosa che non siamo. Perché? Sarebbe diverso se vivessimo nel centro di una città anziché alla periferia di un'altra? Sarebbe diverso se fossimo più ricchi, più magri, sposati con qualcun altro? Intere industrie sono state costruite attorno a queste insoddisfazioni e fantasie.

Il fatto di avvertire queste costanti, vaghe e disagevoli insoddisfazioni per quello che siamo e per il come siamo, non significa che davvero vogliamo essere qualcun altro, in qualche altro luogo, con un'altra persona, anche se questa è l'apparenza e anche se certuni mettono davvero in pratica le loro fantasie. In realtà, però, queste inquietudini con ogni probabilità riflettono il nostro dubbio di non essere sempre *stati noi stessi*. Anziché voler essere qualcun altro, semplicemente vogliamo essere certi che siamo riusciti a essere *noi stessi*, e siamo inoltre afflitti dall'erronea credenza che chiunque altro, salvo noi, riesce a essere se stesso. La proverbiale ricerca dell'identità comincia assai precocemente in seno alla famiglia, e una consapevolezza intellettuale di chi si è non soddisfa questo bisogno, che è accontentato solo dalla reiterata esperienza intima di essere semplicemente chi si è, in maniera comoda e relazionale, soprattutto nell'ambito della propria famiglia. La vera identità è attinente al *sé*; l'esperienza dell'*io* o del *me* non ci dà questa stessa certezza. Il bambino può ottenere effettivamente e concretamente quel che desidera da genitori o fratelli; può essere pienamente se stesso, solo, sul letto nella sua stanza. Ma nessuna delle due esperienze gli parla di *se stesso*, quel se stesso che può conoscere solo a patto di essere appunto pienamente se stesso, non da solo ma con un altro membro della sua famiglia, e sentendosi pienamente accettato nel suo essere tale. L'umanità è relazionale. L'identità promana dal *sé*, e il *sé* è sempre correlato.

Ecco, a tale proposito, una composizione poetica di Juan Chi, che risale all'incirca al 250 d.C.:

> Lo si può udire ma non vedere
> intento a cantare dolori e piena emozione
> autotorturato non ha compagni
> dolore e crepacuore accumulati su di lui
> "Studia il familiare per penetrare il sublime"
> Ma il tempo è breve, e che fare dunque?

Date le realtà della vita familiare, le pragmatiche esigenze di mantenimento, costanza, stabilità, prevedibilità e le predominanti spinte alla vicinanza, le famiglie possono permettersi di favorire l'intimità? Possono anche solo tollerare che qualcuno in famiglia sia se stesso? Ovviamente, le famiglie quali le abbiamo descritte non potrebbero non essere riluttanti e, nella migliore delle ipotesi, incerte quanto a promuovere intima *sé-ità* tra i propri membri, quasi temessero che il caos sia l'unico possibile risultato. Il marito potrebbe non tornare a casa dopo il lavoro; potrebbe spendere per conto suo l'intera paga per comprare una nuova BMW anziché pagare l'affitto, le rate della casa o le rette per il *college* dei figli. E la moglie potrebbe interessarsi solo alla propria carriera e dimenticare che i figli sono a scuola, oppure investire il proprio reddito nell'acquisto di una barca a vela e salpare per i Caraibi. Il figlio potrebbe decidere di piantare la scuola in terza liceo, oppure di fare proposte sessuali a sua sorella, e la figlia potrebbe decidere di vestirsi solo di sacchi della spazzatura e di non fare mai più un bagno. Perché mai le famiglie proiettano queste loro credenze (in altre parole, perché la civiltà, sotto forma di governi e religioni, li diffonde e li impone)? A dire il vero, data la tendenza di una famiglia a evitare l'intimità e l'inclinazione alla vicinanza spesso nevrotica, eventi irresponsabili del genere possono davvero verificarsi, come di fatto a volte accade. Le persone possono vivere secondo quella che non è la loro natura a patto che non abbiano alcuna connessione con il *sé*, nessuna esperienza di intimità.

In *Janus*, Arthur Koestler affronta il problema della "pericolosità" di persone che esistono quali sé intimi: "In tutta la storia umana, le devastazioni causate da eccessi di autoaffermazione individuale sono quantitativamente trascurabili rispetto al numero di coloro che sono rimasti uccisi *ad majorem gloriam* per una devozione trascendente a una bandiera, a un capo, a una fede religiosa o a una convinzione politica. L'uomo è sempre stato pronto, non solo a uccidere, ma anche a morire per cause buone, cattive o del tutto assurde. Può esserci migliore prova della realtà della spinta all'autotrascendenza?" A essere "pericolosa" è la cattura a opera del sistema, non la *sé-ità*.

Tuttavia, è inconcepibile che un caos del genere si instauri se c'è pieno sostegno e accettazione dell'essere se stessi in una famiglia. Al contrario, è nostra convinzione che una famiglia del genere sarebbe naturalmente più compatta, più stabile, più capace di dare sostegno. E come potrebbe essere altrimenti? A causa della loro intima partecipazione, ciascuno dei suoi membri sarebbe squisitamente sensibile ai bisogni, ai desideri, alle gioie e alle sofferenze degli *altri*, e tutti esisterebbero pieni di tranquilla fiducia nella reciproca sensibilità. Chiunque non sia di questo parere, è destinato a nutrire una profonda diffidenza nei confronti della natura, o a far propria una cinica ignoranza circa il modo di funzionare della natura quando sia lasciata libera di compiere la sua opera. Le famiglie sono naturali, e si dovrebbe permettere loro di funzionare naturalmente. In natura, il sistema non è contrapposto all'individuazione; il movimento centrifugo non esclude il centripeto, che agiscono armoniosamente e naturalmente. Il risultato finale sarebbe un sensibile equilibrio tra intimità naturale e naturale vicinanza in una famiglia naturale. Gli unici pericoli sono lo squilibrio o l'innaturalità, e purtroppo già li esperiamo entrambi nella maggioranza delle nostre attuali famiglie.

PARENTALITÀ INTIMA

Qual è il tipo di famiglia ideale capace di generare un siffatto equilibrio naturale? Qual è il tipo di famiglia capace di fare dei figli altrettanti adulti in grado di essere tanto intimi quanto vicini? Una famiglia del genere dovrebbe, com'è ovvio, cominciare da due genitori capaci insieme di essere intimi e vicini, ed entrambi dotati di notevole consapevolezza delle loro comunanze oltre che delle loro storie individuali. I due saprebbero quanto simili sono, in pari tempo, mantenendo il senso dell'unicità dell'*altro* e non sentirebbero nessun bisogno di essere più simili, ma al contrario godrebbero delle loro differenze. Più a livello di sentimenti che non di fattualità o consapevolezza, ciascuno dei genitori avrebbe coscienza dei suoi modi di essere diverso dall'altro, e ciascuno sarebbe dispostissimo a esprimere e a condividere apertamente tali differenze con l'altro, mostrando costante sensibilità per le differenze dell'altro. E, cosa forse della massima importanza, ciascuno avrebbe la disposizione ad apprendere dalle differenze che esperisce nell'altro e a crescere sia in fatto di personalità che di vita quotidiana tramite la loro esperienza di tali differenze. Stiamo descrivendo genitori ideali, e anche un rapporto ideale, un rapporto di accoppiamento esperienziale ideale, entro il quale ciascuna persona cresca in fatto di umanità, imparando dalla propria sensibilità alle differenze di ciascun altro. I membri di una famiglia del genere non soltanto accetterebbero tali differenze, ma le esperirebbero in modo accrescitivo, dilatando se stessi. Questi sono i genitori ideali, gli ideali fondatori di famiglie. Esistono creature del genere? Probabilmente no, ma alcune persone vi si avvicinano più di altre. Come riconoscerle?

INTIMITÀ NELLA PARENTALITÀ

Anna e Rob sono sposati da sei anni. A volte lei si veste in maniera alquanto stravagante: stoffe rosse e arancioni, sete e telaccia, oppure camicette fatte a mano con ampi pantaloni all'orientale. È una sperimentatrice; a volte i suoi esperimenti falliscono. Una sera, si è abbigliata in maniera disastrosa: Rob, al vederla entrare nella loro camera da letto, è scoppiato a ridere, e lei c'è rimasta male. Rob ha continuato a ridere, con le lacrime che gli colavano lungo le guance, per niente frenato dall'evidente imbarazzo di lei. Ma, dopo qualche istante, ecco che anche lei s'è messa a ridere, dapprima accennando solo a un sorriso e poi altrettanto clamorosamente di lui. E ben presto tutt'e due erano in preda alla più sfrenata allegria, così come capita ad adolescenti che scoppiano a ridere insieme senza nessun motivo apparente: è quel momento in cui Anna e Rob si avvicinano al nostro ideale. Ve li immaginate intenti a ordinare a un bambino in preda a un attacco di rabbia, di filare in camera sua e di smetterla di fare i capricci? Assai improbabile. Potrebbero, da genitori responsabili, mandarlo, sì, in camera sua per farsi sbollire la rabbia perché la smetta di essere ostile e distruttivo, ma non semplicemente perché è in preda all'ira, un sentimento primario umanissimo.

Genitori del genere sono tanto intimi quanto vicini al loro figlio. Anna e Rob stanno facendo l'amore in camera loro una domenica pomeriggio. L'uscio è accostato, ma non chiuso a chiave. La loro bambina di quattro anni, che stava dormendo, entra e si piazza accanto al letto a osservarli. I due si fermano e si mettono a loro volta a guardarla senza vergogna o imbarazzo. Chiede la bambina: "State facendo i matti?" Risponde Anna con voce tranquilla: "No, che cosa te lo fa credere?"

E la bambina: "Oh, sembrava che steste facendo la lotta". Replica Anna: "No, non facevamo la lotta. Ci stavamo amando." La bambina assume un'aria confusa, e si limita a dire: "Oh!" Chiede Anna: "Ti piacerebbe venire a letto con noi ad amare?" La bambina annuisce e si mette a letto con i genitori, e ben presto eccola a cavalluccio sulla schiena del padre, incitandolo: "Arri, arri!" Rob e Anna ridono. Si amano come amano i bambini, in maniera attiva e rumorosa come il rapporto erotico che la bambina stava a guardare senza capire. Sono stati intimi con la loro figlia; non le hanno insegnato nessun metasentimento, e la bambina se n'è andata ridendo deliziata. E loro hanno ripreso a fare l'amore. Quando sono usciti dal loro rifugio, l'hanno trovata intenta a giocare tutta felice con i suoi balocchi; e la bambina ha alzato gli occhi a guardare il padre e ha ripetuto: "Arri, arri."

Tom aveva sei figli. La minore aveva diciassette anni ed era la sua preferita, indubbiamente perché erano molto simili, senza contare che la ragazza aveva quelle caratteristiche della madre che Tom maggiormente amava. Da molti punti di vista la ragazza era l'epitome del rapporto tra lui e sua moglie. A un certo punto, ha cominciato a rincasare oltre l'orario consentitole per le sere dei fine-settimana: mezzanotte o mezzanotte e mezza, mentre il prescritto "coprifuoco" era alle ventitré. Tom l'ha rimproverata più volte, e sempre lei gli rammentava che non si era mai dichiarata d'accordo sul "coprifuoco". Che cosa poteva dire Tom? Si limitava a decretare con aria solenne: "Bene, è a quell'ora che devi essere a casa." "Papà, ma di che cosa ti preoccupi? Sono una ragazza responsabile, ho cura di me stessa e so evitare i guai. Non mi ubriaco né mi drogo, non vado in giro in automobile correndo come una pazza. Grosso modo, sai sempre dove sono e con chi sono, e allora di che ti preoccupi? Forse che mi dedichi ad attività sessuali? Ma potrei farlo anche alle nove di sera, ti pare? Mica devo aspettare fin dopo le undici. E allora, che cosa vuoi?"

Tom ha avvertito un lieve imbarazzo, rendendosi conto che, da certi punti di vista, la ragazza aveva perfettamente ragione, e ha detto: "Lascia che ci rifletta." È uscito, e la ragazza è andata al suo appuntamento. Per qualche giorno Tom ha ripensato a quello che la figlia gli aveva detto, e alla fine ha ripreso il discorso con lei: "Avevi ragione tu. Sono convinto che tu sei responsabile e capace di badare a te stessa, e tuttavia continuo a volere che tu rincasi alle undici. Non per te, ma per me. Perché io comincio a tendere l'orecchio in attesa di sentire la tua auto, e quando non rincasi resto sveglio, a chiedermi se per caso non sia successo qualcosa. Non mi va di farlo, può darsi benissimo che le mie preoccupazioni siano eccessive, ma sta di fatto che mi preoccupo e che preferirei non farlo. E allora, perché non torni a casa più o meno all'ora stabilita, in modo che io possa dormire? Fallo per amor mio, non perché io pretenda che tu ti conservi vergine." La figlia ha sorriso e ha replicato: "Ottimo, perlomeno questo ha un senso. Perché non l'hai detto subito?" E lealmente ogni volta che usciva è rincasata verso le undici, continuando così finché non è partita per il college.

Glen ha quarantaquattro anni. Una domenica pomeriggio è intento a giocare a tennis con Neil, il suo vicino e il migliore amico. Lo fanno molto spesso e di solito vince Glen, che è un giocatore più bravo. Ma non oggi. Sta perdendo. Tra un set e l'altro, si concedono una pausa e si siedono su una panchina. Chiede Neil: "Ti senti bene?" Glen sorride e risponde: "Ho dormito poco, la notte scorsa. Mio figlio Scott mi ha telefonato all'una e mezza, dicendomi che aveva bevuto troppo, e se per piacere lo andavo a prendere all'altro capo della città." Neil scuote il capo con aria comprensiva: "E scommetto che questo ti ha fatto andare in bestia." Glen torna a sorridere: "No, per strano che possa sembrare, mi ha fatto sentir bene. Gliel'ho detto per anni, ai ragazzi, che il fatto di saperli vivi e vegeti per me è più importante del sonno. Ho detto loro di telefonarmi se per caso hanno alzato il gomito, e accidenti, Scott mi ha preso alla lettera. Lisa e io siamo d'accordo che questa sera ci siederemo attorno a un tavolo e gli faremo un discorsetto. Sono certo che ha imparato qualcosa a proposito dell'alcool, ma soprattutto sono felice che abbia imparato ad aver cura di se stesso."

I genitori dei nostri esempi sono intimi e vicini l'uno all'altro, e ugualmente capaci di essere intimi con i loro figli, di permettere loro di essere chi e come sono quali persone. La bambina quattrenne di Rob e Anna ha imparato qualcosa circa ciò che è un essere umano intento ad amare fisicamente. Tom ha prestato orecchio alla figlia diciassettenne, non si sono lasciati catturare dai ruoli di padre e figlio; lei ha avuto una risposta datale non già sulla base di un rapporto programmato, ma da un padre realmente disposto a condividere se stesso. Il figlio diciottenne di Glen e Lisa non è stato solo accettato ma complimentato per la sua scelta di essere sanamente se stesso, e lo saprà anche se l'accettazione si traduce semplicemente in un sorriso da parte dei genitori; e sarà per lui una spinta a crescere.

Accoppiamenti esperienziali intimi, come quello di Anna e Rob, si estendono immediatamente al figlio. Soli e insieme, i componenti la coppia si sono rivelati capaci di essere chi e quello che sono con la loro figlia quattrenne. Con ogni evidenza, la bambina ha imparato a essere se stessa con i genitori o, per essere più esatti, non ha imparato a *non* essere se stessa. Abbiamo ben pochi dubbi riguardo al fatto che se Anna e Rob facessero un altro figlio, anche per lui varrebbe lo stesso, e il rapporto tra i figli sarebbe altrettanto vicino e intimo. Ogni componente della famiglia imparerà a crescere grazie alle differenze particolari di ciascun membro. Al pari dei fiocchi di neve, i componenti della famiglia saranno vicini ma non simili. Per dirla con Elizabeth Cady Stanton: "La natura non ripete mai se stessa, e le potenzialità di un'anima umana mai saranno reperibili in un'altra."

Gran parte delle famiglie non sono così. Quello che di solito scende da loro ai figli è paura dell'intimità, un'insalubre inclinazione alla sicurezza, alla vicinanza, alla stabilità e all'ordine. Gli individui, in quanto persone, vanno coltivati come *sé*, e le coppie devono essere coltivate quali fertile unione di *sé*. Le famiglie quali un giardino di *sé*. Non era forse questo il messaggio originale della genesi delle famiglie? Il simbolo del giardino è reperibile in moltissimi miti riguardo all'origine, la versione biblica essendone probabilmente solo la più familiare alla civiltà occidentale. Alla sua prima famiglia umana, Dio ha fornito la vicinanza dell'Eden, dove ogni cosa era assicurata e garantita. Impossibile chiedere maggior vicinanza, sicurezza, prevedibilità o stabilità. E come mai si spiega che i nostri "genitori originari" non fossero soddisfatti? Essi volevano la libertà di essere se stessi, di scegliere tra bene e male, di crescere, di rischiare nella speranza di espandersi. Volevano poter scegliere liberamente, rischiare liberamente di esistere davvero nell'immagine di Dio. E Dio, nella sua infinita saggezza e amore, ha concesso loro quel dono. Non fa differenza se Dio lo si veda quale natura o quale inconscio, quale Dio giudaico cristiano, islamico, buddista o altro che sia. Il dono è sempre lo stesso, e a esso si è accompagnato un vero giardiniere dell'Eden. Una famiglia nell'ambito della quale ogni membro era libero di scegliere, di essere se stesso, di essere insieme vicino e intimo e di manifestare la propria natura irripetibile quale parte della totalità della natura.

COLTIVARE LA SÉ-ITÀ

A proposito dell'accettazione, abbiamo detto che si tratta di un atteggiamento che richiede sforzi, impegno e la fatica di renderla manifesta. Non è facile essere una persona in grado di accettare, e lo stesso può dirsi a proposito dell'essere una famiglia sana: questa richiede impegno e sforzo, non può che essere un processo attivo. Difficile per noi, nella nostra concorrenziale cultura occidentale, comprenderlo, perché l'accettazione familiare è un modo di essere più che un modo di fare. E d'altra parte, un'accettazione del genere è un processo attivo, un impegno a vivere, a crescere; significa avere lo stesso investimento nella salute e nella crescita emozionale dei nostri figli di quello che abbiamo nel loro benessere fisico, mentale, scolastico e sportivo. Per compiere questo sforzo, i genitori devono coltivare lo stesso impegno nei confronti di loro stessi e l'uno con l'altro. In *Modelli di cultura*, Ruth Benedict afferma: "I nostri figli non sono individui i cui diritti e le cui preferenze siano spontaneamente rispettati fin dall'infanzia come accade in certe società primitive... Essi sono sostanzialmente estensioni dei nostri propri io e forniscono un'occasione particolare di far sfoggio di autorità." Gli "sfoggi di autorità" non sono accettazione; una vicinanza *sana* non distrugge il *sé*.

Parlavamo, dianzi, di "coltivare" persone, coppie e famiglie: una metafora che esprime quel che dovrebbe essere realtà. Un buon agricoltore si prende cura della natura, permette che si compia quanto la natura ha da offrire nella maniera più accrescitiva possibile: un processo non diverso dal coltivare le migliori persone possibili. Un impegno ad aver cura della natura in seno alle famiglie è in realtà un impegno a vivere a tutti i livelli, a esperire la vita, senza limitarsi semplicemente a vederla passare; a esperire i nostri figli, non semplicemente a stare a guardarli crescere e invecchiare; a esperire i nostri coniugi, anziché limitarsi a osservarli da vicino; a esperire *se stessi* senza stare in passiva attesa che qualcun altro ci liberi. Ma troppo spesso, per dirla con Emerson, "siamo sempre pronti a vivere, senza però mai vivere."

Una consapevolezza del genere richiede il processo attivo che s'è detto perché quasi mai otteniamo sufficiente sostegno dalla

nostra cultura, dalla nostra società, dai nostri simili. Due settimane di vacanze all'anno da dedicare al gioco, al riposo, a essere
se stessi, a essere con i propri familiari, sono ben poca cosa per
risolvere problemi di tanta importanza. Due settimane all'anno
per ri-creare *se stessi*: una situazione, una scelta che costituisce la
riprova del punto al quale siamo arrivati come cultura e come
società. Io (*Patrick*) qualche anno fa ho avuto modo di trascorrere parecchie ore in compagnia di un italiano, un dirigente me-
dio, padre di quattro figli, sposato da diciannove anni, che lavo-
rava per un'industria automobilistica. C'era una cosa che non
riusciva assolutamente a capire degli Stati Uniti, ed era l'istituzione americana delle due sole settimane di vacanza all'anno.
Quanto a lui, aveva a disposizione quattro volte tanto di ferie:
due mesi da dedicare interamente a essere con la famiglia, a essere se stesso, a giocare e a godere la vita. Non ho trovato nulla
da replicare. Gran parte di quanto vediamo nelle nostre famiglie
che non ci piace, le preoccupazioni che destano in noi, deriva
dall'eccessiva importanza che viene attribuita alla vicinanza, alla
"sicurezza". Gioco, rischio, creatività, animazione e intimità
troppo spesso sono assenti dalla vita familiare, perlomeno da
quella americana, e sono tutti aspetti di importanza troppo vitale
per essere ghettizzati in "vacanze" avulse dalla nostra "vita
reale".

14

ESPANSIONE PERSONALE
EVOLUZIONE, ECOLOGIA, CREATIVITÀ E INCONSCIO

Può darsi che il nostro ruolo su questo pianeta
non sia di adorare Dio bensì di crearlo.
Arthur C. Clarke

Perché Archimede è balzato fuori del bagno gridando "Eureka!"? Non era forse un grido di sollievo lanciato dal suo *sé intimo*? Non è forse avvenuto che Archimede abbia sentito l'immediata, meravigliosa connessione del *sé* con la natura? Non semplicemente l'eccitazione della scoperta intellettuale, ma la gioia di essere momentaneamente intimo e, come sempre accade con l'intimità, la gioia di apprendere qualcosa di nuovo. Forse che Archimede non stava appunto imparando qualcosa di nuovo e diverso circa sé stesso e la sua natura – la consapevolezza cioè che la sua natura umana era parte di tutta la natura? E non stava approdando a una consapevolezza ancor più entusiasmante, la cognizione che essere un umano gli permetteva di conoscere meglio la natura nella sua totalità? L'autoconoscenza intima diviene un entusiasmante, imperituro e sempre più ampio senso di connessione con quanto realmente esiste in natura. Gli esseri umani, se considerano la natura un contesto nel quale essi sono inseriti, possono esperire le connessioni che rendono possibile la conoscenza: è un modo di conoscere che deriva dall'essere connessi, in contrasto con la conoscenza che proviene dall'essere convinti di come le cose dovrebbero essere. È conoscenza derivante da ciò che effettivamente è, anziché da ciò che si presume sia: una conoscenza esperienziale, non giudicativa. Si può conoscere soltanto se stessi, si può intimamente conoscere solo ciò cui si è connessi tramite il proprio *sé*. E soltanto in questa esperienza possiamo personalmente cambiare; solo in questa esperienza avvertiamo la nostra umanità fondamentale, la nostra comunanza, il nostro splendido far parte della natura.

Individualmente, noi ci troviamo alle prese con la stessa difficoltà che incontrano coloro che "studiano l'uomo". In *Reinventing Anthropology*, Stanley Diamond ha scritto: "L'antropologo che tratta l'indigeno da oggetto ha un bel definire se stesso relativamente libero e integro, un soggetto, una persona: la sua è solo un'illusione. Allo scopo di reificare l'altro, chi lo fa è nel contempo costretto a oggettualizzare se stesso." La situazione che è qui delineata, una descrizione più formale di quella che dianzi abbiamo definito differenza tra cognizione della connessione e cognizione dell'assimilazione, è una modalità accademica di studiare l'accoppiamento di vicinanza e intimità. La cognizione di assimilazione, vicinanza, sistema, è non meno importante di quella di connessione, processo, intimità, ma non va d'altra parte dimenticato che noi siamo eccessivamente e autodistruttivamente sbilanciati in direzione della prima. Prosegue Diamond: "Se l'autoconoscenza è irrilevante, lo è anche l'autocritica." Possiamo conoscere *noi stessi*, soltanto in *processo*, nell'esperienza della nostra partecipazione alla natura, rapporto reciproco che costituisce la nostra comunanza.

La diade *io-altro* (la connessione *io-me/altro* dell'intimità, di quella che abbiamo descritto quale esperienza intima) diviene il prototipo della nostra comprensione di ogni cosa in natura, che possiamo esporre solo partendo da un'accettazione del nostro essere integralmente connessi a quelle cose. È questa l'*esperienza* nell'ambito della quale conosciamo, perché soltanto in essa noi esperiamo la natura nelle sue intime connessioni. La diade è la nostra metafora in una esistenza definita da metafore. È probabile che tutti i nostri sistemi metaforici siano simmetrici, in quanto sembrano rispecchiare una comune verità della natura. Psicologia, biologia, chimica, fisica, sociologia, tutte le altre metafore della natura che chiamiamo "scienze", a mano a mano che la nostra comprensione si svilupperà, con ogni probabilità convergeranno in un sistema unitario consensuale, comune. E lo stesso "sistema" olistico costituirà la base della musica, delle arti e della matematica; la sottesa struttura naturale si renderà visibile nella sua simmetria in tutte le nostre conoscenze. La verità naturale è processo, non stasi, principio questo che il *sé intimo* riconosce immediatamente. L'intera natura, esseri umani compresi, partecipa di questo processo, e può pertanto esperirlo e conoscerlo.

Se questo è vero, allora vuol dire che ogni cosa, da Dio agli atomi, "conosce" lo stesso processo, e che l'universalità è la più profonda implicazione dell'intimità. Tutti noi (Dio, gli altri, il pesce, gli atomi, tu e io) conosciamo le stesse verità. La natura sa sempre ciò che ha bisogno di conoscere. Se non siamo *sé intimi* diveniamo innaturali e non abbiamo modo di conoscere quello che ci necessita di sapere, non possiamo far nostre con tanta immediatezza le cognizioni disponibili nell'esperienza intima. Il *sé intimo* conosce un'altra persona o un fiore assai più pienamente dell'*io* che guarda all'altro come a qualcuno o a qualcosa che è "di fuori", o del *me* che vede solo il proprio riflesso.

La natura sa quello che ha bisogno di sapere, ma solo momento dopo momento. Dio o natura, qualunque sia il nome dato alla totalità, sarebbe privo di crescita e movimento, se pre-conoscesse ogni cosa e certamente non ne ricaverebbe gioia alcuna. Tutte le dimensioni della vita sono contrassegnate da movimento e crescita. C'è un confine in perenne espansione di nuovo conoscere irradiante dalla natura, da noi. È questo che intendiamo per creatività. Noi creiamo nuovo spazio e nuovo conoscere con ogni nuovo modo di essere, esperire, vedere, udire o esistere. Paradossalmente, se tu già sapessi tutto del tuo coniuge, non ci sarebbero motivi di restare sposati; se già sapessi tutto della vita, non ci sarebbe ragione di vivere. Per fortuna ciò non è possibile perché, al pari di te, il tuo coniuge è continuamente in fase di cambiamento, come del resto l'intera vita.

Durante gran parte di questo secolo, l'inconscio umano è stato visto in termini negativi, quale una cloaca di conflitti e impulsi nevrotici, quale una pericolosa, incontrollabile realtà: giudizio che costituisce una concezione profondamente distorta e corrotta dell'inconscio, che è la parte naturale di noi più congruente con la natura. L'inconscio perpetua, negli esseri umani, la sapienza di animali e piante: una sapienza che regola con tanta perfezione il respiro, il battito cardiaco, la complessa alchimia dei nostri corpi con la stessa finezza con cui i sistemi ecologici animali e vegetali riescono a mantenere il proprio equilibrio, a patto che non ci siano interferenze da parte nostra. In quest'ecologia, l'inconscio costituisce una parte essenziale del *sé intimo*. Se lo si ascolta e gli si presta fede, l'inconscio permette una più ampia conoscenza e crea rapporti più saldi. L'inconscio ci riporta alla naturalità rimettendoci in contatto con la nostra natura.

L'evoluzione è l'inconscio in crescita. L'antropologo Claude Lévi-Strauss ha scritto che ogni punto conscio ha il suo contrappunto inconscio. E noi crediamo che non sia vero il contrario. Il dilatantesi perimetro, non soltanto della nostra evoluzione come specie, ma più particolarmente della nostra crescita e movimento nel rapporto personale, dipende dalla fiducia che riponiamo nell'inconscio, dalla nostra accettazione del suo costante "creare" natura (in altre parole l'inconscio crea nuovi punti che non sono rappresentati nel conscio). Non ci sono insiemi consci, certi e predeterminati nel rapporto. Il rischio esistenziale è un vero rischio: il rischio di essere intimi. Impariamo qualcosa di nuovo, ed eccoci cambiati. Il nostro perimetro si dilata; siamo in contatto con più di quanto non fossimo prima del momento intimo. Penetriamo nell'ignoto e creiamo nuove connessioni, connessioni vivificanti che sono primariamente inconsce. Sentiamo l'energia, l'animazione e la connessione anche se non ne siamo consapevoli. Essendo l'inconscio il nostro più profondo legame con la natura, tramite esso veniamo a conoscere qualcosa di più della natura nella sua totalità, ivi compresa la natura umana.

In quanto parte dello stesso universo reciproco, naturale, siamo responsabili dei nostri *sé*. Biasimare *altri* è insieme capzioso e futile. Biasimare il tuo coniuge, il tuo amante, il tuo genitore, tuo figlio, il tuo Dio o qualsivoglia *altro* esterno, è non solo vano ma anche innaturale e arrogante. Hai mai visto un animale selvatico biasimarne un altro? Riesci a immaginarti l'erba che sta soffocando sotto gli aghi di pino caduti, intenta a sprecare le proprie energie nel biasimare i pini, anziché fare del suo meglio per aprirsi un varco verso la luce del sole? Un ciuffo d'erba che si fa strada nel bel mezzo di un marciapiede asfaltato, è uno spettacolo che non può non colpire, e che è anche intimo. Rinunciare alla responsabilità del nostro *sé* significa separare il proprio *sé* dalla natura, lasciarsi catturare dal proprio sistema o, peggio ancora, dal sistema di qualcun altro. Gli animali selvatici, com'è ovvio, non dipingono Cappelle Sistine, e l'erba non elabora matematiche; noi siamo insieme consci e inconsci, ma l'"arte" è un riflesso e un'esperienza della natura, e la matematica è implicita in "ciò che è". Mantenere l'equilibrio continua a essere il nostro bisogno naturale, che in noi diviene autoresponsabilità, responsabilità del sé.

In *Personal Knowledge*, il chimico-fisico e filosofo Michael Polanyi afferma: "Se ci chiediamo se i teoremi di Euclide esistevano prima di essere elaborati, la risposta è ovviamente 'No', così come diremmo che i sonetti di Shakespeare non esistevano prima che lui li scrivesse. Ma non per questo possiamo affermare che la verità della geometria o la bellezza della poesia sono venute in essere in un particolare luogo e momento, poiché esse costituiscono il polo universale della nostra comprensione, impossibile da osservare senza partecipazione, a guisa di oggetti nel tempo e nello spazio." Verità, bellezza e amore sono dimensioni della realtà, non aspetti della cultura.

Io (*Thomas*) una volta ho fatto un sogno in cui avevo una "conversazione" con Dio. Continuavo a chiamarlo, e quando finalmente Dio mi ha risposto, gli ho detto che ero molto preoccupato di come andavano le cose quaggiù. Con mia grande sorpresa mi ha chiesto perché, e io gli ho detto che quaggiù c'erano molte pene e sofferenze, che tanti venivano massacrati e morivano di fame, che la violenza stava sfuggendo al nostro controllo. E Dio allora: "Be', non lo sapevo." Indignato, gli ho chiesto come mai, e lui: "Quando vi ho posti laggiù, tutto andava per il meglio." E io: "Ma tu dove sei stato tutto questo tempo?" Risposta: "A badare al mio roseto." Sempre più indignato, mi sono messo a protestare e lui, dopo aver ascoltato pazientemente la mia filippica, ha replicato: "Tom, ma tu non conosci divertimento e gioia? Mi sembri così sottosopra". Al che io ho riattaccato con le proteste, e finalmente Dio con tono compassionevole ha detto: "Spero che tu riesca a trovare più gioia nella tua esistenza. Devo tornare al mio roseto, adesso. Sai che ti dico, Tom? Che dovresti prendere in considerazione l'idea di coltivare piante."

Noi siamo non soltanto *responsabili del* continuare a esperire e apprendere sempre di più, ma siamo anche *responsabili verso* ciò che conosciamo. È privo di senso dolersi di continuo dell'inquinamento delle nostre acque mentre continuiamo a inquinarle pur sapendo quali siano le cause della polluzione. Siamo irresponsabili, ma non ignoranti. Possiamo sapere come conoscere la natura, oppure scegliere di non farlo. A parte gli esseri umani e forse gli animali domestici, la natura sceglie di vivere in base a ciò che conosce, e a nostro giudizio è difficile negare che essa viva in maniera più sensibile e fors'anche più compassionevole. Ma l'arroganza dell'uomo va al di là del suo rifiuto di imparare dalla natura, ivi compresa la sua propria: l'uomo presume di insegnare alla natura quel che la natura sa già. Certe nostre invenzioni ci sono di enorme aiuto, altre invece sono disastrose per l'intera natura, compresa la nostra. Il virus della poliomielite probabilmente in natura sopravvive benissimo, nonostante il fatto che l'uomo abbia elaborato un vaccino per proteggersene. In casi del genere, noi non tentiamo di reinsegnare alla natura, ma ne siamo semplicemente una parte inventiva. Non sembra che i batteri si siano lasciati sgomentare dall'avvento degli antibiotici. Gli esseri umani, almeno per il momento, se la cavano sostanzialmente meglio con i batteri, cosa ben diversa dal nostro tentativo di reinsegnare al corpo umano quali sostanze nutritizie gli occorrano per restare sano, e lo facciamo solo perché questi nuovi alimenti rispondono ai meccanismi dell'industria alimentare e ne incrementano i profitti; ma la natura sa benissimo di quali sostanze ha bisogno il corpo umano, e in quale forma vengono meglio assimilate.

Simili interventi ingiustificabili si pongono sullo stesso piano dei nostri tentativi di reinsegnare sentimenti primari. Ma non si può insegnare a esseri umani come sentirsi irati, tristi o sessualmente eccitati; si possono insegnare loro solo metasentimenti non di rado insalubri, come per esempio il senso di colpa, la vergogna e l'imbarazzo, e a volte però anche metasentimenti utili, come la sollecitudine, la considerazione e la buona educazione. Impossibile insegnare l'intimità, sì però ad averne paura: possiamo cioè rendere l'uomo peritoso di conoscere e riluttante a essere responsabile di se stesso. E farlo comporta il pagamento di un prezzo salato.

La maniera migliore di esemplificare, e visualizzare, una sana ecologia è la danza: la nostra natura umana danza con tutte le altre nella naturale comunità. Qualsiasi timore di esperire la nostra natura metta radici in noi, ci trasforma in compagni di ballo goffi e artefatti. Se siamo terrorizzati dai cani, è assai più probabile che ci attacchino, e coloro che hanno paura dell'acqua sono proprio quelli che annegano più facilmente. Gli esseri umani nella stragrande maggioranza dei casi fanno solo tappezzeria al ballo della natura. In moltissimi casi proviamo uno stesso malinconico desiderio e una terribile incapacità di essere noi stessi e quel che possiamo essere, di fare quel che vogliamo fare, gli stessi sentimenti che quanti "fanno tappezzeria" provano durante i balli. Perlopiù, noi siamo osservatori, non danzatori; non viviamo, ma peritosamente conserviamo la nostra esistenza sicura ma smorta. Assistiamo alla vita sullo schermo televisivo o, cosa altrettanto insoddisfacente, guardiamo la vita svolgersi in altri anziché viverla noi stessi. La vita la osserviamo, alla lettera non soltanto metaforicamente: la guardiamo e fingiamo di esserci. Questo atteggiamento è diventato la nostra politica, la nostra sessualità, la nostra etica, la nostra spiritualità: comprenderlo significa rendersi conto dell'insanità della persona che continua a fumare, in pari tempo ossessivamente chiedendosi se per caso non debba smettere di mangiare uova perché contengono colesterolo, o la follia di colui che sostiene che sterminare tutti gli abitanti di un piccolo villaggio rurale è un modo di pacificarlo; o ancora, l'assurda convinzione che imporre le nostre credenze dottrinarie in fatto di religione e morale ad altri valga a incrementare la spiritualità della specie umana. La nostra fondamentale follia consiste nell'innaturale persuasione che ciò in cui crediamo e che vogliamo nei nostri mondi privati, artificiali, irreali, possa essere imposto al resto della natura, ivi compresa quella umana. Sì, è davvero follia; è virtuosità, è giudicalismo, irresponsabile attribuzione di colpe ad altri. Ma il *sé intimo* da questi atteggiamenti rifugge.

Abbiamo parlato prima di isole di solitudine, immagine coniata da John Donne in *Devotions upon Emergent Occasions*: "Nessun uomo è un'isola in sé conclusa; ogni uomo mi sminuisce, perché io sono nell'umanità coinvolto; e pertanto, non mandare mai a chiedere per chi la campana suoni: suona per te." Non conosciamo modi più incisivi di affrontare i grandi problemi con cui l'umanità si trova oggi alle prese, di quello di occuparsi della mancanza di intimità, di conoscere le condizioni che a essa conducono, le condizioni che la rendono improbabile. Siamo convinti che problemi di importanza cruciale come la minaccia di olocausto nucleare, la fame nel mondo, il terrorismo internazionale, lo sciovinismo, non possono essere affrontati solo in termini politici: devono essere combattuti anche a livello personale, e saranno risolti quando non saremo più propensi a distruggere noi stessi né sentiremo il bisogno di distruggere l'*altro*. Nell'intimità siamo chiaramente consapevoli che la distruzione di uno o dell'altro partner di una diade equivale alla distruzione di entrambi.

Gli accoppiamenti primari sono fenomeni societari oltre che esperienze individuali, e in entrambi l'intimità è al primo posto: la sua mancanza è, nell'uno come nell'altro caso, disastrosa. Ma dobbiamo cominciare dal semplice rapporto umano tra due persone, tu e me. Siamo molto più simili che non diversi. Siamo in grado di recuperare un equilibrio naturale, di interessarci maggiormente alla creatività, all'aumento delle energie, alla conoscenza e alla crescita? Se così non è, la nostra erronea convinzione che la sicurezza risieda nel mantenimento e nella vicinanza avrà sicuramente la meglio e distruggendoci ci metterà di fronte alla nostra stessa follia. L'evoluzione è un processo continuo. La natura offre occasioni, non risposte. Non c'è sicurezza durevole. Se ci rifiutiamo al rischio e pertanto evitiamo l'intimità, non facciamo che tentare di bloccare il processo evoluzionistico, ma senza riuscirci. Perché la natura, che è relazione, continua il suo corso. Semplicemente, perdiamo ulteriormente il contatto, diviene meno probabile la nostra sopravvivenza, sia entro il rapporto che in natura.

A causa dell'incremento demografico, dell'urbanizzazione, dell'industrializzazione, dell'aumento della velocità e della comodità dei mezzi di trasporto, e grazie alla diffusione di informazioni, gli esseri umani si sono avvicinati sempre più; di conseguenza, ci dimostriamo sempre più interessati, anzi maniacalmente attaccati, agli aspetti di vicinanza dei rapporti, vale a dire mantenimento, familiarità e sicurezza. Lasciamo che a identificarsi siano i nostri sistemi. La nostra unicità resta celata anche a noi stessi, e le conseguenze sono quelle che è logico aspettarsi. Oggi sono ben pochi gli esseri umani che sanno dove stiano gli animali selvatici o anche solo i fiori, in grado di stabilire in quale direzione si trovi casa loro, dove conviene stare, a chi è meglio essere vicini, come essere senza difficoltà, naturalmente, se stessi nel proprio ambiente. Pochi sono gli esseri umani che nell'intima esperienza del loro ambiente ne siano parte e gioiosamente partecipino di questa cognizione, traendone accrescimento. Gran parte degli esseri umani hanno perduto l'equilibrio in fatto di matrice intimità-vicinanza, di accoppiamento personale, di relazione primaria, di attività sessuale, di vita familiare. Ma sono questi gli ambiti nei quali sostanzialmente apprendiamo l'equilibrio o lo squilibrio, di intimità e vicinanza. Nel bene e nel male, questo sapere influisce su tutti i livelli del nostro essere: lavoro, comunità, governo, nazione, mondo. La culla dell'apprendimento di questo equilibrio, possente quanto essenziale, tra intimità e vicinanza è il rapporto interpersonale e l'esperienza familiare: questi gli ambiti nei quali diventiamo maniaci della vicinanza e paurosi dell'intimità. Le difficoltà che gli esseri umani incontrano a creare un rapporto intimo e gratificante con il mondo circostante, non sono che un riflesso delle esperienze microcosmiche, individuali, da essi vissute nei rapporti e in seno alle loro famiglie.

La nostra mancanza di intimità (nei nostri *sé*, nei nostri accoppiamenti, nelle nostre famiglie) si manifesta nel divorzio, nel maltrattamento di coniugi e figli, nel ricorso all'alcool e alle droghe, nella nevrosi, persino nella psicosi. A un più ampio livello sociale, la mancanza di intimità ci apporta terrorismo, guerra, carestia, piogge acide e potenziale olocausto nucleare.

Il dolore e la tragedia prodotti, nei singoli e nelle famiglie, dalla mancanza di intimità sono davvero deplorevoli. La corruzione della natura prodotta, a livello globale, dalla mancanza appunto di intimità, equivale al suicidio della specie; i mezzi per porvi rimedio dipendono dalla nostra capacità di divenire più facilmente intimi nei nostri rapporti stretti, nei nostri accoppiamenti e in seno alla famiglia. La politica non è certo sufficiente, come non lo sono dogmi, leggi o sistemi di qualsivoglia genere.

Non possiamo certo sottrarci al processo evolutivo, né dedicarci esclusivamente, permanentemente e irrevocabilmente, al mantenimento e alla familiarità. E, elemento particolarmente importante, non possiamo rinunciare alle nostre spinte evoluzionistiche intime nell'ambito dei rapporti personali e della famiglia; non possiamo, finché siamo vivi, esistere interamente nella stasi della sicurezza e della vicinanza. A patto che ci sia un'esperienza personale in fatto di intimità, gli esseri umani continueranno a essere parte del processo naturale, capaci di evolversi, liberi di mutare corso e posizione nel tempo e nello spazio del resto del mondo. A patto che ci sia intimità, sopravviveremo e anzi progrediremo. La natura non è corrotta. Se viviamo a nostro agio nel suo ambito, non distruggeremo perversamente noi stessi. È qui che risiede la suprema importanza dell'intimità, la quale, purché sia in equilibrio con la vicinanza, assicura sopravvivenza e crescita, laddove la sicurezza non assicura né l'una né l'altra.

Le modalità della natura le possiamo riconoscere più chiaramente osservando, a livello macrocosmico, ciò che più facilmente esperiamo nel microcosmo dell'esperienza interpersonale. In *The People of the Lake*, Richard Leakey scrive:

Un'altra spiegazione di questo eretico comportamento nient'affatto occidentale (l'uomo primitivo che non accumula generi alimentari e altri beni), è che i primitivi hanno una salda fede nel loro modo di vivere. Come ha detto Rodney Needham, il loro comportamento induce a credere che i cacciatori-raccoglitori nutrano "una profonda fiducia nella capacità dell'ambiente di sostentarli e nella loro propria abilità di ricavarne di che vivere". Per gran parte dei cacciatori-raccoglitori, la vita è un costante ritmo di lavoro, divertimento e socializzazione; essi si spostano con tranquilla noncuranza da accampamento ad accampamento, non mossi da fatalistica rassegnazione, ma dalla fiduciosa certezza che promana da una vera intimità con la natura.

È lecita l'ipotesi che migliaia di anni fa gli esseri umani vivessero in un equilibrio di vicinanza (mantenimento, familiarità) e intimità (creatività innovatrice ed energizzante). L'equilibrio non era un semplice atteggiamento filosofico verso la vita di società primitive, ma ne era la realtà esistenziale, dipendendo la vita sia dall'intimità che dalla vicinanza, e in misura assai pragmatica. La vicinanza in seno al gruppo familiare e a livello tribale veniva mantenuta per ragioni di sicurezza, per assicurare un'abbondante caccia, e ai fini delle altre attività che richiedessero mantenimento, prevedibilità ed effettivo adeguamento; essa non era una costrizione nevrotica ma qualcosa di naturalmente e sanamente scelto. La familiarità della grotta, della vallata, del clan, significava sicurezza.

A mantenere l'equilibrio di questa vicinanza era una sana intimità, una connessione con la natura che permetteva apprendimento e creatività. Il rischio intimo, che portava a una più stretta connessione, a una maggior animazione, a ulteriore autoconoscenza, era senza dubbio altrettanto importante, ai fini della sopravvivenza, della vicinanza naturale che esso generava. Senza vicinanza e senza cura per il mantenimento, ci sarebbero stati rischi senza fine, perigliosi cambiamenti, crescita priva di meta; il clan non avrebbe potuto sopravvivere. Ma senza intimità, senza l'esperienza del *sé intimo*, ci sarebbero stati stagnazione, errato apprendimento e inevitabile alienazione dalla natura, e parimenti il clan non avrebbe potuto sopravvivere. Non stiamo proponendo come modello un uomo preistorico pastoralmente "felice": vogliamo parlare della realtà di intimità e vicinanza quali fondamentali dimensioni vitali, biologiche ed evoluzionistiche. La civiltà ha profondo impatto sul mutevole corso dell'umanità, e ciò che andiamo sottolineando è che purtroppo una delle conseguenze di maggior impatto è la sistematizzazione dell'uomo.

Si paragoni la struttura del membro del clan di migliaia di anni fa e la persona sistematizzata, sempre più urbanizzata, industrializzata, informatizzata, del nostro tempo. Si compari il primo con noi, non in termini romanticheggianti, ma alla luce delle concretezze del nostro odierno vivere nel mondo. L'uomo moderno di solito non ha contatto immediato con il proprio territorio, con le sue fonti alimentari, con il suo clan, e tanto meno con i clan vicini, i suoi animali e le sue piante. È un uomo distaccato dalla natura, e probabilmente è intimo soltanto nei suoi sogni, di cui commenta ridendo la stranezza. Egli ha ben pochi contatti tattili, e quando gli capita di toccare con mano si sente imbarazzato, per cui i suoi toccamenti sono sempre minori. È privo di contatti con la propria salute fisica, e in lui è minima la probabilità di crescita, cambiamento, creatività o animazione personale; è improbabile che viva nel mondo quale realmente è, e ancor meno probabile che viva nel mondo quale egli è realmente.

Quest'uomo-modulo è una delle molte persone che si sottopongono a terapia. In costoro, l'esperienza intima è scesa a un livello non più compatibile con la personità. Il *sé intimo* è attivamente partecipe della crescita e a essa interessato, non già distaccato, non coinvolto o preoccupato soprattutto di mantenimento e stabilità. Il *sé intimo* è teso all'evoluzione anziché all'involuzione, non ha paura del cambiamento, al quale non solo mira ma al quale dà modo di accadere, in pieno contrasto con la paura del mutamento tipica dell'uomo moderno. Il *sé intimo* ha la sicurezza e il conforto che gli viene dal sapere di essere parte di una comunità di *altri* che con lui cambiano; non sente la spaventosa solitudine dell'uomo moderno, ma cambia in connessione con un mondo in perenne mutazione. Il *sé intimo* è pronto ad adattarsi senza vergogne: non ha orgogli, non sente il bisogno di proteggere il proprio sistema, è in grado di cambiare con il cambiamento che si verifica nell'*altro*, si muove con la vita come essa si evolve, senza nessun apparente bisogno di rimanere lo stesso a causa di un investimento a rimanere se stesso quale è, o della paura di essere diverso. Naturale quanto l'inconscio, si muove come noi esseri umani agiamo nei nostri sogni. È sempre relazionale a cagione della sua sempre presente consapevolezza di connessione con l'*altro*: non ha nessun bisogno di essere speciale; è soddisfatto di essere parte della natura. Di conseguenza, non prova la necessità di essere nel giusto, soddisfatto com'è semplicemente di essere, e pertanto mai si sente solo.

INTIMITÀ COME CREATIVITÀ

Parlando del *sé intimo* come di un'entità di genere neutro, com'è ovvio non descriviamo affatto qualcosa di separato dalla persona, bensì una parte integrale di tutti gli esseri umani, probabilmente la loro parte più vitale, quella di noi che in primo luogo assicura la nostra sopravvivenza (tramite la continua evoluzione) e in secondo luogo permette la nostra creatività. Che cosa significa creatività alla luce della relazione umana? In che senso una persona può essere creativa nell'ambito del rapporto? Evidentemente partecipando *al rapporto* in modo nuovo e diverso, e il risultato sarà, naturalmente, un rapporto nuovo e diverso, per quanto piccola possa essere la differenza così creata; ma anni di continue "piccole differenze" conservano il rapporto vitale e creativamente gioioso. Poche sono le esperienze esistenziali fonti di energia quanto quella che si ha con qualcuno che, pur essendo molto familiare, agisce in maniera diversa, ed è cosa assai più entusiasmante che non la stranezza di un estraneo.

Ci sono molte esperienze "diverse" che si verificano tra due persone non creative e incapaci di energizzare il rapporto. Per essere creativo, il cambiamento deve venire esperito *nel rapporto*, non solo influire su di esso; in effetti, queste seconde esperienze di solito non fanno che danneggiare il rapporto stesso, sia direttamente, sia impedendone il cambiamento. Una persona che ha difficoltà a superare la stizza prodotta in lui dall'amante, può cominciare a giocare a golf durante i fine-settimana allo scopo di evitare di affrontare la propria collera; e questo suo evitamento muterà il rapporto, probabilmente però in peggio. La persona che trascorra tutto il suo tempo libero in atteggiamento di dipendenza accanto all'amante perché gli riesce difficile istituire un proprio spazio personale, può darsi che un sabato mattina decida, pieno di entusiasmo, di iscriversi a un club ciclistico, scelta attiva che probabilmente comporterà una differenza creativa nei rapporti tra i due, essendo che il cambiamento ha luogo *nel rapporto* e senza livori. La scelta è di autoresponsabilità. I comportamenti di colui che si mette a giocare a golf e dell'iscritto al circolo ciclistico sono gli stessi; a essere diverse sono le esperienze. Le differenze creative consistono perlopiù di riordinamenti del genere entro gli spazi personali, e quasi sempre comportano un sentimento nuovo e diverso condiviso con l'altro, un modo diverso di essere comportamentisticamente, un significativo mutamento nell'atteggiamento di accettazione, un nuovo senso di connessione dell'uno con l'altro: sono queste le cose che rendono diversa l'esperienza.

Che cosa sia a produrre cambiamenti su più ampia scala (culturalmente, a livello sistemico), è questione oggetto di molte discussioni. L'antropologia culturale è passata dall'evoluzionismo culturale di Spencer e Marx al diffusionismo di Frazer e al relativismo culturale di Franz Boas. In anni a noi più vicini, funzionalismo e strutturalismo si sono fusi nell'odierno struttural-funzionalismo. Come dice un collega che è anche biologo e antropologo, "l'antropologia sembra una scienza in cerca di un paradigma". Da un lato, ci capita di leggere in *The Imperial Animal*, questa affermazione di Robin Fox e Lionel Tiger:

La comprensione che è frutto della prospettiva evoluzionistica a livello di specie... a lungo andare ci rende meno sprovveduti. Senza la prospettiva in questione, non affrontiamo la realtà ma soltanto le nostre versioni culturali della realtà, e molto spesso null'altro che la nostra presunzione di ciò che la realtà dovrebbe essere. Gran parte dei nostri problemi... hanno a che fare con le costrizioni e le distorsioni di comportamento che noi creiamo o, per dirla in termini meno duri, che sono create dal contesto di quasi insuperabile difficoltà nel quale cerchiamo di inserire, adeguandovelo, il nostro comportamento umano, frutto di evoluzione... Se c'è speranza o fiducia nel futuro dell'uomo, essa risiede nella smentita che da questa prospettiva viene alle deprimenti teorie dei culturalisti di qualsivoglia scuola. Se l'uomo fosse davvero una nuda lavagna su cui la cultura può scrivere qualsiasi perverso messaggio voglia, correremmo un pericolo ancor maggiore di quel che sembri... Gli uomini non hanno certo bisogno di imparare o che si insegni loro che la schiavitù e lo sfruttamento sono inumani: lo sanno benissimo, e lo sanno perché sono essi stessi esseri umani.

Sul versante opposto si colloca la posizione classica dell'antropologia culturale, secondo la quale l'evoluzione culturale ha sostituito l'evoluzione biologica nell'uomo e, per dirla con l'antropologo Marvin Harris in *Culture, People, Nature*, "tutte le differenze e simiglianze culturali sono prodotte da un'evoluzione divergente, convergente o parallela" – tutti tipi di evoluzione *culturale*.

Il ruolo che individui particolarmente creativi hanno nel cambiamento di ampi sistemi, è oggetto di numerosi dibattiti. Si sarebbe indotti a credere che, essendo la cultura un sistema, i cambiamenti che avvengono nella cultura stessa siano perlopiù sistemici, in altre parole che abbiano radici nella vicinanza (economia, guerra eccetera) anziché nell'intimità. Gli atti intimi degli individui sono assai spesso annullati ovvero cooptati dal sistema. Ma noi abbiamo la convinzione che le forme culturali abbiano i loro prototipi nell'inconscio intimo e che le differenze creative individuali siano probabilmente una forza di grande entità che induce il sistema a cambiare se stesso. L'arte, l'atto creativo (intimità) in qualsivoglia forma, è il principale iniziatore del cambiamento negli esseri umani in quanto individui. Questo cambiamento è sempre relazionale, in quanto promana dal *sé* e pertanto contiene elementi sia individuali che della società, di vicinanza e intimità, di sistema e diade. E i cambiamenti in questione perlopiù avvengono sulla base di salti "quantici" e quindi si diffondono manifestandosi in effetti a lungo termine ad altre zone del sistema. Innovatori come Platone, Copernico, Giovanna d'Arco, Shakespeare, Jefferson e Marx, Margaret Mead, Picasso e John Lennon, hanno influito in larga misura sul flusso della storia, cambiando il modo di vedere se stessi della gente, nonché quello di vedersi l'un l'altro e di vedere il mondo circostante. Con poche eccezioni, persone creative del genere sembrano sempre avvicinarsi vieppiù alla constatazione che la natura è un tutto unico. Chi è creativo, letteralmente crea un nuovo luogo in cui essere; e se costui istituisce una connessione con un altro, lo spazio neocreato offre anche all'altro un nuovo modo di essere. Questi spazi neocreati divengono una nuova parte dell'ecosistema, una nuova espressione dell'inconscio, un nuovo movimento del perimetro in espansione del nostro ambiente reale.

L'uomo primitivo doveva essere creativo per poter sopravvivere giorno dopo giorno, doveva elaborare nuove soluzioni ai problemi della vita e della morte, trovare nuove risposte a domande scoperte di recente. La necessità di nuove parole per formulare e comunicare quelle risposte, o di parole per creare nuove mappe interne di territori, rapporti ed essere, era una realtà del vivente. A mano a mano che le società si sono fatte più complesse e diversificate (e pertanto orientate alla vicinanza e attaccate al mantenimento), la creatività è diventata una provincia riservata esclusivamente a "persone speciali", "artisti" ai quali è permesso, e anzi ci si aspetta da loro, che si iscrivano alla controcultura, che costantemente sfidino la cultura corrente e mettano in discussione le risposte dei cosiddetti guardiani culturali, gli esperti, gli uomini chiamati al mantenimento culturale. Le "persone speciali" possono continuare a essere creative perché non sono state catturate dai sistemi della cultura. Le nostre immagini culturali dell'artista, dello scienziato, del rivoluzionario e del naturalista quali mostri o eccentrici, purtroppo rivelano quanto paurosi del cambiamento noi si sia divenuti nella nostra società. Le nostre immagini della creatività sono satiriche e denigratorie ovvero veneranti e romanticheggianti. La nostra paura del creativo *sé intimo*, è concretissima e attivissima. La creatività è divenuta un rischio controculturale, anziché essere la naturale alleata della salute e della crescita culturale.

Oggi, anche la controcultura è in declino. La creatività ribelle è altrettanto specializzata, localizzata e oggetto di più sospetti di quanto sia stata in altri momenti del passato in cui la "cultura" ha avuto il sopravvento sull'individuo. Pseudocreatività ampiamente pubblicizzata, creatività artificiosa di massa e creatività ridotta a prodotto di massa offuscano le realtà naturali. La "creatività" al servizio del mantenimento culturale, dell'economia di consumo e della formazione dell'opinione pubblica non è creatività. Abbiamo cooptato persino il bizzarro ai fini del consumo sistemico. Se film orripilanti, giocattoli nucleari, pornografia infantile e terrorismo governativo sono parte del sistema, parte integrante della sicurezza, un modo di far quattrini e di controllare la gente, vuol dire che ben poco è rimasto, nel nostro repertorio istituzionale, a esprimere la creatività genuina.

È una perdita di cui così parla Hugh Kenner in *The Counterfeiters*: "E vedere l'arte perdere così, un po' alla volta, pelle e budella, un po' alla volta irrigidire e deformare il proprio scheletro epistemologico, equivale ad assistere allo spettacolo del ritrarsi di qualsiasi esperienza dalla piena percettibilità (donde le clamorose, rabbiose proteste di D.H. Lawrence). Accade sempre così nel reame dei falsari. L'immaginazione, fattasi specialistica, non si nutre più di visioni ma è solo curiosa di applicazioni." Questa "arte" al servizio del sistema, inutile dirlo, non è affatto arte.

Le nostre enfatizzazioni istituzionali sono al servizio del nostro interesse per la vicinanza e la stabilità a ogni costo. Le continue lamentele cui come terapeuti ci tocca prestare orecchio nei nostri ambulatori, e che capita di udire nei luoghi di lavoro, alle feste, parlando con i vicini, riflettono questa repressione dell'intimità e della creatività in nome del mantenimento del sistema di vicinanza, del sistema della chiusura. "Ah, come vorrei che mi dessero una qualche responsabilità..." "Mi manca solo l'occasione per essere un pochino creativo, per avere quella spinta che rende diversi..." "Si può dire quel che si vuole, tanto nessuno ci sta ad ascoltare..." "Chissà com'è fare il falegname? Questo lavoro d'ufficio mi deprime..." "Tutto qua?..." "Mi piacerebbe dare un contributo, impegnarmi in qualcosa..." "Vorrei dare una mano, aiutare la gente, ma non so che fare."

Inutile dire che esistono sempre delle eccezioni. Un nostro paziente, un uomo d'affari di successo che era alla testa di una grande azienda, aveva assunto un giovane laureato in scienze economiche per un posto di grande responsabilità. Dopo tre mesi, il giovane dirigente condivideva, con il suo datore di lavoro, l'impressione che, dopo aver esaminato a fondo per qualche periodo l'attività dell'azienda, non c'era nulla che lui potesse cambiare, per cui non gli restò che rassegnare le dimissioni. La sicurezza non è una risultante; troppo spesso è una conclusione definitiva. Non è forse possibile che una persona, la quale cerca il partner "perfetto", volga lo sguardo nella direzione sbagliata? E non è ammissibile che una moglie, la quale affermi di essere perfettamente soddisfatta del proprio rapporto col marito, ci dia invece l'impressione che non tutto va nel miglior modo nel suo matrimonio? Come terapeuti, abbiamo avuto a che fare con decine di coppie depresse i cui componenti affermavano che le cose tra loro erano "perfette"; e allora, perché mai erano venuti da noi?

Nicholas ha ventinove anni. Ha studiato in un *college*, ha ottenuto il diploma e sta laureandosi. Emily, sua moglie, è preoccupata perché lui parla di continuo di fare qualcos'altro, di vivere altrove, in generale di essere qualcun altro; e lei questo lo vive come un rifiuto nei suoi confronti. Non è così. Nicholas è teso alla ricerca disperata di un modo di essere se stesso. Intuitivamente, teme di essere catturato dal sistema – un'intuizione, va detto, abbastanza comune. Nella stragrande maggioranza dei casi, rimarrà tuttavia, un semplice timore, un persistente stato di insoddisfazione o, forse peggio ancora, si tradurrà in una ribellione non creativa, improduttiva, al sistema. E con ribellioni del genere, si resta prigionieri proprio del sistema dal quale si cerca di stare alla larga e di rifuggire. Nicholas mira a trovare qualcosa fuori di lui che gli dia la sensazione di essere libero, ma fuori di se stesso non la troverà; e la preoccupazione di Emily si dimostra appropriata se ha paura del fatto che il marito disperda le proprie energie in una vana insoddisfazione. Ma più probabilmente ancora, ed è cosa ben più triste, Emily si preoccupa fortemente della sicurezza, e se le cose stanno così, lei ha parte nel mantenere Nicholas quale è. Solo se uno dei due, o entrambi, è o sono in grado di correre il rischio dell'esperienza del *sé intimo* (consistente nell'essere se stessi l'uno con l'altro nel loro mondo quale attualmente è), avranno la possibilità di trovare ciò cui entrambi aspirano così bramosamente: lui, la sua libertà personale e lei, vera sicurezza grazie a un nuovo senso della libertà di essere se stessa. Persone tese alla ricerca, come Nicholas, di solito vorrebbero trovare l'intimità in se stessi, nei loro rapporti, nei loro matrimoni, nelle loro carriere, nelle loro vite. La manifestazione più perspicua di siffatta intimità è la creatività di una nuova esperienza e la vibrante animazione che l'accompagna.

La creatività dev'essere reclamata quale competenza di noi tutti, sia nei nostri rapporti che nella nostra cultura. Non basta che soltanto le "persone speciali" ne beneficino; l'unico modo per essere ordinariamente, comunemente creativi, è di essere continuamente e ordinariamente intimi, perché solo così noi possiamo costantemente ri-creare noi stessi. Le nostre ri-creazioni più comuni, di seconda mano, come andare al cinema o guardare la televisione, non possono esserne un sostituto. La creatività va esperita nel rapporto, perché solo in questo ri-creare correlativo noi possiamo dilatare la connessione l'uno con l'altro e con il nostro mondo. Questo è "vivere nel mondo in buona fede", e ancora una volta intimità e vicinanza sono in equilibrio. E ne derivano un più sicuro mantenimento, una più agevole familiarità, memorie più appassionanti, una meno limitante prevedibilità, una più adeguata consapevolezza, ruoli naturali e miglior orientamento nel tempo e nello spazio. E ancora, una più sana generosità, più energia e creatività, accentuata animazione, contatto con il nostro inconscio, accresciuta libertà, ricreata spiritualità, franchezza e capacità di rischio e una sensazione di essere senza tempo e senza spazio.

Bellezza, amore e buona fede prosperano in questa equilibrata matrice, specchio delle modalità naturali. Al pari dei temi musicali, la matrice equilibrata ha suoni armonici, sottofondi, risonanze che rendono ogni nuova esperienza leggermente diversa dalle precedenti. A vivere così, ecco che i nostri rapporti, la nostra famiglia, la nostra esperienza lavorativa, il nostro essere con noi stessi, non sono mai uguali, perché è una vita di continuo rinnovamento, di continuo apprendimento. La qualità fondamentale ed essenziale dell'esperienza intima può essere definita in termini molto semplici: "Sarò me stesso indipendentemente dall'altro, ma sarò me stesso in rapporto ininterrotto con quell'altro, mentre sono me stesso. Sarò ciò che realmente sono, in pari tempo creando uno spazio in cui l'altro possa essere ciò che è, persona o cosa che sia." Ecco, questa è la funzione essenziale del *sé intimo*.

Di questo tipo sono i sogni, così sono le comunicazioni non verbali, la creatività effettiva, l'inconscio, l'evoluzione. Tutta la vita e i viventi nel mondo in buona fede sono così, e lo è con ogni evidenza l'arte. Gli artisti sono i pittori di sogni, i poeti dell'evoluzione sia personale che fisica, i drammaturghi dell'inconscio, i coreografi della danza della natura. Gli artisti, tutto questo lo sanno, ma l'intimità è un compromesso: un realistico, importante, pragmatico e necessario compromesso volto ad assicurare la vicinanza e gli adeguamenti essenziali alla stabilità. E tuttavia, pur sempre un compromesso, un compromesso che momentaneamente ci sottrae al flusso del tempo e dello spazio naturale. Momentaneamente rinunciamo al rischio creativo, ai cambiamenti evolutivi, fonte di energia, alla danza naturale. Ma senza una sana vicinanza, senza mantenimento e stabilità, la creatività intima non avrebbe luogo. La novità può verificarsi solo nell'ordine. Gli stessi artisti sono coinvolti nella stabilità e nell'interesse per la vicinanza. "Non c'è libertà personale", afferma Charles Hampden Turner in *Maps of the Mind*, "nel tentativo di conquistare la coerenza ecologica." La vicinanza sana è l'ordine dell'ecologia, così come l'intimità è la partecipazione a essa.

In un altro sogno che io (*Thomas*) ho fatto, Dio mi parlava, e anche questa volta era solo una voce. Mi ha chiesto: "Lo sai che fai parte dei boy-scout?" Ho risposto: "No, non lo sapevo." Ha continuato Dio: "E lo sai di essere membro dell'associazione degli ex combattenti?" Ancora una volta ha risposto di no. "E sai di essere membro del Ku Klux Klan?" "No, proprio non lo sapevo." "E sai di essere membro della Società per la difesa delle balene?" "No," anche questa volta. "Sai di essere membro del partito nazista?" "No, ancora no." "E sai di essere membro del WWF?" "Non sapevo neppure questo," e il dialogo è continuato così a lungo. Alla fine io ho chiesto: "E che ci faccio in queste organizzazioni?" E Dio: "Ne sei il presidente." Ho domandato: "E che ci fanno gli altri?" Risposta: "Anche loro sono presidenti. Ognuno è il presidente." E allora io: "E il lavoro chi lo fa?" ha risposto Dio: "Lo faccio io." Senza dilungarmi sulle implicazioni personali o filosofiche del sogno, basti dire che esso mi ha illustrato ciò che siamo andati ripetendo in questo libro, vale a dire che siamo tutti parte della natura, che non ci sono sfere realmente separate, che siamo parte di quel che accettiamo ma anche di quello che aborriamo. Soltanto conoscendo la nostra partecipazione alle cose che detestiamo, possiamo cambiarle e tornare ad aver fiducia nel processo di evoluzione naturale. Dio, qualsiasi cosa sia Dio, per te o per me, effettivamente fa lui il lavoro. Ma questo ci rende più e non certo meno responsabili.

Se si accetta l'idea che sognare è un'attività inconscia, naturale e creativa, ecco che la connessione che esperiamo nel sogno, le metafore che emergono dalla nostra simbologia interna, possono insegnarci molto riguardo all'intimità. Il sogno è un diretto riflesso dell'inconscio, e questo è insieme naturale e comunitario. Il sogno ha anche ovvie componenti consce, riflesso delle nostre esperienze, preoccupazioni e frustrazioni diurne, ma ciò non toglie che, quando sogniamo, siamo inconsci. Persino nel sogno a occhi aperti ci troviamo in uno stato alterato di coscienza. Il sogno, che è qualcosa di più profondo che non una manifestazione dell'esperienza diurna, ha evidentemente funzioni naturali e biologiche; è più vicino alla natura di quanto non sia l'esperienza sociale civilizzata.

Io (*Patrick*) per anni mi sono servito dei sogni come di una delle vie per affrontare perturbanti problemi personali, e a tale scopo chiedo a me stesso di sognare a proposito di un problema. Sono alla ricerca di un nuovo modo di vedere e affrontare un dilemma personale, e non di rado constato che i miei sogni rispondono alla domanda. A volte la risposta è chiara e direttamente utilizzabile; più spesso è simbolica o metaforica, e in questo caso, com'è ovvio, mi lascia alle prese con un'implicita ambiguità. Al pari di coloro che prestavano orecchio all'oracolo delfico, posso apprendere qualche essenziale, illuminante verità su me stesso, oppure fraintendere il sogno e utilizzarlo a fini pratici; mai posso conoscere per certo ciò che i "simboli" significano. In generale, tuttavia, i miei sogni mi re-insegnano l'importanza di essere me stesso nei rapporti, mi ricordano che devo tenere in gran sospetto i sistemi suscettibili di catturarmi così facilmente e insospettabilmente, e che devo impegnarmi a un costante ritorno alla mia natura. Ho imparato ad ascoltare i miei sogni, e quando non lo faccio inevitabilmente finisco per ritrovarmi infelice, scostante, indifferente e innaturale. Il comportamento nevrotico mai raggiunge il fine al quale è suppostamente destinato; esso non ci rende più sicuri, e anzi sono giunto a tenere in gran sospetto ogni mia preoccupazione per la sicurezza.

Il sogno ha molte delle caratteristiche dell'intimità. È creativo, intenso, vivificante, fonte di energia, e può essere accrescitivo, a seconda di quanto sul serio lo prendiamo. I sogni costituiscono un diretto nesso col nostro inconscio, con la nostra natura e con i nostri *sé intimi*. Nei sogni, le esperienze sono accentuate esattamente come nell'esperienza intima; le normali regole spazio-temporali vengono abbandonate, il mondo dei sogni non opera secondo il principio di causa ed effetto: i nostri sogni hanno una naturale connessione, a livello sia metaforico che simbolico, che permette in larga misura di intuire la verità personale. Nessi esistono non solo nell'ambito di un singolo sogno ma corrono da sogno a sogno durante tutta la nostra esistenza.

Sognare è un'esperienza umana universale; con ogni probabilità, è per lo meno metaforicamente caratteristico del nostro rapporto con tutte le forme viventi. Recenti scoperte evidenziano di continuo nuove funzioni del sogno, sia psicologiche che fisiologiche. E siccome, quali terapeuti esperienziali, noi consideriamo fisiologia e psicologia intercambiabili e unitarie, vorremmo aggiungere un'ipotesi circa una funzione naturale fondamentale del sogno, ed è che questo può essere la maniera che il cervello ha di essere intimo con se stesso. Abbiamo più e più volte affermato che l'esperienza intima è l'unica dimensione in cui avviene il cambiamento al livello del *sé*; senza questo cambiamento e questa crescita, non c'è altro che morte, e sarebbe stupefacente se la natura non avesse inserito un qualche meccanismo a promozione e protezione della vita, un processo volto ad assicurare una lenta ma costante energizzazione, rianimazione, ri-creazione della sfera psichica. Il rinnovamento sarebbe un continuo ricon-nettersi esperienzialmente all'inconscio, alla più profonda com-ponente naturale degli esseri viventi. Tramite l'inconscio, noi ri-cordiamo il nostro ambiente, la nostra ecologia, l'intima globa-lità della natura, ivi compresa quella umana. Sognare ci permette la fondamentale esperienza del *sé intimo* in misura infinita e con la massima efficacia.

L'INCONSCIO INTIMO

Ha scritto William Cullen Bryant in *Thanatopsis*:

> Colui che ama la natura mantiene
> comunione con le sue forme visibili,
> ed essa parla un variopinto linguaggio.

In precedenza abbiamo detto che l'inconscio non è soltanto una massa caotica, ribollente di impulsi primitivi, conflitti ed elaborazioni di pensiero primario, ma che al contrario rispecchia il fatto, rassicurante, che in quanto esseri umani siamo profonda-mente radicati in una realtà naturale universale ovvero matrice. A livello conscio, ne siamo solo vagamente consapevoli, se non in momenti particolarmente intensi. L'intimità ce lo rammenta: siamo parte di un tutto più ampio, ciascuna parte individuale del quale contiene la sua globalità totale, naturale, bella. L'inconscio è la più possente e significativa espressione del *sé intimo*, e soffo-care l'intimità significa ridurre il flusso inconscio, e la conse-guenza è che veniamo a essere privati dei nostri nessi con il mondo naturale, e che stiamo solo nei nostri mondi artificiali. Diventiamo creativamente e relazionalmente impotenti: e, se non possiamo più vivere, occasionalmente ma ripetutamente, nelle nostre esistenze consce, così come viviamo nei nostri sogni, lentamente ci atrofizziamo. Sia i nostri *sé* che i nostri rapporti lentamente scompaiono. Per dirla con Henry David Thoreau: "I sogni sono le pietre di paragone dei nostri caratteri." Nei sogni, ristabiliamo la connessione con il nostro inconscio. Fidarsi più del conscio che dell'inconscio significa rinunciare all'intimità, far proprio un interesse apprensivo, maniacale, per la vicinanza e per i nostri mondi, frutto di costruzione personale. Sì, dobbiamo cominciare ad arrenderci all'evidenza che il "sogno" è più reale e razionale della nostra realtà artificialmente costruita. Forse che la mutua distruzione nucleare assicurata è razionale? Sono razionali le piogge acide? Il "sogno" è parte integrante del tempo e dello spazio reale, nel senso che dà palmare evidenza al processo della vita quale realmente esiste in natura. È per questo che l'arte, in tutte le sue varie espressioni, è unica ad assicurare permanenza alla cultura, alla storia e all'evoluzione vitale. Soltanto ciò che esiste nel mondo del tempo, dello spazio e dell'essere multidimensionale è in perenne cambiamento, può sopravvivere, e tutto ciò che esiste nei mondi costruiti, i mondi idiosincrasici di necessità e sicurezza, scompare con la morte del loro costruttore, sia questi individuale o societario, si tratti del potere di Cesare o dell'impero romano.

"Inconscio" non è, in realtà, una parola utile o descrittiva perché designa "ciò che non è conscio" e in effetti nulla ci dice circa ciò che è: una denominazione negativa che smentisce la forza del concetto. Forse "inconscio" dovrebbe essere ribattezzato l'"annunziatore", il connettore naturale, lo spirito naturale, il nesso o forse, per dirla con Paul Tillich, la "sostanza fondamentale". Comunque, è una costante naturale universale, non già l'assenza di qualcos'altro. Noi non definiamo Dio l'"inumano"; ignoriamo che cosa sia Dio, o la natura, o la vita, ma diamo loro nomi che significano quello che sembrano essere, non quello che non sono. L'inconscio è attivamente possente e universale; diffidare dell'inconscio significa diffidare dalla vita stessa. Vivere significa rischiare; senza rischio non c'è intimità e senza intimità non c'è vita. La coscienza è appropriata e cauta; ma, nonostante la sua grande importanza, è paradossalmente più associata alla morte e al morire. Nella sua consapevolezza della morte e nella paura che ne ha, la coscienza spende gran parte del suo tempo e delle sue energie nel tentativo di impedire la morte stessa invece di promuovere la vita. Al contrario, l'inconscio ha un naturale interesse alla vita. Per l'inconscio, la morte è semplicemente parte del ciclo vitale. La coscienza è tesa al "conoscere": la mancanza di conoscenza ci lascia insicuri, e il "conoscere" è posto al servizio del tentativo di sottrarci al morire, con conseguente rinuncia alla sua naturale funzione, che è quella di conoscere intimamente l'*altro* e promuovere attivamente la vita. La coscienza si difende dal suo proprio decesso, e così facendo ci pone in uno spaventoso paradosso, dal momento che l'unica reale sicurezza che esiste è appunto quella della morte.

Ciò che non sappiamo consciamente è molto più importante, per la nostra vita, di quello che invece conosciamo. La volontà di *essere* quando non "sappiamo" è assai più creativa di intimità di quello che *facciamo* quando non "sappiamo". Quello che ignoriamo è il sostrato e nutrimento da cui emerge la vita, grazie al quale cresce, ri-crea e rinnova se stessa. Il non sapere è garanzia di evoluzione sia personale che fisica: far sì che la vita accada. Definire Dio, come moltissimi fanno, come colui che conosce e giudica ogni cosa aprioristicamente, non soltanto rende tetra e noiosa la divinità, ma fa di Dio null'altro che una delle tante nostre costruzioni artificiali, un altro pregiudizio, un'altra non reciproca fonte di biasimo e giudizio.

La capacità di vita che ciascuno di noi ha nel mondo naturale, di vita in relazione ad *altri* semplicemente quali sono e siamo, dipende in primo luogo da quante delle nostre capacità e quanti dei nostri processi inconsci possono essere trasferiti in una viva consapevolezza, e l'unico veicolo di questo trasferimento è l'esperienza intima, che si esperiscano alberi, stelle, fiori, monti, libri, amanti, figli, genitori, coniugi, estranei, amici o nemici; solo l'intimità permette cambiamenti.

Non possiamo essere intimi consciamente: possiamo esserlo solo inconsciamente. La vicinanza, sana o insalubre che sia, ha luogo solo nella coscienza. L'intimità è il movimento verso l'inconscio che si attua insieme con un altro, mentre si è svegli e non sognanti, di notte o a occhi aperti che si sia. E non si tratta di fantasticherie: siamo realmente con altri, quando questi sono realmente con noi. L'intimità è sempre relazionale. Nell'esperienza intima, tu conosci esattamente quello che io conosco, quello che Anna Pavlova o Picasso sapevano, quello che il Buddha o santa Teresa sapevano e, cosa forse della massima importanza, che tua madre sapeva quando era sincera. Tu sai ciò che Dio sa; conosci la tua vera ecologia. E l'unico sentiero che porta a questa conoscenza è il *sé intimo*.

EPILOGO

La vita non è un problema da risolvere
ma una realtà da esperire.
Søren Kierkegaard

In questo nostro libro abbiamo condiviso le lotte personali di molti di coloro che abbiamo avuto come pazienti, lotte che in larga misura sono la loro ricerca di intimità. E che ne sarà dunque di Sara, la donna che abbiamo incontrato nel Prologo, quella che è venuta da noi depressa e priva di legami con suo marito? Finirà per trovare quello che cerca, imparerà a essere gioiosamente Sara, intimamente connessa al suo mondo? E quale sarà la sorte di William: imparerà a instaurare relazioni, in quanto *se stesso* con un altro? E che ne sarà della folla di altre Sara e di altri William che non si sottopongono a nessuna seduta di psicoterapia? Che cosa possono fare queste persone per realizzare se stesse? E che cosa possiamo fare tu e io, che viviamo a New York o a Filadelfia, a Cincinnati o a San Francisco: possiamo entrare in connessione con il nostro passato e il nostro futuro, conoscere la nostra natura? E possiamo apprendere, per dirla con le parole di E. E. Cummings:

> Ché qualsiasi cosa perdiamo (come un te o un me)
> È sempre noi stessi che troviamo nel mare.

La nostra esperienza di terapeuti ci induce purtroppo a ritenere che quello che la maggior parte di noi continuerà a fare sarà pensare che "ha bisogno di soluzioni", sarà continuare a chiedere "risposte". "Che cosa devo fare?" "Mi dica come posso risolvere il problema." "Mi indichi la via." Io (*Thomas*) ho avuto un paziente che dopo cinque o sei sedute ha protestato per il fatto che, sebbene mi pagasse, e profumatamente, non gli avevo dato nessun consiglio. Gli ho spiegato che il motivo per cui mi pagava

335

era ed è l'enorme difficoltà di trovare qualcuno disposto a *non* fornire consigli; e gli ho suggerito che, se non mi credeva, non aveva che da fermare le prime cinque persone in cui si imbattesse, esporre loro i suoi problemi, e prestare orecchio ai consigli gratuiti che sarebbero ben state liete di fornirgli. È impossibile ottenere consigli indirizzati alla *se-ità*: impossibile che qualcuno "ci dica" chi siamo. Non c'è un elenco di cose che si possa *fare* per rendersi, per *farsi essere*, più naturalmente chi si è.

Con ogni evidenza, le problematiche dell'intimità non ineriscono al *fare* bensì all'*essere*, ma con altrettanta evidenza il "Che cosa posso fare?" è la tipica, prevedibile domanda degli appartenenti alle culture occidentali. Noi siamo genti del "fare". Se abbiamo un problema, *facciamo* qualcosa in merito, atteggiamento che è proprio anche di moltissimi terapeuti, i quali, nella loro qualità di appartenenti alla stessa cultura, si sentono obbligati a *fare* qualcosa per i loro pazienti. A un certo punto, presumono di capire come stanno le cose, e allora dicono al cliente che cosa "fare" per risolvere il problema. Da terapisti esperienziali quali siamo, noi crediamo al contrario che se il problema è di intimità, di *essere* un *sé*, l'approccio "riparativo", non soltanto è vano, ma anzi dannoso. Siamo ovviamente tentati di fornire consigli, ma la verità è che noi (anzitutto terapeuti) possiamo solo conoscere ciò che *noi faremmo* (essendo *noi stessi*) in una data situazione. Al pari di tutti i terapeuti, siamo vittime dell'illusione di poter trasferire la nostra autoconoscenza ai nostri pazienti, ma interventi del genere non fanno che trasformare il paziente in un agente della nostra personità, anziché in un essere autonomo. Finché le persone non imparano a cambiare se stesse sulla base della loro *propria* esperienza, non possono crescere.

Se i terapeuti si trovassero nella stessa situazione interpersonale o infrapersonale, e se fossero essi a dover fare quello che hanno suggerito, probabilmente nel loro caso funzionerebbe: il *fare* sarebbe coerente con l'*essere*. Ma se il cliente seguisse queste istruzioni (consigli esterni di carattere esecutivo), i risultati non sarebbero un cambiamento interno, ma anzi potrebbero rivelarsi catastrofici, proprio perché il fare non è coerente con l'essere del paziente. Il "fare" non ha nessuna giustificazione o appropriatezza inerente: è del tutto dipendente, quanto a efficacia, della sua naturalità, vale a dire della sua coerenza con la natura (l'essere) di chi fa, in altre parole, con la propria *se-ità*. Io (*Patrick*) una volta avevo in terapia un depresso che si lasciava passivamente maltrattare dal datore di lavoro; in un momento di impazienza, ho ceduto all'illusione di potere e anzi dover dirgli che fare. E gli ho detto che doveva condividere la sua rabbia con il capo. In occasione della successiva seduta, il paziente mi comunicò, sarcastico, che voleva condividere con me la notizia che il mio suggerimento non aveva dato risultati troppo buoni: "Come lei mi ha detto, ho deciso di dire al mio capo quanto indignato fossi, e l'ho fatto. Lui è rimasto talmente sconvolto e ha detto cose che mi hanno fatto andar fuori dei gangheri. E siccome continuava su quel tono, alla fine non ho potuto trattenermi e l'ho colpito. E lui mi ha licenziato". Sebbene il paziente, proprio con l'ironia con cui si era espresso, voleva dirmi che capiva benissimo che non ero stato io a dirgli di "picchiare il capo", entrambi sapevamo che il mio "consiglio" non lo aveva aiutato a cambiare nel suo essere quale *sé* stesso, a partire dalla sua propria esperienza; può darsi che fosse stato meno depresso, meno passivo – ma quale un agente di me, non di lui stesso.

Quello che è in noi cui *altri* rispondono, sono le *nostre motivazioni*, e questa sensibilità alle implicazioni del nostro comportamento risulta con la massima evidenza nei bambini. Se accidentalmente si colpisce un bambino, anche in maniera dolorosa, giocando con lui e con lui divertendosi, il bambino ben di rado accusa il dolore, e si lamenta. Al contrario, se appena si tocca un bambino in collera, si metterà a strillare come se lo si picchiasse. Perché questa differenza? Essa non ha a che fare con quello che si è *fatto*. La risposta dei bambini a comportamenti similari sembra dipendere dalla loro inconscia consapevolezza delle motivazioni del comportamento stesso: l'*essere* dell'attore, non l'atto. Inoltre, la risposta non sembra dipendere dalla percezione che il bambino ha dei *sentimenti* che accompagnano il comportamento, ma specificamente dalla sua percezione delle motivazioni. Può capitare di avere una brusca reazione (come per esempio quando un bambino si precipita sulla strada inseguendo il pallone), e pertanto colpire il bambino stesso; ma se la nostra motivazione non è l'intento di far del male o di punire (cioè di esprimere un giudizio) ma di bloccare il bambino, questi di rado è turbato o spaventato dai nostri gesti. Com'è ovvio la motivazione conscia è spesso assai diversa dalla motivazione reale; e il bambino presta orecchio alla motivazione reale. Può capitarci di punire un bambino per la sua "cattiva condotta" sebbene il suo comportamento sia abbastanza normale, ma noi abbiamo una giornata "storta". Come appare evidente, se il comportamento dell'adulto è eccessivo (il caso di un genitore talmente fuori di sé da spezzare un braccio al figlio) la motivazione è irrilevante, ma simili eccessi non sono naturali, e il bambino risponde a questa innaturalità.

La motivazione reale è un'espressione di coerenza tra essere e fare. Il capo del mio cliente (di me, *Patrick*) non poteva essere consapevole della mia motivazione terapeutica: poteva esserlo solo dell'atteggiamento bellicoso del mio paziente: due cose che non coincidevano. Sicché, la coerenza di fare ed essere è necessaria perché noi *si faccia* qualcosa per divenire intimi.

In questo libro abbiamo descritto le tre componenti funzionali del rapporto personale: *io* (personalità), *me* (carattere) e *sé* (connessione). A causa sia dell'enfatizzazione del fare mirante a una meta e del comportamento che caratterizza la nostra società, sia dell'addestramento dei nostri terapeuti, in primo luogo all'analisi dell'ego e delle terapie dell'*io*, le nostre psicologie sono primariamente egoiche. E l'accentuazione che s'è detta, spiega anche la proliferazione di manuali e dottrine del "fai da te", di testi di psicologia contenenti istruzioni, nei quali ci si dice cosa *fare*, ma non si tratta affatto di lezioni per insegnarci come *essere*. È alla luce di ciò che il romanziere e medico Walker Percy ha apposto al suo libro *Lost in the Cosmos* ("Perduto nel cosmo") il sottotitolo *The Last Self-Help Book* ("L'ultimo libro sul fai-da-te"), perché quello che in quel testo lamenta è la nostra mancanza di intimità l'uno con l'altro e con la natura tutta quanta.

Il fare e il comportamento si possono insegnare. Possiamo istruire le persone riguardo a come essere vicini; possiamo fungere da loro consulenti, insegniamo ciò che non è noto, e possiamo essere straordinariamente efficienti nello sviluppo di nuovi comportamenti che permettano alle persone di correlarsi a vicenda in maniera più efficace; in altre parole, possiamo insegnare una più sana vicinanza. Ma non siamo in grado di insegnare l'intimità. Affermare questo, non equivale a sostenere che l'insegnamento e l'istruzione psicologica non abbiano enorme validità, ma semplicemente che non hanno attinenza con lo sviluppo dell'intimità, l'essenziale complemento della vicinanza.

Impossibile insegnare sentimenti. Non possiamo fornire istruzioni su come sentire, poiché il sentire è una risposta naturale; né possiamo insegnare tristezza, tenerezza, sessualità, collera o empatia più di quanto è possibile istruire riguardo alle complessità della regolazione del ritmo cardiaco o agli equilibri elettrolitici dei fluidi corporali. Possiamo invece, questo sì, fornire un'esperienza agevolatrice, entro la quale le persone sono in grado di divenire più direttamente consapevoli del loro essere, ma non ci è dato di insegnare loro il loro essere; esattamente come possiamo servirci del *biofeedback* per facilitare il ritorno alla funzione naturale per quanto attiene a tono muscolare, ritmo cardiaco o ritmo respiratorio, ma non possiamo insegnare *quelle funzioni*.

Il *selfing*, l'attuazione del *self*, del *sé*, l'esperienza del promuovere l'esperienza di connessione, relazionale, la formativa esperienza dell'intimità, *non è insegnabile, tuttavia la si può apprendere*. Mentre uno insegna ciò che è ignoto, l'altro impara portando a livello della coscienza quello che è già naturalmente noto. Quando Sartre affermava che "la coscienza è coscienza di", voleva dire che esiste un rapporto tra l'interno (*me*) e l'esterno (*io*). La nostra coscienza è coscienza *di* quel rapporto tra i due; e in quella diade noi troviamo il *sé*. Impossibile che ci si insegni la connessione: possiamo soltanto ri-apprenderla. Quello che si può *fare* è migliorare la nostra consapevolezza del particolare rapporto tra il nostro *io* e il nostro *me*.

Lo sviluppo di questo tipo di coscienza "elevata" è più diffuso nella società orientale che non in quella occidentale. Per noi occidentali riesce impossibile comprendere che essere e fare non sono intercambiabili. Così, per esempio, abbiamo la tendenza a interpretare i *koan* dei maestri Zen quale una ginnastica semantica, quale misticismo, o semplice fumisteria, anziché come esercizi spirituali intorno all'essere. Non vogliamo sentirci dire che *siamo responsabili del nostro essere*, che dobbiamo essere ciò che vogliamo essere se vogliamo essere pienamente umani. Nel suo libro *Illusioni*, Richard Bach suggerisce che il semplice esortare le persone ad accettare la responsabilità di se stessi le fa imbestialire e che se poi si insiste assumono un atteggiamento di ostilità. Secondo i nostri termini, se ne mette gravemente a rischio la sicurezza dicendo loro che l'intimità è altrettanto importante della vicinanza. E per dirla con Bach:

Il
peccato originale consiste nel
limitare gli io.
Non farlo

L'*essere* è un profondo e totale impegno verso la vita. Non è un esercizio né un hobby. Non possiamo "essere" durante il tempo libero, né "essere" per "divertimento" come andare a lezione di yoga, e neppure "in pista" come sniffare cocaina. Metodi del genere sono tutti aspetti del sistema, e persino molto di quanto sembra salubre in superficie – fare jogging, andare in palestra, mangiare in maniera "sana" – sono fin troppo spesso aspetti di cattura da parte del sistema, trattandosi di cose che la gente *fa* per essere "partecipe", per essere "in", per non "uscire dal giro". Ma persone del genere ben di rado riescono a *essere* realmente sane. Altrimenti, come si spiegherebbe che sia così difficile non mangiare troppo o troppo poco, non bere in misura smodata, non far ricorso a droghe, non essere superimpegnati, non essere poco o punto vitali? Si spiega col semplice fatto che, così facendo, non riusciamo a *essere*. Combattiamo solo negativamente. La vera risposta consiste nell'*essere* sani, vivi, responsabili verso se stessi; e la risposta non sta nel combattere con se stessi nel senso di *fare* cose sane. Una persona sana non si produce strappi ai polpacci facendo jogging in misura eccessiva né mette a repentaglio il proprio metabolismo con diete-urto. L'impegno o è totale o non è, esso riguarda l'*essere*. Ed è di questo che abbiamo paura, della forza e della responsabilità del nostro essere *sé*. In parte, la nostra paura è di non poter controllare, organizzare o categorizzare l'*essere*. Quando siamo intimi, non "comprendiamo". L'*essere* è incomprensibile; è solo sperimentale. È vita, non un programma di vita, e noi temiamo di essere tanto liberi, abbiamo paura di quel vero *spiritus*.

Questo libro non è certo un manuale di istruzioni su come "comportarsi" o su che "fare" per facilitare l'intimità. Ovviamente, se questo fosse il nostro scopo, e se il lettore seguisse le nostre istruzioni, in base alla nostra stessa definizione il suo comportamento *non* sarebbe intimo. Essere *sé* stesso con un altro esclude essere l'agente di qualsiasi *altro*, compresi gli autori del presente volume. Vivere come agenti di *altri* è appunto ciò che impedisce l'intimità nella vita ordinaria. Si è catturati dall'esterno, si tratti dei genitori (in carne e ossa o interiorizzati), di amanti, della società, dei codici della nostra cultura o, ciò che è equivalente, dal bisogno di ribellarsi a questo o quello di essi. Ci mettiamo in rapporto con *altri*, quali agenti prigionieri dell'esterno. Se questo testo fosse un manuale che fornisce esteriormente istruzioni su come comportarsi, il lettore non sarebbe *se stesso* con l'*altro*, ma nelle migliori delle ipotesi un agente meglio informato e psicologicamente più attrezzato, dotato di conoscenze che possono essere utili per certi aspetti (si può insegnare a essere più sanamente vicini), ma nulla imparerebbe in fatto di intimità.

Pure, questo libro può forse aiutare il lettore ad approdare all'intimità in maniera diversa: una maniera che può essere altrettanto efficace, per facilitare l'intimità, quanto possono esserlo le istruzioni del "fare" per promuovere una sana vicinanza. I consulenti esperti di vicinanza pongono l'accento sulla necessità di essere consapevoli dell'*altro* in rapporto al proprio *sé*, mentre nel presente volume noi abbiamo insistito su una maggior consapevolezza del proprio *sé* in rapporto con l'*altro*, sia questo una persona, un luogo o un oggetto. "Consapevolezza di se stessi" significa appunto questo; essa implica che l'unico modo per migliorare la propria capacità di intimità consiste nell'aumentare la propria consapevolezza (la propria coscienza) di quanto accade in se stessi quando si è in relazione con un altro, insomma la "coscienza di", per dirla con Sartre. L'intimità non è coscienza dell'*altro* (di quel che è estraneo a noi), bensì coscienza del *sé* (coscienza dell'*io-me/altro*). Esistono sfere primarie di coscienza e consapevolezza nell'ambito del *sé* di cui deve preoccuparsi chiunque abbia interesse all'intimità. Possiamo tentare di descrivere queste sfere di coscienza del *sé* che, se incrementate, rendono più probabile l'intimità, ed esse potranno fungere da guida al "fai da te" dell'*arte dell'intimità*: guida al fai-da-te, al "*self*"-*help* inglese (l'aiuto di sé) nel senso più letterale del termine. Ecco di seguito queste descrizioni.

LIBERA SCELTA

Devi scegliere. Se non scegli, non c'è modo di *essere* con un altro. Se il tuo modo di essere con un altro è dettato da quell'*altro*, o imposto dalla tua preoccupazione per la prevista risposta di quell'*altro*, vuol dire che non hai liberamente scelto. Il tuo *essere* con l'altro è stato compromesso. L'intimità è impossibile. Scegliere è l'inizio dell'intimità.

MORALITÀ

L'intimità è un'esperienza morale. Questo non nel senso del rispetto di norme sociali o di dogmi religiosi, bensì in quello spirituale dell'integrità personale. Nell'intimità, il problema non è se *altri* ti disapproveranno o ti puniranno per ciò che hai *fatto* o *non fatto*, ma se tu disapproverai e disprezzerai te stesso, per ciò che *sei stato* o *non sei stato*. Questa consapevolezza esige un'elevata coscienza della propria coerenza, l'esperienza interiore di comportamento, i sentimenti e i pensieri di una persona sono tra loro connessi, e tale coerenza è essenziale per consentire l'inizio dell'esperienza dell'intimità. Nella vicinanza, patteggi e adegui il tuo comportamento e i tuoi sentimenti. Nell'intimità devi *essere* te stesso. Il *sé* non è negoziabile. Se modifichi i tuoi sentimenti e i comportamenti e poi non rispetti te stesso o non ti piaci, vuol dire che non sei stato né intimo né morale. Hai reso un cattivo servizio al rapporto. Perché l'intimità si verifichi non puoi *essere* meno: non puoi essere diverso dal tuo *sé* morale. Come afferma Ronald David Laing in *Self and Others*, "essere 'autentici' significa essere se stessi, essere quel che si è, essere 'genuini'... È questa l'unica effettiva realizzazione di cui io possa a rigor di termine parlare. È un atto che è me: in questa azione io sono me stesso".

ACCETTAZIONE

L'accettazione dell'altro è sottesa a ogni esperienza intima. Nessuna apertura personale è possibile senza accettazione. Assumere coscienza del proprio giudicalismo è un prerequisito interno fondamentale dell'intimità. Si può divenire consapevoli della propria virtuosità, e quando si impara a riconoscerla, a sentirla, ci si fa più capaci di accettazione. L'accettazione permette l'intimità.

RESPONSABILITÀ VERSO DI SÉ

Ti senti totalmente e pienamente responsabile di te stesso quando sei intimo con un altro. Sai di essere tu l'autore della tua felicità e infelicità. L'assenza di sentimenti di dipendenza (come avere la necessità di essere necessario) affranca il rapporto da ogni "prendersi cura di" e dal risentimento che esso comporta. La sollecitudine permette l'intimità.

ATTENZIONE

Non puoi essere intimo se non ascolti. La disponibilità a parlare apertamente e sinceramente non è sufficiente: devi ascoltare: la nostra esperienza ci dice che poche persone ascoltano. Moltissimi cominciano a rispondere, mentalmente, prima ancora che l'altro cessi di parlare. Se l'atto di "ascoltare" lo intendiamo in senso metaforico, escludiamo allo stesso modo la nostra risposta all'arte e alla natura tutta quanta: rispondiamo, prima di esperire a dipinti e oscure foreste; scattiamo fotografie e passiamo oltre. Imparare a concedere il tempo di ascoltare permette l'intimità.

Rischiare l'insicurezza del non sapere ciò che l'altro realmente è rende più probabile l'intimità. Noi tutti abbiamo preconcetti imprigionati di ciò che l'*altro è*, di chi sia veramente il nostro amante, che cosa in realtà "sembri" nostro figlio. La tua disponibilità a rinunciare a questo pregiudicalismo permette l'intimità. La consapevolezza delle proprie costruzioni aprioristiche facilita l'apprendimento del sistema con il quale è possibile liberarsene. Accettare l'"esserci" permette l'acquisizione di esperienza. L'apertura interiore all'esperienza nella relazione è essenziale all'intimità.

Presenza

L'intimità implica un impegno esperienziale che non è attenuato dal tempo. Impari a conoscere che stai facendo quel che in effetti ti occorre fare; e lo fai con chi, dove e quando hai veramente bisogno di farlo. Puoi imparare riguardo all'intimità a patto che tu possa accettare che non sei mai inadatto al tuo *sé*. L'adesso è dove tu esisti. La coscienza dell'adesso è essenziale all'esperienza intima; l'intimità è atemporale. È sempre presente, mai prima o dopo.

Naturalità

L'intimità è naturale. La vicinanza permette la socializzazione e la civilizzazione. La vicinanza sana lo fa naturalmente solamente se è in equilibrio con l'intimità. L'intimità ti consente di essere il tuo *sé* naturale. Senza vicinanza la stabilità è impossibile. Senza intimità è impossibile la crescita. Essere un *sé* naturale significa che, almeno per il momento, sei meno prigioniero del sistema, sia questo un rapporto personale, oppure una famiglia, o una storia passata o una cultura. Quando sei naturale, sei più infantile nella tua disponibilità a rischiare. Sei più consapevole dell'essere parte della natura tutta quanta, e pertanto ti senti più connesso ad amanti, bambini, arte, passato, futuro. Se sei naturale, "imparerai" da essi tutti, i quali possono così facilitare la tua intimità. Sei "una persona", per dirla con Martin Buber. Che poi soggiunge: "Ma una persona, oserei dire, è un individuo che vive realmente con il mondo."

PARTECIPAZIONE

L'intimità è accresciuta dalla tua consapevolezza dell'essenziale somiglianza di tutti gli esseri umani, dalla tua partecipazione alla nostra comunanza. Siamo più simili che diversi. Quando siano tradotte in vissuto, specializzazione e differenza ci separano e rendono improbabile l'intimità. L'ordinarietà delle nostre similarità ci permette di condividere le nostre ordinarie differenze, e questo condividere la differenza *è* intimità. Essa aggiunge il bellamente estraneo alla certezza della similarità accettata. Puoi divenire consapevole di come questa "consapevolezza" di similarità vada perduta, se presti attenzione ai diversi linguaggi dell'esperienza. Si può così apprendere, per esempio, che senzienti e comportamentali possono far ricorso a parole diverse, possono *fare* cose diverse, ma che sono essenzialmente simili nell'*essere*. Le essenziali similarità non sono espressive bensì motivazionali.

RESA PERSONALE

L'intimità include la tua disponibilità a permettere all'altro l'opportunità relazionale di essere se stesso con te. Farlo significa andare al di là dell'accettazione, implica la disponibilità alla resa personale (e resa significa, alla lettera, "abbandonarsi a" senza resistenza), l'"abbandonarsi" all'insistente e immediato bisogno dell'altro di condividere il suo *sé* con te. La resa personale non è passività né conciliazione, bensì una risposta personale attiva e positiva. È un invito a condividere, è un mettere da parte la tua agenda personale. È essere *con*, il reciproco di *essere*. Se sei in grado di "abbandonarti a" in senso profondo, accresci la tua capacità di essere intimo.

RECIPROCITÀ

La reciprocità caratterizza ogni intimità. L'essere relazionale è simultaneo. Come io sono con te, come tu sei con me deriva, *hic et nunc*, dal tuo essere individuale e condiviso; non è questione di causa ed effetto. La tua consapevolezza dell'esistenza del *sé* permette l'intimità, perché non cerchi di esercitare controlli o di indurmi a essere in un modo particolare, né tenti di controllare te stesso. Condividi equamente nell'*essere* con ciascun altro. Come ci è noto dal sogno, l'inconscio è atemporale. Il mondo dell'intimità è allo stesso modo non sequenziale, ed è pertanto simultaneo. Siamo entrambi responsabili della *nostra* partecipazione alla relazione, alla vita. La coscienza della mutualità, della reciprocità e della ricorrenza in quanto naturali nei *rapporti*, permetterà maggiore intimità. Il rapporto, in questo senso, è esistenza, perché significa la tua interazione con qualsivoglia *altro*, persona o cosa che sia.

IMPEGNO

L'intimità è un modo ludico di essere. La coscienza della tua propria ludicità ti permette di accedere al bambino che è in ciascuno di noi. Il gioco è l'unica via di accesso all'essere capace di "essere parte di" pur restando un *sé*. Il gioco comprende arte, sessualità, umorismo e tutte le altre forme di essere non intenzionale. È l'unica maniera di "fare" per evitare la cattura da parte del sistema. Nel gioco, puoi rinunciare all'assurda idea di "trascendere la tua natura" o di "trascendere il tuo *sé*". La trascendenza, al pari dell'intimità senza fine, è un concetto "divino". Gli esseri umani possono trascendere l'*io* e il *me*, e lo fanno nell'intimità. Ma non possono trascendere la natura umana, non possono sollevarsi al di sopra del rapporto perché esistono solo nel rapporto (con tutto il resto di ciò che è), né possono sciogliersi dai lacci della vicinanza, della familiarità, della società, della cultura e vivere in un'intimità senza fine, connessi a ogni cosa in perfetta libertà. Gli esseri umani hanno bisogno della riassicurazione della vicinanza stabilizzatrice. Ma nel gioco essi possono *momentaneamente* partecipare di un impegno verso la vita simile a Dio; nel gioco sei ciò che sei, così come Dio è sempre ludico. Nel gioco, la spiritualità è comunitaria. Nessuno è in grado di giocare il gioco esattamente allo stesso modo, ma tutti possiamo acquistare maggior consapevolezza dello spirito del gioco (le sue regole, la sua natura) e pertanto essere più abili giocatori (meglio capaci di essere sanamente vicini, meglio capaci di essere intimi).

DISTACCO SISTEMICO

L'intimità non è sistemica. Puoi diventare più consapevole dei tuoi sistemi, dal livello del governo a quello della tua comunità, ai tuoi metodi di trasformare in sistemi relazioni e addirittura te stesso. Puoi apprendere che non sei i sistemi di cui partecipi. Grazie a tale distacco, puoi anche imparare a far miglior uso dei sistemi. Tramite questa consapevolezza puoi cominciare a comprendere, per esempio, quello che il matematico Kurt Gödel ha posto in risalto nel suo teorema, e cioè che ogni sistema contiene elementi di informazione circa l'*altro*, che all'*altro* mancano. Forte di questa conoscenza riguardo ai sistemi di governo, ai sistemi religiosi o ai sistemi personali, scorgiamo il pericolo del vivere interamente all'interno di un *qualsivoglia* sistema. Nessun sistema può rappresentare tutta la verità. Soltanto il *sé*, connesso al resto di ciò che è, è in grado di farlo.

CREATIVITÀ

L'intimità è un'arte. Non è un'attività artigianale. Le attività artigianali producono molti oggetti belli e meravigliosi. Il mestiere psicologico è il fondamento di ogni vicinanza sana, una vicinanza che non costringe né imprigiona, una vicinanza che rende più probabile l'intimità. L'arte, al contrario, ha a che fare più con l'esperienza che con l'oggetto. L'arte crea esperienza sia nell'artista che nel fruitore del dipinto, della musica, delle parole scritte. L'oggetto artistico retrocede e l'esperienza artistica ascende quando siamo intimi. Nel tuo mestiere, sai che fare e lo fai bene. I tuoi maestri sono importanti e tu li ascolti. Nella tua arte sai che cosa essere, e sei bene in essa. I tuoi maestri sono importanti, ma devi prendere ciò che essi sono dentro di te e ascoltare *te stesso*. L'effettuazione della creatività è mestiere, attività artigianale; l'arte *è* creatività. L'attività artigianale è un fare; l'arte è essere. Produrre checchessia, un dipinto, un rapporto amoroso, una famiglia, una nazione, un mondo, richiede sia mestiere che arte. L'equilibrio tra i due li chiamiamo amore, verità e bellezza. Nel *sé intimo*, "essere" e "fare" non sono in realtà molto diversi. In fin dei conti, la parola inglese *to behave*, "comportarsi", che descrive un fare, letteralmente significa *to have being*, "essere stato" (si ricordi che in inglese l'unico verbo ausiliare è *to have*). "Avere stato" è ciò di cui ci siamo fatti paladini in questo libro. Ti chiediamo di essere un artista *nella* tua vita oltre che un artigiano *della* tua vita. Ti chiediamo di esperire la tua propria capacità di scelta, di integrità, di accettazione, di attenzione, di assunzione di rischio, di presenza, di naturalità, di partecipazione, di resa, di reciprocità, di impegno ludico, di creatività. Ti chiediamo di "essere stato".

INDICE

I GRANDI Tascabili Bompiani
Periodico settimanale anno XII numero 243 - 2/11/1992
Registr. Tribunale di Milano n. 269 del 10/7/1981
Direttore responsabile: Giovanni Giovannini
Finito di stampare nel gennaio 1994 presso
il Nuovo Istituto Italiano d'Arti Grafiche - Bergamo
Printed in Italy